Volkstheater in Frankfurter Mundart

Carl Malss

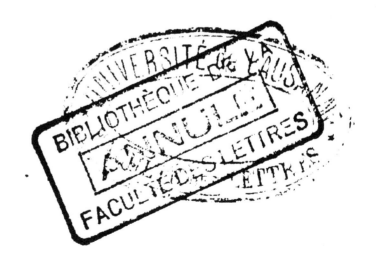

Carl Malß

Volkstheater

in

Frankfurter Mundart.

Zweite, stark vermehrte Auflage.

Frankfurt am Main.
J. D. Sauerländer's Verlag.
1850.

Inhalt.

Erklärung der Holzschnitte.

Erstes Bild.

Figur oben links:	Miller	—	„der alte Bürgercapitain" .
„ „ mittler.	Capitain	—	„ „ „ .
„ „ rechts:	Eppelmeier	—	„ „ „ .
„ unten links:	Knorzheimer	—	„ „ „ .
„ „ mittler.	Cornet	—	„ „ „ .
„ „ rechts:	Tambour	—	„ „ „ .

Zweites Bild.

Figur oben links:	Hampelmann	—	„Landpartie nach Königstein".
„ „ mittler.	Matthes	—	„Hampelmann im Eilwagen".
„ „ rechts:	Hampelmann	—	„ „ „
„ unten links:	Schieß	}	„die Bauern" . . . .
„ „ mittler.	Bärbel	}	
„ „ rechts:	Duckes	}	

C a r l M a l ß.

Jede eigenthümliche Natur gedeiht nur in dem ihr eigenthümlichen Boden. In Mistbeeten werden die edelsten Pflanzen gezogen. Demokrit war nicht in Sparta, sondern in Abdera geboren; Carl Malß nicht in Schulpforte, sondern in Frankfurt, — und wer mag in Abrede stellen, daß Frankfurter und Abderiten eine gewisse Familienähnlichkeit haben?

Der Name Carl Malß ist öffentlich noch nicht genannt worden. In der literarischen Welt kennt man nur den „Verfasser des Bürgercapitains."

Wenn wir einem Bedürfniß des Publikums begegnen, indem wir „Malß gesammelte Werke" bringen, glauben wir eine nicht minder alte Schuld abzutragen, indem wir diesen Werken eine kurze Biographie und Charakteristik des Verfassers voranstellen.

Während die Hessen Frankfurt bombardirten, am 2. December 1792, erblickte Carl Malß das Licht der Welt. Seine Geburt wurde, wie die eines Prinzen mit Kanonendonner begrüßt. Der Sohn eines angesehenen Kaufmanns, wuchs er in der ihm lästigen Behütung alter Tanten und Dienstboten auf, oder blieb sich selbst überlassen und seinem Hange, auf eigene Faust die Wälle und Bastionen der alten Reichsstadt zu durchstreifen, und frühzeitig auf diesem an geschichtlichen Erinnerungen reichen Felde seine Phantasie zu erweitern. Das waren die ersten Vorstudien, die er zum Bürgercapitain machte, und es kam ihm dabei einiger Maßen zu Statten, daß diese rein praktische Auffassung der localen Topographie von seiner Stiefmutter (einer Moritz) eher begünstigt als behindert wurde. Wahrscheinlich mochte sich eben in seinen Streifzügen bereits ein genialer Humor bekundet haben, der um so mehr Berücksichtigung verdiente, als Malß daneben an Schulkenntnissen keineswegs hinter seinen Altersgenossen zurückblieb. Er war ein offner Kopf, dem Alles zuflog, der sich zur Noth einen klaren Begriff bilden konnte, ohne daß er zuvor die Definition mechanisch memorirt hatte. Aus der Pension des H. Kemmeter entlassen, in der er sich die nöthigen kaufmännischen Vorkenntnisse erworben hatte, trat er als Volontair in ein Lyoner Handlungshaus. Aber das trockene Geschäftsleben bot ihm zu wenig geistige Nahrung; es widerte ihn an. Ob er wie sein Landsmann Brentano die Geschäftsbriefe versifizirte, statt sie zu copiren, und den Fuhrleuten die Frachtbriefe in deutschen Jamben schrieb? — jedenfalls war's ihm in Lyon schon klar geworden, daß es ihm zum Kaufmanne zwar nicht an Kenntnissen, wohl aber an der Natur mangele. Hätte Malß den leichten Sinn eines Champfort gehabt, der den Menschen als Springer betrachtete und die Gesellschaft als das Brett, auf dem er seine Sprünge macht, er würde mit demselben Gleichmuth, mit dem ein Schachspieler den ursprünglichen Plan verläßt, einen neuen Beruf erwählt haben, der ihm mehr zusagte; — aber Malß war eine ernste tiefe Natur, und bis in ihm dieser Entschluß zur Reife kam, verging eine geraume Zeit. Im Jahr 1812 nach seiner Vaterstadt zurückgekehrt, trat er in das Frankfurter Freicorps, und machte als Offizier die Feldzüge von 1813 und 1815 mit. Vor den Wällen von Straßburg, wo er mit seinen Landsleuten bivouakirte, die meist den niederen Ständen angehörten, scheint ihm die erste Idee zum Frankfurter Local-Lustspiel erwachsen zu sein. Die Unterhaltung, die dort am Wachtfeuer geführt wurde, mag häufig ebenso originell, wie die der Schoppengäste im Bürgercapitain gewesen sein, die man bereits mit Shakspear'schen Kneipscenen verglichen hat.

Nach beendigtem Feldzuge kam Malß wieder nach Frankfurt, wo er bei seinem älteren Bruder ein gastliches Dach fand. Es ist paradox, aber doch nicht anders: er war ein „lachender Philosoph,“ und — theils aus Kränklichkeit, theils als Mensch mit verfehlten Lebenszwecken — ein Hypochonder. Er kam nur mit der Familie seines Bruders in Berührung, und verrieth eine besondere Vorliebe für seinen kleinen Neffen; sonst aber lebte er wie ein Misanthrop völlig abgeschlossen von der Welt, ging selten aus, verpappte alle Fenster seines Zimmers, hackte sich selbst das Holz mit seinem Säbel, und studirte mit aller ihm eigenen Energie Mathematik und Latein, um sich für die Universität Gießen vorzubereiten, die er kurze Zeit darauf als angehender Architekt bezog. In Mainz fand er unter der Leitung Moller's die erste Beschäftigung bei öffentlichen Bauten, und später wurde er als Ingenieur beim Koblenzer Festungsbau dauernd angestellt. In diese Zeit fällt hauptsächlich seine wissenschaftliche Ausbildung. Er fühlte, wie er Manches nachzuholen hatte, und da er nichts weniger als ein einseitiger Mensch war, beschränkte er sich nicht auf sein Fachstudium, wohl aber gab ihm dasselbe Veranlassung, in die verwandten Fächer überzugreifen. So warf er sich auf das Studium der Kunst, der Naturwissenschaften und der Geschichte. Auch beschäftigte er sich mit Spezialien, die besonders Interesse für ihn hatten, mit den Militärwissenschaften, der

Costüm=Kunde 2c. Er bereicherte sich niemals aus Sammelwerken, er liebte das Quellenstudium nur zu sehr. An alten Chroniken, schweinsledernen Scharteken hatte er eine kindische Freude. In diesen Studien ging er völlig planlos zu Werk, sprang vom Hundertsten ins Tausendste, besaß aber ein Classificationstalent, das Alles zu sichten wußte, und einen guten Magen, der, soviel ihm auch zugemuthet wurde, Kraut und Rüben durcheinander verdaute. So ist er ein lebendiges Conversationslexicon geworden, das keine Frage schuldig blieb, ein geistreicher, witziger Gesellschafter, dem der Stoff nie ausging, der sich jedem Alter, jedem Stand, jedem Erkenntnißvermögen seiner Zuhörer zu bequemen wußte. Großartig war seine Kenntniß der Dialekte. Er unterschied genau zwischen einem Altgässer und einem Breitengässer, — so fein war sein Gehör. Es waren ihm außer sämmtlichen deutschen auch einige französische Dialecte geläufig. Von einem Dialect in den andern wußte er die schnurrigsten Ableitungen zu machen. Sein „Wörterbuch zum Bürgercapitain" ist eine Art Lustspiel. Es liegt unendlich viel Humor in diesem Antibarbarus, dieser Grammatik der Sprachverwirrung.

Das Unerklärlichste bleibt, wie und wo Malß den Frankfurter Mittelschlag, den er so charakteristisch zeichnete, studirt haben mag, da er an öffentlichen

Orten wenig zu sehen war, niemals Wirthshäuser besuchte, auch nicht als literarischer Anekdotenjäger mit der Schreibtafel über den Gemüsemarkt ging und Bonmots notirte, die er provozirt hatte. Er war eben Menschenkenner von Haus aus. Ebenso gut wie die Mittelschichten kannte er die höhern Stände und bedauerte häufig, daß es ihm durch die Verhältnisse nicht gestattet sei, die Frankfurter haute-volée, in der sich bekanntlich die größten Hampelmänner bewegen, auf die Bühne zu bringen.

Indem ihm die Frankfurter Theater-Actien-Gesellschaft die Direction des Theaters anbot, wurde Malß, nachdem er zuvor mit Moritz v. B. . . . . . eine Reise nach Wien unternommen hatte, angeregt, seine im Feld schon begonnene Posse „der alte Bürgercapitain" zu vollenden. Dieselbe ging am 13. August 1821 mit ungeheurem Beifall über die Bühne. Es war eine durchaus originelle Erscheinung. Der Bürgercapitain ist nicht der bekannte Maulheld, der in den Lustspielen fast aller Nationen eine stehende Figur geworden ist; er hat durchaus nichts mit dem „miles gloriosus" des Plautus, nichts mit dem „major of Garat" Foote's gemein; daß er aber diesen classischen Werken würdig zur Seite stehe, beweisen die gleichlautenden Urtheile zweier berühmter Frankfurter, die, ob sie sich gleich in den schroffsten Gegensätzen fortwährend begegneten, doch in dem Einen Punkt übereinstimmten: in der kritischen Anerkennung unsers lachenden Philosophen. Wir meinen Goethe und Börne.

Malß fühlte sich durch diese Würdigung ermuntert, und schrieb in der Folge die Hampelmanniaden, die im Frankfurter Bühnenrepertoir unentbehrlich geworden sind, und durch die Kunstreisen des Komikers Hassel aller Orten mit Beifall über die Bretter gingen.

Die Stellung eines Theaterdirectors ist nicht beneidenswerth. Wer die ewigen Plackereien kennt, denen er ausgesetzt ist, weiß, daß diese Carriere die unseligste ist, die ein Humorist ergreifen kann. Bei Malß trat der mißliche Umstand hinzu, daß er neben dem Directorium auch genöthigt ward, selbst Unternehmer zu werden, wodurch seine Lage immer schwieriger wurde. Seine Hypochondrie wuchs zusehends. Eine langsame Krankheit zehrte an seinen Lebenskräften. Fortwährende Beklemmung verursachte ihm die schrecklichsten Qualen. Er starb tief betrauert von Allen, die ihn kannten, am 3. Juni 1848.

Vorrede zur zweiten Auflage.

Die erste Auflage ist in wenig Wochen in Frankfurt und Umgebung gänzlich vergriffen worden. In aller Eile wurde diese zweite Auflage veranstaltet. Dieselbe ist ihrem Inhalt nach sehr stark vermehrt. Die überaus günstige Aufnahme, die die erste Auflage bei dem Publikum fand, muntert den Verleger auf, nunmehr die „sämmtlichen Werke" zu bringen, gleichwohl aber den alten Titel beizubehalten, an den sich das Publikum einmal gewöhnt hat. Nach dieser vorausgeschickten Bemerkung darf es Niemanden wundern, daß der literarische Nachlaß großentheils aus Briefen, Gesprächen, Vorträgen 2c. und nur zum kleinen Theil aus theatralischen Scenen besteht. Ueberdieß wird ein scharfsichtiger Leser sofort bemerken, wie grade diese Briefe, Gespräche und Vorträge eine solche Fülle von Humor enthalten, daß sie eher verdienen hervorgehoben, als hintangesetzt zu werden.

Der
alte Bürger-Capitain
oder
die Entführung.

Lustspiel in zwei Aufzügen.

Vorrede.

Es werd in der Weld viel Spas jetzt gemacht,
Drum war ich, Ihr Leut, uf aach ähn bedacht.
Er kimmt net von Minche, net von Berlin,
Aach net von Leipzig, net emol von Wien;
Bei uns in Frankfort, do is er geheckt,
Drum glab ich, Ihr Borjer, daß er Eich schmeckt.
Spas versteht er, des wähs ich recht gut;
Lacht iwer mein, er mecht kän behs Blut.
Es sagt schond e Remer vor Dausend Jahr,
— ridendo castigat mores
Des häßt uf Deisch ganz Sonneklar:
Lacht net bloß, denkt aach imer den Zores.
Drum hoff ich net, daß äner iwel nimmt,
Wann im Komedi zum Vorschein er kimmt;
Offezier, Ferschte, Kaiser un Judde,
Derke, Heide, Kabbezinerkutte —

Korzum des ganze menschliche Lewe,
Muß Stoff un Nahrung dem Lustspiel ja gewe.
Seegt äner er hätt sein Sach net doher,
Se sagt em, daß er e Lijener wehr;
Des Wahre scheppt jeder aus der Natur,
Er gibt em dann noch e anner Muntur,
Seegt er dann er het's selbersch erdacht,
Glabt's net, er hot wos weiß Eich gemacht,
Kän Dichter dicht so aus dem Kopp eraus,
Wann was Lewendiges er will schaffe,
Unner die Mensche muß er enaus,
Dann schafft er aach Mensche — kän Affe.
Derft mer net mehr die Mensche kopire,
Was blieb dann noch iwrig uffzefihre?
Langweilig mißt's ums Theater stehn; —
Mer mißt dann ins Hundskomedi gehn.
Des is mein Ansicht von dere Sach,
Es gibt noch e feiner, des wähs ich aach.
Es werd aach mancher Dummkopp sage,
Der het kenne was Gescheidersch mache.
E Gescheider werd's halte vor Bosse,
Die Fräd will ich em herzlich gern losse.
Mir thut er den greßte Gefalle dermit,
Duht er aach lache, so lach ich noch mit.

Em annern werd die Sproch net gefalle,
Des kennt awer nor e Auswärtiger sein;
Dann ze Frankfort redde So mer alle;
Gros, klän — ähner wie der anner so fein.
's Hochdeitsch is net de Frankforter ihr Sach,
Es reddes manche, es is aach dernach,
Un selbst im Kasino kimmt die Woor net vor,
Liewer Franzeesch — net wohr?
Fregt dann e Mann, der uff Weld sich versteht,
Wie hot er, odder was hot er geredd?
Es redd jo e jeder nach seinem Schnawwel,
Der Preiß seegt die Jabel — mir die Gawwel,
Der Franzos seegt Serviett — un mir Salvet.
Es redd jo käner, wie's geschriwe steht.
Wann ich mein Lustspiel het hochdeitsch gemacht,
Gewiß, es het Niemand driwer gelacht.
Hot dann des Hochdeitsch e Privilegium,
Dumm Gezeug ze mache un ze schreiwe?
Beinah selt mer mehne es wehr so drum,
Von Spas wehr nix Guts mehr uffzetreiwe.
For Bosse un Speß baßt unser Sproch aach,
So gut wie e anner, des is kän Frag.
E Prebge dervon wehr uffzeweise;
Net genug kann ich's lowe un preise, —

Es is der Prorekter*) grad wie er war;
Des Ding bleibt noch scheen in hunnert Jahr.
Der Bub, dersch gemacht hot, was gilt die Wett,
Des war, Ihr kennts glawe, kän Dummkopp net,
In unsern Buwe stickt e brechtig Blut,
Zieht ersche besser, se wern se aach gut.
Drum Vätter un Mitter, baßt allezeit
Uff, uff der Kinner Spiel un Lustbarkeit,
Dann wer die Sach vor änerlä helt,
Kennt net die Mensche, noch die Weld.
In de Spiele der Kinner do blinkt ihr Schenie,
Se sein ihr prophetisch Bijegraphie;
Es hot gewiß meistens der Bunebart
In friher Jugend Saldatges gespielt,
Un sein Kamrade in ihrer Art,
Hawenen als Derann recht gefihlt.
Der Mozart hat als Kind von neun Johr,
Mer sellt beinah mehne, es wer net wohr,
Konzerte kombenirt, aus ägenem Plesir,
Se sein besser, als manche Alte ihr.

---

*) Ein Schulgespräch in Frankfurter Mundart, das vor ohngefähr 26 Jahren von einem Primaner geschrieben worden: es ist voller Originalität und in seiner Art klassisch. Der Verfasser gesteht gerne, daß diese Kleinigkeit ihm die erste Idee zu gegenwärtiger Komödie gab.

Der Schiller war aach noch so halbwechsig,
Wie die Räuwer er hot zum Vorschein gebracht;
Es is manches drinn iwwerrechsig,
Doch wie gros wie erhawe is es gedacht!
Noch en Dichter nenn' ich Eich gern:
Es is der Geethé*) mit Orde un Stern.
Der zehlt wähs Gott for mehr als for Sechs,
Un is doch aach nor e hiesig Gewechs.
Uff'm Herschgrawe sieht mer noch des Haus,
Wo er gebohrn is, — es sieht wie e annersch aus.
Es geht im Dag e manchér verbei,
Guckt enuff un denkt nix derbei;
Dem war als Bub des Boppespiel sein Spas.
Er hot's selbst gespielt. — Wer wisse will, was?
Der lese die Lehrjahrn un sein Lewe,
Die kenne am Beste Auskunft gewe.
Doch wie als Dichter der schond war gekreent,
Wer hette vor Zeit des wohl gemeent,
Mecht er aus dem Faust, dem Boppespiel,
E Dragedie voller Krafft un Gefihl.
Es duht aach in dem scheene Gedicht,
Manch scheen und trefflich Bildge vorkomme.

*) Goethe.

Dem mer ganz klar und deitlich ansicht,
Er hot's aus'm Frankforter Lewe genomme.
Es wärn noch der Jahre viele vergehn,
Eh e Frankforter widder so was mecht.
Ach! die Verscht — wos sein die so scheen!
O Weh! wos sein Mein dergegen so schlecht.
Verscht wärn bei uns ziemlich viel jetzt gemacht
Un mit Reime sich Dag un Nacht geplagt,
Es deht awwer Noth mer steckt an die Lichter,
Ze suche in dene Verscht die Dichter.
Ich muß mich jetzt gehorschamst empfehle,
Kann mich mit Verscht net länger mehr quele.
Es is emohl so e Brebge gewest,
Drum hoff' ich, daß er mit Nachsicht se lest;
Ich bin jo kän Dichter von Profession,
Im Verschtmache hatte ich nie Lection;
Es is nor so e Newegescheft,
Dervon mer sich wenig odder gar nix keft.
Mein Name brauch ich Eich net ze nenne,
Ich wäh's, es duht mich doch e jeder kenne,
Doch so viel sag ich Eich noch ganz geschwind
Daß ich bin und bleib e Frankforter Kind.

Frankfurt im Februar 1824.

Bei späteren Aufführungen des Bürgercapitains auf hiesiger Bühne fand man es angemessen, vorstehende Vorrede als Prolog von dem Leibschützen Miller sprechen zu lassen, zu welchem Zwecke durchweg für ich und mich man (Frankfurtisch mer) und statt der letzten vier Verse nachstehender Schluß gesetzt wurde.

Es braucht sich aach Niemand ze scheeme,
Wär er studirt, odder gar von de Vornehme,
Wann er gelacht hot aus Herzensgrund
Iwwer des Stick — denn lache is gesund.
Zu dem hot mer aus sichern Quelle,
Daß aach der alt Herr Geethé driwwer gelacht,
Wer hett' nor noch denke selle,
Daß uff so en Mann, des Ding en Eindruck macht.
Hier dorch awwer sieht mer, daß wann er schond lebt drauß,
Der Frankforter noch net is aus em eraus,
Es verlägent ja käner so leicht sein Geschlecht,
Selbst wann er im Stich läßt sein Borgerrecht. *)
Jetzt hoffe mer awwer, daß aach in Eich
Noch die alt Frankforter Lustigkeit stickt,
Halt er Eich aach net zum dreißigste mal **) die Baich,
So wern mer doch heint mit Ihne Ihrem Beifall beglickt,
Dann des Lisi, der Miller, des Gretche, der Kabbedehn',
Wern duhn ihr Schuldigkeit — — Ich meen!

---

*) Goethe gab sein Bürgerrecht auf.

**) In der dreißigsten Vorstellung.

Der
alte Bürger-Capitain
oder
die Entführung.

Lustspiel in zwei Aufzügen.

Personen.

Kimmelmeier, Gastwirth und bürgerlicher Capitain.
Lieschen, seine Tochter.
Gretchen, seine Nichte.
Weigenand, Doktor in spe, Lieschens Liebhaber.
von Darowitz, Cornet bei einem Freicorps.
Miller, Leibschütz des 15. Quartiers.

Eppelmeier,	Bürger.
Dappelius,	
Knorzheimer,	
Schmuttler,	
Leimpfann,	

Ein Buchdruckergesell.
Drei Mägde.
Drei Knechte.
Zwei Tambours.
Zwei Pompiers.

(Die Zeit der Handlung d. J. 1814.)

Erster Aufzug.

Erster Auftritt.

(Die Bühne stellt die Wirthsstube des Capitains vor; vorn links ein Fenster auf die Straße, rechts eine Seitenthür in des Capitains Zimmer, auf derselben Seite ganz im Vordergrund ein langer Tisch und Stühle für die Schoppengäste; gegenüber nahe am Fenster sitzen Lieschen und Gretchen mit weiblichen Arbeiten beschäftigt.)

Lieschen. Wo nor der Vatter bleiwe duht?

Gretchen. Was fregst de mich? Mir seegt ersch net, wo er hin zeht.

Lieschen. Mer werd doch froge derfe; es kennt ja sein de wißt's. No — loß nor jetz gut sein. — Der Mann is de liewe lange Dag uff de Bähn, wo ersch gar net braicht, un wo ersch noch owedrein net vertrage kann mit seim Gicht. Awer sag emohl selbst Gretche, des Lahfe, des is sein änzig Frähd, un die muß mer'm gunne. — Sein Kabbedehnschaft hot dorch de Primas aach e End gemacht krieht, so daß er jetzt nix mehr hot, als wie die Spritze im Kwatier.

Gretchen. Un is Kwatier-Vorstand — un Brunnemähster.

Lieschen. Ja un Bennergeschworner. — Geb emohl der Schawell en Stumper. (Gretchen schiebt Lieschen mit dem Fuße den Schemel zu.) — Sag emohl, wie warsch dann gestern uff dem Bahl hinner der Roos, schehn odder aach net?

Gretchen. Ach so scheen! awer e bißi ze voll un aach ze gemähn; 's is gar kän Uffsicht bei de Billietter; so nach zehe witscht allerlä Gezeig erein.

Lieschen. Guck, ich bin bloß dem Weigenand ze Gefalle dehäme gebliwe, dann guck der aarm Schelm greemt sich gar ze sehr, wann ich danze gehn un er is net derbei; er hot awer aach recht, dann so wie's zehe Uhr verbei is, do lafe schon unser vornehme junge Herrn im Saal erum, redde Franzeesch, lache iwer unser ähn, gucke e jed Medge ins Gesicht, daß es e Schann is, un halte sich iwer Esse un Drinke un die Musik uff; do kann gar kein hanett Medge mehr do bleiwe. — 'Sis e Schann for so scheene Herrn, sich so uffzefihrn, wo doch so viel Geld an ihr Erziehung verschwend werd. (Eifrig) Awer mer selts net mehr leide; es is ja e geschlosse Gesellschaft. Ich wolt e mohl sehe wann unser ähns uff ihrn Kasinobahl keem was es do geeb. — Ei nor der Weigenand sellt emohl hin gehn, un wann mersch recht beim Licht betracht, so hot mein Aagust dreimohl mehr Condewitte, als so e stolzer Kaafmanns-Sohn. Ach! es is gar e gut Kerlche, mein Aagust, guck un so gescheid, un guck un hat mich so lieb, guck des Lewe lest er for mich, un daß er doch nor e fremd Medge angucke deht. Gestert noch hawich en Freiwillige gefrogt, der mittem im Feld war, der hat gesagt, mit Medergern het er sich gar net abgewe.

Gretchen. Des glab der Deiwel, awer ich net. Do mißt mer die Mannsleit net kenne! Verspreche duhn se viel, awer halte wenig; un derzu die Frankforter. — Ja wann's noch e Fremder wehr.

Lieschen. Netwohr weil dir e Fremder die Kur mecht. Apripo! hot der Vatter noch nix gemerkt?

Gretchen. Ach geh eweck! du meenst, des Husärche? wo wern ich mich mit em Offezier abgewe, der heirath ähm doch net. Spas mach ich gern mittem, dann er is gar ze lustig, un er redd' so aartlich, so fremd. Un wann mer aach so eme Mensche e freindlich Wort gibt, was is dann des? des muß mer jo schond der Kundschaft halwer duhn.

Lieschen. Ach Gretche, was bist du for e Medge! mer sieht recht, was de for gute Freindinne host. Laß dich um Gotteswille von der Kurmacherei eweck un bleib ähm getrei, der dich aach heirathe duht. Du kannst e mal dein ganze gute Ruf vrrliere; un was hat e Medge bessersch als den?

Gretchen. A loß! des is mein Lewe, wann ich recht lustig unner vornehme junge Leit bin, un kann mich recht fein unnerhalte un so e Paar in mich verliebt mache, des is mein ähnzig Frähd; mer erfehrt doch do aach, wie sich e Frauenzimmer compertire muß.

Lieschen. Ach, Gretche wie dauerscht de mich, daß de so denkst! des is net der Weeg zum Glick. Aehn gern hawwe, un immmer an den denke, alle Dag neue gute Aegenschafte an em entdecke, en alle Dag liewer hawwe, und endlich gar net mehr von em losse, deß is e Frähd, die mer gar net beschreiwe kann, wanns ähm net selbst emal so war.

Gretchen. Ich verstehn dich! — Geh mer nor mit deim Aagust, der wehr nix for mich. Galant is er gar net; ich hab noch net gesehn, daß er der Ebbes kaaft hot, en Kamm, e Schälche odder sonst so was Klänes. Do is zum Beispiel der Herr Leidenamt ganz annerschter, der hot immer Confect bei sich, waart mit allerlä uff, un is des net, so brengt er mer Bicher aus der Lesbibledeek for die Bildung.

Lieschen. Mein Aagust hot mer schond so oft Presenter mache wolle, awer des leid e orndlich Medge net von eme Mensche, den se lieb hot. Ich hab sein Herz, un bin zufridde. Un e Mensch wie mein Aagust, der werd schon e Versorjung finne; un so wie er die hot, so hot der Vatter nix mehr einzewenne.

Gretchen. A bapperlabab, wer werd so frih heirathe! des häßt sich jo die schenst Zeit von seim Lewe verderwe. Es kann sich e Medge in ihrm leddige Stand noch viel Plesir mache, die se sich als Fra vergehn losse muß. — Die Stub ze reiwe, die Fenster ze buzze, Kinner ze wesche un schlofe ze lege, un en besoffene Mann ins Bett ze braklezire, doderzu is noch immer Zeit. Hat mer aach iwer mich resennirt, ich het mich mit vornehme junge Herrn abgewe, so nemmt mich doch noch e Handwerksmann un kann Borjer uff mich wärn.

Lieschen. Hehr uff mit deim Geschwetz, es werd mer iwel! Ich wähs doch, daß es dein Ernst net is. Awer ähns gremt mich doch Gretche, du gehst in gar kän Kerch mehr; du bist am Sunndag erscht widder dernewe geloffe.

Gretchen. Es is net wohr, ich war dehäm, un hab anere Garnirung geneht. Gearweit is aach Kerch gehalte.

Lieschen. Des is nu net wohr Mamsell. Der Wärkdag is for die Arweit, un der Sunndag for die Kerch.

Gretchen. Wie kannst de nor so schwetze in unsere uffgeklehrte Zeite?

Lieschen. Schwei still, es is nix mit der Uffklehrung! der Weigenand hot mersch lang un brät aus ennanner gesetzt; er hot gesagt, mer mißte widder fromm wärn, wie unser Alte warn, sonst megte mer uns stelle wie mer wollte, mer brechte's zu nix. Ach! er hot so scheen gesproche wie e Kandidat, noch schener, dann guck, er is ganz hitzig worn un hot so en rothe Kopp kricht.

Gretchen. Ja des is aach so e Scheinheiliger; un du, du läßst doch nor de junge Parrer ze gefalle enein. Bei de alte Parrer is es mit Nedergern gar net besetzt.

Lieschen. Geh eweck mit deinem Lästern, du bist schon halb verlohrn. Ich gehn Sunndags in mein Kerch, mach du was de willst. Ach Gretche geh doch nor ähmol widder mit. Guck am Sunndag hawich e Preddig in der Spitalskerch geheert, so hab ich noch niemals ähn gehert, es war der Parrer Kraft, der se gehalte hot; lang hat se net gedauert, es is kän Wunner, dann er soll se von der Kanzel erunner aus dem Kopp gehalte hawwe; es hot se e Jedes verstanne, un Alles hot geflennt, sogar der englisch Gummi, der mit seine vier Zwerreck an der Diehr gestanne hot, ich bin dem Mensche seitdem lang net mehr so bees. Guck, Alles wor veränigt. ich glab die greste Feind hette sich verziehe. Er hot grad von der Feindschaft gepreddigt, wie sich die Mensche ennanner lieb hawwe mißte, un wie mer uff die schwache Sinder net an ähmfort druff los resonnirn sellt, sonnern, wie mersche suche sellt zu bessern.

Gretchen (beklommen). Ach los gut sein! Ich ging gern emohl widder mit, awer, ich bin so lang net drin gewese, ich ferchte mich orndlich.

Lieschen. Ja so geht's! Umsonst hot's unser Herrgott net so gemacht, daß mer den siwete Dag Gottes Wort heern soll; dann der Mensch is net do druff eingericht, daß er ohne Schadde viel bese Gedanke lang in sich behalte kann; deswege is es gut, wann sem wechentlich ausgetriwe wern. Ich wähs es, es is ähm noch der Kerch immer so leicht. —

Gretchen. Nemmst de mich mit bis Sunndag?

Lieschen (voller Freude ihr die Hände fassend). Ja gewiß! Bleib mer awer nor bei dem gute Vorsatz, un währ mer net wankelmithig, wie geweneglich.

Gretchen. Nä! — (Läuft ans Fenster.) Guck emohl geschwind Liesi, do reit der Werthssohn von Nidder-Linkenem der bei Gebrider Hampelmann Gummi wor, der is jetzt e Ruß; was er en Schnorrbart hot, — er is Kriescummesähr.

Lieschen. Wann mer uff all die Schnorrbärt gucke wollt, die mer jetzt sieht, do het mer viel ze duhn.

Gretchen. Awer guck nor, ich bitte dich, wos der sein Gaul springe leßt — un die Schildwacht bresentirts Gewehr. — Was es doch e Mensch in der Welt weit brenge kann! — Wer het sich von dem so was vor zwä Jahr träme losse! (Sehr vergnügt.) Er mecht mer e Komblement, guck nor Liesi! (Sie nickt wieder.) Des is scheen, wann mer sein alte Freindinne nicht vergeßt. Es is e scheener Mensch, — die Ahneform steht em recht gut, guck nor!

Lieschen. Ich hawe kän Gedanke do druff.

Gretchen. Wos kimmt do vor e Menschespiel die Gass' erunner?

Lieschen (geht ans Fenster). Es werd die Barzenelle sein.

Gretchen. Nä, es rumpelt mer doch so viel derbei. —

Lieschen. Es sein gewiß räsende Engelenner mit Postwäge wo die Frauenzimmer uff dem Bock sitze un lese, un die Herrn hinne druff stehn.

Gretchen. Es sein die Kwatierspritze, die wärn widder ins Spritzehaus gefahrn; es is grad vier Uhr, do lahse so viel Buwe mit.

Lieschen. Do kimmt ja aach der Vatter mit dem Leibschitz.

Gretchen. Wo dann?

Lieschen. Do; siehst' en net?

Gretchen. Ach ja, do steht er. Alleweil mache die Herrn Spritzemäster ihr Comblement. —

Lieschen. Un der Herr Stadtbaumäster.

Gretchen. Alleweil geht er dem Haus erein.

Lieschen. Des Butzi mecht schond sein Spring der Trepp eruff.

Zweiter Auftritt.

Die Vorigen. Der Capitain. Der Leibschütz Miller.

(Letzterer öffnet die Thüre, der Capitain tritt gravitätisch herein.)

Lieschen. Gun Dach Vatter! } zugleich.
Gretchen. Gun Dach Herr Unkel! }

Capitain. Guten Dach, ihr Mederchern! — Des war widder e stermischer Morjend heint Morjend — kähn Ageblick Ruh.

Miller. Ja Herr Kabbedehn, des is net annerschter! Die Spritz will aach browirt sein, so gut wie e Kumedie, awer e Kunzert.

Capitain. Er hot' recht Millerche. Es war aach e recht Schauspiel. Wie majestätisch des Wasser net gen Himmel gespritzt is! Bis iwern englische Hof enaus, Gott solls wisse! Warum warn dann der Herr Ariedant Rosestengel nicht derbei?

Miller. Se warn zu Haus, se hatte ewens dringende Geschäfte.

Capitain. Ja zu Hause werd er geweßt sein, do werd er aach drinkende Geschäfte gehatt hawe.

Lieschen. Vatter Sie sin ja uff dem Buckel ganz naß.

Capitain Halts Maul, Hahlgans, un unnerbrech mich net, wann ich von Stadtangelegenheite redde duh. Awer Millerche heint hot mer widder recht gesehn, wie's in der Welt zugeht: die zwä Schläich hawe gerennt, die Pump war eingerost — korz nix war in seiner Verfassung.

Miller. Ja Herr Kabbedehn, ich wäß net, es is heint ze Dag gar kän Uffsicht in dene Sache mehr; e jeder mecht nordst was er will, vorablich die Hahnzeler. — Awer Gott verdamm mich, Herr Kabbedehn, des Wasser läft dem Ihne Ihrige Buckel in Streme erunner.

Capitain. Ich kann mersch schond denke — des wor der ohfig Atzelberjer, der hot mer e mohl den Schlauch uff den Buckel gehalte. Wann nordst bei dene Bumpjeh morliteerisch Ordnung wehr, wie beim Landstorm, Gott selt's wisse! er mißt mer uff die Mehlwaag.

Gretche heng e mohl mein Hut an die Wand (reicht ihr den Hut). Liesi, do is mein Barick und do mein Rock (er gibt Lieschen Perücke und Rock mit feierlichem Anstand). Millerche mein Schlofrock, (Der Leibschütz bringt mit vieler Ceremonie einen Schlafrock und zieht ihn dem Capitain an.) So — (er setzt sich in den Lehnstuhl, kleine Pause.)

Lieschen. 'S mer alle mohl Angst, wann die Spritz browirt werd, gewehneglich brennts bald druff.

Capitain. Do dervor wolle uns Gott bewahrn; awer wanns doch den Winter noch der Fall sein sellt, se wünscht ich es deht Morje brenne, weil grad jetzt die Anstalte so scheen derzu getroffe sein. Do kennt mer sich widder recht auszächene. — No wie is, ihr Mederchern, is noch Niemand do gewese?

Lieschen. Nä.

Capitain. Kän Mensch?

Gretchen. Nä kän Mensch.

Capitain. Aach net der Weigenand?

Lieschen. Nä liwer Vatter.

Capitain. Ich sage dersch Lies, des Ding mit dem Weigenand wird mer ze arg. Der Mensch läft den Dag zwanzig mohl am Haus vorbei, un kimmt zehe mohl eruff. Wann de mer kän End draus mechst, se derf er mer net mehr ins Haus.

Lieschen (etwas naseweis). Die Werthsstub kenne se'm doch net verwehrn!

Capitain. Awer Dir kann ich se verwehrn: korz der Weigenand, des is kän Mann vor dich, der kann kän Fra ernehre.

Lieschen. Wann er awer e Amt krieht, derf ich en do heirathe?

Capitain. Ja, baß uff, sie wern dern dutzwitt zum Sengnater mache.

Lieschen. No, wer wähs; mer hot schond ganz annern Sache erlebt. Ich wartenem, und selt ich waarte so lang bis ersch zum Stadtschultes gebracht het; ich nemme kän annern.

Capitain. Des werd sich seiner Zeit ausweise. Jetzt awer leid ich so kän Liebhawersch=Commersch in meim Haus.

Dritter Auftritt.

Die Vorigen. Ein Buchdruckergesell.

Buchdrucker. Herr Kwatiervorstand. —

Capitain. Was? hier is net von vorstehn die Redd! Kabbedehn bin ich, wann ersch wisse will.

Buchdrucker. Nor nix vor ungut, Herr Kabbedehn, do sein Dausend Verordnungen aus der Druckerei, de selle heint noch im Kwatier erum gewe wern.

Capitain. 'S is gut! (bei Seite) hot aach Zeit bis Morje.

Buchdrucker (geht ab).

Capitain. Miller! guck er emohl was es is.

Miller (besieht eine Verordnung). Es is von wege der Inkwatirung. Wer en Offezier im Kwatir hot, der soll en uff dem Kwatir-Amt erbeigewe. Der Stadtkunmedant hots befohle; es gewe sich so viel for Offeziern aus, die gar kän nicht sein, un duhn sich bei den Borjer lege.

Capitain. Gut! Laaf emohl gleich enuff uffs Kwatir-Amt un sag, mer hätte so ähn, mer wißt gar net recht, zu welchem Kohr er geheern deht, es wer e halwer Ruß un e halwer Preiß. Schon vier Woche leg er bei uns.

Gretchen. Gleich Herr Unkel! (bei Seite) Mein Husärche? des wern ich scheen bleiwe losse, des derf mer net auskwatirt wern. (Ab.)

Capitain. Do werd mer doch aach emohl die ewig Unruh los, die klän Krott mecht en Spektakel im Haus — —

Vierter Auftritt.

Die Vorigen. Der Cornet.

Cornet (Säbel und Tschako beim Hereintreten auf einen Tisch werfend). Das war mal wieder eine Attaque gewesen, aber ich habe die Kerls Mores gelehrt.

Capitain. No was hot's dann schond widder gewe?

Cornet. Stellen Sie sich vor lieber Capitain. Gestern war ich in dem Theater, man gab die Jungfrau von Orleans, eines der besten Kunstwerke für die deutsche Bühne. — Nun können Sie sich wohl denken, daß wenn man dieses Stück in Berlin, auf einem Berliner Theater, von Berliner Schauspielern gesehen hat, man es unmöglich in Frankfurt ansehen kann. Jott strafe mir! die Kerls spielen man so steif, und deklamiren so schlecht. — Ach Capitainchen, von Mir mußten Sie mal den Talbot sehn — Wundervoll! Na, wieder zur Geschichte: ich stand im Parterre, neben mir ein Mensch in Civilkleidern mit einem Schnurrbart, welcher sich einige Raisonnemangs über das Stück erlaubte, aber uff Ehre, so unsinnig und ungebildet, daß man auch nicht eine Spur von Bildung an ihm bemerkte, welches ich ja von jedem gebildeten Manne verlange. — Im Zwischenakt sagt' ich ihm: wie in Teufels Namen können Sie, mein Herr, an dieser uff Ehre erbärmlichen Aufführung Geschmack finden? Die Schauspieler reden ja nicht mal schrift-teutsch! Was geht das Sie an, mein Herr? sagt er mir. Herr, hab ich ihm darauf geantwortet, Jott strafe mir! vergessen Sie sich nicht, ich bin Leutnant der Teutschen Legion, ich hab für die jute Sache gefochten, Teutschland befreit.

Capitain. Des is schond oft do gewese.

Cornet. Kurz und gut, Ein Wort gab das andere; er war Offizier und Edelmann, ich forderte ihn, wir schlugen uns, aber, strafe mir ein juter Jott! ich hab' ihm eene ausgewischt, jomme il faut.

Capitain. Er lebt doch noch?

Cornet. I, ja, er lebt noch, wird aber in der Folge schon höflicher sind.

Capitain. Miller, mer misse jetzt noch den bewußte Gang duhn. (Zu Millern leise): Ich muß nordst mache, daß ich von dem osige Babbelmaul fortkomme. (Geht mit dem Leibschützen ab.)

Fünfter Auftritt.

Der Cornet. Lieschen.

Cornet. Na, Mademoiselle Lischen!

Lieschen. No, Herr Leidenamt!

Cornet. Sie beseelt doch immer dieselbe Stille, dieselbe Gelassenheit, dieselbe Anmuth, dieselbe —

Lieschen. Ich bitt' Ihne, schweie se Herr Leidenamt, ich hab Ihne schond oft gesacht, daß ich kän Kombelementer net leide kann.

Cornet. I du meine Jüte, das sind keene Complimente nicht, Wahrheiten sind's man — A propos! Wie kömmt's, daß Mademoiselle Gretchen nicht hier ist?

Lieschen. Sie is nor wohin, werd awwer gleich widder do sein. Sie wern verzeihe, der Vatter rieft. (Läuft schnell ab.)

Sechster Auftritt.

Der Cornet (allein).

Na uff Ehre, wenn mich Eene nich leiden kann, so ist es diese, aber um so besser stehe ich bei der Nichte angeschrieben, die hab ich schon ziemlich kirre gemacht. Das Mädgen ist, Jott strafe mir! verliebt wie eine Gatze. Die muß mit, wenigstens bis Leipzig, da kann man sie wieder retour schicken. Laß sehen, ob mir heute mein Proschekt gelingt, sie zu einer Entführung zu beschwatzen. Vorgearbeitet habe ich, glaub' ich, schon ziemlich gut, mit Romanen aus der Lesebibliothek. Stille, es kommt jemand singend die Treppe herauf! — Ich kenne die Stimme, es ist Gretchen, der kleine, süße Schelm.

Siebenter Auftritt.

Der Cornet. Gretchen.

Cornet (auf Gretchen zueilend, ihr die Hand küssend). Schönes, einziges Gretchen —

Gretchen. Ich bitt' Ihne.

Cornet. Sie waren man ausgegangen?

Gretchen. Ja, un wann Se wißte wo.

Cornet. Na?

Gretchen. Deß seegt mer net eso.

Cornet. Wenn ich dir aber bitte, Gretchen?

Gretchen. No ich will der'sch nor sage. Du host selle auskwatirt wern —

Cornet. Ich ausquartirt? Mir ausquartiren? Wer mir ausquartiren?

Gretchen. Ei, des Kwatiramt —

Cornet. Donner und Doria! — Das Quartieramt wird's man bleiben lassen, ich bin Offizier, und einen Offizier von der tapfern Legion, einen Sieger von Moskau, von Lützen, von Culm, Bautzen und der Katzbach wird man nicht ausquartiren. (Er greift nach dem Säbel.) Jott verdamme mir! ich muß hin, die Kerls rannschiren —

Gretchen. Um gotteswille net!

Cornet. Kein Pardon!

Gretchen. No hehr nor, ich bitte dich, besinn dich, was de duhst.

Cornet (bei Seite). Ja! ja! ohne Zweifel ist der Stadtkommandant mir auf der Spur und will meinem Leutnantsthum ein Ende machen. Eine infame Geschichte! es ist aber ernstlich Zeit, daß ich fortkomme. (Er eilt auf Gretchen zu und faßt ihr beide Hände.) Nun erzähle weiter Gretchen, und verzeih mir meine Hitze. Sieh, Engelsmädgen, wenn ich man in der Rage komme, so kenn' ich mir selber nicht.

Gretchen. No ich warn uff dem Kwatiramt, un hab gesorgt, daß de noch bei uns bleibst, Lieber.

Cornet (voll Entzücken). Himmlisches Mädchen! (affektirt schwermüthig) Schade nur, daß vielleicht sehr bald wir uns trennen müssen. Grausames Schicksal, du willst nicht haben, daß Gretchen die Meinige werde.

Gretchen. Wie?

Cornet. Treffliches Gretchen, ich kann Dir es länger nicht mehr verhehlen; ich muß eilends Frankfurt verlassen. Mein Vater will, daß ich sogleich auf eins seiner Jiter reise, um die Verwaltung desselben zu übernehmen.

Gretchen. Ach, was mechst de mich so unglücklich!

Cornet. Süßes Gretchen, folge mir dahin!

Gretchen. Ach! mit der gehn — Nä, mein Lebtag net. —

Cornet (zärtlich). Gretchen!

Gretchen. So lieb ich dich hab, awer ich thu's net.

Cornet. Aber das Glück unsers Lebens hängt davon ab. Und wenn du bleibst, welche Zukunft erwartet dir in diesem Hause? Sieh Gretchen, du reisest mit mir auf das Jut, dort sorge ich für unsere Trauung durch unsern Pastor. Wir reisen zu meinem Vater, werfen uns zu seinen Füßen, er verzeiht — und du bist ewig die Meine!

Gretchen. Ach! thu mer net so weh, mach mer'sch Herz net so schwer.

Cornet. Jott strafe mir! Gretchen, ich lese in deinen holden Augen, du willigst ein.

Gretchen. Kann ich annerscht: ich hab dich zu lieb.

Cornet. Na, so laß uns auch die erste beste Gelegenheit benutzen, zu entfliehen.

Gretchen (beherzt und freudig). Bis Sunndag, wann Alles in Bernem is. — .

Cornet. Ja wahrlich, ist nur das Haus einmal rein, für Postpferde stehe ich dann. Du wirst mal Augen machen, wenn du die Residenz siehst, und meine Jiter.

Gretchen. Ich höre kommen!

Cornet. Laß uns das Nähere hier neben besprechen.

(Beide gehen durch die Seitenthüre links ab.)

Achter Auftritt.

Weigenand (allein).

Wenn ich nicht irre, so hört' ich eben den verdammten Deutsch-Russen, oder was er sonst ist, hier sprechen. — Sprechen? Lärmen, wollt ich sagen, denn der Bursche lärmt, prahlt und schreit nur. — Dem Kerl ist auch nicht zu trauen, er macht den Mädchen hier im Hause die Köpfe toll. Mag er — immerhin; mein Lieschen macht er mir nicht toll, denn das liebe, gute Kind liebt nur mich. Sie ist so gut, so sanft, so anspruchslos. — O! ich Glücklicher! — — Wenn nur der alte Capitain nicht so wunderliche Ideen hätte. — Je nun, ich kann's ihm nicht verdenken, daß er sein einziges Kind mir armen Teufel nicht auf gerade wohl geben will. Nur Geduld! eine Versorgung wird wohl auch kommen, und wenn die nur einmal da ist, da ist auch Lieschen mein. — Ja so denke ich — ob aber der alte Capitain auch so denkt, das ist noch eine große Frage. Warum sollte er es aber nicht? — — — Er wird doch sein Lieschen am Ende keinem Andern versprochen haben? Das wird sich am besten zeigen, wenn ich geradezu um ihre Hand bitte. — Frisch gewagt ist halb gewonnen! (Ab in das Zimmer des Capitains.)

Neunter Auftritt.

Miller (allein).

Ich hob's ja immer gesagt: der Herr verleßt ähm net. Gott Lob, Morje is e Leicht! Der Herr Fennerick Zipper is schon widder gestorwe. Es is, Gott strof mich, traurig! Frisch un gesund hot er sich ins Bett gelegt, un doht is er widder uffgestanne. — Es war gar e braver Mann, Gott hob en selig; wann ich nordst noch an sein letzt verwiche Fennerichs-Mohlzeit gedenke, des wor e Mohlzeit, wie seit Kindskinner is kän gehalte worn, un wie seit Kindskinner kän werd gehalte wern. — Zwä Mähne voll Brohte hot mein Fra häme gebrocht, benebst verzehn abgängige Botelle Wein, die noch voll worn, un ähneverzig Spahn-Säuerchern sein in allem verzehrt worn. Gott im Himmel, wos is for e Vorschelinern Dellerspiel druff gange! dann mir Menner, mir Leibschütze und sonstige Perschone vom Vorjermeletär, die uffgewahrt hawe, mir hawe kän sonnerlich Attanschion uff die Deller gewe kenne. — Wie die Herrn Vorjeroffezier emohl e bisi lustig worn, do hawwe se mit uns ihren Schawwernack getriwwe; mir hawe se Werscht in die Batrandasch gesteckt; do hawich en awer gesagt: Meine Harrn, wann's Ihne Vergnige mache duht, so stecke se immer zu, dann mein Batrandasch is Worschtdicht. Hä! hä! hä! hä! — — Ich glawe nu ganz bestimmt, daß wann mer die Harrn selwige Obend in e feindlich Land gebrocht hett, se hette des Kind im Mutterleib net geschont. — Von dem seelig verstorwene Herrn Fennerich seim Herr Schwoger, dem Herr Derrgemißhenneler Batzeläb, die warn domoliger Zeite Ariedant bei der Oddelawantgard, hab ich von der Fra Liebste en Dukkate Dosehr kriehbt, weil ich den Herrn Ariedant so glicklich hähme geliwert hat. Sie hatte sich damals sehr iwernomme — No des kann awer dem scheenste Mann basirn. Wann mersch nordst morje net aach eso geht:

des Fleisch ist schwach, häßt's in der Schrift, und beiere Leicht, do werd aach orndlich zugesproche, zemohl wann dem Verstorbene seelig sein Gesundheit getrunke werd; und Owends vom Drehnemahl will ich ganz schweie. Die Leicht werft mer doch was scheenes ab. Zwä Gulde zwä e Verzig fors Lähd anzesage; zwä Gulde zwä e Verzig als Kreitztreger — dann lehn ich die Däge und liwer die Flehr, des mecht aach als e Guldener Finf. Un die Zitrone die nemm ich an Zohlung widder retur, do werd den Awend Bunsch dervon gemacht. Ach! deht nor alle Woch ähner abfahrn, die Leibschitze dehte aach bald Heusercher uff Spikelation baue.

(Weigenand und Lieschen kommen betrübt aus des Capitains Zimmer.)

Aha! un do, do riech ich e Hochzeit, werd widder verdient un wo's Hochzeit is, do is bald Kindtaaf, do steht unserähner in der Staatsmuntur hinne uff der Kutsch; mecht aach widder en Browenner. Jetzt gehn ich zum Harr Kabbedehn mit der Melding von de heuntige Vorfallenheite. (Ab in des Capitains Zimmer.)

Zehnter Auftritt.

Weigenand. Lieschen.

Weigenand. Ach!

Lieschen (seufzt ebenfalls).

Weigenand. Gar keine Hoffnung soll ich mir machen, sagte er!

Lieschen. A loß! des Hoffe kann er uns net verwehre ich bleiwe der trei, un wann's noch e Johr dauert. Ich kenn, mein Vatter, er is net eso bees, als wie er duht; am End krie mer uns doch noch enanner. Ich hab noch kän Comedi gesehn, un noch kän Buch gelese wo's net aach so komme wehr.

Weigenand. Liebes Lieschen, du hast Recht — Geduld, Liebe und Treue müssen jetzt unsere Losungsworte sein.

Lieschen. Ach am End segt er doch Ja, wann er nor emohl sieht, daß — — —

Weigenand. Daß ich Etwas bin. — Höre Lieschen mit dem Doctorwerden wird's nun auch bald vor sich gehn. Das Geld dazu habe ich beisammen — und dieß ist die Hauptsache. Und hier (auf den Kopf deutend) ist in fünf Jahren auch manches zusammen gescharrt worden.

Lieschen. Ja Doctor, des is awer nix bei der Stadt!

Weigenand. Freilich nicht, aber es ist das Mittel vorwärts zu kommen. Un wenn ich den Versicherungen meiner Gönner Glauben beimessen darf, so ist nach erlangter Doctorwürde mir eine Anstellung gewiß.

Lieschen. Ach! des is ja herrlich — Awwer heer, um ähns muß ich dich doch noch bitte. —

Weigenand. Nun?

Lieschen. Du mußt net mehr so oft ins Haus komme, des meegt den Vatter noch volligster bees mache.

Weigenand. Ich dich nicht mehr sehen! — Nein, nimmermehr!

Lieschen. Des kann ja doch geschehe. — Du wäßt, ich bin beinah alle Awend bei meiner Fra Geetche, do kannst de mich jo immer hähme führn. Wart nor so gegen Acht am Eck von der Hasegaß.

Weigenand. Ei! ei! so fromm und doch so listig — Es bleibt dabei, morgen Abend halb Acht gehe ich auf meinen Posten. Leb wohl! (Ab.)

Elfter Auftritt.

Lieschen (allein).

Ach, was is des for e braver Mensch! — jed Minut hab ich en liewer: es gibt nor ähn Aagust, — ich dausche mit kähm Medge in ganz Frankfort. Was er redde kann — es is manichmal so scheen wie uff dem Theater — un doch laut's nett eso. Ich hammich als orndlich gescheemt em Antwort ze gewe, weil ich gemeent hab, von der Lieb kennt mer nor hochdeitsch spreche. Un ja, ähnmohl da haw ich's emohl browirt; do sagt ich zu em: wenn doch unser scheenes Verhältnüß ewig grünen blübe. Do hot er mich awwer gejagt! Er hot's aach gleich gerothe, daß mich's die Gretche gelernt hot; un die hot's aus Bicher.

Zwölfter Auftritt.

Lieschen, Capitain und Miller (kommen sprechend aus der Seitenthüre).

Miller. Ja, Herr Kabbedehn, so is es un net annerschter. Iwermorje brezis um 8 Uhr im Sterbhaus in der Bennergaß Ledera M No. 911 in Baradi=Mundur, Scherf und Däge mit Flohr, un sellt's allenfalls regene, so geht Alles in Barbeleh vor sich —

Capitain. Awwer doch in Stiwel?

Miller. Näh, nix Stiwel Herr Kabbedehn, Alles in Schuh un Strimp. Der Zuck geht iwern Remerberg, dorch die Neukreem, iwern Liebfrabährg, un net dorch die Poort erdorch, weil sich's do stoppe meecht, sonnern iwern kläne Herschgrawe, dann do an der scheppe Kanzel erum, do wohnt e Herr Vetter von dem seelige Verblichene. Dann geht's iwern Roßmark, do bleßt der Kathrine=Terner, un iwer die Zeil uff de Peterschkerchhof, do werd er getrage von vier Borjer, zwa Gelähtsreiter, zwä Schitze, zwä Bumbjeh, un vier Kabbedehne halte die Zippel.

Capitain. Ja so hammersch ja schond efter gehatt.

Dreizehnter Auftritt.

Die Vorigen. Eppelmeier. Dappelius.

Eppelmeier. Guten Dach, Herr Kabbedehn; Nemme Se Platz, Herr Dappelius!

Dappelius (indem er sich niedersetzt). Nach gethaner Arweit — —

Eppelmeier. Erlawe Se, des geht hier net eso, des sin schon dem Herr Knorzheimer sein Platz — rikkeleh e bißi enuff. Es het hier e jedwelcher sein Platz.

Dappelius. Des is recht! alles sein geweißte Weeg in der Weld! (Zu Lieschen) Brenge Se emohl e Botell Wein.

Eppelmeier. Nix do, ich wärn bestelle; Herr Kabbedehn losse se uns e Botell von dem bewußte Elfter von Anno 92 zukomme, hä! hä! hä!

Capitain. Geh Liesi, hol emohl ähn, mit dem schwarze Sichel.

Lieschen. Ja gleich, befehle se aach en Kruk Selzerwasser?

Capitain. Wie kannst de nor so ähnfällig froge? die Herrn drinke kän Selzer Wasser.

Eppelmeier. Wasser duht's freilich nicht! — Wer werd so e Weinverderwer sein! Nicht wohr, Herr Dappelius?

Dappelius. Es scheint, die annern Herrn wolle sich nicht so zeitig heint einstelle.

Capitain. Se stehn schon e Weilche drunne uff der Gaß, se misse was ze verschneide hawe. Der Schmuttler fachirt abscheulich. (Zum Fenster hinaus): Meine Herrn komme se eruff, der Wein werd sonst kalt.

Dappelius. Ja vom kalte Wein ze redde; — do bin ich letzt nach Haus komme mit ere klåne Spitz, mein Fra lag schond im Bett, es war so zerka ähn Uhr; do hot se ferchterlich gebrummt. Do sagt ich awwer, willst de schweie, du host gut redde, du leist do in deim warme Bett un ich muß uff der harte Bank sitze, un den kalte Wein drinke; do hot se awwer gelacht! — Es geht nix iwer en gute Einfall.

Eppelmeier. Des war e Einfall wie e alt Haus!

Vierzehnter Auftritt.

Die Vorigen. Knorzheimer. Schmuttler.

Knorzheimer. Fehlemich ihne, meine Herrn!

Schmuttler. Aha! Herr Eppelmeier guten Owend! sein Sie aach schon do — Jungfer Liesi wie gewehneglich, un e Brehdge mit Umstände. (Lieschen ab.)

Knorzheimer. Sein Sie aach emohl widder do Herr Dappelius, des is recht, daß se sich widder einfiune. Ich bleiwe des ganze Johr in der Freindschaft, netwohr Herr Kabbedehn?

Capitain. Des is aach recht, Herr Vetter. No wos hammer Neues meine Herrn?

Eppelmeier. De Schnuppe hawich, wolle se mer'n abkafe, Herr Kabbedehn, was gewe se dervor?

Capitain. Nä! wos hammer Neues? Spas i ba!

Schmuttler. Nix als Krieg un Dorchmersch!

Miller. Ja es kimmt so viel Volk, daß sich der Parrtherner bald de Othem ausbleeßt un die weiß Fahnel fengt an schworz ze wern.

Schmuttler. Uff was deite awer die Dorchmersch?

Knorzheimer. Uff was? uff Krieg!

Dappelius. Es werd jo in de Nidderlande e Armee zesamme gezoge.

Schmuttler. In de Nidderlande? un do keme se hie dorch?

Dappelius. Ei wo dann annerschter, Alles muß dorch Frankfort, e jeder suggelt nordst an Frankfort.

Eppelmeier (indem er sich und Dappelius einschenkt). Er redt aach wie ersch versteht. Ich wärn Ihne was saage. (Alle hören ihm aufmerksam zu.) Des is nicht eso zu verstehn, als sellt alle Last uff die Stadt alleins gewälzt wärn. Mer muß unsere hohe und weise Herrscher nicht gleich so kretensire, ohne von denjenige Sache instropirt ze sein. Ich wähs es, ich derf nordst mein Mann net nenne (geheimnißvoll) awwer ich hab's von eme Mann, dersch wisse kann. Des Volk des hie dorchkimmt, des geht zur Aperationsarmee an Rhein, die observirt nordst, damit die in de Nidderlande frei Spiel hawe. Es scheint mer nun hieheraußer hervorzegehn, daß, bei eme ausbrechende Krieg, des Kriegstheater sich von unserm polittische Horizont entfernen werd. Es is iwrigens aach de Zeitungsschreiwer verbotte, ebbes von dene Dorchmersch ze schreiwe, domit's die Franzose net gewahre wärn.

Capitain. Das is nu recht, dann wann mer dene Mensche nicht Einhalt deht, die dehte Kaiser un Reich verkafe.

Dappelius. Wann se sich erinnern, wos hot so e Borsch in de Neunziger Johrn, ze Kistin's Zeite angestellt!

Schmuttler. Ja mit dene Messer?

Miller. Messer? den Deiwel aach! Bankenetter warn's.

Knorzheimer. Es war e Klubist von Meenz — —

Dappelius. Der die Stadt dorch sein Geschwetz ins Unglick gerennt hot, do derdoch, daß er gesagt hot, die Frankforter Berjer hette die Franzose mit Messern doht gestoche.

Schmuttler. Nein, des wor pure Verläumdung, so wos duht en Frankforter Berjer nicht. Er is freilich Manns genung sein Feind ins Gesicht anzegreife, wie mer aus dem

Uffruf der Schitzegesellschaft ersehe hot, awwer sein Feind hinner seim Ricke ricklings ums Lewe ze bringe, nein, sog ich noch emohl, des duht en Frankforter Berjer nicht.

Capitain. Nein gewiß nicht!

Dappelius. Es hot sich awwer erwisse, daß kän Berjer Antheil genomme hot; sonnern daß es die domalige Hesse allähns geweße sin.

Eppelmeier. Des war aach in der Ordnung! Dann die hawe ihr Schuldigkeit gethan. Der Berjer awwer muß sich in dem Saldat sein Gescheft nicht mische.

Capitain. Liesi, breng mer emohl en Schoppe for mich.

Eppelmeier. Aach gleich e Botell for uns!

Capitain. Herscht de, for die Herrn noch e Botellg!

Lieschen. Ja. (Sie geht den Wein zu holen.)

Schmuttler. Mein? was ich doch sage wollt, hawe se nix neheres iwer die am Sonntägige Vorfallenheit in Ginnem uff der Kerb geheert, Herr Eppelmeier?

Eppelmeier. In Ginnem? Nä!

Capitain. In Ginnem? was hot's do gewe?

Schmuttler. Schmiß hot's gewe, awer wersche kriet hot wähs ich net, un wer se ausgedählt hot, wähs ich aach net.

Miller. Der Ginnemer Schulthes hot se kriet un e Bollezey. Wann se erlawe, ich wähs die ganze Vorfallenheit.

Capitain. Millerche verzehl, wann des wäßt.

Miller. Iwwer den schebbe Knanzel is es angegange. Der war der Ihne draus geweßt mit dem Barickemacher Rivillié, der als dem Oschero die Hoorn geschnitte hot. Die hawe dem Bunnebart des Wort geredt, un hawe gesagt, die Franzose kemte widder.

Eppelmeier. Meent mer dann, daß es noch e solche Menscheart von Mensche gewe kennt?

Miller. Ja, se hawe awwer ihrn Lohn! Knapp hotte se ausgeredt, so hot der Knanzel en Eppelweinkruck uff die Kapp geworfe kriet. Von wem? wähs mer net.

Knorzheimer. Ganz recht, es wohr e Gährtner vom Kihornshof.

Miller. Do druff is es ewens angegange, un es hot Alles immer duschur uff die zwä hergeloffene Kerl druff geschmisse, so daß der Riwillis halb dohd ins Feld ennin geloffe is. Jetzt kam der Schulthes mit em Bollezey un wollt Ruh stifte. Do wollt awwer der Bollezey partu den Gährtner arretirn. Do is awwer gesagt worn, der Mann weer e Borjer un hät Fra un Kinner, den derft mer net arretirn. Do hot awwer der Bollezey gesagt, Borjer hin, Borjer her!

Dappelius. Un der Schulthes der hot noch den Herr Mähr im Kopp, der hot die Leit mit Salvevenia — Volleile gehäße.

Miller. Ja so warsch! Nach diesem hawe se ewens den Bollezey un den Schulthes ferchterlich zugericht: dem Bollezey hawe se des Nasebähn verschmisse.

Capitain. Des wor recht, hette sen doht geschmisse!

Miller. Se hawe awwer geklagt —

Eppelmeier. Loßt se klage, se hawe ihr Feng, die nemmt en der jung Herr Borjermäster gewiß net ab.

Knorzheimer. Was is dann am Parthorn ze duhn?

des Parreise hot heint so voll Mensche gestanne, die enuff geguckt hawe.

Dappelius. Ah, im Dumm buzze se die Fenster.

Eppelmeier. Ich hob schond gedacht es werd e Gerist angemacht, die alte Junfern wollte de Parthorn bohne, hä, hä, hä.

Miller. Erlawe Se, es häßt der Kaiser wollt sich frisch kreene losse.

Capitain. Des kennt nix schadde. —

Fünfzehnter Auftritt.

Die Vorigen. Schreiner Leimpfann.

Leimpfann. Allerseits gun Owend!

Capitain und mehrere Andere. Gun Owend Herr Leimpann.

Leimpfann. Keller — Junfer Liesi wollt ich sage, e Partion Speensau un en Schoppe Wein, awwer aach e Salvet, wann ich bitte derf. Se kenne se anrechne Herr Kabbedehn.

Capitain. Liesi, Alleh dutzwittt, wo stickt dann die Gretche?

Lieschen. Sie hot ja die Woch die Woch in der Kich!

Leimpfann. No! was sage se dann derzu, der Herr Fennerich Zipper is gestorwe; ich mache de Leichtkorb for ihne.

Eppelmeier. Mer wisse's schond. Awer es häßt die Fra Fennrichin wehr aach krank.

Leimpfann. Vor mir — die is es ewens, die de brave

Herr Fennerich geliwert hot, mit ihrer ofige Schward. Hot se mer net ewe e Maul angehenkt, wie ich des Moos zum Leichtkorb genumme hab, weil ich die Fieß net am Kratzeise abgebutzt hab.

Dappelius. Ja! in dere Fra stickt viel ze viel Vornehmigkeit. Ich wollts er awer austreiwe, wann ich ihr Mann wehr.

Schmuttler. Ja, die Weiber hawe den Deiwel im Leib mit Vornehmduerei; mer kann se gar net korz genug halte. Des geht in ähm fort — — bald e mohl noch Bernem, bald e mohl noch Owerrod, bald e Collegbahl, bald e Mittwochsbunnemang. Des kennt mern noch nochsehn; awwer dann soll der Mann for de Staat derzu sorje, do misse se Schleier, un englische Hiterchern hawe, un Feddern druff — dann häßt's, liewer Mann kaaf mer doch e poor Halbstiwel un en altdeitsche Riddekiehl, un wie se des Deiwelszeug nochenanner häßße.

Eppelmeier. Ja, for die Lumbereye kennt e ordentlicher Mann manche Schoppe Wein trinke!

Lieschen. Fuy Deiwel, scheme se sich, so ze redde Herr Eppelmeier!

Eppelmeier. Spas! Spas! pure Spaß! Awer heint Junfer Liess, misse Se ins Comedi gehn, zwä Sticker for ähns.

Dappelius. Des is nix! Letzt hawe se ämohl finf uff ähn Awend gespielt, groß un klähn dorchenanner.

Lieschen. Do hot mer aach wos for sein Geld!

Knorzheimer. Nä; awwer heint soll's scheen wärn!

Schmuttler. Es reit gewiß ähner uff em Gaul?

Eppelmeier. Oder hot der Deiwel den ohsige Barblehmacher von Wien widder do?

Dappelius. Nä! Se wern e recht Schaustick mit Verwannelunge uffihrn.

Eppelmeier. Was heint gewe werd is e Singstick.

Lieschen. Wie häßt's?

Eppelmeier. Wann mer recht is: Der Kalif von — von Bacherach.

Lieschen. Ha, ha, ha, Sie mähne den Kalif von Bagdad, des is schond uralt. Und des anner?

Eppelmeier. Des is e traurig Schauspiel, des is der Babelino, der große Apetit. (Alle lachen.)

Lieschen. Daß sie Alles verkehrt lese misse. Abällino der große Bandit häßt's —

Eppelmeier. Ich hab mich nordst verredt. Erre is menschlich; humanium, erarium est.

Schmuttler. Dausend Dunner, der Eppelmeier redt Lateinisch!

Eppelmeier. Des will ich mähne, ei eh zwä Johr vergehn, redt alles lateinisch. Der dritt Mensch, dem mer uff der Gaß begegne duht is jo e Adfekat. —

Capitain. Odder e Doktor Medikus.

Eppelmeier. Die Theologisch Facilität is aach iwersetzt.

Dappelius. Frakeleteet, wolle se sage. Mein Sohn werd einstens studirn, awer kähns von dene drey. Er genießt e schlecht Gesundheit, un do soll er die Sach net ze heftig angreife. — Ich loß en sich uff die Dippelematick werfe.

Schmuttler. Des is aach so e gedippels!

Knorzheimer. Muß er dann studiere! kann er kän Handwerk lerne!

Capitain. Sie heerns jo! Herr Knorzheimer, er genießt e schwächlich Gesundheit.

Knorzheimer (bei Seite). E scheen schwechlich Gesundheit, frißt alle Morjend en Schweinehaschpel zum Frihstick.

Eppelmeier. Dorin liegt ewens des Unglick der Staate, daß käner kän Profession mehr lerne will. Ich losse mein Sohn inzwische er viel Anlage hot, nicht studire aus pure Grundsatz, dann Ehr un Emter stehn em doch uff; un hot mer net Beispiel von Exempel, daß ähner noch so viel studirt hot, un is nix worn, un e annerer, der gar nix studirt hot der hot's weit gebrocht?

Dappelius. Redde Se mer nicht do dervon, Herr Eppelmeier! Wos mecht dann eme Vatter die greeßte Frähd, als wann sein Herr Sohn von der Undenyerschendeht zerick kimmt un hat brumlesiert? Ich hab dasjenige an dem Meinige Elteste erlebt. Der hot dorch sein Studirn sein Vatter, un sogar Doktern, die schond zwanzig Johr braclizire, an Verstand iwertroffe.

Capitain. Ah wos! wann ähner kän Verstand mitgenomme hot, so werd er aach kähn widder mitbrenge. Do is jo gleich der Dokter Katzeaag, des is nu e gratelirt Persohn, der mecht des Dags die scheenste Schriffte, un Owens, wann er hieher kimmt, redt er so dumm, wie en Dos. Un Zeug mache se jo mit dem verrickte Hofrath, ärger als wie die Buwe mit dem narriche Wolf. —

Dappelius. Sein se fertig Herr Leimpfann? Wohl bekomms!

Miller. Gott seegens Ihne Herr Leimpfann! Ich winsche viele folgende.

Leimpfann. Danke, Herr Miller! Breng er mer emohl mein Peif. Tuwack hab ich kähn, ich wärn mer awwer vom Herrn Eppelmeier seim Kraitge ausbitte.

Eppelmeier. Mit Vergnige! avec bocco Blesi, segt der Franzos (reicht ihm den Tabak hin).

Dappelius. Ah! vous barl france, Musjé Eppelmeyer.

Eppelmeier. Oui Mussje aussi in pé (un peu).

Capitain. Langsam, meine Herrn, Sie hawe ja erscht annerthalbe Schoppe, do redt mer noch kän franzeesch dervon.

Knorzheimer. Mit Verlaab, gewe Se emohl des Blettge Herr Kabbedehn.

Capitain. Miller hol er emohl des Blettge.

Miller. Do is es, Sie wolle gewiß die erneuerte Offebächer Worscht-Verordnung von anno 1648 nachsehn?

Knorzheimer. Nä! Es duht gewiß e sehr scheen Dodes-Anzeig von dem Herr Fennrich Zipper drinn stehn: Erlawe Se nor en Ageblick, bis ich's uffgesucht hab. (Indem er in dem Intelligenz-Blatt blättert, spricht er folgende Anfänge einzelner Sätze in einem brummenden Ton vor sich hin): Bekanntmachung — nix — Prelusiv — nix — Alle diejenigen, welche an den verstorbenen hiesigen Bürger — — nix — zur Heilbronner Bleiche — der Schornsteinfeger Milz — nix — In der Debitsache — hochlöbl. Rechency-Amt nix — Ein solides Frauenzimmer, nix; zwei kupferne Branntweinkessel — Ich warne hiermit

Niemand auf meinen Namen — Dodesanzeige, do is es! — Ich wärn se Ihne vorlese.

Capitain. Uffgebaßt! (er setzt die Brille auf, um besser zuzuhören.)

Knorzheimer (liest): „Mit dem innigsten Dankgefühl und nicht ohne Schmerz über den harten Schicksalsschlag, der ihn aus unserer Mitte zu jenem bessern Leben riß, zeigen wir einem verehrten Publikum an, daß am 6ten dieses Nachts um 10 Uhr mein theurer Gatte wie auch Fähnrich des löblichen 15 Quartiers und Handelsmann dahier, an den Folgen einer Magenschwäche, die viele Jahre schon an seiner irdischen Hülle genagt, sein thatenreiches Leben und Dasein endigte. Wer den Seeligen kannte, wird nicht ohne Schmerz die Leutseeligkeit seiner Gestalt, sich ins Gedächtniß zurückrufen, und ohne den gefühlreichen Gedanken in seinem Herzen aufkeimen zu lassen: O! lebte doch der Edle noch! — Was er uns war als Gatte, Vater und dem Quartier als Fähnrich, das suche ein jeder seiner Mitbürger in seiner eignen Brust. Unser Schmerz aber verkriecht sich in unsere blutenden Herzer. Ruhe seiner Asche!

Zu gleicher Zeit machen wir hiermit bekannt, daß die Wittib des Entschlafenen, vor wie nach, das Spezerey-Geschäft fortführt und um geneigten Zuspruch bittet, besonders empfiehlt sie, die von sich selbst empfehlende Kernseife,"

Anna Barbara Zipperin,
Fehnrichin.

Peter Heinrich David Zipper, Johann Hartmann Zipper, Jesaias Joachim Zipper, Thekla Euphrosina Zipper,	die Vier ungezogene Kinder des Verstorbenen.

Capitain. Scheen, sehr scheen! kenne se mer net sage wer die Dodesanzeige gemacht hot?

Knorzheimer. Der Candedat aus der Dollkerch.

Capitain. Der soll mer aach mein mache, wann ich sterwe — (man hört auf der Straße „Feuer" rufen).

Lieschen. Herr Jeche! es brennt!

Capitain (zum Fenster hinaus). Wo?

Eine Stimme auf der Straße. Hinnerm Pandhaus!

(Die Gäste springen von ihren Sitzen auf, einige leeren eiligst noch ihren Schoppen. Sie laufen durcheinander, suchen ihre Hüte, vergessen zu bezahlen und wollen forteilen.)

Capitain. Bleiwe Se, meine Herrn! Es werd wahrscheinlich nor e blinder Lerme sein. Gucke Se, es is nix wie Beckerraach! (die Gäste kehren um und wollen bezahlen.) Dann so lang ich noch net sterme hehr, so lang glaab ich's net.

Lieschen (am Fenster). Ach! der Himmel is Feuerroth!

Capitain. Stermt's?

Lieschen. Ja Vatter, wanns nor net — —

Capitain. Schwei — Still e bißi. (Jeder der Anwesenden bleibt unbeweglich stehen und horcht, man hört die drei Schläge der Sturmglocke, bei dem letzten Schlag rennen alle Gäste zur Thür hinaus.) Millerche mein Muntur!

Sechszehnter Auftritt.

Die Vorigen. Zwei Tambours. Zwei Pompiers.

Pompier. Herr Kabbedehn, den Schlissel zum Spritzehaus!

Capitain. Gleich!

Tambour. Selle mer trummele?

Capitain. Trummelt dorch alle Gasse! (man hört auf der Straße trommeln.) Alle Hagel! des Merliteer trummelt schond. (Tambour ab.) Hier meine Herrn, sinn die Schlissel zum Spritzehaus, der klähn is zum Vorlegschloß, es hot e Geheimnuß, dricke Se nordst am Schiwerche, verbreche Se's nicht, es is e Mästerstick. Awer nordst sich geeilt! — geschwind! duht se eraus — daß mer des Bremium krieje (die Pompiers ab). Wann se sich nor eile, die Mensche (geht ans Fenster). Ach! do komme die Merter angerumpelt, ach! do des 9te Quatier, un aach noch die Juddespritz. (Den Pompiers zum Fenster hinaus zurufend): Schickt ins Zeughaus, loßt euch Bechkrenz un Bechfackele gewe! Liesi mein Hut! (Lieschen nimmt das Licht vom Tische und eilt den Hut zu holen.) Geb acht uffs Licht, Hahlgans! sehst de net, wie die Funke dervon flieje? do hammersch Exempel. Es werd mer von nun an dato kähns mehr annerschter uff den Boddem gehn, als mit der Ladern.

Miller (kommt mit der Uniform zurück). Hier Herr Kabbedehn is die Muntur.

Capitain. Alleh! (Er zieht sich an. Miller ist dabei behüflich.)

Miller. Herr Kabbedehn, ich rothe Ihne ziehe se ihr Feuerstiwel an; dann nasse Fieß, des is so e Sach, lieber en nasse Kopp!

Capitain. Ja die Feuerstiwel. (Er öffnet einen Schrank nimmt daraus ein paar possierliche Stiefeln und zieht sie an; Miller hilft.)

Lieschen (kömmt mit dem Hut zurück.) Hier Vatter!

Capitain (besieht den Hut). Des is jo net der recht; der mit der Feuer-Cucard; dummel dich! (Lieschen geht und bringt gleich darauf den andern Hut.) So — jetzt is Alles in der Ordnung. — Es muß doch e orger Brand sein, der Therner bläßt an ähm Stück (am Fenster). Do reite jo schond der Herr Brandcummesehr zum Brand; wann se sich nor nicht beschädige. Ihr Perd sin so wild. Se hätte doch liwer zwä Herrn-Kutscher zum fihre mitnemme solle. Mer hot Beispiele, daß so e Gaul aus dem Markstall scheu worn is. — No! ich sehe, es is der alt Schimmel, der als Komedie mitspielt, der ferchl sich for Feuer un Licht nicht mehr.

Miller. Herr Kabbedehn, es ist hoch Zeit! mer misse — sehn se, ich sein bloß deßwege mit der Spritz net fort, weil ich gedacht hab, in der Stunde der Gefahr must du dein Kabbedehn nicht verlosse.

Capitain. Scheen von dir, Millerche! Liesi, leicht! (Lieschen geht voraus und leuchtet; dann folgt der Capitain mit gezogenem Degen, Miller besieht die stehn gebliebenen Schoppen nach der Reihe, und steckt einen, der noch halb voll ist, in die Tasche.)

Miller. Des is noch e halber uff die Rähs! (Ab.)

Siebenzehnter Auftritt.

Gretchen, der Cornet (beide tragen einiges Gepäcke).

Cornet. So! — das ist der herrlichste Moment zur Flucht. Alles ist außer dem Hause.

Gretchen. Ach! es is mer so angst —

Cornet. Nur Muth gefaßt, theures Wesen —

Gretchen. Ach!, ich kann net —

Cornet. Du mußt, sonst sind wir Beide unglücklich. Jetzt oder nimmermehr! (Er reißt Gretchen mit sich fort.)

Zweiter Aufzug.

Erster Auftritt.

Miller, (allein; er sitzt an einem Tisch und frühstückt; sein Gesicht ist von dem Brand her noch mit etwas Kohle beschmutzt).

Des war emohl widder e Brenge heint Nocht! Hot's net gedauert bis drei Uhr de Morjend, so soll mich der lewendig Deiwel hole! — Es is awwer kän Spas wann mer so die ganz Nacht in de Klähder stickt, un sein geherig Nachtruh net hot. Ich hab grad de Katzejammer, als wann ich gestert noch so viel Stoftge gesoffe het, un is mer doch kän Droppe Bier, geschweije Stoftge iwer die Zung komme. Wann ich gestert Owend des Restge Wein net mitverschwadirt het, se het mersch gar net aushalte kenne. Die Uffsicht ze hawe iwer so e Feuerschbrunst, des soll mer seim Feind net winsche! — Awer do (auf die Schnappsflasche deutend) do steht wos — do kann sich der Mann dran erhole wann er erschept is; Cunjak, der is Herr! — vorablich des Morjends. Prost! (trinkt) —

Was ähm net so e Wersge den Mage fegt. — No noch ähns! — (trinkt) Awwer Schwerhacke, es war kän Klähnigkeit! Dem Schweinsberger sein Haus is rump und stump abgebrennt un e Stall. Wann sich awwer die Berjerschaft net eso angelosse het, Gott soll's wisse! se wehr die halb Zeil abgebrennt. Alles hot sein Schuldigkeit gedahn (er schlägt sich auf die Brust) sogar die Judde! Des dank en awwer der Deiwel, des Osezeug is jo jetzt aach Borjer. Mer hot awwer gesehn wos e Spritz is, wann se uff dem rechte Fleck angebracht is. Viel Nachbarschheuser sin dorchgebroche worn um Luft ze mache un de Schläuch die Beßaasch ze effne. Es is aach erschrecklich gerett worn. Ganze Kommoder un Spichel sein dem Fenster enaus geworfe worn, un die Schiwerstän sein in der Luft erum gefloge wie e Kett Hihner. — Nä! — wos awwer der Musje Weigenand gedahn hot, des geht iwer alle Mensche Meglichkeit. In die Flamme is er enein wie Worscht! Er hot sich awwer aach bees bezahlt; wann mersch recht is, so hawe se'n gar hähme getrage. — Do derfor hot er awwer aach der Fra geheime Räthin Hinkelbach, dem reiche Herr geheime Roth Hinkelbach sein Fra, die Ehr gehatt des Lewe ze rette. — Do werd's aach e scheen Dosehr setze! awwer der Musje Weigenand nemmt's gewiß net, do getrau ich mich ze barrire, dann in dene Sticke is er e bißi e Schaude.

Zweiter Auftritt.

Miller. Der Capitain.

Miller. Herr Kabbedehn, ich hab die Ehr Ihne wohl geruht gehabt ze hawe ze winsche!

Capitain. Gleichfalls, Millerche.

Miller (reicht dem Capitain ein Glas Schnapps dar). Ich geb mer die Ehr —

Capitain. Ich drinke um die Zeit kähn Schnapps; erscht muß der Kaffe drunne sein, un dann e Schoppe Wein un Solberknechelcher odder sunst was Kaltes, dernochender loß ich mer aach e Glas Schnapps gefalle.

Miller. Noch so ere Anstrengung, wie die gestrig, muß mer e Zwriges duhn (trinkt). Ah! des wermt! — Hette se nordst gesehn wie die Berjerschaft im Dreck gestanne hot bis iwer die Knechel, do dehte se aach e Glesi drinke.

Capitain. Was Deiwel, Miller, er is jo ganz schwarz im Gesicht!

Miller. Es kann meglich sein; ich bin die Nacht net aus de Kläder kumme; es kann sein es is so e Schornstänfäger an mer verbei gesträft odder is mer, weil ich so sehr derbei wor, Esch ins Gesicht gefloge. Es werd awwer gleich abgemacht; ohne Säferege werd's net gehn.

Capitain. Hot mer dann noch net eraus krie kenne, dorch was es angange is?

Miller. Gestert beim Brand hot's gehäße es het e Mähd Gensfett brotzele wolle, un do wehr des Fett ins Feuer geloffe —

Capitain. Do hammersch Exempel, awwer heint nemm ich mein Mähd vor!

Miller. Un wie ich heint Morjend hie uff dem Stuhl berwakirt hab, do hehr ich frei uff der Gaß redde; ich stecke mein Kopp dem Fenster enaus un guck, da warsch die Beckersch-mähd un e Balwirerschgesell, die hawe minnanner geredt, un do sagt die Beckerschmähd, es wehr dorch e Tuwakspeif angange, es het e Kutscher im Stall geraacht. —

Capitain Die Knecht wärn aach vorgenomme!

Miller. Un der Balwirerschgesell hot die Beckerschmähd uff Kawaliersch Barol versichert, es wehr dorch so e neimodisch Feierzeig angange, wo mer nordst des Schwewehelzi in e Glesi stecke duht ums anzestecke. Er hot's eso verzehlt: Die Madam het Narvekoppweh kriht, un do het se geschwind schwarze Kaffe koche wolle, aach in so ere neimodische Kaffe-kann, un mit dem Schwewelhelzi do het se wolle de Speritus anzinne, un do weer der Speritus iwergeloffe, un in Flamme uffgange, un het de Vorhank erwischt —

Capitain. Do hammer die Bescherung mit dere Nei-modischkeit! die is for nix gut, als for die Heuser anzezinne. Dehte die Leit als Zunner nemme, un en Schwewelfaddem, un en Feierstän, un dehte se de Kaffe in eme Dippe koche, und orndlich selterire, do wehr erschtenlich der Kaffe besser, und zwettendlich deht's kän Feierschbrinst gewe. — Ich bleiwe beim Alte!

Miller. Ich aach!

Capitain. Hot mer dann noch net in Erfahrung brenge kenne, wer derjenige Mensch war, der diejenige Persohn aus dem Feier geholt hot?

Miller. Ei des wor ja der Musje Weigenand!

Capitain. Wos er seegt!

Miller. Un die Persohn, des wor die Fra Geheime-räthin Hinkelbach —

Capitain. Des wehr — Ja, wie sich der Mensch her-vorgedahn hat, — es is! — — Unverachtet seiner Studirtheit hot er an der Spritz gebumbt wie e Alter —

Miller. Des hot er, — wann's net wohr is Herr Kabbedehn, so soll mich un Ihne des Gewitt —

Capitain (verweisend). A Miller — Un wos hat der Mensch vor Gedanke ausgeibt: Aehnmol, do hawe die Berjer all in ähner Reih gestanne, un hawe sich des Wasser gerähcht; do kam mein Weigenand, un hot en gesagt, mit Heflichkeit, mer selt zwä Reihe mache; in ähner Reih, do sellt mer die volle Aehmer rähche, un in der annern die leere. Des hot aach gleich e Jedermann eingesehe un bewunnert bis uff ähn Jud. —

Miller (schnell einfallend). Ja, Herr Kabbedehn e Jud is en Dos!

Capitain. Was duht awwer mein Weigenand? mein Weigenand net faul, der gibt dem Jud en Stumper, daß er grad mit dem Kopp widder e Lähtfaß gefahrn is, — do is der Boddem dervon eingefalle, un des Wasser is iwer den Judd enaus. — Do hot Alles gelacht un gejuwwelt, un die Buwe hawe gepiffe un hawe gerufe: Guck! do werd e Jud gedahft! Ich hab mich schepp un bucklich gelacht.

Miller. Ja es is nix in der Weld so draurig, wo's net doch aach als en Jux derbei gebb? — Er soll sich awwer bees bezahlt hawe der Musje Weigenand.

Capitain. Wie so?

Miller. Es is em gewiß e feuriger Balke uff den Aarm gefalle, so daß sen beinah hähme gedrage hawe.

Capitain. Der ahrm Dropp! — Wann em nordst ze helfe is! Millerche — es weer werklich Jammer un Schad — No ich sage nix. — Millerche jetzt geh enaus un ruf mer die Mähd un die Knecht zesamme, breng se doher, ich will en die Levitte lese.

Miller. Ganz wohl Herr Kabbedehn, wie Se befehle!

(Ab.)

Dritter Auftritt.

Capitain (allein).

Wie sich doch ähn Mensch an dem annern Mensche vergucke kann. — Hett ich des mein Lebstag von dem Weigenand gedacht! — Ich muß mer wahrlich selbst Vorwerf mache, daß ich den Menschen so behannelt hab, bloß aus der allähnzige Ursach weil er ahrm is. — Fuy Deiwel, — schehm dich alter Kabbedehn — is des Christendumm? En Mensche, der e Borjerschkind is, mer hehrt sem freilich nicht mehr an, der sogar mir von dem Herr Parrer recommandirt is, so abspeise ze wolle — Nein, geschwind mach dein Sach widder gut. — Ja er soll's Liesi hawe! do haw ich aach en brave Schwigersohn, der mer mein Mädge net verderwe duht, wann se emohl sein Fraa is, un hot er zehemohl kän Geld, se hot er doch en gescheide Kopp. — Ich hab mer bei dene schlechte Zeite aach was gespahrt, so daß ich meim Liesi e aartlich Kindsdähl mitgewe kann. Un wos soll des all minanner. — Wann sich ähn Mensch so vor der annern Menschheit zeigt, wie dieser Mensch, do misse alle Flause uffheern. Alt bin ich! — wer wähs ob sich mein Liesi je entschließe werd en annern ze nemme, do deht ich jo am End kän Enkelchern erlewe. Nä — er soll se hawe. Es is beschlosse. Der Allmächtige gewen sein Seege, der meinige fehlt nicht. Haw ich's en awwer so lang sauer gemacht, se kenne se aach noch e bißi wahrte. Sie derfe's noch net gleich wisse. — Heint Awend ersch do wärn einige gute Freind inventirt un do werd gleich Verspruch gehalte. A ha! do kimmt der Miller mit dem Gesinn.

Vierter Auftritt.

Der Capitain, Miller, drei Knechte und drei Mägde.

Capitain (wirft sich mit vieler Gravität in einen Lehnsessel). Seid ihr do? — Millerche! die Knecht uff de rechte Flichel, die Mähd uff de linke Flichel. — Alles in seiner merledehrische Ordnung in meim Haus. Miller! mein Hut, mein Stock!

Miller (indem er dem Capitain Hut und Stock bringt zu dem Gesinde). Jetzt kriht er euer Fett.

Capitain (mit bedecktem Haupt, den Stock in der Rechten). Satansgezeig — vermaledeytes! Wer is Schuld dran, daß große und klähne Gebeilichkeite abbrenne, daß ganze Stedt verwißt wärn, dorch die Flamme? Wer? — Mästenthäls des

Gesinn. Ich will nicht druff schwere, daß die Stadt in Ungern, wo dervon in der Nernberjer Zeidung gestanne hot, net aach dorch Mähd angange is. — Ich will's Eich gesagt hawe ähnmohl vor allemohl, daß er mer vorsichtig seid mit Feier un Licht! Un vorablich ihr Borsch, daß er mer net raacht! — So wie ich ähn begegne duhn mit der Nuddel im Maul, se schmeiß ich sem eraus, daß em die Zähn in Hals fahrn! — Un ihr Mähd, daß er mer net wie bisher geweneglich mit de Lichter im ganze Haus erum flankirt! — Nemmt die Ladern — Schinneser! Un ihr Lisbeth, trett se emohl hervor! — will ich bei der Gelegenheit in Gutem rothe, daß se sich's vergehe leßt, ohne Käppche auszegehn. Meent se, ich het se net gesehn am Sunndag der Hinnerdihr enaus witsche, im bloße Kopp, mitere rothe Schaal un gäle Schuh? — Wo is se dann do hin gange? he? noch Bernem? Schottisch danze? net wohr? — Ich sag es Eich noch emohl, ich leide kän Mähd im bloße Kopp, un aach kän Hausknecht mit Umschlegstiwel wie ich ihn aach emohl gesehn hab, Valentin. Wo will dann deß enaus? — uff nix als wie uff Lumberey! Un Sie, Katherine, will ich net noch emohl mit dem Kaafmannsdiener sehn. Meent se, mer wißt's net? Ich wähs Alles! doher kimmt's, daß die Suppe so versalze wärn; kän Wunner wann mer des Nochmittags so viel Dorscht hot. — Jetzt Punktum, Strei Sand drum! — Rechts in die Flanke — Rechts um — Packt eich! (Gesinde ab.)

Miller. Des wor recht, Herr Kabbedehn; so selltes die Mensche alle Woch zwämol hawe.

Fünfter Auftritt.

Die Vorigen. Lieschen.

Lieschen. Ach! Vatter alles Unglick trifft heint zesamme!

Capitain. No?

Lieschen. Der Weigenand, ach! der hot sich den ganze Ahrm kriminal verbrennt.

Capitain. No! dem wern ich e Plaster verrothe.

Lieschen. Un (ängstlich) un —

Capitain. No! un?

Lieschen. Ach! die Gretche! —

Capitain. No! eraus dermit —

Lieschen. Ach Vatter! erschrecke se awwer net.

Capitain. Geb's von der!

Lieschen. Ach! die Gretche is fort — schond seit gestert Awend — Ach! un wahrscheinlich mit dem Offizier.

Capitain. Dorchgange?

Lieschen. Ja! Uff ih'rm Dischi hot se den Brief leye losse; er is an Ihne (gibt ihm den Brief).

Capitain. Ach, was e Schand for uns! (liest) an Herrn Zape — Zape — Kabbedehn Kimmelmeyer (erbricht den Brief und liest ferner):

Liebster Herr Onkel!

„Verschiedene Beweggründe haben mich bewogen Sie
„zu verlassen; besonders aber die Liebe: die Liebe, ach
„die Liebe hat mich so weit gebracht!" —

Do hammersch, des kimmt all von dem verfluchte Komedi laafe — do ewens lerne se die Lumbereye! (Fährt fort zu lesen):

„Der Herr Lieutenant von Darowitz besitzt mein ganzes „Herz. Nur in seinen Armen, werde ich glücklich, „werde ich die Gattin und Mutter, wie sie sein „sollte, sein.

„Von seiner Liebe, von seiner Treue bin ich über„zeugt; deßwegen wage ich diesen Schritt. Ich widme „ihm mein ganzes Leben, er widmet mir sein ganzes „Leben.

„Für alles Gute, was ich in Ihrem Hause empfing, „werde ich Ihnen ewig dankbar sein. Auch als Frau „von Darowitz werde ich mich zuweilen Ihrer Familie „erinnern.

Canaille! werschtde?

„Alle weiteren Nachforschungen nach mir sind ver„gebens — denn ich bin in sichern Händen."

Margerethe, Maria Catharina
Kimmelmeier.

Lieschen. Den Brief hot er gewiß der Darewitz diktirt.

Capitain. Der Lump, der Verfihrer!

Lieschen. Sie sin gewiß noch net weit, wann mer se verleicht noch einhole kennt?

Capitain. Du host recht, Liesi, awwer wie mache mersch — die Haaptsach is, daß die Sach verdukkelt werd, dann die Schand iwwerleb' ich net!

Lieschen. Wann mer nor wißt, wo se enaus wehrn?

Miller. Laafe se uff die Post, Herr Kabbedehn, do kenne se's gewiß erfahrn.

Capitain. Nor daß nix unner die Leit kimmt.

Lieschen. Ja Vatter, laafe se uff die Post.

Capitain. Es is net annerschter, uff die Post! Miller, mein Hut, mein Stock! — Wahrt Osemädge, wann ich der uff die Spur komme; dich un dein lumbige Baron werd der —! Miller, komm er! (Capitain und Miller ab.)

Sechster Auftritt.

Lieschen (allein).

Ach! was Unglick iwer Unglick (sie weint.) Ach! het mer die Gretche nor gefolgt, so wehr se net eso ins Verderwe gerennt. Der verflucht Offezier! Die Inkwatirung is doch for nix gut, als Unglicker anzerichte. Ach Gretche, dein Ripetazion is verlohrn! de krigst mein Lebtag kähn Mann mehr. Ich hab's immer gesagt: so geht's, wann mer so scheene gute Freindinne hot! Es is awwer nie druff gehehrt worn. Do is se immer mit des Meyersch Kathrinche, mit des Schmidte Sannche un mit des Stumplersch Käthche gange. Uff alle Bähl is se erum fachirt, zwischem Bockemer un Eschemer Dohr is se an ähm fort erum geloffe, un ich will net druff schwern, daß se net aach emohl hähmlich uff dem Offebecher Maskebahl war. Doher kimmt awwer des Verderwe von de Mäderchern! dehte se dehähm bleiwe, un hette e sollid Bekanntschaft, do bliewe se bei Ehrn. — Fortzelaafe mit eme Offezier — es is gar ze arg! — Wann se dann abselut nixnutzig het wärn wolle — so het se doch besser die Galanderi gelernt, odder wehr ins

Kohr gange. — Nä! fortzelaafe mit eme Offezier — des is zu doll! Ach! un mein Aagust, der hot sich sein Ahrm verbrennt. Wann ich nor wißt wie's em gieng. Er kennt wohl emohl herkomme. — Awwer freilich der Vatter hot's net gern. No! in dem Truwel kennt ersch wohl reskirn.

Siebenter Auftritt.

Lieschen, Knorzheimer (tritt etwas behutsam ein).

Knorzheimer. Gute Morje! — So allähns, Junfer Wesi?

Lieschen. Gute Morje, Herr Vetter!

Knorzheimer. Schond so frih uff? — Ja, uff so e Strawatz schleft mer net gut! — der Herr Kabbedehn sin heint aach schond so frih eraus —

Lieschen (antwortet nicht gleich, später). So?

Knorzheimer. Enja! So ganz frih schond erraus, des muß —

Lieschen. Geschäfte.

Knorzheimer (etwas leise zu Lieschen). Es hot doch nix uff sich?

Lieschen. Nä!

Knorzheimer (eben so). Der Miller is awwer mit. —

Lieschen. No! Se wärn uff de Brandblatz gange sein.

Knorzheimer. Des bressiert awwer doch net eso. — Ich hawen nachgeguckt, se sin dran verbei, die ganz Zeil enuff;

ob se uff die Friborjergaß sein, des haw ich von wege dem Nachber seim Zwerhang net sehe kenne, awwer der Miller hot wos von der Post geredt, un der Herr Vetter warn sehr schoffirt. — Ich mocht net frage — Sie wisse jo —

Lieschen. No, wann se nu aach uff die Post sin, wos is do? —

Knorzheimer. No! also sinn se druff. — Aha! es spannt gewiß e fremder Potendaht do um?

Lieschen. Ich wähs net!

Knorzheimer. Sie wisses! Mir kenne se's sage, ich sage nix weiter.

Lieschen. Schehme se sich, Herr Vetter, wer werd so neuschierig sein.

Knorzheimer. Neuschierig bin ich net. — Awwer ich megt doch wisse — So frih Morjends mit dem Leibschitz? hm! hm! — des muß wos uff sich hawe. Mamsell Liesi! — Mir sage se's, ich duhn Ihne emohl widder en Gefalle.

Lieschen. Losse se mer mein Ruh! — Gehn se hin un frage se sen selberscht. — Ich hab kän Zeit — (will ab).

Knorzheimer. Junser Liesi! Noch ähns!

Lieschen. A! Wa!

Knorzheimer. Junser Liesi!

Lieschen. No?

Knorzheimer. Se krienen — Ich wähs es —

Lieschen. Was redde se widder so ebsch!

Knorzheimer. Wann ich Ihne sage, se krienen, den bewußte Liebste —

Lieschen (sich zierend). Wie ähnfällig!

Knorzheimer. Ich wähs es bestimmt! — ich hab's aus des Geheimerothe.

Lieschen. Uhze se sich mit sich!

Knorzheimer. Barol! Sage se mer was es uff sich hot mit dem Gang, se sag ich Ihne aach ebbes.

Lieschen (bei Seite). Ich muß es wisse — des anner bleibt doch net verschwiche. (Laut): Se wolle den klähne Offezier verfolge, der hot — der hot — was mitgenumme.

Knorzheimer. Weiter nix? Die Leindicher, netwohr? Ja, des mecht die Inkwatirung so! Jetzt Wäsi, jetzt hehrn se mich! Sie krie de Weigenand — der geheime Roth werd for en sorje, von wege der bewußte Heldedaht — des is e Lowens in dem Haus iwwer den Mensche!

Lieschen. Is's meglich?

Knorzheimer. Ja, er is schon heint in aller Frih an dem Herr von Nebelflor seim Haus verbeigange, — do logire jetzt der Herr geheime Roth von wege der Einäscherung des ihne ihrige, — do hot em der Herr Kammerdiener un der Kutscher, — des sein sonst stolze Mensche, — e Komblement gemacht, — des bedelt was guts. Ich wähs awwer sonst noch aus ere gute Quell, daß der Herr geheime Roth gesagt hawe, Sie wollte for en sorje. Un die geheime Räthin hot gesagt er mißt Ihne hawe kut ki kut. (Mit Laune): Ich glawe, sie deht en uff der Stell selbst nemme, wann se net schon den alte Herrn geheime Roth het. — No — es is e scheener Mensch!

Lieschen. Ach gehn se!

Knorzheimer. Des werd e Haussteier gewe, die sich gewesche hot! — Der Mann is reich, der vermog wos.

Achter Auftritt.

Die Vorigen. Capitain.

Capitain. Alles so weit in Ordnung; nix vor Ungut Herr Knorzheimer!

Knorzheimer. Bitte. —

Lieschen. Hot mer die Spur?

Capitain. Gottlob ja — nach Fribberg —

Lieschen. Is dann Jemand nach?

Capitain. Ja hehr nordst! Wie ich zum Herrn Postmähster komme bin, do hab ich em die Sach verzehlt un hawem die Perschone beschriwe. Dodruff sagt mer der Herr Postmähster, so gege Elf Uhr gestert Awend, wehr e Offezier mit er verschleierte Mamsell komme, der het e Kutsch nach Fribberg verlangt, un korz, aller Beschreiwung nach — warn se's. Ich besinne mich hin — ich besinn mich her, was ze duhn wehr, endlich sacht ich zum Herr Postmeister: Spanne se e Kutsch nach Fribberg ein, Herr Postmähster, sacht ich —

Lieschen. No un?

Capitain. Um Gotteswille, was wolle se mache Herr Kabbedehn, seegt der Herr Postmähster, wollen Sie vielleicht Ihr selbsteige Persohn um so e osig Medge in Gefahr sterze — Nein, doderzu rothe ich Ihne net, segt der Herr Postmähster. Sie hawe recht, sagt ich; ich wähs was ich duhn, sacht ich.

Lieschen (ungeduldig). No, was hawe se dann gedahn?

Capitain. Nordst Geduld! de sollst's erfahrn — un de wersch mein Anstalte bewunnern. Ich laafe gleich zum Herrn Eppelmeier, stell em die Sach vor un sag em: er wehr der Mann dervor, weil er e Glähtsreiter is, un wie ich en uff alle Art un Weiß gebitt hab, se segt er endlich: Ja! zieht sein Schorzfell aus, duht sein Glähtsreidermundur an, sein Fra bersch se'm aus, schnallt sein Säbel an, leßt den Fuchs sattele, un will fort; da sag ich awwer, Herr Eppelmeier, Sie misse Beistand hawe. Ich laafe gleich gegeneriwer zum Herrn Bierbrauermähster Bittersalz, der leßt sogleich sein Rapp aus dem Rollwage spanne — es werd em e Sattel uffgelegt; des Millerche schnallt e paar Sporn an, mecht sich e Peif an, — un fort wehrn se alle bähd —

Knorzheimer. Ich hab's jetzt eweck! — Ich laafe an's nei Dohr, ich muß se komme sehn. — (Ab.)

Capitain. Herr Vetter halte se, Bst! en Ageblick! Er is gar net mehr ze halte.

Knorzheimer (vor der Thür). Ihne, Junfer Liesi, wärn ich noch e angenehmer Bott wärn, ich losse mersch net nemme.

Lieschen. Des is nu wohr Vatter, ihr Anstalte hawe se gut gemacht.

Capitain. Des Scheenst is, daß wann er sche net gutwillig eraus gibt, daß do Gewalt gebraucht werd. Sie sein jo doch selt zwet. Jetzt, Liesi muß ich mersch uff die

Strawatze e bißi kommod mache. Hol mer en Schoppe Wein un e bißi was ze krustelire, un breng mersch in mein Stub.

(Lieschen ab.)

Neunter Auftritt.

Capitain (allein).

Wann mer nordst des vererrt Schaaf widder zur Heerd getriwe werd, dann soll sich der heintige stermische Dag freh-lich endige. Sie werd e Braut, awwer wisse derf se's net ehnder, als bis Alles in der Ordnung is. (Ab in sein Zimmer. Lieschen folgt ihm mit dem Wein 2c. bald darauf nach.)

Zehnter Auftritt.

Weigenand (allein, er trägt den Arm in einer Binde).

Hier ist auch Niemand zu finden. Wenn ich nur wüßte, was an dem Gerede wäre. In der ganzen Stadt heißt es, Gretchen Kimmelmeyer hätte ein General entführt und Lieschen hätte mit einem andern Offizier durchgehen wollen. Dazu ache ich nun, denn Lieschen entführt mir kein Gott — viel weniger ein Offizier. — Indessen möchte ich doch wissen wie sich die Sache verhält; etwas davon muß wohl wahr sein — aha! da kömmt Lieschen!

Elfter Auftritt.

Weigenand. Lieschen.

Weigenand. Guten Morgen, Lieschen! Gut, daß du kömmst.

Lieschen. Ja, scheene Sache!

Weigenand. Nun?

Lieschen. Die Gretche hot en scheene Schandahl gemacht!

Weigenand. Man spricht in der Stadt davon.

Lieschen. Is es meglich? un was dann?

Weigenand. Ein General hätte sie entführt.

Lieschen. Nix Jenneral, der klän Leidenand.

Weigenand. Dacht ich's doch gleich. — Aber es ist schrecklich wie man hier Alles vergrößert! — Stelle dir nur vor, man erzählt sich sogar, dich hätte ein anderer Offizier entführen wollen.

Lieschen. Ach! Ach! Jetzt komm ich aach ins Geredt.

Weigenand. Ich habe überall dieses Geschwätze widerlegt. Laß auch einige unserer jungen Herren *) deinen Namen eine Zeitlang im Munde führen. —

Lieschen. Ach, an dene ihrm Geschwätz leit mer nix, dann die losse kän Medge ungeroppt. Dene is noch kän schlecht genug.

---

*) Hier: unverheirathete Mannspersonen von 30 bis 50 Jahren.

Weigenand. Und vernünftige Leute, die dich und mich kennen, werden nichts der Art dir nachreden,

Lieschen. Du host mich beruhigt. — Awer sag nor dein Ahrm — ach Gott! — brauchst de dann wos; es is gewiß recht ahrg?

Weigenand. Kleinigkeit! es ist durchaus nichts an dem Arm verbrannt; das Meiste ist Geschwulst. — Ein brennender Balken stürzte herab und mir auf den Arm.

Lieschen. Net wahr, wie de die geheime Räthin Hinkelbach aus de Flamme geholt host. (Zärtlich und gerührt): Mein lieber guter Aagust — Ach verzehl!

Weigenand. Lieschen, spare mir die Erzählung, es würde mich Ueberwindung kosten. — Auf ein andermal sollst du Alles wissen. Du wirst ja auch den Vorgang schon von Andern haben erzählen hören: freilich nicht so einfach, wie er war, sondern etwas wohl ausgeschmückt: ja nun das ist so der poetischen Frankforter Art. Ich war besorgt, es mögte dir solche Uebertreibung zu Ohren gekommen sein, deswegen wagt' ich es hierher zu kommen, damit du es sehen solltest, daß es nicht so arg ist. Aber, höre Lieschen, hat man denn noch keine Vermuthung, welchen Weg unser Flüchtling eingeschlagen hat?

Lieschen. Gewiß! — Sie sin nach Fribberg.

Weigenand. Da müßten sie wohl noch einzuholen sein, ich will —

Lieschen. Es werd en schond nachgesetzt.

Weigenand. Durch wen?

Lieschen. Der Herr Eppelmeier, der bei de Glähtsreider is, der is en nach mit dem Leibschitz.

Weigenand. Wenn die nur keine dummen Streiche machen!

Lieschen. Mer wolle des Beste hoffe.

Zwölfter Auftritt.

Die Vorigen. Capitain.

Weigenand und Lieschen (sehr betroffen).

Capitain (geht freundlich auf Weigenand zu). No, Herr Weigenand, gewe Se mer e Hand! (Reicht ihm die Hand zum Handschlag dar. Weigenand schlägt zögernd ein.) So —

Weigenand. Herr Capitain!

Capitain (reicht ihm wieder die Hand). Da! noch e mohl (eben so) un noch emohl — dann aller gute Dinge sein Drei! Vor Ihne kann nordst e jeder Frankforter Berjer den Hut abduhn. — Vornehm odder gering — dann was Sie gestert gedahn hawe, des mecht Ihne kähner so leicht nach.

Weigenand. Ich habe meine Pflicht gethan.

Capitain. Nä! Se hawe Zehedausendmohl mehr gedahn. An alle Ecke, wo's gefehlt hot, warn se. Do mit Noth — selt mit Daht. Un daß Se sich so bei der Spritz von unserm lebliche 15te Kwadier gehalte hawe, des vergeß ich Ihne mein Lebdag net.

Lieschen (mit sichtbarer Freude). Des war bloß aus Anhenglichkeit zu unserm Haus, dann er het ja ewe so gut an ere annern Kwatierspritz bumpe kenne.

Capitain. Ja, wahrlich! seint Gestert kann ich Ihne gar net mehr bees sein.

Lieschen (freudig hüpfend). Derf ich en —

Capitain. Schwei!

Dreizehnter Auftritt.

Die Vorigen. Miller (in Leibschützen-Uniform an den Kamaschen hat er Sporen geschnallt, ohne Hut).

Capitain. Millerche! wie is es?

Miller (geht sehr steif). Mer hawe se!

Capitain, Lieschen, Weigenand (zugleich). Die Gretche? Wo?

Miller. Se werd gleich nachkomme, der Herr Eppelmeier hot se in ere Kutsch, un reit newe her, Gott straf mich! Blank gezoge. Awwer hehre se, Herr Kabbedehn, was mer baßirt is —

Capitain. Doch nix Beeses?

Miller. Außer en Wolf, den ich mer geritte hab — hehre se nordst mein Geschicht: Ich reite der Ihne mir nix, dir nix hinner dere Kutsch her, un denke an gar nix — Uff ähnmohl fengt der Rapp an Mennercher ze mache. Ich ruf em zu: Fuy Mennche! er schärt sich den Deiwel drum — un Wub! — ähn Satz — un ich war vor der Kutsch, un verlohr mein Hut. Jetzt krag er awwer die Schwernoth in Leib, bluß un sporr die Naselecher uff; un wie er gar den Parrthorn sah, da war's volligster aus, do fung des Dos der Ihne an ze lahfe, ze lahfe, ze lahfe, daß mer des Heern un Sehn vergung. Do is der Racker ewe geloffe im pleh Korreh, dorch die ganz Stadt bis in Stall, un do bin ich.

Weigenand. Und der Hut?

Miller. Der is de Katze; ich lossenen awwer doch mit de Umständ ins Blettche setze.

Weigenand. Wie habt Ihr dann die Gretchen wieder bekommen?

Miller. Ey, unser Lewe hammer dran gewogt. Des Dos, der Fennerich, hot zwähmol nach dem Seitegewehr gegriffe.

Capitain (geht ans Fenster). Victoria! da komme se! (Alles läuft nach der Thüre.)

Vierzehnter Auftritt.

Die Vorigen, Gretchen (in Reisekleidern und verschleiert). **Eppelmeier** (in Geleitsreiter-Uniform und etwas im Rausch).

Eppelmeier (führt Gretchen herein). Do, Herr Kabbedehn, hawich den Dolequent!

Gretchen (fällt dem Capitain zu Füßen und weint). Ach! liebster, bester Herr Unkel, verzeihe se mer; ich will's ja mein Lebdag net widder duhn!

Capitain. So? ich will mersch merke, Karnalie! Eweck mit der Fahnel (reißt ihr den Schleier weg), ich will dich beschleiern. — Steh uff — Sag Medge, was soll ich mit der mache?

Lieschen. Ach! lieber Vatter, verzeihe ser; sie is ja genung gestraft.

Gretchen. Ach! gewiß bin ich's, wehr ich doch nor net mitgange!

Lieschen. Se bereut's ja aach.

Capitain. So? bereust de's? Dodermit is es awer net abgedahn. Aus dem Haus mußt de — Nix — ich will mein Lebdag nix mehr von der hehrn. Dein Vatter seelig hot dich mir uff mein Seel gebunne; un jetzt mechst de mer so Sträähch! Is des der Lohn dervor, daß ich dich von Kindsbähne an uffgezoge hab?

Gretchen (weint). Ach! lieber Unkel, ich bin verfihrt worn.

Capitain. Mer muß sich net verfihrn losse, de bist doch wahrhaftig alt genug, un sellst wisse —

Eppelmeier (lallend). Herr Kabbedehn — Mache se doch kän Sache — mer wahrn ja aach juug!

Capitain. Herr Eppelmeier Ihne statt ich mein Dank ab for die richtige Abliwerung dieser Person. — Gretche bedank dich beim Herr Eppelmeier!

Eppelmeier. Is net von nethe — die Junfer hawe sich schond genug bedankt, un uffrichtig gesagt, se warn sehr froh, wie se mich gesehe hawe.

Capitain. Wo war dann des?

Eppelmeier. Ze Filwel. Weiter sein se net komme. Do war Cassnobahl heint Nacht, do hawe se sich uff gehalte. — Es is awwer sehr scheen ze Filwel (lachend) e Stootsweinche gibt's do im Hersch. Merke se mer nix an, Herr Kabbedehn? ich hammich getroffe, ha, ha, ha! Bei so Extragelegenheite do muß mer e Iwriges duhn, un in der Mundur haptsächlich, do muß mer e bißi wild sein. Mer sitzt aach gleich besser bei'm reite.

Gretchen. Ach, liebster, scheenster Herr Unkel, ich will Ihne alles verzehle.

Capitain. Red mer nordst die Wahrheit!

Gretchen. Wie ich mittem in Filwel war, do is mersch ganz unhähmlich worn, ach! do fing ich an ze flenne, un hab gedacht, weerschst de doch net mitgange. Aus all seine Reddensarte hab ich gemerkt, daß er mich anfihrn will — — — un wie der Herr Eppelmeier komme is, do bin ich gleich zu em, un hawen gebitt, er meecht mich doch mitnemme, dann bei dem Mensche wollt ich net bleiwe. Schon wie ich vorm neue Dohr war, hot mich Alles gereit, un es war mer so lähd — un uff der Waart do fing ich laut an ze heile — awwer was wollt ich mache?

Capitain. Ja! wer A seegt, muß B sage!

Lieschen (Gretchen die Hand reichend). Mer wolle widder gute Freindinne sein, un wann mer de Vatter recht bitte, se verzeiht er der aach, un nemmt dich widder zu Genade an. Netwohr Vatterche?

Capitain. Ja, wann er will so gut sein!

Lieschen. Es kann ja e jeder Mensch emohl fehle. Verzeihe ser!

Weigenand. Verzeihung für Gretchen.

Eppelmeier. Herr Kabbedehn, losse se's vor desmohl so derbei bewenne, mache se So (er sieht durch die Finger).

Capitain. No! vor desmal soll der verziehe sein; awwer uff e paar Woche must de mer aus der Stadt, bis de aus dem Geredd bist.

Gretchen (küßt dem Capitain die Hand). Ach liebster Herr Unkel, sie sein zu gut.

Eppelmeier. Wann ich Ihne rothe soll, Herr Kabbedehn, so lasse Se die Junfer Gretchen hier — des is sonneklarer Brofit for die Werthschaft; do solle se e mohl sehn wie's e por Dag hinnernanner so voll sein werd. E Jeder werd se sehn wolle — un so e Jeder drinkt sein Schoppe Wein.

Weigenand. Aus Ihnen spricht der Wein!

Eppelmeier. Ja! Wein, des is die Bank!

Miller (bei Seite). Er hot!

Capitain. Awwer jetzt zur Haaptsach! Gretchen, du bist gestraft genug, vor die Dummheite, die de gemacht hast, dann for des nemm ich's, un vor nix annerschter. Verzeihe, sag ich noch emohl, will ich der von Herze gern, nor awwer besser dich! Dir awwer Liesi, dir hab ich en Mann bestimmt, en Mann, vor dem e Jeder Respect hawe muß. (Er nimmt Weigenand bei der Hand, und führt ihn Lieschen zu.) Do host en, — sei glicklich!

Fünfzehnter Auftritt.

Die Vorigen, Knorzheimer (tritt eiligst mit einem Brief in der Hand auf).

Knorzheimer. Dò is was! — Schwarz uff weiß. — Ach ich sehn schond, es hot doch sein Richtigkeit schond mit Ihne zwäh.

Capitain. Ja des hot's! — (Auf Weigenand zeigend.) Des is der Zukinftige!

Knorzheimer. Des hab ich schon lengst so komme sehn. (Zu Weigenand): Gratelier! — Do is awwer wos von dem geheime Rath, des sich gewesche hot (gibt ihm den Brief). Basse se uff es is e Häusi drinn, daß es net eraus fällt.

Weigenand (indem er liest). Das ist zu viel! — Nein — ich kann's nicht annehmen.

Knorzheimer. Ich hammersch doch gleich gedacht Se dehte Sparjemente mache, deswege haw ich den Herrn Geheime Roth gebitt, er sellt mirsch ufftrage. Sie warn sehr in Verlegenheit, mit was se sich dankbar bezeige sellte, da hawe Se mich, als en vertraute Mann, um Roth gefragt.

Capitain. Viel Ehr!

Weigenand. Lieber Vater lesen Sie! (gibt ihm den Brief.)

Capitain. — — E Haus! — was e Mann!

Knorzheimer. Ja! ewens weil der Herr Geheime Roth gar net gewißt hawe, uff welche Art se ihr Dankbarkeit beweise sellte — dann Geld, des sagten se selbst, des het nicht gebaßt. Do haw ich Ihne gesagt: do draus vor dem Eschemer Dohr, da hawe se so e Gartehеusi; was duhn se dermit, sie wohne ja doch mein Lebsdag net drinn, die Spatze baue ja Nester enein — do wersch ja besser die zwäh junge Leut dehte sich e Nestge enein baue.

Weigenand. Herr Knorzheimer, mit welchem Rechte konnten Sie — — —?

Knorzheimer. Mit welchem Recht? was e Geschwetz: A, wann mer net vor sich selbst redde kann, do muß mer Leit hawe, die vor ähm redde.

Weigenand. Aber unberufen! —

Capitain. Herr Weigenand, se breiche sich net ze schehme; von so eme Mann kann mer figlich was annemme, derzu e Gartehäusi! — Ich hab Ihne ja aach des Liesi, bloß von wege Ihre Heldedahte gewe — bedenke se nordst!

Weigenand. Nun, es sey!

Lieschen. Ach Vatter, ich wähs gar net, was ich sage soll, vor lauder Frähd.

Gretchen. Ehrlich währt am lengste!

Miller. Es hot jo lang gedauert, bis se sich kricht hawe.

Weigenand. Herr Capitain, mein Vater, wie soll ich Ihnen danken?

Capitain. Habt mich lieb, un bleibt so brav, se bin ich zefridde.

Miller. Herr Hochzeiter, Junfer Braut, ich gratelirn!

Eppelmeier. Ewefalls, mein Glickwunsch, Herr Weigenand, Junfer Liesi, Sie hawe des beste erwehlt, Junfer Gretche, baldige Nachfolg!

Capitain. Merk dersch, Gretche, wann de heirothe willst, in Gottesname, awwer fang's mit dem Dobleiwe an, mit dem Fortlaafe duht sich's net.

Eppelmeier. Sie duhn's gewiß net mehr, Sie hawe e Hoor drin gefunne.

Gretchen. Wer den Schadde hot, derf for den Spott net sorje.

Weigenand. Nie mehr sei die Rede von Gretchen's Abenteuer! —

Alle. Nie!

Weigenand. Ein Schurke, der sein Wort nicht hält!

Alle. Es gilt! — topp.

Capitain. Weil sich dann Alles so uffgeklehrt hot, so wolle mer aach den Owend unnerenanner vergnigt zubrenge. Drinn uff dem Disch steht schond der Brothe un der Sollat. Uff Lähd folgt Frähd!

Miller. Mege mer des uns bevorstehende Glick in Ruh un Friede genieße. Die Junfer Braut un der Herr Braitigam solle lewe, un des ganze Kimmelmeierische Hauß dernewe! Hoch!!

Alle. Hoch!!

Wörterbuch
zum Bürger=Capitain.

(Kann auch zu den andern Lustspielen in Frankfurter Mundart benutzt werden.)

Allgemeine Bemerkungen

Das A wird größtentheils wie ein Mittellaut zwischen a und o ausgesprochen, wie z. B. in: ich war, ich wårn, die Waare, die Wåhr.

Das B, wenn es nicht Anfangsbuchstabe ist, immer wie w oder ww z. B. die Gabel, die Gawwel; der Jubel, der Juwwel; haben, hawwe; Gabe, Gawe; sterben sterwe; Erbsen, Erwese.

Das E ist in allen Endungen stumm, wie ungefähr in den französischen Wörtern, le, te, me, z. B. Du wie franz. de, Bellen wie franz. belle, sollen, selle wie franz. celle, meinen, måne wie franz. maine. Das G öfter wie k, als wie g.

Das P oft wie p, oft auch wie b; z. B. Post, Post; Person, Perschon; Polizey, Bollezei; Pelz, Belz; das Pf durchgängig wie p, z. B. Pfarrer, Parrer; Pfund, Pund; Pfeil, Peil.

Das Sp immer wie schp; z. B. Spiel — Schpiel.

Das St nach dem Consonant r immer wie scht, z. B. du wirst, de werscht; der Fürst, der Fersch t, nach allen übrigen Consonanten und Vokalen aber immer wie st, z. B. du lebst, de lebst; du nimmst, de nemmst; du bist, de bist;

du hast, de hast; nicht lebscht, nemmst, bischt, hascht, wie in der verwandten Pfälzischen Mundart.

Das T meistens wie D; z. B. Thaten, Dahten; Tisch, Disch, Thor, Dohr.

Das U vor einem r immer wie o; z. B. Durst, Dorscht; kurz, korz; durch, dorch; Burg, Borg. Doch sprechen besonders Frauenzimmer dieses schon in o verwandelte u sowohl, als auch das ursprüngliche o, oft wie das scharfe franz. a aus, z. B. Wurst, Warscht; Durst, Darscht; Bursch Barsch; Person, Perschan; Zitron Zitran; George, Scharsch. Diese Aussprache rührt wahrscheinlich von einem gewissen Bemühen hochdeutsch (hachdeitsch) zu sprechen her.

Das ü vor einem R wie e; z. B. Dürr, Derr; Türke, Derk; Bürste, Berscht; Bürger, Berjer; dürfen, derfe. Vor den übrigen Consonanten lautet es meistens wie i oder ie; z. B. Schlüssel, Schliessel; über, iwer; müssen, misse; Rübe, Rieb.

Das R immer sehr scharf, und wenn es am Ende steht, nachschnarrend. Sehr sonderbar ist es, daß, was dabei der Frankfurter zu viel thun mag, der ganz in der Nähe wohnende Darmstädter zu wenig thut, indem er das R fast gar nicht ausspricht.

Bei der Endung en wird regelmäßig das n hinweggelassen; z. B. genommen, genomme; Mädchen, Medche u. s. w.

Alle Endungen auf an, än, en, werden wie der bekannte französische Nasenton in dans, fin, lin u. s. w. ausgesprochen, z. B.

Hochd.	allein	Frankf.	allän	wie franz.	allin
„	kein	„	kän	„ „	kain
„	kein	„	kan	„ „	quand
„	Bein	„	Bän	„ „	bain
„	Stein	„	Stän	„ „	Schlin,

Dieser Nasenton bleibt auch bei den Endungen auf ein, aun, welche Diphtongen die französische Sprache nicht hat, z. B. Mein — Mei-n; Schein — Schei-n; braun — brau-n.

Das Zusammenziehen zweier, selbst noch mehrerer Wörter, ist in der Frankfurter, wie in vielen andern Mundarten sehr gebräuchlich; z. B. mir es, mersch; dir es, dersch;

haben wir, hammer; sind wir, simmer; gib mir, gemmer; haben wir es, hammersch; (statt wir allgemein mir); hast du es, hastes.

Bei allen zweisilbigen Diminutiven auf chen z. B. Mädchen, Thierchen, Kettchen, Kästchen, wird im Plural vor der Sylbe chen ein er eingeschaltet und das chen in cher verwandelt, also: Mederchер, Thiererchеr, Kettercher, Kästercher.

Viele, besonders einsylbige Substantive bilden ihr Diminutiv durch ein angehängtes i; z. B. Haus, Häusi; Tisch, Dischi.

Zwischen da und einer damit verbundenen Präposition, z. B. von, mit, zu, für, (Frankf. vor), durch, wird immer ein der eingeschaltet, also: dadervon, dadermit, daderzu, dadervor, daderdorch.

Das, den Participien auf en vorgesetzte ge wird bei den regelmäßigen Verbis immer, bei den unregelmäßigen oft weggelessen, also: er hat mersch gewe, er is komme, er is gange.

Worterklärungen zu vorstehender Komödie.

A.

Aartlich, wohlgebildet, gefällig, niedlich, sonderbar.
Aehm, einem.
Aehn (zählend) einen, äh'nänzige, Einen einzigen.
Aemer, Eimer.
Alleh — allez.
Alleweil, jetzt, in diesem Augenblick.
Allänzig, alleinig.
Als, manchmal, zuweilen. (Am ganzen Oberrhein gebräuchlich.)
Apripo, à propos.
Ariedant, Adjutant.
Awer, aber, sehr oft für oder gebraucht.

B.

Badrandasch, Patrontasche.
Bahl, Ball.
Bankenett, Bajonnett.
Barbleh, Parapluie.
Barick, Perücke.
Barire, Wetten.
Barzenelle, Pollichinelle, Männer sprechen gewöhnlich Borzenelle (siehe allgemeine Bemerkungen).
Baßahsch, Passage.
Benner, Binder, Faßbinder, Kiefer.
Bernem, Bornheim, Lustort bei Frankfurt.
Bervakirt, bivouaquirt, in den Kriegsjahren 1813 bis 1815 sehr gebräuchlicher Ausdruck für Nachtwachen und dergl.
Bobbespiel, Puppenspiel.
Boddem, Boden.
Bohnen, putzen, glätten, von bahnen, ebenen.
Bollezey, Polizey, e Bollezei, ein Polizei, ein Polizeidiener.
Borsch, Bursche.
Borschelihn, Porzelain.
Botell, Bouteille, scherzhaft Bordell.
Brackleziere, prakticiren.
Bredge mit Umstände. Semmel-Brödchen mit Butter und eingelegtem kalten Fleisch, vorzüglich Schinken.
Browenner, Brabanter Thaler.
Brumlefirt, promovirt.
Buckel, Rücken im allgemeinen, bedeutet aber auch Höcker, Auswuchs.
Bumpjeh, Pompiers. Löscher.
Bunebart, Bonaparte.
Buzzi, Dim. von Butz, einem beliebten Hundsnamen, besonders für die Raçe der Spitze.

C.

Colleg, d. i. Collegium, eine, Frankfurt eigene, Art geselliger Zusammenkünfte, die ziemlich verschieden von den an andern Orten gewöhnlichen Clubbs, Resourçen u. s. w.

und überhaupt ein Mittelding zwischen den heutigen öffentlichen Kaffehäusern, und den ehemaligen, zünftigen sogenannten Trinkstuben ist.

Collegbahl, Collegball, ein von der Colleggesellschaft veranstalteter Ball.

Compertire, v. comporter.

Condewitte, Conduite.

Cunjac, Congnac.

D.

De, du. Nur im Affect wird Du gesagt.

Derrgemießhenneler, Dörrgemüßhändler, Hülsenfrüchteverkäufer.

Dellerspiel, Tellerspiel (siehe Spiel).

Derk, Türke.

Diehr, Thüre.

Dischi, Tischchen.

Dolequent, Delinquent.

Dollkerch, Tollkirche, auch Tollhauskirche, Betsaal des Irrenhauses. Bei dem früher daselbst gehaltenen Gottesdienst predigten in der Regel die jüngsten Candidaten der Theologie.

Dosehr, Douceur, Geschenk.

Drehnemal, Thränenmahl, Abendessen, welches bei Bürgeroffiziers-Leichenbegängnissen gebräuchlich war und seinen Namen nicht ganz mit Recht führte.

Dum, die Domkirche.

Dummeln, verb. impers. dummeln, sich eilen.

Dutzwitt, tout de suite.

E.

Ebsch, verkehrt.

Enja, Ja, mit einem gewissen Nachdruck, auch ironische Bejahung.

Eso, So mit eben diesem Nachdruck, auch also.

Erbeigewe, herbeigeben, angeben, anzeigen. Vorzüglich unter Schülern gebräuchlich in: Ich geb' dich erbei; ich zeige deine Unart dem Lehrer an.

Erscht, zuerst.

Eweck, weg, hinweg.

Ewens, eben.

F.

Fahnel, Fahne, vulgo Schleier.
Fachiren, mit den Händen herum fahren, verderbt für agiren, und dem entsprechenden mit den Händen herum fahren, wahrscheinlich durch Vorsetzung des f nähergebracht.
Fennerich, Fähndrich. (Siehe Kabbedehn.)
Fennerichsmahlzeit, Fähndrichsmahlz. (S. Kabbedehn.)
Ferscht, Fürst.
Flause, Flause machen: so viel als eigensinnige Einwendungen oder Hinderungen entgegensetzen wo man vernünftigerweise nicht ausweichen kann. So auch: der Mensch is voller Flause!
Frey wird oft eingeschoben um ein: ungeachtet ich, noch überdieß, obendrein, auszudrücken, z. B. ich hab's ja frey gesagt.
Freundschaft ist meist identisch mit Verwandtschaft.

G.

Gelähtsreiter, Geleitsreiter. Bürgerlicher Cavallerist im Mittelalter, reisige Bürger, welche Reisende und Güter zur Messe geleiteten.

Acht Tage vor Anfang jeder Messe, an dem sogenannten Geleitstage, hatten die Geleitsreiter aufzusitzen und dem Geleite (den Geleitstruppen benachbarter Reichsstände) bis an die Grenze des Stadtbannes entgegenzurücken, oder, wie man es schlechtweg nannte, das Geleite einzuholen. Dem jedesmaligen jüngsten Rathsgliede lag es hierbei ob, den Zug zu Pferde in schwarzer Amtskleidung zu eröffnen und am Orte der Zusammenkunft eine Begrüßungsrede abzuhalten. Nach dieser pflegten die beiderseitigen Geleitstruppen durch Speise und Wein (aus dem Rathskeller) mannhaft erquickt zu werden. Durch die Kriegsunruhen beim Ausbruch der französischen Revolution ward der Act des Geleiteeinholens auf mehrere Jahre eingestellt, bis er im Jahre 1803 wieder stattfand. Doch mit Auflösung des Reichsverbandes erlosch mit so vielem andern auch dieses alte Herkommen, und von der ganzen Ceremonie blieb nichts übrig, als der Ritt nach dem, der ehemaligen Geleitsgrenze nahe gelegenen Forsthause, woselbst die frühere Bewirthung fremder Gäste auf sich allein übertragen wurde. Ein solches Ausrücken pflegte man, nach den von den Reitern als Frühstück zu einem Glase Wein eingenommenen üblichen Geleitsprätzeln, scherzhafterweise als Prätzelritt zu bezeichnen und die Reiter selbst mit dem Spottnamen: Prätzelreiter zu belegen. Wirklich gab auch die Rückkehr der Geleitsreiter zu manchen Ergötzlichkeiten Anlaß, indem bei dem Mahle tapfer eingehauen und der Flasche weidlich zugesprochen wurde, wodurch, je nachdem der Wein seine Wirkung verschieden äußerte, die Einen theils den festen Sitz verloren, Andere aber zu den kühnsten Reiterkünsten angefeuert wurden, die um so possierlicher ausfielen, als die meist alten und steifen Rosse sich nur selten damit einverstanden zeigten. Glücklich der, welcher bei einbrechender Nacht sein Haus wiederfinden konnte, ohne der Zurechtweisung der muthwilligen Schuljugend zu verfallen, die nicht selten der schlaffen Zügel der Pferde sich bemächtigend den überseligen Reitersmann den ängstlich harrenden Angehörigen in die Arme führte.

Nichts desto weniger leistete das Corps bei der französischen Retirade 1813 der Vaterstadt die wesentlichsten Dienste, indem durch seine Unerschrockenheit und seinen Eifer für das gemeine Wohl, den wildesten Excessen, ja oft der Plünderung der retirirenden Franzosen Einhalt gethan wurde, welches löbliche Benehmen die französische Generalität ihrerseits dadurch anerkannte, daß sie die Geleitsreiter während der verhängnißvollen drei letzten Tage des Octobers 1813 den Dienst gemeinschaftlich mit der französischen Gensdarmerie thun ließ. Es zeigte sich hierbei, wie bei vielen andern Gelegenheiten, recht augenscheinlich, daß der Werth einer Bürgerbewaffnung mehr in dem moralischen Werth der Einzelnen, als in einer strengen militärischen Organisation bestehet. Minder glänzend erschien wenige Wochen nachher, beim Einzuge der verbündeten Monarchen, dieses Corps in der Manövrirkunst. Denn als der Befehlshaber der in feierlichem Aufmarsche einrückenden Reitergeschwader, die durch ihre Aufstellung seine Evolutionen hindernden Geleitsreiter, nach vergeblicher Aufforderung zu einer Abschwenkung (ein Manöver, zu dessen Ausführung weder die Geschicklichkeit der Mannschaft, noch die Dressur der Pferde ausreichte), mit einem martialischen „Furt“ angedonnert hatte, stiebte das ganze Corps nach allen Richtungen auseinander, um sich nie wieder zu vereinigen. Bald darauf erfolgte nämlich die gänzliche Umgestaltung des Bürgermilitärs, aus welcher das trefflich organisirte Corps der freiwilligen Stadtwehrreiterei hervorging.

Die hier beigefügte Abbildung des Herrn Eppelmeier zeigt die für die damalige Zeit geschmackvolle und reiche Uniformirung. Die Tressen der Gemeinen waren von Silber, die der Offiziere und Unteroffiziere von Gold. Außer den Reichen, welche Luxuspferde hielten, bildeten diejenigen Bürger, welche zu ihren Gewerben der Pferde benöthigt waren, als Bierbrauer, Lohnkutscher, Einzler u. s. w. den Kern dieser Schaar, die Mehrzahl jedoch bediente sich der Miethpferde.

Gestert, gestern.

Ginnem, Ginheim, Lustort.

Göthge, auch Getche, Diminut. von Goth, weiblicher Taufpathe. Der männliche heißt Petter.

Gummi, Commis.

Gundag, Guten Tag.

Gunne, gönnen.

Gratelirt Person, graduirte Personen waren zu Zeiten der Reichsstadt besonders privilegirt, und darum in großem Ansehen.

H.

Hahlgans, junge, noch nicht ganz ausgewachsene und ungemästete Gans, privilegirtes Schimpfwort für erwachsene Töchter, im Gegensatz der unerwachsenen, welche Rotznasen genannt werden.

Häme, heim.

Hanzeler, Einzler, Stadtfuhrleute, so nur mit einem Pferd fahren: es sind sehr kräftige Leute, mit großer Willenskraft begabt.

Hause, Hausen, Lustort bei Frankfurt.

Hensche, Handschuhe.

Herschgrawe, Hirschgraben (Straße).
Hinkel, Huhn.

J.

Invendiert, invitirt, eingeladen.
Jux, Jubel.
Iwwerrechsig, Ueberecк, nicht an seinem Orte.
Iwwerrock, Oberrock.

K.

Kabbedehn, d. i. Capitain. Es wird nöthig sein, hierunter Folgendes zu bemerken. Die Stadt Frankfurt ist in 12, Sachsenhausen in 2, das Ganze mithin in 14 Quartiere eingetheilt. In den Zeiten der reichsstädtischen Verfassung machte ein jedes dieser Quartiere zugleich eine Bürgercompagnie aus, welcher ein sogenannter bürgerlicher Capitain, ein Lieutenant und ein Fähndrich vorstanden.

Diese Offiziere, und hauptsächlich der Capitain, hatten nicht allein das militärische Commando ihrer resp. Compagnie, sondern außerdem auch zugleich verschiedene Obliegenheiten in Polizeisachen, z. B. bei gewöhnlichen Hausvisitationen, Aufsicht auf die Spritzen und übrigen Anstalten bei Feuersbrünsten u. s. w. und standen gleichsam als die vorzüglichsten Repräsentanten, des alten ehrenfesten Bürgerthums in sehr hohem Ansehen. Darum wurde denn auch die Ernennung zum Fähndrich, als zum ersten Grade der möglicher Weise zu erlangenden höchsten bürgerlichen Ehre (das Avancement zum Lieutenant und Capitain ging in jedem Quartier nach der Anciennetät, und ward darum nicht besonders feierlich begangen) mit ganz vorzüglichem Pompe gefeiert. Der Triumph des Ganzen aber war die sogenannte Fähndrichsmahlzeit, eine wahrhaft abnorme Mahlzeit, welche der Neuerwählte aus eigenen Mitteln zu geben verbunden war, wenn er anders den Dienst nicht lieber als Unteroffizier quittiren wollte; und die, was die Quantität der Speisen und Getränke betraf, fast ans Unglaubliche grenzte. Die ungemessene Freigebigkeit des Wirths ward indessen aber auch durch die gewaltigen Leistungen der Gäste nach Gebühr wacker in Ehren gehalten.

Im Schweiße ihres Angesichts versuchten sie das Unmögliche selbst zu zwingen, und wollte endlich keine Anstrengung mehr fruchten, so hatte der vorsichtige Bürger seine Magd mit einem geräumigen Korbe (Mahn) hinter sich placirt, welcher er die Brosamen seines Mahls als eine Erquickung für die nächsten 8 Tage einzupacken hinreichte. — Durch das Institut der Landwehr und schon früher in den sogenannten Zeiten des Primas durch Einführung der Nationalgarde ist natürlich die ganze Einrichtung des bürgerlichen Militärs, der Capitains u. s. w. wesentlich verändert worden. Einigermaßen, indessen doch sehr entfernt, entsprechen diesem letztern die jetzigen Quartier-Vorstände.

Käbge, Käppchen, Häubchen, wie es die Dienstmädchen sonst trugen.

Kerb, Kirchweihe.

Kerch, Kirche.

Kistinszeite, Cüstinszeiten. Cüstine rückte im Jahr 1792 in Frankfurt ein, und brandschatzte es zum ersten Mal in der neueren Zeit.

Kratzeise, ein vor der Hausthüre befindliches Eisen, woran man den Schmutz von den Schuhsohlen abstreicht.

Kretensire, Kritisiren.

Krott, Kröte, Schimpfnamen für kleine Personen.

Krusteliere, zwischen der gewöhnlichen Mahlzeit etwas kaltes Fleisch und Wein genießen, einen Imbiß nehmen.

Kut ki kut, coute qu'il coute.

Kurmacherei, von courmachen, den Hof machen.

L.

Leibschütz, eigentlich eine Art Ordonnanz des Capitains, die diesem aber zugleich auch bei seinen häuslichen Verrichtungen behülflich war. Unter den Leibschützen fand man häufig Jagdliebhaber.

Leicht, so wohl Leiche, Leichnam, als Leichenbegängniß.

Leichtkorb, Leichenkorb, ein Sarg.

Leidenamt, Lieutenant (siehe Kabbedehn).

Leie, liegen.

Lähtfaß, Leitfaß, Wasserfaß, zum Herbeifahren des Wassers bei Feuersbrünsten.

M.

Mäd, Maid, Magd.

Mähr, Maire.

Mähn, Mahne, Korb.

Mein! Eine abgekürzte Betheuerung, die zu Anfang der Rede häufig gebraucht wird, besonders bei wahrer und ironisirender Verwunderung; z. B. Mein! vor wen hältst de mich? Mein! wos fällt der ein.

Meenz, Mainz.

Mehlwaage, so wird das Arresthaus für Bürger, von der in demselben Locale befindlichen Mehl- und Malzwaage, genannt.

Menschespiel (siehe Spiel).

Mersch, man es; mir es.

Merter, i. e. Metzger, Fleischer. Zum Verständniß mehrerer vorkommenden Andeutungen muß hierbei für Auswärtige erinnert werden, daß die Mitglieder dieser Zunft, welche sich durch körperliche Kraft und Schönheit vorzüglich auszeichnen, besonders durch ihre Thätigkeit bei Feuersbrünsten eines alten, wohlverdienten Ruhmes genießen. Auch verdient es einer ehrenvollen Erwähnung, daß sich in den Jahren 1813 und 1815 besonders viele junge Männer aus derselben zu den Reihen der freiwilligen Vaterlandsvertheidiger gesellten.

Mittwochsbunnement, Mittwochsabonnement, Abonnement im Theater für Diejenigen, welche sich nicht für alle Vorstellungen abonniren können oder wollen.

N.

Neuschierig, neugierig.

Nordst, nor, nur.

Nuddel, Tabakspfeife.

O.

Odlawandgard, Eau de la vande garde, scherzhaft für Avantgarde. Die Avantgarde einer jeden bürgerlichen Compagnie, bestand gewöhnlich aus 25 — 30 Mann junger Bürger, die im Gegensatz der übrigen Mannschaft, uniformirt und zuweilen exercirt war.

Oschero, Augereau, franz. General der in dem Jahr 1806 in Frankfurt eine starke Contribution erhob, und darum bei den Bürgern noch immer in gutem Andenken steht.

Dos, diminutiv Esi. Natürlich verderbt für Aas. Ein nach der verschiedenen Art des Tons, worin es ausgesprochen wird, so mannichfaltiges Wort, daß es in allen seinen Bedeutungen wohl nur dem ächten Frankfurter verständlich sein möchte. Von der höchsten Beschimpfung in der Zusammensetzung von: du Schinnos! oder einfach des Dos! an, bis herab zu einer feinen Schmeichelei, in dem Diminutiv, des Esi oder des klän Dos, begreift es alle, zwischen beiden liegende Grade unter sich, je nachdem es heftiger oder gelinder, warnend oder vertraulich, verabscheuend oder verwundernd gebraucht wird. Doch ist zu merken, daß da, wo in der Zusammensetzung von du Dos, des Dos, des Esi, der Nachdruck auf Dos, Esi gelegt wird, es meist im bessern, wenn er aber auf du, des liegt, meist im schlimmern Sinne genommen ist.

P.

Parrer, Pfarrer.

Parreise, Pfarreisen, Straße in Frankfurt.

Parrthorn, Pfarrthurm. Parrthorn bohne.

Partu, par tout.

Perschwadiren, mitperschwadiren, wegperschwadiren, enausperschwadiren, v. persuader, überreden, im engeren Sinne aber: etwas in der Stille mitnehmen oder auch Jemanden ohne Anwendung äußerer Gewalt zu irgend etwas vermögen; insbesondere aber heißt hinausperschwadiren! einen Ruhestörer auf Tanzböden u. s. w. vor die Thüre bringen, ohne ihn eigentlich hinauszuwerfen.

Pleh correh, pleine carrière.

Prämium. Die drei ersten auf dem Brandplatze sich einfindenden Feuerspritzen, erhalten nach einer sehr löblichen Vorschrift gewisse Prämien.

R.

Reiwe, reiben, wird oft für scheuern gebraucht.
Ridekiel, Ridicule, Arbeitsbeutel.
Rickeleh, hinaufrücken, von riculez.
Rollwagen, vierrädriger, niedriger Wagen zum Transport, besonders flüssiger Waare innerhalb der Stadt.

S.

Säferegk, Seife und Regenwasser.
Saldat, Soldat.
Salvet, Servielle.
Schaal, Shawl. Diminut. Schälge.
Schaude, Schohde, verderbt hebräischer Ausdruck für einen Narren, d. h. außergewöhnlichen Menschen, z. B. wer für geleistete Dienste kein baares Geld annehmen will, ist ein Schaude.
Schawell, Schemel, Fußschemel.
Scheb, schief.
Scherf, Schärpe.
Schiwerstän, Schieferstein, Laye.
Schond, schon.
Schoppengäste, auch Schoppenberjer sind Leute, die täglich um eine gewohnte Stunde ein bestimmtes Weinhaus frequentiren, und den Wein, sie mögen trinken so viel sie wollen, Anfangs Schoppen- dann aber halb-Schoppenweise vorgestellt erhalten. Der ächte Schoppenberjer fordert gewöhnlich den ersten Schoppen nicht, vielmehr wird ihm dieser, sobald er sich auf seinem gewohnten Platze niedergelassen hat, ohne Weiteres hingestellt, höchstens begleitet von einem: Wohl bekomm's!
Schward, bedeutet 1) alter, böser Weiber Art; 2) Weiber dieser Art selbst; 3) besonders die Eigenschaft dieser Weiber ihre Nächsten mit geläufiger Zunge auszuschelten oder ihnen Böses nachzusagen.
Sengnater, Senator.
Solberknechelcher, gesalzene Schweinsrippen.
Sparjemente mache, vorsätzlich ausweichend, von der Hauptsache abspringen. Hängt vielleicht mit dem italienischen

Spargimento, Zerstörung, zusammen. Er hat Sparsemente im Kopf, heißt auch wohl: er hat einen Sparren, er will immer anderswo hinaus, als andere Menschen.

Spas i ba, Spas a part.

Spansau, Spanferkel. Es ist bemerkenswerth, daß die erste Silbe dieses Worts von allen Selbstlautern den Ton hat, je nachdem es im Munde vornehmer oder geringer Bürger, Weiber oder Bauersleuten erklingt, nämlich: Span- Spen-, Spin-, Spon-, Spunsau.

Spiel, bedeutet, wenn es Substantiven angehängt wird, eine unzählbare Menge derselben; z. B. Menschespiel, Dellerspiel. Unzählige Menschen. Unzählige Teller.

Sterme, Stürmen, die Sturmglocke läuten.

Stiwel, Stiefel.

Stofftge, d. h. Stoff, materia, Trinkstoff. Ausdruck für Aepfelwein.

Stumper, Stoß.

Suggeln, saugen.

T.

Truwel, Trouble.

Tropp, Tropf.

U.

Uffruf der Schitzegellschaft. Aufruf der Schützengesellschaft. — Dieser Aufruf zur Bildung eines Schützencorps erging an Frankfurts Bürger bei der Annäherung des französischen Revolutions-Heeres in Form einer Subscriptionsliste; er mag als Beleg dienen, wie enthusiastisch unsere Vorväter für die Erhaltung der alten Ordnung gestimmt waren. Hier das Actenstück in extenso:

Aufruf zu den Waffen
an
Frankfurts biedere Bürger.

Der Zeitpunkt ist erschienen, wo Teutschlands Einwohner den ungesäumtesten Beweis ablegen müssen, daß das tapfere Blut ihrer edlen Vorfahrer auch in ihren Adern noch fortwalle.

Das Französische Volk, selbst Weiber und Kinder steht an und innerhalb den Gränzen des Teutschen Vaterlandes unter Waffen, und lauert auf die erste Gelegenheit, durchbrechen zu können, um seiner verjährten Gewohnheit nach zu rauben, zu brennen und zu morden.

Zwar sind ihm tapfere, und mit den Kriegserfahrensten Feldherren und Befehlshabern versehene Teutsche Heere entgegengestellt:

Allein wer ist uns Bürge, daß es einer Räuber-Horde jenes Volks, aller Wachsamkeit dieser Heere ohngeachtet, nicht gelingen könnte, einen Streifzug zu wagen? Zumalen wann der Rhein- und Mainstrom zufrieren sollten, das bei dem jetzigen unerhörten kleinen Wasser sehr zu befürchten ist.

Einem Volk, das sich durch die bereits bekannte Greuelthaten ausgezeichnet, das Gott verläugnet — und das die Christliche Religion — ohne die Leben, und Eigenthum der Menschen nie sicher sein kann, abschwört, ist Alles zu wagen möglich!

Eine unabsehbare Menge Mordgewehre sind also gegen uns gerichtet.

Nur Bewaffnung kann uns, unsere Weiber, Kinder und Eigenthum schützen!

So groß auch das Unglück ist, welches unsrer geliebten Vaterstadt zu drohen scheint, so beruhigender ist doch der Gedanke, daß wir, wann wir uns in ernstlichen Vertheidigungsstand setzen, nie in den Fall kommen können, uns wirklich vertheidigen zu müssen.

Dann einmal: wagt es ein fliegender Haufe bewaffneter Räuber (und sollte er auch aus 20000 Mann bestehen) nie, eine regelmäßige, im Vertheidigungszustande stehende Festung anzugreifen, und wenn Tollkühnheit ihn doch zum Angriff reizen sollte, so kann er, da ihm Wurfgeschütz nachzuführen ganz unthunlich ist, wie alle Kriegskenner wissen, unmöglich etwas ausrichten. Vorausgesetzt: daß an der Festung keine Blöße sich befinde.

Zum andern, ist gar nicht zu zweifeln, daß alle Stände Teutschlands dem Beispiel der in jetzigen Zeitläuften so berühmten und beliebten Stadt Frankfurth, gewiß und um so mehr nachfolgen werden; als jeder Sachverstandige einsieht: daß Teutschland bei der jetzigen Verfaßung Frankreichs für die künftige Zeiten nie sicher seye, wann es sich nicht in Vertheidigungsstand setzet, und das Kriegs-Weeßen nach Art der Schweitzer, wo jeder Einwohner Krieger ist, einrichtet.

Muß alsdann nicht jeder Feind zurückbeben, wenn die Einrichtung so getroffen wird: daß durch Lermstangen, und Lerm Stücke ganz Deutschland in wenigen Stunden unter Waffen stehen kann?

Wenn demnach zum Dritten die uns vorgelegenen Lande im Vertheudigungs Stande stehen; so muß das Franzoßen Volck schon ungemein viel leiden, bis es an die Gränze von Frankfurth gelangen kann. Und sollte es wieder alles Vermuthen doch so weit vorschreiten, so stehen die Lande hinter uns zur Hilfe bereit, und gelangen noch vor ihm in den Frankfurther Fluren an, um es zu empfangen und zurückzuschlagen. Wenigstens können wir die Franzoßen, wann keine Lücke an der Festung ist, so lange aufhalten bis Hilfe kommt.

Die Erwägung dieser für das Wohl Frankfurths so triftig und wichtigen Vorliegenheiten hat eine Löbliche Scharfschützen Gesellschaft auf dem St. Gallen Wall bewogen, auf die Vermehrung ihrer Glieder, auf eine zur Vertheidigung gesammter Festungswerke hinlängliche Anzahl zu denken. —

Alle biedere und rechtschaffne Bürger ohne Ansehen des Standes, welche in diese Scharfschützen Gesellschaft zu treten geneigt sind, werden daher dringend eingeladen, sich ohnverzüglich zu entschließen, und ihre werthe Namen hier zu unterzeichnen. Worauf sodann augenblicklich der Ort der Zusammenkunft und die weitere Einrichtung bekannt gemacht werden soll; wo im übrigen gar nichts daran gelegen ist, ob sie schießen können oder nicht, indem sie die jetzigen Glieder der Scharfschützen Gesellschaft in sehr kurzer Zeit zu künftigen Schützen bilden werden.

Frankfurth, den 9. December 1793.

Schützenmeister und Glieder der bürgerlichen öffentlichen Schießgesellschaft auf dem St. Gallen Wall.

Uhz, Spas, Neckerei.
Uhze, necken.
Undenverschendeht, Universität.

V.

Verduckele, verheimlichen.
Verscht, Verse.
Vor mir, Meinetwegen.
Volleil, Volleule, Trunkenbold.

W.

Wärtag, Werktag.
Wasi, Bäschen.
Witsche, sich schnell und heimlich wegbegeben; es findet sich noch in: „Entwischen."
Wolf. Der Name eines in Frankfurt wohl bekannten halbverrückten Menschen. Er gehört unter die dasigen public men und ist wie der Schreck der Jungen, so die Lust der Alten.

Z.

Zores, verderbt hebr. Ausdruck, für Lumperei, Gesindel, Spas, correspondirt dem Burschikosen Trödel.
Zuck, Zug.

Herr Hampelmann

im

Eilwagen.

Hampelmannniade in sechs Bildern.

Personen.

Herr Hampelmann, wollener und baumwollener Waarenhändler.
Madame Hampelmann, seine Frau.
Victorine Keller, Ladenjungfer bei Hampelmann.
Herr Keller, Handelsmann in Nürnberg.
Herr Servatius, Accessist aus Darmstadt.
Mr. Teabox, ein reisender Engländer.
Mayer Hirsch Langeselbold.
Mousseux, Reisender eines Handlungshauses in Epernay.
Madame Fleiß, Putzmacherin.
Madame Boa, Modehändlerin.
Catharine Blum, eine Amme.
Mautheinnehmer.
Gastwirth.
Polizeibeamter.
Höflich, Post-Conducteur.
Matthes, Wagenmeister.
Ein Straßenräuber.
Kellner.
Magd.
Mauthbeamte.
Mehrere Reisende.
Bürger und Bürgerinnen.

Erstes Bild.

(Ein Theil des Posthofs, etwa der Pack-Schuppen, hinten mit gemalten Eilwägen verstellt, so daß durch die Mitte der practicable Eilwagen, jedoch ohne die Pferde, sichtbar bleibt. Rechts, das Postbureau. Links im Hintergrund ein Eingang, durch welchen die auftretenden Personen kommen *).

Scene 1.

Matthes und andere Postknechte oder Packer sind mit dem Schmieren und Packen des Wagens beschäftigt, sie haben solches eben beendigt. **Höflich** kommt aus dem Bureau.

Höflich (mit seiner Liste in der Hand). No Matthes, seid Ihr fertig?

Matthes. Geschmiert wärsch. Etzt daut's aach ritsche — Wer gaut schmiert, fährt aach gaut. Der Dunner un der Deiwel, es geht awwer stark mit Räsende.

Höflich. Alles rähßt jetzt — Schneider, Schuster, Schlosser un Schmidt, der Deiwel un sein Großmutter! Warum? —

*) Bei den Aufführnngen in Frankfurt steht ziemlich im Vordergrund ein practicabler, täuschend nachgeahmter Eilwagen, welcher auf der Bühne mit 4 Postpferden bespannt und, nachdem alle Passagiere eingestiegen, von dem Postillon im Trabe abgefahren wird.

weil's geschwind geht. Etzt net uffgehalte. Is des Passagiergut all im Wage?

Matthes. Des wolle mer dotzwitt drinn hun; do ist dem Jud sein Bakasch. — Viel Iwwerfracht. — Selt steht der Kuffer von dem Darmstädter, der mit dem Brief-Postcourir kimmt. — Do is e Kist von der Perschon im Coupé Nro. 7, ich glab es is e Säägamm. Ihrn Barbeleh lege mer derzu.

Höflich. Wo sinn denn der Madam Fleiß ihr Schachtle?

Matthes. Do im Wasch —

Höflich. Un ihr Botell mit kalte Kaffe?

Matthes. Die stickt in der Seitetasch. (Ein Ränzchen in den Wagen legend.) Do is aach der Jungfer Keller aus des Hampelmanns ihr Sach — klän genug.

Höflich. Natirlich, es is aach e klän niedlich Person. Sie mecht zu ihrem Unkel Keller nach Nernberg; des is e sehr reicher un braver Mann. Mir gedenkt's noch, wie er als Meßfremder hie am Gääßpertche gestanne hot. Ich hab manche kläne Thaler uff dene Postwäge von ihm kriet, un daß ich em versproche hab uff sein Nicht acht ze gewwe, des geschieht aach net umsonst. — So oft ich nach Nernberg komme, besuche ich en — — Er war sehr krank, wie ich des Letztemol bei ihm war.

Matthes. Do werd die Mamsel grad recht zur Erbschaft komme.

Höflich. Die werd net bitter sein. Do im Wage sinn noch zerka fl. 10,000 an sein Adreß — des gäb schond e scheen Haussteuer.

Matthes. Ich megt der Hochzeiter sein; — do finn aach die Pistole von dem französche Räsende und sein Nachtsack. — Kän Kuffer hot er dießmol net bei sich —

Höflich. Ah! des is der Courmacher von der Mamsell Keller — ich hab en als oft im Lade angetroffe. Des is e verfluchter Kerl — der war emol franzeescher Offizier — un is noch Kabbedehn von der Atzional-Garde in Strasborg, Also der geht mit — Sie wern sich awwer gewaltig schneide, Herr Straßborger, wann se vielleicht meene do im Eilwage do kennt mer — Wer hot dann dem widder gesteckt, daß des scheene Medge nach Nernberg geht.

Matthes. So Räsende komme ewens iwwerall erum, und erfahre Alles. — Der Hampelmann mecht aach met. Er brengt sein Bagaschi selber met.

Höflich. Dem werd's emol widder net pressire, do babbelt er iwwerall und verspät sich gewiß. Un dann — (dem Hampelmann nachspottend): Ich amesir mich doch! ha! ha! ha!

Matthes. Un doch hot er e Maul iwwer Alles. — Awwer spendire duht er —

Höflich. Ah! Wann mer de Wolf nennt, do kimmt er gerennt.

Matthes. Der Amisirer — ha! ha! ha!

Scene 2.

Die Vorigen. Hampelmann

(in Reisekleidern, zwei kleine Schachteln tragend).

Hampelmann. Felemichihne, Herr Heflich — Hawwe mer von Ihne des Vergnige — des frääät mich — bis Nernberg? dorchaus? frät mich — so e scharmanter Mann. — Netwohr do bin ich uff die Minut, e halb Stunn vorm Abgang. (Bietet ihm eine Prise Tabak an.)

Höflich. Was wahr is, deß muß wahr sein. Awwer, wo sinn denn Ihne Ihr Siwwesache, denn so wern Se doch net räse — Gewiß noch net Alles gepackt?

Hampelmann. Alles. Mein Fräää hot gepackt, un die versteht's. Wann se sich als nor manchmol selbst packe deht.

Höflich. Ei, ei! Herr Hampelmann!

Hampelmann. Sie wollt wähs Gott mit fahre — Nor bis Aschaffeborg; no es is so e Sach — des Schanowehche is do in Pension, un dann hot se aach do en Vetter, der war ze primatische Zeite, großherzoglich-frankfortischer Hofpitschierstecher in Frankfort. — Mit knapper Noth hab ich die Sach hinnertriwwe.

Höflich. No, so wie ich die Ehr hab' die Fraa Liebste ze kenne, so kann ich mer denke, daß Se en harte Stand gehabt hawwe. Mir kimmt's als eso vor, als mißt Alles nach ihrem Kopp gehe.

Hampelmann. Nach ihrem Kopp? Mit Nichte, erlawe Se, nach meim Kopp! Heut erst hot se mer im Zorn e Milchbredche vom erschte Geback an Kopp geworfe — warum? bloß weil's net vom Zwette war.

Höflich. No, deß muß mer net so genau nemme. Die Weiber duhn oft ebbes un wisse net warum, wann se e bissi lebhaft wern.

Hampelmann. Ja, ich loß mersch gefalle, wann ähns lebhaft is, e scheen Sach die Lebhaftigkeit — awwer Milchbrederche an Kopp werfe — ich losse mersch gefalle — so bei eme Koleg-Esse, an ere Tafel, mit Frauenzimmer sich mit Brodkichelcher werfe — awwer ganze Milchbrederchern — tête à tête, vis à vis — Ich hab er doch e Naas gedreht, denn ich kann se bei der Rähs net gebrauche. Es is so e Vergnigungsrähs, fors Amisement, die mer awwer newebei noch die Rähsspeese einbringe soll.

Höflich. So?

Hampelmann. Ja, ich hab' en alte gute Freund in Nernberg, e ehemaliger Meßfremder; mer kenne uns von Jugend uff, dann mer hawwe in Bawehause die Hannelung mit enanner gelernt; der will mich, wann er in die anner Welt geht, zum Vormund iwwer erjend e Nicht, e scheenes junges Frauenzimmer mache, un mer die Besorgung aller seiner hiesigen Ausstände und Realisirung der verschiedenen Insätz — et caetra, Frankforter Obligationen et caetra. — Er schreibt mer, er wär krank un hätt drei Doctor — un ewe deswege denk ich, es wär Zeit.

Höflich. Was hawwe Ihne dann die Dokter gedahn?

Hampelmann. Apropos, wie is es — hawwe mer ääch scheen Gesellschaft im Wage?

Höflich. So allerlei, awwer scheene Leut.

Hampelmann. Des is so was for mich, so hab' ich's gern, Kääfleut, Schauspieler, Engelänner, so Alles dorchenanner; nor kän alte Weiwer.

Höflich. Mer krieje aach recht scheene Frauenzimmer.

Hampelmann. Frauenzimmer? do bin ich nun ganz der Mann derfor. Mer rähßt noch emol so angenehm mit Frauenzimmer — un mer amisirt sich immer; sie hawwe immer ebbes ze froge, un ich hab' immer ebbes ze antworte. — — Was is des for e Fluß? Wie häßt die alt Ritterborg do owe? Sinn mer vielleicht jetzt im Bayerische odder im Wertembergische? — Ich bin in der Welt herumkomme — ich wähs Alles, kann uff Alles Redd und Antwort gewwe. Un wann mer so e Weilche gefahre is, do geht's en Berg enuff, do kracht so der Wage (er ahmt es nach): Krick! krack! — do werd als e Schlesche gemacht — die Engelchern wolle der dann ääch schloofe. Als e galanter Mann, loß ich se ihr Kepperchern uff mein Schulter lege. — Uff ähnmol fährt der Wage iwwer en Stän. Hupp! do kreische se: „Ach! um Gotteswille!“ do hält mer se dann um de Leib fest — so — (er faßt Höflich um den Leib.)

Höflich. No, no! langsam.

Hampelmann. So arg zwar net, awwer doch fest, un des amisirt mich keniglich. Sehn Se, do fällt mer e Geschicht ein, die mer emol Anno 1811, uff dene alte Postwäge bassirt is — damals gab's die scheene Eilwäge noch net — des war e verflucht Fahrerei — Zwä Tag von hier bis Fribberg unnerwegs — un als Ochse vorgespannt — dorch den Lähme in der Wetterau. Ich hab damals noch als en Spaß gemacht. Ich hab mer als e Gebund Feddern aus Uhz unner des Kisse gelegt damit ich doch sage konnt, ich hab' uff Feddern gesotze. — Also uff die Geschichte ze komme —

Höflich. Ich wähs schon. —

Hampelmann. No des Stickelche misse Se noch here. Ich fuhr der Ihne damals emol nach Marrborg, mit so eme Postwage un hat Ihne mein Neroche bei mer; des war e damalig Hindelche von mer no, ich hab immer so Hindelcher, wisse Se, die ganz Stadt kennt ja mein Hindelche. — Die Rähs-Gesellschaft, es war so allerhand dorchenanner wie Corianner, so Credi und Pledi — die hatte en Pik uff des Viehche gehat un wolltes net im Wage leide. — Also kams owe enuff ins Korbleder. — Gott wähs wies zuging; wie mer ewens dorch Langegens komme, werds em schwinnelich, es fällt erunner un grad in en Mähn voll Täig, die nach der dortige Mode in das Gemeinde-Backhaus getrage werde sollt. Des gab der Ihne e Gekreisch; alles lääft dem Postwage nach, un wie mer an der Post umspanne, so brenge se des Neroche daher in dem Täig — grad wie e ungebackener Eppelranze hat's ausgesehe. — Was warsch? Sechs Batze for des Neroche abzewesche. En Gulde for den Täig, facit 1 fl. 24 Kr. So viel wähs ich, in dem Kuche, der aus dem Täig gebacke worde is, werd mancher e Hoor drinn gefunne hawwe.

Höflich. Awwer so losse Se etzt doch des Verzehle sein, un mache Se, daß Ihr Bagage herkimmt. Dann uff ähnmol werd angespannt sein, und der Herr Hampelmann werd fehle. Ich höre schon den Postillon uff der Zeil blose. (Posthorn in der Ferne.)

Hampelmann. No! des wär net bitter. Ich geh! Sie wern emol sehe, Herr Conducteur, wie ich den ganze Eilwage amesire wern. So e Rähs mecht ähm um 20 Johr jinger. Da fällt mer jetzt e Geschicht ein, die mer in de dreizehner und verzehner Johr —

Höflich. Ei, so gehn Se doch!

Hampelmann. Gleich! Gleich! So werds doch net pressire. No ich verzehl's Ihne uff en annermol. (Gibt ihm zwei Schachteln — sehr eilig.) Da, da brenge Se mer die zwä Schächtelcher noch in die Seitetasch, odder ins Fillet unner. Mer kann net wisse, was uff die Rähs vorgeht. Do des ähn — des is so mein klän Feldappethek — Uff ähnmol werd ähns unpäßlich — do produzier ich mein Appethek, e bissi Himbirnessig, Hofmännische Troppe, un von dem einzige Nettare di Napoli, wo die Leut dervon gesund wern, wann se's nor in der Zeitung lese. En Leffel hab ich ääch. Werd's ähm iwwel im Fahre — eraus dermit — (macht die Pantomime des Einnehmens) und wupp dich! enunner mit. Adies einstweile — den Aägeblick bin ich widder do — un dann vorwärts Postillon (ab).

Höflich (nachrufend). Verspäte Se sich net, Herr Hampelmann — denn es werd uff Niemand gewart. — Ah do kimmt ja des liebe klän Medche, uff die ich acht gebe soll. Awwer e bös Zäche, der Voyageur kimmt aach mit. Weil se mir anvertraut is, so wärn ich se nicht aus de Aage verliere.

Scene 3.

Mousseux, dann **Victorine**, **Höflich**, der auf dem Wagen sein Gepäck ordnet.

Mousseux. Aber liebe Victorine —

Victorine. Das ist sehr unrecht von Ihnen, Herr Mousseux.

Mousseux. Gesagt, gethan; dabei bleibt's, und Alles was Sie auch dagegen einwenden mögen, bedeutet bei mir nichts.

Victorine. Aber bedenken Sie doch —

Mousseux. Bedenken, ma foi! das that ich nie; gesagt, gethan. — Sie sind jung, ich bin nicht alt, Sie sind anziehend, ich bin angezogen, Sie sind liebenswürdig und ich liebe Sie, und folge Ihnen so lange meine Börse reicht — und — soweit als Champagner getrunken wird — das heißt, durch die halbe Welt.

Victorine. Aber wenn auch — wozu kann das führen? Sie sind noch nicht Ihr eigner Herr, Sie sind an Ihre Principalen gebunden, und ich hänge von meinem Onkel ab. — Vor Kurzem schrieb er mir, daß er sehr krank sei, und mich zur Erbin seines Vermögens einsetzen wolle, doch wünschte er mich vor seinem Hinscheiden noch zu sehen.

Mousseux. Der brave Mann! denkt er bald die Reise in jene Welt anzutreten?

Victorine. Ich konnte seinem Wunsche nicht widerstehen. —

Mousseux. Und ich nicht dem Drange meines Herzens Sie zu begleiten.

Victorine. Wer weiß, ob Sie es auch ernstlich meinen, Sie — ein Champagner-Reisender? Bei Ihnen heißt es vielleicht auch: „ein andres Städtchen, ein andres Mädchen."

Mousseux. Grausame Freundin! Sie greifen sehr disharmonisch in die Seiten meines liebevollen Gemüths. Ein Champagner=Reisender kann seine Schwächen haben; aber kann er darum nicht zärtlich lieben. Wir Franzosen studiren jetzt die deutsche Philosophie — wir lernen auch deutsch treu sein — und bin ich denn nicht eigentlich ein Deutscher?

Victorine. Still, still! Wollen Sie meine Achtung, und mein Vertrauen sich erwerben, und soll ich in Ihre Aufrichtigkeit keinen Zweifel setzen, so beweisen Sie es nur dadurch, daß Sie es mir nie mehr sagen.

Mousseux. Liebenswürdige Victorine! Sie wollen es, es sei. Ich will mein Gefühl gewaltsam unterdrücken, und sollt ich daran ersticken — Aber ich ruhe nicht, bis Sie mir Ihre schöne Hand reichen, und wir durch die Dornenpfade und Labyrinthe des Brautstandes, und endlich in den dritten Himmel der Ehe gelangen (halb bei Seite) Donnerwetter! das war schön gesagt.

Victorine. Aber warum wollen Sie mich denn durchaus begleiten?

Mousseux. Ich will mich dem alten Herrn vorstellen, er soll mich sehen, und sich überzeugen, daß ich mit meinen zahllosen Bekanntschaften (bei Seite) und mit seinem Gelde, ein Geschäft zu gründen, im Stande bin — und dann — bedenken Sie — ein schönes junges Mädchen allein auf der Reise, im Eilwagen, welchen Gefahren ist sie nicht ausgesetzt.

Victorine. Still mein Herr, dafür schützt mich meine Tugend.

Mousseux. Item, es kann nichts schaden, wenn die Tugend noch einen Helfershelfer hat.

Scene 4.

Die Vorigen. Mr. Teabox ist schon während den letzten Reden ins Postbureau gegangen, aus welchem er nun wieder auftritt. Er ist mit Podagra geplagt, sein Anzug ist originell, in der einen Hand hält er den Postschein, in der andern ein Buch).

Teabox (ohne alle Höflichkeitsbezeugungen hart an Mousseux antretend). Mein Herr, machen Sie mir eine Explicäschen, ich habe gewollen einen Platz nach Würzburg für Zwölf Gulden, und man will mir geben nur für acht Gulden. Ich will für Zwölf, nicht anders als wie in mein Book gedrucken. Der Postoffice sagen, es seyen ein Druckfehler — und ich will reisen wie ist in England für die tour on the Continent bestimmt.

Mousseux (bei Seite). Sonderbarer Kauz. (Laut) Dem Uebel kann schnell abgeholfen werden, wenn Sie die Differenz dem braven Mann da (auf Höflich zeigend) zahlen.

Teabox. Well — Conducteur, wollen Sie die vier Gulden annehmen, damit ich kann strictli reisen nach dem Poketbook für Zwölf Gulden.

Höflich (sieht ihn groß an). Warum nicht?

Teabor (gibt ihm das Geld). Nun so sorgen Sie auch daß ich haben einen guten vis-a-vis, vielleicht dies schöne Frauenzimmer. (Lorgnirt Victorinen.) Ah! Sie gefallen mir sehr gut.

Mousseur (dem nach dem Wagen gehenden Höflich einen derben Schlag auf die Schulter gebend). He! Herr Conducteur!

Höflich (erschrocken umsehend und sich die Achsel reibend). Donnerwetter! Was wolle Se?

Mousseur. Wo sind meine Pistolen?

Höflich. Im Wagen, Herr Mousseur. Kinftig wern sich so Späß verbitt!

Teabor (nähert sich Victorinen). Reisen Sie auch mit, schöne Miß?

Mousseur (der wieder hinzutritt). Ja wohl! Geht Sie das etwas an? Sie Herr Englischhmann.

Teabor. No, No, durchaus nicht.

Victorine (zu Mousseur). Ums Himmelswillen, fangen Sie keinen Streit an.

Mousseur. Ich wollte Ihnen nur zeigen, daß ich Sie beschützen kann, wenn ich will.

Teabor. O, J beg your pardon, der Herr hat die Ehre von Ihnen Bekanntschaft. O ich versichre Sie, daß ich will nicht anfangen Dispute.

Scene 5.

Vorige. Servatius tritt eilig ein. Catharine.

Servatius (läßt durchweg kein R hören). Da teff ich ja e chamant Eisgesellschaft, weit besse, als im Bief-Post-Cuie, de mich von Damstadt he gebacht hat.

Catherine. Ach! Herr Servatius — Sein Sie do? wo geht dann die Rähs hin?

Servatius (herablassend). Sich emol an, Cathe-ine — des is scheen von ih — Ich hab gement, si wä iwwe alle Bege — Wohin?

Catharine. Ich geh widde nach Seeligenstadt zu meine Eltern — (seufzt) ich hab' genug an Darmstadt.

Servatius. Des glab ich wohl. — Du ame Wum! (Zu den Reisenden): Ich feie mich seh, in so scheene Gesellschaft zu fahe — Seh angenehm.

Mousseur. Aha! Herr Regierungsrath.

Servatius. Egieungs-Accessist, wenn ich bitten daf.

Mousseur. Nun, Herr Accessist, wenn Sie so wollen. — Kennen Sie mich nicht mehr?

Servatius. Ei, Herr Mousseur, sehr efeut.

Mousseur. Nun, wie ist es Ihnen ergangen, seitdem wir uns nicht sahen; ich glaube in Gießen war's das Letztemal, da kosteten Sie meinen Champagner.

Servatius. So, so. — Seitdem ich als Accessist auf der Egieung praktizi(r)e, un die Spezial-Confeenze mache, liebe Himmel, nit zum Beste. Es hat sich viel veännet, die Accidenzien sind eingegangen. Zuest die Dintefässe, un Feddemesse, un späte die Kobbel*). Gott, wann ein Accessist bloß uff sein Salaium [r]eduziet is, da ist es schlimm.

Mousseur. Sie wollen sich wahrscheinlich um eine andere Stelle umsehen?

Servatius. So ag is es nicht; die Besogung könnte feilich besse sein. Abe die Awweit is doch im Justizfach, un auch nicht zu viel. Man beeitet sich ganz bequem zum Staatsdienst vo. Feilich, es gibt noch ga zu viel Accessiste, un wie lang dauets, 'bis me gut vesogt is.

Mousseur. Nun, einem Manne wie Sie —

Servatius. Ach Gottche! die letzt gohs Oganisation hat seh viel Hoffnunge danidde geschmettet. Vom Assesse wede is ga kein [R]ed. — Die Besogung a[l]s Assesse is seh gut.

Mousseur (bei Seite). Daß Du mit deiner Versogung! — (Zu Servatius): Apropos, wie steht's in Darmstadt? immer lustig — ein angenehmer Ort. Wennn nur die Gegend —

Servatius. Ah! die Gegend hat sich auch verschenet. Gott was e scheen Efindung die Ludwigshöh, die Aussicht is subbeb, subbeb! Ohne sich's zu vesehn, bemekt me duchs Gebüsch Häuse un en Tempel. Die Aussicht wid da noch subbebe; Fankfut könnt me sehn, wann's nicht so tief läg; awe me sieht die Begstaß bis Spcie, wo sonst das Wetzlae (R)eichskammegeicht war; Mannheim mit seine Maskebäl, un Woms wo unse ditt (R)egiment liegt — Gosgeau, wo e Landichte is. De Henngatte**) soll auch veännet wä(r)n, un de Winte me widde e Deatte kie.

---

*) Bindfaden. — **) Herrngarten.

Höflich. Herr Darmstädter, vergesse Se iwwer die Herrlichkeite all', als Ihren Nachtsack net, un wolle Se Ihren Mantel net gefälligst selbst in Wage lege. Sie sitze im Kabriolet Nro. 8.

Servatius. Ah! en Kabiolett Platz. (Geht zum Wagen.) We sitzt noch meh dinn?

Höflich. E Frauenzimmer Nro. 7, un Ich.

Servatius. Gut. Netwoh Cathe-ine, da gibt's auch kän Gespäche iwwe Politik, wo me duch Aeußeunge höhen Ots bös escheine könnt. Politik is nix so mich.

Mousseur. Doch die Versorgungspolitik, nichtwahr? hahaha!

Höflich (die Liste in der Hand). Vorwärts meine Herrn und Damen, es is eingespannt!

Scene 6.

Vorige. Madame Hampelmann, (ein Hündchen unter dem Arme, kommt eilig gerennt, ihr folgen **Madame Boa** und **Madame Fleiß.**

Mad. Hampelmann. Ach Herr Höflich — da bin ich ich komme doch noch recht?

Höflich. Was Deiwel, Madam Hampelmann, rähse Sie dann aach mit?

Mad. Hampelmann. Allemal. Mein Mann meent er kennt allän rähse; ich will em weise, daß ich aach rähse kann.

Höflich. Sinn Sie dann eingeschriwwe?

Mad. Hampelmann. Des versteht sich; ich hab noch vor ere halwe Stunn en Schein hole losse. Meim Mann will ich en Bosse spiele. Wisse Se was — ich gehe her, un nemme sein Platz, er kann sich uff mein setze.

Höflich. Mir kann's recht sein, wann ersch's zefridde is.

Mad. Hampelmann. Oh! er muß! — Wart nur fataler Mann, jetzt will ich dich ertappe. Es hot mer schond lang geschwant. Die Männer! die Männer!

Höflich (nach der Uhr sehend). Nun meine Herrschaften, alleweil is Zeit — Wenn's Ihne gefällig wär, eingestiegen. (In seine Liste sehend.) Nro. 1 Herr Hampelmann.

Mad. Hampelmann. Hier! Herr Conducteur, nemme Se des Hindelche zu sich. (Steigt ein).

Höflich (den Hund einem Packer gebend, unwillig). Bind en owwe an, die Kanallie, zu meim — Madam Hampelmann, wenn Sie's net wäre — Katherine Blum — vorwärts Nro. 7 Cabriolett — eingestigge (bei Seite) Jungfer Sägam. — Mad. Fleiß, Nro. 2 innwendig. —

Mad. Fleiß. Hier bin ich! Ach helfe Se mer doch in den Wage, daß mein Hut net verknutscht werd.

Höflich. Der werd schon drinn verknutscht wern. — Nro. 3 Madam Boa.

Mad. Boa. Hier! (Einen Brief aus dem Busen holend und ihn an eine Freundin, die als Begleiterin mitgekommen ist, gebend): Da besorg mer den Brief an sein Addreß; den hätt' ich bald vergessen. (Heftige Umarmung, dann zum Wagen gehend.) Ach lieber Herr Conducteur, werfe Se uns ja net um.

Höflich. Des leit mer uff. Nro. 8 Vorder-Coupé — Herr Servatius. — — Herr Servatius. — No, wo is er? — Herr Servatius! Nro. 8 Cabriolett.

Servatius. Hie! hie!

Scene 7.

Vorige. Servatius. Langeselbold.

(Servatius kommt hastig gelaufen, ebenso Langeselbold, welcher nach dem Bureau eilt. Beide rennen stark aneinander, sehen sich dann von Kopf bis zu Fuß an.)

Langeselbold. Karambolirt.

Servatius. No! no! We(r) wid dann so unvenünftig (r)enne.

Langeselbold. Nu, der Weeg nach dem Kuntor werd doch frei sein — Sie hawe mer gestoße — ich losse mer nicht stoße — ja — mer losse uns nicht mehr stoße!

Servatius. Gut, gut! Halts Maul du Ju —

Langeselbold. Mein Maul soll ich halte? Wie Sie befehle — Nu, un womit soll ich's halte? ich hab doch kän Stiel dran. — Herr Conducteur, is der Werzborjer Wage schon abgefahre?

Höflich. Zum Deiwel! Nein! awwer es is die hechste Zeit; steige Se ein — Sie hawwe Nro. 5 — — Nro. 4 wollt ich sa... Nein Nro. 5.

Langeselbold. No, Herr Conducteur! ich glawe, Se wolle ihr Stuß mit mer treiwe? — Ich haße Mayer Hersch Langeselbold.

Höflich. Richtig! Hirsch Mayer Langeselbold. — Ja, ja, es war e Versehe; steige Se nur ein.

Langeselbold (zum Wagen gehend). Ja, awwer — ich bitt um Verzeichniß! Erlawe Se, ich hab doch en Eckplatz. (Laut): Wer hot mer mein Eckplatz genomme?

Höflich. Ja, s'is wohr. Sie hatte Nro. 4 (Bei Seite.) Bin ich denn heut ganz confuß?

Langeselbold (schreiend). Wer hot mer mein Eckplatz genomme? Mein Nro. 4.

Höflich. No, no! beruhige Se —

Langeselbold. Ich frage: Wer hat mer mein Eckplatz genomme?

Höflich. Hier, die Madame, hot Ihne Ihr Platz genomme. — Ja liewe Madame, do kann ich net helfe!

Mad. Fleiß (im Wagen). Ach der Herr ist viel zu galant um eine Dame zu genieren.

Langeselbold. Galant — von hier bis Werzborg — is sehr weit for die Galanterie — for mein Geld — gallant? im Eilwage! wie komm ich mer vor?

Höflich. Allons erwische Se denn ihr Nro. 4.

Langeselbold (steigt in den Wagen).

Höflich (indem er die bezeichneten Plätze nachsieht). Die Passagiere im Hintercoupé sin eingestigge. — Die Vordercoupé sin drinn.

Servatius (aus dem Wagen schreiend). Sinn dinn —

Katherine (eben so). Alleweil!

Mousseux (der einen Platz oben auf dem Wagen eingenommen hat) Mamsell Victorine. Ich wache über Ihnen.

Höflich. Eingestigge! uff der anner Seit. Nro. 3 un 6.

Ein Passagier (von innen). Hier ist's nicht zum aushalten!

Höflich. Es is die höchste Zeit. — Jetzt Mamsell Keller, Sie — dann Herr Engelänner. — Sie Herr Mousseux komme zu mir in's Cabriolett.

Mousseux. Ich behalte Ihren Platz hier oben, da kann ich meine Cigarre rauchen, und genieße die Aussicht — Wenn's regnet —

Höflich. Is etzt Alles in Ordnung? Was Deiwel! der Herr Hampelmann fehlt ja noch — Herr Hampelmann! Herr Hampelmann! der hot's richtig versäumt (die Glocke schlägt sechs Uhr). Alleweil schlägt's sechs Uhr; da kann ich net helfe! (Sich aufsetzend, der Postillon bläst) Vorwärts Ludwig! (Der Wagen fährt ab, während dem sieht Langeselbold nochmals aus dem Wagen, läßt unversehens seine Mütze fallen und schreit): Mein Kapp! mein Kapp! Sein se so gut un gewwe Se mer mein Kapp! (Einer der Umstehenden reicht ihm die Mütze.)

Matthes (nachrufend). Ludwig geb acht, do vorne hot die Wasserleitung widder des Plaster uffgerisse! — des ritscht orndlich — Ja wann der Matthes den Wage schmeert — Awwer der Herr Hampelmann, hahaha! des is zum Todtlache! Ich bin neugierig, was er seegt, wann der Wage fort is. — Aha, do kimmt er, un noch derzu ganz langsam! — No, du werscht scheene Aage mache!

Scene 8.

Matthes, Hampelmann (kommt ganz gemächlich angeschlendert, hat einen Nachtsack übergehängt, in der einen Hand einen Mantelsack, in der andern eine Hutschachtel. Unterm Arm einen Regenschirm).

Hampelmann. No Matthes, do bin ich. Mein Fräă hab ich net mehr angetroffe, die mecht wahrscheinlich e Visit, bei der Madam Zahm. — Da kann ich er net helfe, da ist se um den Abschiedskuß gekomme. Ich hab er dehäm e Babierche hinnerlosse un druffgeschriwwe:

„Leb wohl mein Schatz und wein nicht sehr,
Vergeß Dich nun und ninnermehr!"

So e Verscht is wollfel, un mecht er doch Plesir. No, Matthes, trag mer mein Sach in Wage.

Matthes. In Wage? Der is schon lang iwwer die Sachseheiser Brick.

Hampelmann. Was? (Sich umsehend) Alle Dun — des is e scheen Bescheerung. (Zu Matthes): Ruf, daß er inhält!

Matthes. Dozu is mein Brust ze schwach, daß dersch noch höre kennt.

Hampelmann. Awwer in's drei Deiwels Name, ganz infam is des! (Kommt ruhig in den Vordergrund) Es is iwwrigens nit des erste Mal, daß mer so was bassirt, erscht noch vor zwă Johr, wie — — —

Matthes. Awwer Herr Hampelmann — So halt er sich doch net uff — wann er den Postwage einhole will. Do newe die Lehnkutscher, die hunn immer e Kotsch for die Saumselige in Baratschaft — fahr er nach — He holt en noch ein, es is trucke Wetter — die Feldweg sein gaut — do kann he abschneide.

Hampelmann. He! Kutscher! Um Gotteswille — is denn kän Kutscher do?

Matthes (in die Coulisse zeigend). Do in des klän Häusi muß Er gehn — do wend He sich an selle Herrn do.

Hampelmann. Fort, es is kän Zeit zu verliere. — (Zu Matthes): Da, do hoste was forn gute Roth un den Trost. — Da, trag mer e bissi mein Sack — Gott, was mer net in de Bän hot, des muß — Dunner — verredt ich mich ääch noch — was mer net im Kopp hat, muß mer in de Bän hawwe, wollt ich sage — Vorwärts — fort im strengste Galopp! — Sie Herr Kutscher! — (Beide ab.)

Zweites Bild.

(Platz an der Grenze. Links im Vordergrunde das Mauthamt. Vor demselben sitzen drei Mauthbeamte an einem Tisch, Wein trinkend.)

Scene 1.

Mautheinnehmer. Mauthbeamte.

Einnehmer (kommt aus dem Hause, eine lange Pfeife im Munde, eine Feder hinterm Ohr, am rechten Arm einen sogenannten Schreib-Ermel.) Es ischt wieder eine neue Verordnung vom General-Mauthamt ankomme; passet auf, i will se euch vortrage.

Mauthner. Wir hören.

Einnehmer (nachdem er sich geräuspert, liest er mit einem starken Anklang des schwäbischen Dialekts): „Das General-Mauthamt, nachdem es in Erfahrung gebracht hat, daß mehreré Reisendé aus benachbarten Städten sich beigehe lasse, verbotené Gegenständé über die Grenze zu bringe suche, befiehlt sämmtlichen Grenz- und Mauthbeamten, die die die Grenzé passirendé Reisendé zu diesem Behuf zu visitire, wobei jedoch Mildé un Ahnstand empfohle wird.“ (Das Papier zusammenlegend.) Habt ihr gehört, Mildé und Ahnstand.

Mauthner (gleichgiltig). Ja, ja. Milde und Ahnstand.

Scene 2.

Vorige. Hampelmann (kommt mit seinem Gepäck von der Seite).

Hampelmann. Net emol am Haus kann mer anfahre; muß ich do mein Kutsch an der Chaussee stehn losse!

Einnehmer. He da! Wer ist der Herr? Was will der Herr?

Hampelmann, No, was werd er wolle, der Herr? den Eilwage nach Werzborg abwarte, denn ich rähse mit nach Nernberg.

Einnehmer. Der Herr reist mit dem Eilwagen, und kommt zu Fuß?

Hampelmann. Erlawe Se gitigst, ich bin von Frankfort, wann Se erlawe, un mein Kutsch steht uff der Chaussee, ich mußt aussteie — weil mer vor dene viele Frachtwäge gar net bei kann. — Sie kenne sich selbst dervon iwwerzeige —

Einnehmer. Das geht Jahr aus, Jahr ein hier so.

Hampelmann. Es is mer selbst läd, daß ich hab fahre misse, net wege de Unkoste — wähs Gott — nor wege de Utzerei — Ich wollt mit dem Eilwage gehe, war ääch prezis da; mein Frää hat mer awwer meine Sache noch net fertig gepackt, da gung ich häme, um se selbst ze hole — un bis ich widder kam, war der Eilwage iwwer alle Berg. Glicklicherweis' falle so Sache mehr vor, so daß die Herrn Lehnkutscher schond druff gericht sein. — Ich nemme e zwäspennig Chaise, un e gut Trinkgeld un e näherer Weg durch den Wald hawwe mich noch vor dem Eilwage hergebracht. Ja, im Fahre, un in de Trinkgelder, do bin ich e Deiwel — Ich könnt Ihne Geschichte erzähle, Geschichte! — Awwer erscht bitt ich um en Schoppe Wein, ich hab en kriminale Dorscht.

Einnehmer. Verzeihe Se, hier ischt kein Wirthshaus das ischt die Mauth!

Hampelmann. Mauth? — Ich bin ja doch schond an ere Mauth gewese.

Einnehmer. Sie werde noch an mehrere kommen, wenn Sie weit reise. Aber, erlauben Se — hawe etwas zu declarire? Was habe Sie denn da drinn? Ich muß visitire, — strenger Befehl. Aufgemacht, wenn's gefällig ischt. —

Hampelmann. Im Ernst? Ach Gottche, ich hab ja nix da drinn, als was mer so in der Haushaltung braucht. —

Einnehmer. Aufgemacht. S'ischt allerhöchster Befehl.

(Mauthner visitiren.)

Hampelmann. Langsam, meine Herrn! Langsam! net so hitzig. — Sie schmeiße mer ja Alles dorchenanner. Mein Fräă hat sich die Mih mit dem Packe gewwe. — Ja, ja, so is es mit dene Mauthe, nix wie Unannehmlichkeite — Sinn die Herrn aach noch so charmant, so visitire se ähm doch. (Man hört ein Posthorn und Peitschegeknall.) Alleweil kimmt der Wage. — — (Sieht nach der Uhr) Doch gut gefahre — Ich awwer doch noch besser. — (Der Wagen fährt an.)

Scene 3.

Vorige. Höflich. Alle Reisende.

Einnehmer. Halt! — Alle Reisende aussteige lasse!

Höflich (am Schlag des Wagens). Meine Herrn un Dame, wenn's gefällig wär!

Hampelmann. Ach, Herr Höflich — hieher, Freindche, do bin ich. (Schwengt die Mütze.)

Höflich (vortretend). Ei schlag — — Herr Hampelmann! kenne Se here? Mer meent des Janche von Amsterdam het Ihne doher practeziert.

Hampelmann. He! Netwohr? Ihr kennt fahre — ich kann awwer ääch fahre. Net wohr, des ärgert Euch, wann so e Lehnkutscher aach emal lääfe läßt? (Zu dem Wagen gehend.) No meine Dame, wie hat Ihne mein Nro. 1, mein Eckplatz, geschmeckt? (Den Damen, welche im Aussteigen begriffen, helfend.) No, meine charmante Frauenzimmer, hawwe Se gut gesesse? (Führt sie galant in den Vordergrund.) Bedauere unendlich, daß ich net das Vergnige hawwe konnte, in Ihne Ihrer angenehmen Gesellschaft herzufahre. — (Zu seiner Frau, welche schon früher, als er zum Wagen ging, ausgestiegen, und in den Vordergrund getreten ist): Schönes Weibche, Sie missen wissen — — (er sieht sie an und erkennt sie). Alle Neun und Neunzig! mein Frää. — Lisett', Du bist's? Engelche?!

Mad. Hampelmann. Ja ich bin's, Deiwelche. Des hättst de der net dräme losse?!

Hampelmann. O warum nicht — ich dräme als viel scheenere Sache. No komm (breitet die Arme zur Umarmung aus).

Mad. Hampelmann (wendet ihm unwillig den Rücken). Nix do! So also kimmt mer hinner die Schlich vom Herrn? — Also die Jungfer Victorine wollte mer begläte? So?

Hampelmann. Victorinche — was, unser Ladejungfer ääch uff dem Eilwage — Bravo — Bravissimo!

Mad. Hampelmann. So recht! Spiel nor de Unwissende. (Weinerlich): Mich arm Fräă so ze hinnergehe — Ach! die Männer! die Männer!

Hampelmann. Ach, etzt flennt se gar; soll mer sage!

Mad. Hampelmann. Also Geschäfte hatte der Herr, — Hannelsgeschefte — scheene Geschichte — die klän Rotznas do zu begläte.

Einnehmer. Sinn Sie nun Alle heraus? Meine Herrn und Dame? — Ich muß Sie preveniere, daß Sie sich müsse visitire lasse.

Mad. Hampelmann. Ich losse mich nicht visitire.

Einnehmer. Ruhig, Madame, nicht widerspenstig, S'ischt allerhöchster Befehl!

Langeselbold. Donnerwetter! Ich hab Cigarre bei mir. (Nimmt die Cigarren aus der Tasche und steckt sie unbemerkt in die Tasche Hampelmann's.)

Erster Grenzbeamter (zu Mad. Hampelmann). Was hat die Madame da in ihrem Ridikül? (Visitirt.)

Mad. Hampelmann. Klänigkeit — was mer als uff der Rähs braucht. E Gläsi Ottekollonn,*) Zahnpulver 2c. 2c.

---

*) Eau de Cologne.

Einnehmer (der unterdessen zu Hampelmann getreten ist, und das aus der Tasche vorsehende Packet Cigarren bemerkt). Was hat denn der Herr hier in der Tasche? (Nimmt die Cigarren heraus.)

Hampelmann. Ich —?

Einnehmer. Ja Sie. — Hundert Cigarren. (Riechend.) Aechte Havanna — Cigarren sind Contreband; wird confiscirt —

Hampelmann. Vor mir — ich raache bloß irdische Peife — Wie Deiwel awwer komme die Sigarn —

Einnehmer. Sie zahlen Zehn Gulde Strafe.

Hampelmann. Was? Zehn Gulde? Mit Nichte!

Einnehmer. Bezahlt.

Hampelmann. Gott bewahre.

Einnehmer. Mache Sie keine Umstände, oder ich muß Sie arretire lassen.

Hampelmann. Deß muß ich sage; des sinn theure Sigarn — zemol, wann mer kän Liebhaber is. (Zahlend.) Hier mein Herr Mautheinnehmer sinn vier Browenner; — bitt mer 48 Kr. retour. — Wann ich nor wißt, wie die verdammte Sigarn in mein Sack komme sin.

Langeselbold (bei Seite). Ich weiß es doch!

Hampelmann. Es muß mer se äner enein gesteckt hawwe.

Einnehmer. Das müssen Sie aber doch gespürt haben.

Hampelmann. Ich hab ääch, meen ich, e Hand in meim Sack gespirt, ich hab awwer geglabt, es wär ähn von meine Händ.

Einnehmer (der unterdessen zu Madame Hampelmann getreten ist). Was hat Madame unter ihrem Mantel?

Mad. Hampelmann. Des is mein Hindelche.

Hampelmann. Sie können's glawe, s'is nix wie e Hindelche, nix annersch, kän Conterband.

Einnehmer (Hampelmann stark ansehend). Der Herr hat ja so ein struppiges Haar — Am Ende eine Perücke? (indem er sie ihm abnimmt) und Contreband darunter verborgen? (Untersucht die Tour.)

Hampelmann (steht in der Glatze da). Jetzt awwer werd mersch ze toll! — Herr! Sinn Sie denn des Deiwels? Vor Ihne sinn ja die Haar uff em Kopp net sicher. Gewwe Se mer mein Tour widder, oder ich aarte aus! un wann ich ausaarte, bin ich viehmäßig.

Einnehmer (gibt ihm die Tour zurück). Da arte Sie gar nicht aus.

Hampelman (die Tour aufsetzend). Fräá, wie sitzt se?

Einnehmer (ist zu Victorinen getreten). Was hat die Mamsell da in ihrem Körbchen?

Victorine. Nichts von Bedeutung — meine Brieftasche, worin einige Familienpapiere (hält die Brieftasche in der Hand).

Mad. Hampelmann. Liebesbrief! Billé doux! ganz gewiß (ihr die Brieftasche aus der Hand nehmend); Contreband, werd confiscirt und weggenommen.

Hampelmann. Fräá! bist Du denn ääch bei der Mauth angestellt?

Mousseux (zu Madame Hampelmann). Halt, Madame! Das geht nicht! Ich ersuche Sie sehr, diese Dame nicht zu kränken, und ihr die Brieftasche zurückzugeben. Sie ist eine junge anspruchslose Blüthe, deren Beschützer ich bin. Sie sind eine reife Frucht, und ich würde dasselbe für Sie thun, wenn Sie einige dreißig Jahre jünger wären.

Hampelmann. O ja, in dem Fall ich ääch.

Mad. Hampelmann. Wie? Du kannst mich beleidige losse?

Hampelmann. Baß uff, ich wern mer den Herrn do zum Feind mache, ehe ich die Ehr hab ihn ze kenne. (Zu Mousseur.) Fräät mich ausnehmend. (Bei Seite) Der hot so ebbes von eme Cravaller.

Einnehmer. (der unterdessen mit den Mauthbeamten die übrigen Reisenden visitirt hatte). Nun meine Herrschaften, wenn Sie jetzt reise wolle, die Visitation ist beendigt. (Zu Hampelmann.) Hier sind auch die 48 Kr., ich wünsche glückliche Reise.

Hampelmann. Lebe Se wohl, Sie mit ihre Zehn Gulde. — Etzt meine Herrn und Damen, mer wolle einsteise.

Höflich. Halte Sie e bissi — die Schnickehäuser Brick werd rebarirt, iwwer die Rothbrick wern die Herrschafte doch liewer zu Fuß gehe. Owe am End der frisch iwwerschitte Chaussee, laß ich still halte un da kenne Se einsteise.

Hampelmann. Wanns net weit is, bin ich derbei — Awwer mit so ere Fußgeherei — kann mer scheen ankomme — do kennt ich e Geschicht von ähm verzehle. — (Während dieser Rede ist Höflich zum Wagen gegangen, er fährt fort, auf dem Einsteigbrett stehend, der Postillon bläßt.)

Mousseur. Im Wagen, mein Herr da hören wir Alle zu. — Ich gehe gern ein Stückchen zu Fuß. Kommen Sie, Mademoiselle Victorine! (Bietet ihr den Arm.)

Hampelmann. Komm Frääl — Was Deiwel, kimmt

mersch's doch vor als deht's e bissi regne. (In die Höhe blickend.) Wahrhaftig!

Mad. Hampelmann. Ach Gott! was e Bescheerung; es regnet.

Mad. Fleiß. Ach Gott! mein schöner Hut!

Mad. Boa. Mein Schaal!

Langeselbold. Es hot lang nit geregnet.

Servatius. De Teifel — mein neu Eiskapp!

Langeselbold. Was is dermit; ich lehn Ihne mein, die is alt — ich setze die neue uff. (Thut es).

Hampelmann. Da lob ich mer en Barbleh — (zu den beiden fremden Damen): Meine Dame — kann ich die Ehr von Ihne hawwe? (Er bietet ihnen den Arm, indem er den Schirm ausbreitet.)

Mad. Hampelmann. Un ich soll do stehn bleiwe — als wie die Salzsäul? (Sie drängt eine der Damen weg, und stellt sich unter den Schirm, drohend): Hampelmann!

Teabox (hat den Schirm aufgespannt, und will eben gehen).

Mousseux. Erlauben Sie, hier die Dame. Sie können sich wohl ohne Schirm behelfen. Sein Sie galant! (Er spannt den Schirm über sich und Victorine auf, und geht ab.)

Teabox. Dam'd, frenchman! He! Halt! (Sucht von allen Seiten unter den Schirm zu kommen.)

Servatius. Man soll nie ohne Schim und Mantel, auch nu sechs Stunden weit (r)eisen, des hat mi ein F(r)eind geathe.

Hampelmann. No ja, ganz recht, un da hawwe Sie's net gedahn, weil's Ihne e Feind gerathe hat.

Servatius. Nä, kein Feind — e F(r)eind. (Bemüht sich das R auszusprechen.)

Hampelmann. No ja, e Feind!

Servatius. Sie perstehn mich net, e Freind! —

Hampelmann. Ah e Freind — daß du un der Deiwel mit deim R.

(Es regnet sehr stark. Donner und Blitz. — Allgemeines Verwünschen des Conducteurs, des Wetters ꝛc. ꝛc. Jeder verwahrt sich so gut er kann gegen dasselbe. — Die Damen nehmen Tücher über den Kopf. — Alles geht zum Thorweg hinaus.)

Servatius (ist der Letzte). Des is ein schönes Donne-Wetteche — Ein schön Vegnügen des Eisen.

Drittes Bild.

Zimmer in einem Wirthshause.

Scene 1.

Zwei Kellner sind um eine vollständig servirte Tafel beschäftigt. — (Etwas später hört man ein Posthorn blasen.)

Wirth.

Wirth (eintretend). Nun seid ihr bald fertig? der Frankfurter Eilwagen kommt eben an. Es muß etwas passirt sein, denn der Conducteur flucht, und die Passagiere sehen sauber aus. — Es regnet aber auch nicht übel. (Den Tisch revidirend). No, was soll denn das? Zwei Gabeln bei einem Couvert. — Sollen sie mich vollends auffressen. (Zu einem Kellner): Gieb acht.

Scene 2.

Wirth. Alle Reisenden (treten ein und drücken Mißvergnügen über das üble Wetter aus).

Hampelmann (im Eintreten). Des will ich mer merke, e scheen Plesir — den Eilwage bezahle, und ze Fuß dorch den

Dreck batsche ze misse — E scheen Werthschaft in dem Land. — Die General-Chaussee-Bau-Brick- un Weg-Commission kennt ääch was gescheitersch duhn, als Bricke auszebessern un Chaussee ze rebariere — do lob ich mer doch mein Frankfort.

Mad. Hampelmann. Un was braucht der ähnfällig Postillon grad in den dickste Dreck ze fahre, daß mer beim Einsteige, mein Schuh bald stecke gebliwwe is.

Mousseur. Das hätte nicht viel zu bedeuten gehabt, aber der Wagen war nahe daran beim Abfahren von der Nothbrücke umgeworfen zu werden, wenn ich nicht so gehalten hätte.

Hampelmann. Un ich — Von mir Freindche redde Se net? Ich meen ich hätt gehalte! Mein Schulter duht mer noch weh. — Awwer jetzt misse mer e gut Mittagesse hawwe, meine Herrn, ich hab en Hunger wie e Ochs!

Alle. O wir auch, wir auch.

Höflich. Esse Se ja recht geschwind, denn mer misse eile, die Verseimniß einzebringe (ab).

Hampelmann. Keller! die Supp!

Wirth. Sie verzeihen. Wir erwarten noch den Würzburger Wagen, und dann speisen die Herrn Passagiere zusammen.

Mousseur. Aber Herr Wirth, was hat unser Appetit mit dem Würzburger Wagen zu thun? Wir haben Hunger!

Hampelmann. Ich ääch — bedeutend, (zu seiner Frau) Netwohr, Schätzi?

Teabor (der früher leise bei einem Kellner ein Glas Extrait d'Absynthe bestellte, wird solches gebracht).

Hampelmann. No, Herr Engelänner — Was drinke Se dann do?

Teabox. Extrait d'Absynthe, das macht guten Appetit.

Hampelman. Scheen; ich wern mer so zwä Gläsercher nach Tisch ausbitte, dann jetzt hab ich Appetit genug —

Scene 3.

Vorige. Polizeibeamte.

Polizeibeamte. Ihre Päße, meine Herrn!

Hampelmann. Ich froge nach der Supp, do kimmt der un frogt nach de Bäß.

Polizeibeamte (zu Mousseux). Mein Herr, ist's Ihnen gefällig?

Mousseux. Ich bin Mousseux, Reisender von Sandroc, père, fils, frère ainé, Veuve et Comp. in Epernai, und in der ganzen Gegend wegen meines guten-Champagners bekannt.

Polizeibeamte. Alles in Richtigkeit. (Zu Servatius) und Sie, mein Herr?

Servatius. Hie ist mein Paß, von de goßhezogliche Egieung und vom Bayeische Gesandte visit. Ich gehe nach München in de Absicht —

Polizeibeamte. Geht mich nichts an. (Nachdem er den Paß durchgesehen hat). Nichts zu erinnern. — Der Herr hier, ich sehe schon, ist ein Engländer — braucht keinen Paß.

Hampelmann. Guck emol an! So e Engländer — is es doch wahr, was ich emol gehört hab; in dene Engländer ihre Bäß, do stind, daß sie se nicht vorzezeige bräuchte.

Polizeibeamte (zu Hampelmann). Und Sie — Herr Frankforter?

Hampelmann. No, no, no! Wie komm ich mer vor? — Die Bolizei riecht doch Alles — sogar daß ich aus Frankfort bin — steh ich vielleicht ääch uff der List? —

Servatius. Ei, ei! Als wenn me en Fankfote nicht gleich an de Spach —

Hampelmann. O gehn Se! Sie Damstädtel Ihne kennt mer vielleicht nicht? daß Gott erbarm! Mir Frankforter redde im gewöhnliche Lewe zwar nicht das angenehmste Deitsch; awwer der gebildete Frankforter, (mit Würde) un namentlich aus dem Hannelsstand, würd sich jederzeit in einem, wenn auch nicht ganz vollkommenen — doch aber in einem Hochdeutsch von bester Qualität auszedricke wisse. Zumal (mit Beziehung auf Servatius) da er — was das R anbelangt, von der Natur nicht als Stiefmutter behandelt worden ist — (bei Seite) do host es! Spargel! *)

Polizeibeamte. Ruhig meine Herrn. — Schlichten Sie Ihren Streit im Eilwagen — Viel Stoff zur Unterhaltung. — Machen Sie's kurz. (Zu Hampelmann) Ihren Paß.

Hampelmann. O, ich hab den vortrefflichsten Baß — ich hab mich vorgesehe — in jetzige Zeite, wo die Bäß so e

*) In Frankfurt ziemlich übliche scherzhafte Benennung der Darmstädter, die sich von den, in dortiger Gegend wohl gedeihenden Spargelpflanzen herleitet.

groß Roll spiele, bin ich mit meim ganz in der Ordnung. Ich hab en dorch und dorch visire losse — (nach dem Paß suchend) No des weer scheen — Frää, host Du vielleicht mein Baß?

Mad. Hampelmann. Ich vergreife mich niemals nicht an demjenige, was Ihne is.

Polizeibeamte. Wissen Sie, daß wenn Sie keinen Paß haben, Sie per Schub in Ihre Heimath transportirt werden können?

Hampelmann. So! der Dausend! So was derft mer ääch in Gaarte wachse. Do wor gleich 1811 emol —

Mad. Hampelmann. Do leit e Babier, is es des vielleicht?

Polizeibeamte. Wir wollen sehen. Das Signalement muß es ausweisen.

Hampelmann. Kalbskopf — Schweinsohren — Rindszunge — des wer e scheen — des is der Speisezettel. Alleweil fällt mersch ein, ich hab en im Eilwage gelosse.

Servatius. Ach, des wa vielleicht des Papie, woin ich den (R)est de guten geäucheten Fansote Batwoscht eingewickelt habe.

Hampelmann. Wahrscheinlich. — Here Se, die Brotwerscht, die brauche awwer kän Bäß, die finne den Ort ihrer Bestimmung ohne Baß. Do will ich Ihne e Geschicht erzähle, die mer 1817 uff der Offebächer Dilegence be — Hawwe Se denn des Babier noch bei sich?

Servatius. Da liegt's glaub ich auf de Ede.

Hampelmann (hebt es auf und gibt den beschmutzten Paß dem Polizei-Beamten). Hier!

Polizeibeamte. Sehr in Ordnung. (Zu Langeselbold) Und Sie Herr — wie steht's mit Ihrem Paß?

Langeselbold. Paß? Was Paß? ich hab kan Paß, ich hab mein Lebtag kan Paß.

Polizeibeamte. Aber in Teufelsnamen! Wie können Sie jetzt ohne Paß —

Langeselbold. Ich schleppe mich mit kaner Violin — Wie komm ich zu e Baß.

Polizeibeamte. Sie können nicht weiter reisen — Die Sache wird hier untersucht. (Beide ab.)

Wirth. Eben wird die Suppe aufgetragen. Der Würzburger Wagen ist da, es ist aber Niemand drinn.

Hampelmann. Desto besser — do kimmt uffen jeden von uns so viel mehr. Gesetzt!

Alle. Zu Tische, zu Tische!

(Jeder der Passagiere reicht seinen Teller, um Suppe zu empfangen. — Augenblickliche Stille.)

Hampelmann (der vorlegt). Sie scheint gut — awwer ze viel Zeugs drinn — die Klesercher schenk ich dem Herrn Werth.

Scene 4.

Vorige. Höflich.

Höflich. Meine Herrschafte, wann's gefällig is?

Teabox. Wir haben noch nicht einmal Beefsteak.

Servatius. Wi haben noch nichts gespeist.

Hampelmann. Ich hab ewe erst vorgelegt. — Erst muß gesse wern.

Höflich. Wann Se net gesse hawwe, des is Ihr Schuld; Sie hätte net die Zeit vertremple solle. — Mer misse noch vor Nacht dorch den Spessert. — Es soll widder net richtig sein, seitdem die Schmuggelei so iwwerhand genumme hot.

Teabox. Ich will essen — ich fürchte mich nicht.

Mousseur. Auf mich können Sie nicht zählen. Ich habe bei dem Postmeister am Eingange des Waldes, Geld einzukassieren. — Ich halte mich da ein wenig auf. Der Postmeister läßt mich nachfahren — er wird schon sorgen, daß der Wagen nicht zu schnell geht, und da er die Chaise als Beichaise wird gelten lassen wollen, so hole ich den Wagen zeitig ein. — Essen wir mit Ruhe.

(Ein Kellner tritt mit einer Schüssel ein.)

Hampelmann (erhebt sich von seinem Sitze und sieht langhälsig darnach). Spinat mit Eier — O weh! Ich esse kän Gemieß. — Von Grinem eß ich bloß Rothkraut, Blaukraut und weiße Riewe.

Servatius. E(r)st wi(r)d gespeist — Conducteu, setze Se sich zu uns, tinke Se e Glas Wein.

Hampelmann. Ja Herr Conducteur! Hier is noch e Platz frei. — Sie presidire.

Höflich. Ich hab schon was aus der Faust gesse. — Ich fahre ab, wer net will, der hot gesse (ab).

Alle. Das ist schändlich!

Mousseux. Sich nicht satt zu essen.

Hampelmann. Vielmehr gar net ze esse — Er kann ja awwer net abfahre, der ganze Eilwage is ja hier.

Kellner. Meine Herrn, wenn's gefällig — Ein Gulden vier per Mann.

Mad. Hampelmann. Ach noch zahle?

Wirth. Das Essen ist aufgetragen worden, das ist gerade als ob es verzehrt worden wäre.

Hampelmann. Erlawe Se Herr Werth, das ist nicht änerlei — des wähs ich besser!

(Die Gäste zahlen.)

Alle. Ja, der Herr Frankforter hat Recht!

Hampelmann (ißt eilig seine Suppe, schneidet ein großes Stück Brod dazu). Hier gilt's meine Herrn, daß Jeder zugreift!

Höflich (ruft zur Thüre herein). Vorwärts! vorwärts!

Mousseux (nimmt den Braten vom Tisch). Ich nehme den Braten.

Teabor. I take the Beefsteak.

Hampelmann. Un ich, ich hab ewe so gut mein Zwä Gulde, acht bezahlt; ich will diesmol den Welsche un net bloß die Sooß rieche, wie mer's emol in Kenigstein bassiert is. O ich kennt Ihne die Geschicht erzähle.

Mousseux. Später, später, Herr Erzähler!

(Ein Kellner nimmt die auf dem Tisch stehen gebliebenen Speisen.)

Hampelmann. He! nemme Se doch net Alles. (Auf den Salat sehend) Es is Schaad um den scheene Kartoffelsalat; jetzt sollt mer en gut eingerichtete Rocksack hawwe (der Postillon bläst).

Die Passagiere (von außen). Herr Hampelmann, Herr Frankforter! kommen Sie doch! Wo bleiben Sie denn? Sie verspäte sich gewiß widder.

Hampelmann (den Mund voll Speise). Ja, ja, ich komme! Steige Se nor eweil ein! Apropos Herr Werth, was kost der Wein, den ich hab stehn losse misse?

Wirth. Vier und zwanzig Kreuzer.

Hampelmann. So?! — No, da hawwe Se noch 24 Kreuzer derzu, die gewwe Se demjenige, der en austrinkt — pfui Deiwel — scheme Se sich, Sie lang Hoppestang! (Stürzt ab.)

Viertes Bild.

(Tiefer Wald; der Eilwagen steht nahe an der dritten Coulisse rechts, so vom Gebüsche bedeckt, daß nur die Wagenthüre und der hintere Theil desselben sichtbar wird.)

Scene 1.

Alle Reisende liegen im Halbkreis mit dem Gesicht zur Erde gekehrt nieder. **Hampelmann** rechts im Vordergrunde, seine Frau neben ihm. Außerhalb um die Reisenden her, im Kreise, fünf bis sechs Strohmänner aufgestellt, Räuber vorstellend, grotesk gekleidet; theils mit Knitteln bewaffnet, welche, angeschlagene Flinten vorstellend, auf die Reisenden gerichtet sind. Aus dem Eilwagen tritt in den Kreis der Reisenden **der Räuber** mit einem Quersack über die Schulter, worin er die gestohlenen Sachen steckt.

Räuber. Still! nicht gemuckst! Gesichter auf die Erde, sonst geben meine Leute Feuer.

Hampelmann (sich auf den Knieen aufrichtend). St! Still! Ich bitt ums Wort! — Ich wähs genau, wie mer mit dene Herrn ze spreche hot. Es war gläb ich 1807, in ere Winternacht, do is emol der Postwage in der Gegend von Camberg, von ere ausgezächnete Gesellschaft, grad so wie heunt, bedient worn. Einer von dene Herrn kam uff mich zu, und sagt mit Heflichkeit —

Räuber (sich ihm nähernd). Geld heraus!

Hampelmann. Wähs Gott! Grad wie 1807. O in solche Vorfallenheite wähs ich mich zu benehme. Do bin ich korz bei der Hand. — Do is es, ich bedaure recht sehr, daß ich net mit mehr uffwarte kann. — Wenn ich aber gewußt hätte —

Räuber (rauh). Die Dose!

Hampelmann. Hier! In solche Fälle is des des Beste. (Er gibt ihm die Dose, nachdem er eine Prise genommen hat.) Wann Se erlawe, sie geht e bissi hart uff.

Räuber (ebenso). Die Uhr!

Hampelmann. Ääch in der Ordnung; grad wie Anno 7. (Die Uhr seufzend hervorziehend.) Do is se, Herr Waldbereiter — es is e sehr gutes Cylinder-Werk; ich hab se im Derkeschuß kääft — Nor muß ich die Ehr hawwe zu bemerke, daß der Minutezeiger als am Stunnezeiger e bissi henge bleibt — Sie hawwe vielleicht nie e so vortrefflich Uhr gestoh — gekääft wollt ich sage (schlägt sich auf den Mund) Herr Waldintendant. — Es is nor, wann Se se for Ihrn Privatgebrauch sich Ihne zu bediene winsche. — Ich wähs Ihne ääch en gute Uhrmacher. (Gibt ihm die Uhr.) Ich bin so frei.

Räuber (steckt die Uhr ein). Sie sind ein charmanter Mann!

Hampelmann (sauer freundlich). Ich bitt Ihne.

Räuber. Haben Sie sonst noch etwas?

Hampelmann. Nix von Bedeutung. (In eine Westentasche greifend) En Zahnstocher.

Räuber. Den können Sie behalten.

Hampelmann. Ich dank Ihne — (bei Seite) des muß ich sage — e großmithiger Reiber, e wahrer Rinaldo Rinaldini.

Räuber. Der hat Lebensart. — Laß sehen, ob ihm die Andern gleichen. (Zur Madame Hampelmann) Sie alte Schachtel!

Hampelmann. Erlawe Se — des is mein Frää, un kän alt Schachtel. Ich dächt doch wahrlich, ich derft einige Ansprich uff Ihne Ihr Heflichkeit mache, Herr Fra Diavolo.

Mad. Hampelmann. Die Geschicht brengt mich unner die Erd.

Hampelmann (zu seiner Frau). Des geschieht der Recht, Du hest dehäm bleiwe kenne! (Zum Räuber): Denke Se emol, Herr Reiber — die Fräã — —

Räuber. Den Shawl ausgezogen, vorwärts! — her damit! — Ich kann grad einen für meine Frau brauchen.

Hampelmann. Mit Vergnige — steht zu Dienste. Siehst de Settche, sie is for Ihne Ihr Fräã Gemahlin.

Mad. Hampelmann. Ach Gott! Sie is erscht die letzt Ostermeß vom Herrn Knoblauch kääft worn, un noch net emol bezahlt.

Räuber. Ich bitt mir sie aus, ohne Umstände.

Hampelmann. Des mecht Ihne nix. St, Stille! Du hörst er bitt ja. (Bei Seite) Des is e merkwerdiger Buschklepper. (Laut, indem er den Shawl übergibt) Ächt terkisch — Terneaux. — Es fängt schon an kühl zu wern. — Uebrigens dank ich Ihne, Namens der ganze Gesellschaft vor den genußreichen Abend, den Sie uns verschafft hawwe.

Teabox (rappelt zufällig mit seinem Regenschirm).

Räuber (der es hört). Wer klappert denn da mit einer Flinte?

Hampelmann. Erlawe Se, es sinn dem Herr Engelänner sein Barbleh.

Räuber. Barbleh! Ist das englisch?

Hampelmann. Regebarbeleh, wollt ich sage Regeschirm.

Räuber. Her da! die Börse! die Uhr! den Regenschirm.

Teabox. Hier ist Beides; doch muß ich die Bemerkung machen —

Räuber. Schon gut — ich verbitte mir alle Bemerkungen.

Hampelmann. Still Herr! — ohne alle Bemerkungen, ganz ähnfach — wie bei Camberg 1807.

Scene 2.

Mousseur mit seinen Pistolen. **Vorige.**

Mousseur (von der Seite kommend, sieht was vorgeht). Tonnere de Dieu! Was gibt's hier?

Hampelmann. Herr Voyageur, um Gotteswille, sehe Se net, mer sinn von ere Reiberband iwwerfalle!

Mousseur. Und Ihr wehrt Euch nicht?! Sacri — (er zieht eine Pistole.)

Räuber. O, der Herr will hier den Couragirten spielen, aber — (in die Coulisse entrinnend) he da! Schwarzenberger, langer Peter, Nickes! her zu mir, herbei! (Ab.)

Mousseur (ihm eine Pistole nachfeuernd). Ja, laßt sie nur kommen, ich will euch zeigen! (Er feuert das zweite Pistol ab und geht dem Räuber nach.)

Alle (stoßen bei jedem Schuß einen durchdringenden Schrei aus).

Hampelmann (fällt der Länge nach zur Erde, seine Frau vor Schrecken halb auf ihn). O weh! o weh! ich bin des Todes — ach Herr Jeche! — ich sterb! es liegt e todter Spitzbub uff mer. Helft! Helft!

Mousseur (mit dem Quersack des Räubers zurückkehrend). Das war ein Glück, daß der Postmeister so zufahren ließ, daß ich noch zu rechter Zeit kam euch zu retten.

Hampelmann. Komme Se Freundche! Helfe Se mer von dem Kerl — (sich halb aufrichtend) Was? der Kerl is mein Frää?

Mad. Hampelmann. Was?

Mousseur. Ei, wer wird dann so furchtsam sein, seht doch um Euch, es ist ja Niemand da!

Hampelmann. Niemand? Ei, da soll ja e Dausend Donnerwetter (sich ganz aufrichtend und einen Strohmann bemerkend): Herr Je! da steht ja noch ähner.

Mousseur. Aber hat sie denn die Furcht blind gemacht, was glauben Sie denn, wer die Kerls sind?

Hampelmann. Spitzbube, Straßereiber un Consorte!

Mousseur. Ei was, Spitzbuben? — Strohmänner sind's — da sehen sie sämmtlich her. (Einen Strohmann umwerfend.)

Das ist ein abgedroschener Spaß — (Zu Victorinen): Erholen Sie sich Mademoiselle Victorine. — Es freut mich, daß ich Sie wenigstens von der Angst befreien konnte.

(Alle Reisende richten sich auf.)

Hampelmann (sich aufrichtend, noch halb in Furcht). Was? Strohmänner?! Glawe se uns hier ins Bockshorn ze jage — In der That, des muß ich sage — (couragirt) Also Strohmänner? (Er geht langsam auf einen los): Du miserabler Kerl, du bist e Strohmann? Du? — (Gibt ihm eine Ohrfeige): Da, ähnfälliger Kerl! die Räsende vor Rindviehcher ze halte —

Mad. Hampelmann (faßt ihn beim Rockschoß, um ihn abzuhalten).

Hampelmann (erschrickt heftig). Was ist — (bemerkt seine Frau) So mach doch kän Dummheite. Diesmol warn mer awwer geuhzt meine Herrn. — Sehe Se! (Er nimmt einen Strohmann bei der Brust, schüttelt ihn und wirft ihn in die Coulisse.)

Höflich. Meine hochzuverehrende Herrschafte, mer wolle widder einsteize. — Vorwärts!

(Die Reisenden steigen ein.)

Hampelmann. No, Herr Höflich! Sie sinn mer ääch der Recht. — Und Sie Herr Engelänner, Sie hette sich wohl mit dem Kerl do e bissi bare kenne. — Sie wehrn gewiß mit em fertig worn, dann er hot sich ja schond for Ihrem Barbleh gefercht.

Teabox. What do you say? — Buarbuolé — I don't know indeed. — Man hat mir genomme mein Regenschirm. Was rathen Sie mir zu thun?

Hampelmann. Kääfe sich en annern. — Ich bin zwar nor e Frankforter Berjer und bämwollener Waarenhänneler, un bin nicht doderdor bezahlt Courage zu hawwe! (Bramarbasirend auf- und abgehend) Awwer wenn ich mein Mitmensche in Gefahr erblicke — Dunnerwetter! In meim Lewe is mer so was net vorkomme, sich vor Strohmänner ze ferchte! (Er bemerkt einen stehen gebliebenen Strohmann) Herr Je! da steht ja noch ähner! (Er springt in den Eilwagen.)

Mousseux (oben auf dem Wagen). Ich fahre im Triumph als Sieger in die nächste Station ein.

Hampelmann (im Wagen). Wann Se erlawe, so triumphir ich e bissi mit.

(Der Wagen fährt unter hellem Gelächter der Reisenden ab.)

Fünftes Bild.

(Ein Zimmer in einem Wirthshaus. Abend. Links eine Seitenthür zum Kabinet. Auf dem Tische links, einen Toiletten-Spiegel, Nachtsack, Hutschachtel des Herrn Hampelmann, nahe am Tisch ein Stiefelknecht ꝛc. ꝛc. Rechts auch ein Tisch, einige Stühle.)

Scene 1.

Victorine. Mousseur.

Victorine (mit brennendem Licht). Sie ersuchten mich, Sie auf das Zimmer des Herrn Hampelmann zu führen; ich habe Ihren Bitten nachgegeben. Was wollen Sie nun hier?

Mousseur (mit dem Quersack des Räubers). Während sich's die beiden alten Herrschaften unten an der Wirthstafel wohl sein lassen, will ich Ihnen hier eine kleine Ueberraschung bereiten.

Victorine. Wie so?

Mousseur. Geben Sie Achtung. Hier ist erstens — (er nimmt die Sachen aus dem Quersack, und legt sie, wie er sie greift, auf den Tisch, indem er sie nennt).

Victorine. Wie? Wär es möglich? Das Alles haben Sie dem Räuber wieder abgenommen?

Mousseux. Wie Sie sehen.

Victorine. Ach lieber Herr Mousseux, wie vielen Dank sind wir Ihnen schuldig!

Mousseux. Hat nichts zu bedeuten. Es freut mich herzlich, daß ich gegen Ihren Willen, dennoch mitgereist bin; so konnte ich Ihnen dennoch nützlich sein. —

Victorine. Auch ich hab' es Ihnen zu danken, daß man mir nichts genommen hat.

Mousseux. Aber nichtsdestoweniger bin ich in Versuchung, Ihnen etwas zu stehlen.

Victorine. Was? stehlen wollen Sie?

Mousseux. Nu, nu! Was ich Ihnen stehlen will dafür komme ich nicht vor Gericht.

Victorine. Und das wäre?

Mousseux. Einen Kuß von Ihren Rosenlippen.

Victorine. Lassen Sie das; ich höre kommen. Wenn Sie mich achten, so —

Mousseux. Nein, ich lasse mir es nicht nehmen, ich bin später so kühn

Victorine. Später ja. Jetzt gehen Sie.

Mousseux. Morgen in Nürnberg in Gegenwart Ihres Onkels — den ich bestürmen werde, mir Ihre Hand zu geben. Mein Glück und (zärtlich) nicht wahr, auch Ihr Glück zu gründen (Ab.)

Scene 2.

Victorine (allein).

Ach Gott! Was hab' ich da versprochen? — Ich will mein Versprechen halten. Er ist ein braver Mann, so kühn als bescheiden; und ich kann mir's nicht verhehlen, daß er mir sehr wohl gefällt; sollte es mir ja gelingen, die Einwilligung des Onkels zu erhalten, so — doch, da kommt das edle Paar.

Scene 3.

Hampelmann. Madame Hampelmann. Victorine.

Mad. Hampelmann. Na, hör' Hampelmann, wann de anfängst dein alte Geschichte ze verzehle, so kannst de gar net fertig wern.

Hampelmann. No, no, des is der pure Neid; ich verzehle gut, es is mein schwach Seit.

Mad. Hampelmann. Awwer dabei vergeht die Zeit.

Hampelmann. A loß; sie soll vergehe. Zu was is dann die Zeit do als zum Vergehe. Uebrigens hawwe mer vier bis finf Stunn Zeit, hat der Conducteur gesagt, bis die Geschichte mit dem Räuber und dene Strohmänner zu Protokoll gebracht is. Die Gerichtspersone schlofe alleweil so gut in Ochsefort, als wie in Frankfort.

Mad. Hampelmann. Mann, mer sollte die Zeit benutze, um uns von dem Schrecke un dene Strapaze e bissi auszeruhe, denn ich bin werklich sehr mid.

Hampelmann. Ich vielleicht net? Ach sich! do is jo des Victorinche! — Bist Du ääch do? Was suchst Du dann hie?

Victorine. Ich wollte nur fragen, ob Madame vielleicht mich bei ihrer Toilette nöthig hat.

Mad. Hampelmann. Ich danke Dir mein Schatz. — Heut soll mein Mann Dein Stell bei mir vertrete.

Hampelmann (bei Seite ein Gesicht schneidend). Ach Herr Je!

Mad. Hampelmann. Wo hat mer Dich dann unnergebracht?

Victorine. Gleich hier neben Nro. 5.

Hampelmann. Was for Nummer?

Mad. Hampelmann. Was gibt des Dich an?!

Victorine. Ich wollte Sie bitten, mich in mein Zimmer zu begleiten, es hinter mir zu verschließen, und den Schlüssel zu sich zu nehmen.

Mad. Hampelmann. Ach des vorsichtig Mädche! — Ja, ja! recht gern! — Komm! (zu Hampelmann): Ich begläte des Victorinche in ihr Zimmer Mach Du eweil —

(Beide ab.)

Hampelmann (allein). No, wann's als nor e paar Stunn sinn; es is ewe doch immer ausgeruht. — Ich bin des Fahre ääch net mehr so gewohnt mehr, als in meiner Jugend. — Un doch fährt sich's net iwwel in dene Wäge. — Awwer die Kläder krigt mer uff so ere Räys net vom Leib.

Scene 4.

Hampelmann. Madame Hampelmann.

Mad. Hampelmann. Des hätt ich hinner dem Mädche nicht gesucht; ich hab se doppelt eingeschlosse; jetzt kann der Liebhaber an der Thier kloppe, so viel als er Lust hat, enein kimmt er nicht. — Hier ist der Schlissel. (Sie legt ihn auf den Tisch rechts.)

Hampelmann. Was Thier zu? Pah! — Gibt's dann kän Fenster? — Uffs Fenstereinsteije versteh ich mich; do wähs ich e Geschicht, die mer Anno 30 bassirt is — —

Mad. Hampelmann Schond widder e Geschicht?! daß de! — Sag emol, wie viel Uhr is es denn?

Hampelmann. Wie viel Uhr? No etzt guck emol an? Was e malitiöse Frääg — Hot mer dann der Herr Spitzbub net mein Uhr genomme? — Schendlich! — es is so angenehm uff Rähse, wann mer des Nachts wisse will, wie viel Uhr es is, un greift uff sein Tisch un drickt an sein Repet — (Er greift von ungefähr auf den Tisch, wo die Sachen liegen). Was is dann des?! Frää! Guck emol! do is ja mein Uhr, wie se leibt un lebt, un mein Dos' un mein Geldbeutel! — Des is ja scharmant.

Mad. Hampelmann. Un mein Shawl un mein Ridekil. Herrlich! des hawwe mer gewiß Niemand annerschter ze danke, als dem franzesche Räsende.

Hampelmann (der unterdessen seine Dose untersuchte). Ei, des Dunn — mein Dos' is frisch gefillt. — (Riecht). Herrlich! —

Macuba. (Nimmt eine Prise.) Des is Melange (nimmt noch eine Prise) es is werklich zu viel Aufmerksamkeit von Attention.

Mad. Hampelmann. Mer wern uns doch bei dem Herrn Mousseux bedanke misse (nimmt eine Prise und nießt).

Hampelmann (nießt auch). Guck e mohl an, Fräächе, was e Sympathie; wann Du nießt, muß ich ääch. — Gott, ich will so froh sein, wann mer emol in dem Nernberg sein!

Mad. Hampelmann. Wann komme mer dann hin?

Hampelmann. Der Conducteur meent um elf Uhr. — Ich denke es kann wohl ääch es bissi später wern, denn mer kann doch net wisse, ob em net widder was bassirt.

Mad. Hampelmann (die unterdessen das Licht nahm und nach dem Cabinet ging). No, Peter, ich will e bissi ruhe. — Hoste de dann des Wecke bestellt?

Hampelmann. Ja, e halb Stunn vorm Abfahre.

Mad. Hampelmann (indem sie abgeht). Gute Nacht!

Hampelmann. Ich komme gleich nach, Settche, ich will nor mein Nachttoilette e bissi in Ordnung bringe. (Er öffnet während des Folgenden seinen Nachtsack, nimmt seine Nachtmütze, seine Pantoffeln heraus, zieht sich die Stiefel aus und macht sich's bequem). Wo is mein weiß Barchent Nachtkamiselche, un mein Nachtunnerwest? — do — — mein Nachthalsbind, mein Nachthose- un Nachthemd. — Ich bin werklich neugierig, ob ich mein alte Freind noch am Lewe finne wern. — Er soll sehr schlecht sein — Wann ich noch dran denke in Bawehause — No es war e merkwerdig guter Kerl — un was hat der die derre Quetsche so gern gesse! — Un en annern scheene Zug in seim Lewe is der, daß er unmenschliche Sticke uff mich gehalte hot — un hauptsächlich wege meiner Fertigkeit im Dutte babbe. — Ja, mer hawwe uns als in die Cantorgeschäfte gethält — ich hab for ihn Dutte gebabbt, un er hat — — no! wo Deiwel is denn mein Nachtkapp? — So geht's, wenn mer in der Jugend mit enanner gelebt hat, sucht mer sich im Alter. — Besonnersch die Deiwelssträhch, die mer als Buwe gemacht hawwe. — Ja, mer warn schond e paar alte Kerl, un hatte ausgelernt, der alt Keller un ich — do hammer noch an die Heiser geschellt un die Schlinke mit Wageschmier — — Ei wo hat denn mein Frää mein Leibbind hingedahn? — No, es is bei alle dem doch e reicher Mann worn — ob er wohl 60,000 fl. hat? — wann ich em sein Sach besorge soll — so werd er doch ääch e Legatche for mich — Frää! ich seh ja for morje kän Chabothemd — Frää! — Wähs Gott, se schläft. — Die Reibergeschicht muß er doch e bissi in die Glidder gefahre sein, denn sonst schläft se als gar net so bald ein! (Nimmt die Tour ab, setzt eine Nachtmütze auf, und sieht in den Toilettenspiegel). Meiner Seel! for mein Alter net iwwel! (Er nimmt das Licht und betrachtet sein Gesicht). Recht gut conservirt for so viel Strapaz — un e Frää — Wann ich morje meiner Pupill als Vormund vorgestellt wer, so muß es doch en angenehme Eindruck uff se mache.

Mad. Hampelmann (von innen halb im Schlafe). Hampelmann! Peter!

Hampelmann. O weh! mein Frää is widder wach. — Ich komme, Schätzi; ich will nor mein Kopp erst vollends in Ordnung brenge. — No, wie schläft sich's — sinn die Better gut, Schätzi? die Leintlicher ääch mit weißer Sääf gewesche? Frää! — se is widder eingeschlafe — no etzt will ich mich ääch e bissi zur Ruh begewwe, ich fall fast um for Midigkeit. (Will ab.)

Scene 5.

Eine Magd. Die Vorigen.

Magd (klopft). Heda! aufgemacht!

Hampelmann. No, no! was gibt's? Es is jo uff.

Magd (tritt ein). Ach lieber Herr, Sie sind ja noch nicht einmal angekleidet?!

Hampelmann. Warum dann?

Magd. Es geht ja im Augenblick fort! — Die Postpferde sind schon aus dem Stall, und man fragt nach Ihnen.

Hampelmann. Ähnfällig Zeug! Der Conducteur hot deutlich gesagt, mer dehte uns drei bis vier Stunn hier uffhalte.

Magd. Ach, warum nicht gar! — Der Eilwagen muß seine Zeit halten. — Die Sache mit dem Bürgermeister war bald in Ordnung. — (Gegen das Kabinet). Madamme!

Mad. Hampelmann. Ja, ja! Ich hab schond Alles gehört.

Magd. Eilen Sie sich, sonst wird abgefahren. (Ab.)

Hampelmann. Mein Lebtag rähß ich net mehr mit dem Eilwage! — Des is e infam Werthschaft. Kaum, daß mer e bissi ausruht, so geht's widder weiter fort.

Mad. Hampelmann. Hampelmann, eil Dich!

Hampelmann (sucht sich möglichst schnell anzukleiden). Den Aageblick! ich geh schon — schmeiß mer nor Alles in Nachtsack.

Mad. Hampelmann. Ich geh eweil! (Packt ein, was sie kann und geht ab.)

Hampelmann. Gott im Himmel! wo sinn denn mein Stiwwelhake — Gott — in so eme Aageblick!

Höflich (von außen). Herr Hampelmann!

Mehrere Stimmen. Herr Hampelmann!

Hampelmann. Sogleich! So werd's doch net pressire?

Stimmen (von außen). Herr Hampelmann!

Scene 6.

Höflich. Hampelmann.

Höflich. Awwer Herr Hampelmann! Ins drei Deiwelsnamen! Misse Se dann iwwerall den Nachtrapp mache? — Geschwind, odder ich fahre ab. (Ab.)

Hampelmann. Herr Höflich! Herr Conducteur! — Sie wern doch net des Deiwels sein?! (Hat sich nach Möglichkeit angezogen, kann aber die Stiefel nicht ankriegen). No, etzt reit der Deiwel die Stiwwel! des fehlt noch! —

(Er hinkt mit einem Fuß, indem er an den andern den Stiefel zieht, aber nicht anbringen kann, auf dem Theater herum).

Mousseux (stürzt herein). Mord Element! Herr! Sie haben sich unterstanden, Mademoiselle Victorine einzuschließen? Wo ist der Schlüssel?

Hampelmann. Do, uff dem Tisch — lieb Schätzi, helfe Se mer doch e bissi in mein Stiwwel.

Mousseur. Ich glaube, Sie wollen mich insultiren? Besorgen Sie Ihren Stiefel selbst, verstehen Sie mich, Herr! (Eilt ab.)

Servatius (von außen). Ei, He Hampelmann, mache Se doch fot.

Hampelmann. Da, der fängt äächt noch Krakehl an, des fehlt noch. (Zieht immer an dem Stiefel.)

Servatius (steckt den Kopf zur Thüre herein). Mache Sie doch fot. — Wenn Sie net gleich enunne komme, so nemm ich Ih Eckplatz!

Hampelmann. Daß Du, mit Deim Eckplatz! (Er läuft mit seinem Stiefel und einem Pantoffel ab, die übrigen Kleider über den Arm werfend). Ich kann die verdammte Stiwwel net ankrieje! (Er ist eben mit seinem Stiefel im Reinen. Servatius tritt ein; Hampelmann, der ab will, rennt wider ihn und tritt ihm auf den Fuß.)

Servatius. Au weh! (Beleidigt): Is des vielleicht mit Vosatz geschehen?

Hampelmann. Nä, mit dem Absatz. —

Von außen. Herr Hampelmann! Herr Hampelmann!

Hampelmann. Ja, ich komme! Is denn kän Ruh ze krieje! (Läuft hurtig ab.)

Sechstes Bild.

(Straße.)

Beim Aufrollen des Vorhangs hört man ein allgemeines Geschrei und Gekreisch, sowie das Geprassel des umgestürzten Eilwagens, der an der dritten Coulisse rechts liegt.

Volk (steht umher und läuft hinzu Hülfe zu leisten).

Die Reisenden (im Wagen). Ah! Oh! Oh!

Höflich (der halb unter dem Wagen liegt, hervorkriechend). Hundsfott von Postillon! Muß grade uff den Eckstein fahre.

Mousseux. Mamsell Victorine, Mamsell Victorine! Leben Sie noch?

Victorine (aus dem Schlag tretend). Wie Sie sehen, ja.

Mousseux. Unbeschädigt?

Victorine. Ich glaube.

Keller. Ach meine Nichte –

Victorine (ihm um den Hals fallend). Mein Onkel! Wie? Sie sind hier?

Keller. Liebes Kind, hast Du keinen Schaden genommen?

Mousseur. Nicht im Geringsten. — Die Götter beschützten die Liebe.

Höflich (in den Wagen redend). No meine Herrschaften da drinn, wie steht's? Is Jemand todt? Wer tod is, der sag's.

Hampelmann (steckt den Kopf aus dem Wagen). A was todt? So geschwind geht des net. — Ich mache mer aus so was nix, wenn's ohne Halsbreche abgeht. — Wann mer emol uff der Rähs is, do muß mer Alles gewärtigt sein. — Es is net das Erstemol, daß mer so was bassirt is. Anno 1812 bei der Reterad. —

Höflich. Denke Se jetzt net ans Verzehle, denke Se an Ihre Fraa Liebste.

Hampelmann. A der Deiwel! Mein Frää. (An den Wagen gehend): No, Settche, wie is es? Lebst de noch?

Mad. Hampelmann. Ach ja. — Des is noch e recht Glick, daß des Unglick ohne Unglick abgange is.

Hampelmann. Ich bin frisch un gesund, sei ruhig Schatz.

Mad. Hampelmann. Wo is denn mein Hund?

Höflich. Der is todt unnerm Wage.

Mad. Hampelmann. Ach! — (Sie sinkt in Ohnmacht.)

Mousseur (fängt sie auf). Erholen Sie sich, Madame.

Hampelmann. Was werd der Nero sage?

Keller. Aber Hampelmann, alter Freund kennst Du mich dann nicht mehr?

Hampelmann. Gehorsamer Diener — mit wem hawwe Se die — hab ich die Ehr, wollt ich sage.

Keller. Was? Kennst Du Deinen alten Freund Keller nicht mehr? —

Hampelmann. Wie? Du lebst? — des freut mich von ganzem Herzen. — Du bist nicht todt?

Keller. Sehr krank bin ich gewesen! die Aerzte hatten mich schon aufgegeben, doch, Gott sei Dank, meine gute Natur siegte — und ich bin glücklich wieder hergestellt.

Hampelmann. Des freut mich. Awwer bei so bewandte Umstände is es nix mit der Vormundschaft.

Keller. Es bleibt dennoch dabei; Du wirst Vormund von meiner Nichte Victorine.

Alle (Victorinen ansehend). Seine Nichte?

Hampelmann. Des Victorinche is die Nicht — oder is es des Victorinche nicht? Ich wähs gar nicht —

Keller. Nein, sie ist nicht meine Nichte, sondern —

Hampelmann. Gott was e Genichts — mer werd ganz ähnfällig —

Keller (fortfahrend). Meine Tochter! —

Alle. Was? Wie?

Hampelmann (mit ironischer Geberde). Alter Sünder, hammer dich.

Keller. Freund Hampelmann, sie durfte von unsrer frühern Bekanntschaft nichts wissen. Ich richtete Alles so ein, daß sie zu Dir kam; mich überzeugte, du seiest der Alte noch — und nur nach meinem Tode solltest Du erfahren —

Hampelmann. Gott! Gott! Ich wähs schond Alles; in dere Schul sinn noch ganz annere Leut krank.

Victorine (zu Madame Hampelmann). Jetzt Madame Hampelmann, werden Sie mir doch glauben, daß ich nur deßhalb Ihr Haus verließ, die Pflegerin meines guten Onkels zu werden, und alles, was in meinen Kräften steht, zu seiner Genesung beizutragen — doch er ist gesund, das macht mich sehr glücklich, und gerne kehre ich auch ohne Erbschaft zurück.

Keller. Meine Tochter! Du sollst dennoch von mir bedacht werden; ich gebe Dir fl. 10,000 Aussteuer, sobald Du einen braven Mann findest.

Mousseux (vortretend und militärisch salutirend). Hier!

Hampelmann (beinahe mit ihm zugleich). Hier!

Mad. Hampelmann. Du?

Keller. Wer sind sie mein Herr?

Victorine. Ein recht tüchtiger Mann, dem wir alle vielen Dank schuldig sind.

Hampelmann. E Champagner-Räsender. Un marchand en vain.

Höflich. Un Capitän der Nationalgarde in Straßburg. — Sie wissen Herr Keller, daß ich heut e Paket von Werth von fl. 10,000 in Staatsbabiere an Ihr Adreß hab, die warn futsch, wann uns der Herr nicht von de Spitzbube befreit hätt'. — Sie kenne sich bei ihm bedanke, denn nur er —

Hampelmann. Un ich — —

Keller (ihn wohlgefällig betrachtend). Brav, junger Mann. — Sie gefallen mir. — Victorinen scheinen Sie auch zu gefallen? — Wohlan! nehmen Sie sie — und die fl. 10,000.

Mousseur. -Herrlich! Was Mamsell Victorine betrifft, die (ihr die Hand hin haltend, — kleine Pause — Victorine schlägt ein) nehme ich, und die fl. 10,000

Hampelmann. Die nehme ich.

Moussenx. Die nehme ich auch. — Ich werde nicht mehr reisen. — In einem soliden Geschäft, in dem schönen Frankfurt will ich sie zu Hunderttausenden machen. Nicht wahr?

Hampelmann. So werd die Tugend belohnt. (Zum Publicum): No meine Herrn, war des net e äußerst merkwerdig Räh߬? — den Eilwage versäumt, e Mauthvergnige ausgestanne, die Barrick genomme kriet, e Mittagesse, des mer bezahlt hawwe, un nix gesse, Reiber un Strohmänner, e erzellent Bett, wo ich net enein komme bin, un des Ganze krent e umgeschmissener Eilwage un e Heirath. — Wann Se des Stick heut net umwerfe losse, so hoffe ich des Umschmeise mit dem Eilwage vor Ihne Ihr Aage noch öfters zu produziere.

(Der Vorhang fällt.)

Die

Landparthie nach Königstein.

Frankfurter Lokal-Skizze in vier Bildern.

Personen.

Herr Hampelmann, baumwollner und wollner Waarenhändler.

Madame Hampelmann, seine Frau.

Rosine, seine Nichte.

Schannewetzche (Jean Noé), Söhnchen, 5 Jahr alt.

Louise, seine Magd.

Gerhard Zahm, Commis in einer Ausschnitt-Handlung.

Rummel, Studiosus juris.

Fuchs, Flurschütz.

Thomas, ein Bauer.

Frau Schnukkessin, eine Milchfrau in Eschborn.

Ein Kutscher.

Ein Schiebkärcher.

Erster } Kellner.
Zweiter }

Ein Musikant.

Ein Gast. Bürger. Bauern. Musikanten ꝛc.

(Die Handlung geht theils in Frankfurt, theils in Königstein und dessen Umgegend vor.)

Erstes Bild.

(Die Bühne stellt das Innere eines sehr kleinen Ladens des Herrn Hampelmann vor. Die Fensterladen sind geschlossen. Eine Thüre nach der Straße, rechts eine Seitenthüre zum Wohnzimmer des Herrn Hampelmann. Man hört eine Peitsche knallen und einen Wagen rollen.)

Scene 1.

Louise dann Kutscher.

Louise (hinter der Scene). Hier Kutscher — an der Hausdier — do an dem Glaskaste. (Sie kommt durch die Mitte und geht in die Seitenthüre). Herr Hampelmann, sein Se fertig? — die Kutsch is do!

Kutscher (aus der Mitte). Allé Mamsell, Alles parat, is mein Ladung voll?

Louise. Was will er? an mir leit's net, un an unserm Herrn aach net, des is e flink Mennche — Awwer die Madam, die mecht sich heunt scheen — un do — doderzu braucht's e bissi Zeit.

Kutscher. Ja, je mehr sche gebraucht hot um alt ze wern, desto mehr braucht se, um sich widder jung ze mache. He, he, he!

Louise. Etzt guck emol äns den Spaßvogel von eme Fiacker an?

Kutscher. Ja Spaß, des is so e Newegescheft von de Kutscher. — Also bis die Madam ihr Sach in der Reih hot, will ich emol do newe in de drei Haase e halb Moos Eppelwein roppe, damit die Gäul besser laafe.

Louise. No, un do leßt er sein Gäul allän uff der Gaß stehn?

Kutscher. Sie laafe net fort, do steh ich gut derfor, sie schmeiße aach net, deß duht nor des Millervieh uff der groß Bockemergaß. Gestert erscht hawwe se Judde gefahrn uff die höchster Kerb un iwwer Offebach zerick, in ähm Nochmittag — do wern se fromm. (Ab.)

Scene 2.

Louise (allein) dann Frau Hampelmann.

No ja, schon siwen Uhr verbei — um finf Uhr is schon uffgestanne worn. Do häßt's jo frih gesattelt und spät geritte. Des werd e schener Dag wern. E Landbardieh von Morjends in der Frih bis Awends, un des ganz Haus mit Kind un Kegel nach Kenigstein. Ich will mich setze — dann ich wärn mein Bän heunt noch genug brauche — ich will mer noch e bissi Bänschmalz for en Walzer uffhebe, dann ohne den geht's net ab. (Sie setzt sich). Ach! Medge ze sein, is e traurig Schicksal, ach! wer's nor so gut hätt', als wie die vornehme Madamme, die nix ze duhn hawwe, als sich die Kur mache ze losse. Wann ich doch so än wehr, wie die do driwwe im erste Stock (sich anlehnend). Ich kennt des Ding aach. Ich sehe mich ordentlich uff dem Kannapé sitze, en Bibi uff un e Gros de Napel Kläd un e Kasemir Schahl — ich krieg Visitte (verbeugt sich vornehm): Ich hab Eklibage un Bedienter, die Alles duhn, was ich befehl un was ich aach net befehle duh. En Jeger for hinne druff des is scheen — des kennt mer sich schond gefalle losse.

Frau Hampelmann (hinter der Scene): Lowis', Lowis'. Se komm se doch, un helf se des Kind anziehe, un mich schniere.

Louise (aufstehend). Kreischt die schon widder?

Scene 3.

Louise. Rummel. Jahm.

Rummel. Mamsellchen!

Louise. Aufzewarte — Awwer ich kann kän Redd un Antwort gewwe, heunt is Sunntag — un der Lade is zu.

Jahm. Wir sind gleich zu Ende.

Louise. Desmol net. — Mer gehn heunt uffs Land — do pressiert's — die Madam hot gerufe, do muß mer hinne un vorne sein (will ab).

Rummel (faßt sie um den Leib).

Louise (schlägt ihm auf die Hände). Die Händ weg —

Rummel (wiederholt es).

Louise. Auch hier ruft man zerick, häßt's in der Zauberfleht — Ich bin e Maintzer Medche — un die leide so was net.

Frau Hampelmann (in der Coulisse). Lowis', dem Herrn sein Tourche. —

Louise. Ich muß nach der Barick!

Rummel. Aber wir wollen Strümpfe kaufen, und keine Perücken.

Louise (retirirt sich). Ich wer Ihne den Herrn Hampelmann schicke. (Bei Seite): Die sehn mer aach wie rechte Kunne aus.

Scene 4.

Rummel. Zahm.

Zahm. Das ist einzig mit ihrer Perücke und mit ihrem Mainz.

Rummel. Freund, es war die höchste Zeit. Ein paar Minuten später und wir fanden das Nest leer. Aber vertraue mir. Eine Intrigue zu leiten, sie glorios durchzuführen, ist Studiosus juris Rummel der Mann. Wenn ich dereinst meine Prozesse nur halb so gut führe, so brauche ich pagina 38, 39, 40 und 41 im Staatskalender nicht zu fürchten. Ich hoffe, Du verstehst mich.

Zahm. O gewiß!

Rummel. Nun, so verstehst du auch den Rummel. Sage mir aber doch wenigstens, wie weit du mit deiner Schönen bist. Ist sie von deiner Liebe unterrichtet?

Zahm. Nein, bis jetzt noch nicht.

Rummel. Noch nicht, sagt Rummelpuff — Glaubst du daß du einigen Eindruck auf sie gemacht hast —

Zahm. Dazu ist es bis jetzt noch nicht gekommen.

Rummel. Immer noch nicht! Und die Eltern?

Zahm. Ach Gott, die ahnen nichts von der ganzen Intrigue.

Rummel. Nun, das heiß ich! das Mädchen hat dich so eigentlich noch gar nicht, was man so sagt, auf den Liebhaber angesehen. Du hast ihr noch kein Wort gesagt, und das nennt der Kerl eine Intrigue, ha, ha, ha!

Zahm. Schon vierzehn Tage paßte ich ihr auf, auf Weg und Steeg. Vierzehn Tage lang verzehrt mich ein bescheidnes Feuer. Ich weiß weiter nichts von ihr, als ihren Namen, sie heißt Rosine, gerade wie im Barbier von Sevilla — ihr Gesicht entspricht dem süßen Namen — und denke dir, ein wahrhaft romantischer Umstand hat uns zusammengeführt.

Rummel. Nun?

Zahm. Sie kam an einem Mittag in unsern Laden, um sich zehn Staab Gros de Berlin zu kaufen.

Rummel. Wahrlich, sehr romantisch der Anfang.

Zahm. Wie ich ihr so das Zeug vorlege, du weißt, so mit meiuer coulanten Art, begegnen meine Blicke den ihrigen. — Glücklicher Weise bemerkte sie es nicht, was in mir vorging, denn sie untersuchte den Gros de Berlin. — Aber wie soll ich dir meine Verlegenheit, meine Verwirrung schildern, als sie mich anredete.

Rummel. Brauchst's nicht, (singt nach der Melodie aus der „Entführung aus dem Serail") „sind mir längst bekannt, — sind mir längst bekannt" —

Zahm. Ich weiß nicht was ich sagte — oder vielleicht sagt' ich gar nichts — Verrwirrt wie ich war, schnitt ich ihr einen halben Staab zu wenig ab — die Liebe ist blind. — Sie bemerkt es noch nicht — ging weg. Ich wollte ihr folgen — aber bis ich meinen Hut gesucht hatte, war sie verschwunden.

Rummel. Gott im Himmel, aber auch der Hut, so etwas thut man ohne Hut.

Zahm. Endlich habe ich sie wieder zufrieden gestellt. Ich habe sie gestern durch den Glaskasten gesehen, nls ihr Onkel den Laden zumachte, und wartete von sieben bis zehn Uhr, aber sie kam nicht heraus. Nun bin ich hier einen kühnen Anguiff zu thun.

Rummel. Du kühn? hahaha!

Zahm. Ich bin zwar von Natur etwas blöde, aber mit deiner Hülfe —

Rummel. Nun, zwei sind gerade nicht zu viel für Alles, was noch zu thun ist. Einem jungen Mädchen zu gefallen, die Nebenbuhler aus dem Felde zu schlagen, wenn es welche gibt, bei allen Onkeln und Tanten der Familie einen

Stein im Brett zu haben, das ist in der Regel Arbeit für ein halbes Jahr.

Zahm. Und uns ist nur ein Tag zugemessen.

Rummel. Und noch dazu ein Sonntag — an dem gewöhnlich nichts geschieht — Morgen aber mußt du deine Geschäfte in Leipzig beginnen, da erwarten dich polnische und walachische Käufer, und die müssen beide der Liebe vorgehen.

Zahm. Wenn ich an Alles denke, möcht' ich den Kopf verlieren.

Rummel. Du wirst ihn aber doch behalten müssen, denn der Kopf ist in der Ehe ein ganz unentbehrliches Requisit.

Zahm (drückt ihm zärtlich die Hand). O du wahrer Freund, wie soll ich dir je vergelten?

(Man hört Hampelmann hinter der Scene sprechen, die beiden Freunde ziehen sich in den Hintergrund zurück.)

Scene 5.

Die Vorigen. Hampelmann.

Hampelmann (kommt aus der Seitenthüre völlig zur Reise angezogen; er trägt zwei Flaschen Wein, eine Jagdtasche und ein Perspectiv und legt Alles auf den Tisch. Anfangs in der Thüre): Fräa — vergeß nor dein grin un gehl Schahl net, wegem scheene Wetter un wegem garstige Wetter, dein Barbeleh net, den de partu von mer zum Geburtstag hast hawwe wolle. — Ich hab des Best, ich hab den Wein, e Botell Malaga for Morjends, un e paar Botelle Forster vor Nachmittags. Ach Gottche was for e Wetterche — ganz gemacht um sich emol aus em Fundament eraus ze amesire, Ja so e Bergbardieh — do steht mer e Vergnige aus. Ich awer, for die ganz Woch angebunnener Mann — ich will mer emol heunt e extra Bene duhn.

Zahm (tritt schichtern hervor). Entschuldigen Sie —

Rummel (hält ihn am Rock zurück und tritt vor ihn. Er verbeugt sich vor Hampelmann, der nun zwischen Beiden steht.)

Hampelmann. Excusire Se meine Herrn — Ich hab Ihne nicht gesehn.

Rummel. Haben wir die Ehre, den berühmten Baumwollen-Waarenhändler Hampelmann im weißen Eck vor uns zu sehen?

Hampelmann (sich verbeugend). So häß ich — kenne Se mich denn?

Rummel. O Spaß bei Seite — Wer sollte Sie — Ihre vorzüglichen Unterwesten, Ihre weißen Strümpfe, Ihre charmante Gemahlin nicht kennen?

Hampelmann. Nun hinsichtlich meiner Waar kenne Se Recht hawwe — die is weit und brät berihmt und doch is mer emal e groß Unglick mit passiert. — Ich wähs net ob Ihne die Geschicht bekannt ist?

Zahm. Ach Gott, nun wird's lange.

Rummel (zu Zahm). Still doch — die erste Regel ist, daß wenn einer eine Geschichte hat, man ihn erzählen lassen muß, das giebt Vertrauen. (Zu Hampelmann): Mein Herr Hampelmann, Ihren Unglücksfall kenne ich nicht — und ich wäre in der That sehr begierig.

Hampelmann. Sehn Se, so kann der gescheidste Kääfmann Unglick hawwe — Ich hatte dereinstens eine bedeitende Bardieh päämwollene Kappe un Strimp, die ich hier net verkääfe konnt' — Was daht ich, ich schickt se ganz ähnfach die Strimp an en Freind, die Kappe an en Annern nach Frankfort an der Oder, wo grad die Cholera war un Kopp un Fiß warm gehalte wern mußte, in Commission. War des net richtig speculirt? Unnerdesse hat e Doctor aussinnig gemacht, des Warmhalte bei der Cholera wer nix, mer mißt se mit Eis un kalte Uffschläg kuriere. Jetzt war mein Sach uff ähnmol nix. Mein Corresspondente schreibe mer alle Zwä, die Waar wär unner dene Umstände net ze verkääfe. So lag se denn annerthalb Jahr — los wollt ich die Sach sein, so schreib' ich nach Frankfort an der Oder, daß, wann dann die Waar gar net ze versilwern wär, un sie sich gege en annern nor erjend correnten Artikel verdausche ließ, ich mit einverstanne wär. Was glawe Se nun, daß mer passiert ist? — Mir, eme gelernte Kääfmann?

Beide. Nun?

Hampelmann. Schreibt mer der Meyer und Comp., er het mer des Vergnige anzeige zu kenne, er wer so glicklich gewese, mein Kappe gege Strimp ze verdausche — un Dags druff krie ich en Brief vom Peter Müller — er zeig mer mit Vergnige an, er habe mein Bardieh Strimp glicklich gege Kappe verdauscht. War ich der aeubzt Mann, un der, der mein Kappe hat, der hat jetzt mein Strimp, un der mein Strimp hat, der hat jetzt mein Kappe.

Rummel. Da waren die Unkosten Ihr Profit.

Hampelmann. Awwer wie komm' ich mer for? Ich verzähl Ihne die Geschicht, die mer als im Kopp erum geht, un ich wähs noch net — Was steht denn eigentlich zu Ihre Dienste?

Rummel. Wir sind im Begriff, eine Fußreise auf mehrere Tage ins Gebirg zu unternehmen, und da müssen Sie sich, obgleich es Sonntag ist, mit den Vicogne-Socken incommodiren — denn in Baumwollen-Socken kann ich unmöglich wandern.

Zahm (bei Seite). Verfluchter Kerl!

Hampelmann. Wohl wahr. — No warte Se — Sie finne zwar in Bäämwolle Alles bei mir — un die Vicogne-Socken sinn e besonners fihrender Wollartikel — awwer in ganz vorziglicher Qualität — (geht hinter den Ladentisch und nimmt verschiedene Packete, die er öffnet). Sie sehn, an Waar fehlt's bei mir nicht. — (Zu Zahm): Is Ihne ääch was gefällig?

Zahm (verlegen). Ich weiß nicht — ich könnte eine Schlafmütze brauchen.

Rummel. Gut gegeben.

Hampelmann. Nachtkappe sinn hier owe — kann mit uffwarte — da sinn ääch Handstäächelchern — da sinn ganz extra gute Bäämwoll Unnerhose — die hab ich von eme dreidrähtige Strumpfabrikant aus Schlesinge in Commißion — wo Deiwel stecke dann die Vicogne-Strimp? (Reicht Rummel ein Packet): Sehn Se emol, ob ere des sinn? —

Rummel. Nein, die sind zu grob. — Es scheint, daß diese gar nicht im Laden vorräthig sind — Wir werden oben in Ihrer Wohnung vielleicht — — denn was wir suchen, ist gewiß dort.

Zahm. Ja, daneben im Innern glaube ich auch (er will in die Seitenthüre).

Hampelmann (läuft schnell hinzu und hält ihn auf). Wo wollen Sie denn dahin?

Rummel (will auch hinein). Ja, Ihre besten Artikel sind hier drinn.

Hampelmann (sich vor Beide stellend). Piano — Pianissimo meine Herrn — da drinn is kän Waar for Sie — hier is mein Waarenlager — des is for Ihne un alle annern Leut uff. Awwer da, da wohnt der Frankforter Berjer un Lieutenant im Leschbattalion — da werd haus gebliwwe — denn da drinn is Niemand als mein Frää un mein Nicht. Verstehn Se mich?!

Rummel. Nun sagen Sie's ja selbst: Ihre besten Artikel.

Hampelmann. Des sinn kän Hannelsartikel — un mit Komplimente fängt mer mich net. Etzt korz — suche Se sich eraus — un wann Ihne d i e net recht sind — kän annern hab ich net — Lewe Se recht wohl un mache Se fort, ich muß nach Kenigstein.

Zahm (führt Hampelmann am Arm vor). Was, — Sie fahren nach Königstein?

Hampelmann. Ja, mit Kind un Kegel. Ich sollt schon fort sein — die Kutsch steht for der Dier.

Rummel (entzückt). Sie fahren ins Gebirg? Das ist eine himmlische Sache! Mein bester Herr Hampelmann, ich will Ihnen einen Vorschlag zur Güte machen. Wir wollen heute auch dahin, geben Sie uns einen Platz in Ihrem Wagen' Ihr Söhnchen setzen wir zu dem Kutscher. – Wir wollen Ihnen so viel Späße machen, das Sie sich köstlich amusiren werden. Mein Freund hat einen herrlichen Tenor, und singt bereits die erste Stimme im Judas Maccabäus.

Hampelmann (bei Seite). Daß du mit deim Judas!

Rummel. Nicht wahr, das kommt Ihnen zum Lachen vor? —

Hampelmann. Ganz un gar net — Awwer ich muß Ihne sage, ich find's sehr sonnerbar, daß zwä Fremde —

Rummel. O wir sind excellente Jungen und überall zu Hause.

Hampelmann. Wann's wahr is. Awwer mein Schannewehche (Jean Noé) is ääch en excellenter Jung, un der hat des Vorrecht, benebst dem Bissi Proviant des mer mitnemme — dann ich denke doch, daß for alle Dinge des Esse sein Platz in der Kutsch hawwe muß.

Rummel. O wir richten uns ein. — Viel geduldige Schafe gehen in einen Stall.

Hampelmann. Es soll Niemand genirt sein, meine Herrn.

Zahm (bittend): Herr Hampelmann!

Hampelmann. Nix, nix!

Rummel. Ist das Ihr letztes Wort?

Hampelmann. N' Ja.

Rummel (pathetisch): Gut — Sie werden es bereuen — und wenn wir wieder so jung zusammen kommen, vernünftiger seyn. — Leben sie wohl — Grausamer Mann! leben Sie wohl!

Hampelmann (zornig). Gehorsamer Diener.

Zahm (leise zu Rummel). Was! wir ziehen so mir nichts dir nichts ab?

Rummel (leise). Nur ruhig, du sollst den ganzen Tag mit deinem Mädchen zusammen sein.

Zahm. O wie soll ich dir danken!

Rummel. Still doch! (Er geht zu Hampelmann, der seine Waare ordnet). Aber mein bester Herr Hampelmann — —

Hampelmann (kommt hinterm Ladentisch hervor und nimmt eine Prise). No, is vielleicht noch Ebbes gefällig?

Rummel. Eine Prise?! (Er geht mit Zahm ab, der in der Thüre niest).

Hampelmann (wüthend): Wohl bekomm's!

Rummel (außerhalb): Danke schön.

Scene 6.

Hampelmamm (allein. Er behält seine Dose offen und sieht ihnen nach.)

Nicht Ursach — des läg mer uff — Wann Sie weiter nix in meim Lade gesucht hawe als desjenige — so warsch hohe Zeit, daß se sich aus dem Stääb gemacht hawwe. (Er geht heftig auf und ab.) Lang hätt's net mehr dauern derfe — dann hätt ich losgelegt. Der Herr Hampelmann is kän Hannebambel — Ihr zwä Herrn Windfligel, — un legt er emol los, so legt er ordentlich los. Oft geschieht's zum Glick net. Den 6te Mai 1815 warsch des letzte Mal — awwer dann kenn ich mich vor Wuth ääch net. Sie kenne meinetwege zum Deiwel fahre — awwer net in meiner Kutsch — die Quälgäästerǃ — Apripo von Quälgääster — Mein Frää muß doch jetzt ääch fertig sein. (Er ruft in die Scene): Awwer Frääǃ Lowis', Schannewehche — Se kommt doch emol — vergeßt awwer nix.

Alle (hinter der Scene): Mer komme schonǃ Mer komme schonǃ

Hampelmann. Des is e Dorchenanner, wie beim Bawelonische Thorn (in die Scene): Ruft den Schubkärjer, daß er Alles in Waage bringt.

Alle (hinter der Scene): Hedaǃ Christophǃ Christophǃ

Hampelmann. Alleweil wern se flott. (Er trocknet sich den Schweiß von der Stirne.) Achǃ was kost des for e Hitz, wann e ehrlicher Borjerschmann sich emal e Plesir mache will — Awwer ich will mer noch heut e recht Plesir mache, un des ordentlich for die ganz Wochǃ nä for e Jahr — Es geht in ähne Koste hin.

Scene 7.

Hampelmann. Madame Hampelmann. Rosine. Jean Noé. Louise. (Sie kommen mit Lebensmitteln in Körben 2c., womit sie den Schubkärcher, welcher zu gleicher Zeit von außen eintritt, bepacken.)

Hampelmann (zu seiner Frau). No, etzt laßt Euch emol betrachte, wie er aussieht. Ah recht scheen! Bravo! da Capo! Etzt vorwärts dem Thor enaus — Gott straf mich Fräächе — Dich hält heunt Jeder for finf un verzig Jahr.

Mad. Hampelmann (sich brüstend). Als wann ich se wär?

Hampelmann. S's wahr, Du bist erscht neun un verzig — No Rosinche, Du hast ja Kamasche an, un kän weiße bäämwollene Strimp!

Rosine. Kamasche sinn Mode un Strimp passe net uffs Land.

Hampelmann. A was Mode — des is egal! Ich hab ere ze verkääfe, un ich wern doch pretendire derfe, daß dein Fißercher dem Publikum mein Waar weise solle.

Mad. Hampelmann (vornehm). Mer fahre awwer nicht uffs Land, um Strimp ze verkääfe.

Jean Noé (unartig). Mer fahrn uffs Land, um Kuche ze esse un lustig ze sein.

Hampelmann. Schannewehche, du hast recht — des wolle mer ääch — Allé! vorwärts — hibsch Alles eingepackt in die Kutsch?

Schubkärcher. Ja.

Alle. Vorwärts! vorwärts!

Louise. No, wo is der Kutscher? — Der Kutscher is jo net do.

Alle. Kutscher, Kutscher!

Scene 8.

Die Vorigen. Zahm.

Zahm (im Kutscher-Oberrock, stellt sich betrunken). No, no, da bin ich schon — mache Se mer die Gäul net scheu!

Hampelmann. No, wo treibt er sich dann erum?

Zahm. Ich treib mich gar net erum, ich hab do newe in de drei Haase festgesotze, un do gehehr ich hin, als rechtschaffener Kutscher, der waarte muß! un gern waarte duht, wann er was ze trinke hot.

Louise. Was der Brandewein net duht; der Kutscher hot e ganz anner Gesicht!

Hampelmann. Allé, uff dein Bock Kutscher — dichtig zugefahrn — dann gibt's e gut Drinkgeld!

Zahm. Des will ich meene. (Ab.)

Hampelmann (will abgehen, kehrt aber noch einmal um). Halt, mein Perspectiv — ich muß sehe, wie sich der Parrthorn von Kenigstein aus ausnimmt. (Er nimmt's.)

Jean Noé. Den Nero nemme mer doch ääch mit?

Hampelmann. Ach Gottche, ja des Neroche, des arm Viehche, des kann ja doch net alläns ze Haus bleiwe — Lowis', hol's emol.

Louise Ich drag en awwer net, die Carnaille hot mich letzthin in Finger gebisse.

Mad. Hampelmann. No, do nemm Du en uff dein Arm, Hampelmann!

Hampelmann. No ja! (Er nimmt ihn.) Da wär denn die ganz Familie beisamme. (Hat Jean Noé auf dem einen Arm, Nero auf dem andern, in der Hand Perspectiv und Jagdtasche). Vorwärts! marsch! (Alle ab.)

Verwandlung.

Zweites Bild.

(Platz vor Eschborn. Rechts ein Bauernhaus. Vor demselben gegen die Mitte steht ein Apfelbaum. Im Vordergrunde links ein Brunnen.)

Scene 9.

Frau Schnukkessin kommt aus dem Hofe, einen Wassertopf und eine Milchkanne in den Händen, sie schöpft Wasser. **Fuchs** von der andern Seite.

Fuchs. Gut Zeit, Fraa Schnukkessin. A was Dunner un was Deiwel mecht sei dann do — esu allans, wann im Ort der Deiwel lus is — do is wirrer e Loding Frankforter. ankumme, — wei dei Schaude.

Schnukkessin. Eich mache Milch for die Franferter

Fuchs. Su, sei scheppt de Rohm ab?

Schnukkessin. Ei eich kläre se.

Fuchs. Met Brunnewasser.

Schnukkessin. Halt ersch Maul, wer werd dann e su was auskreische.

Fuchs. Unser Wasser is jo kan Gift — un in Franfert huun se kans esu, un dann is es jo bekannt, daß dei Milchfraa un der Weinhänler seiner Woor e bissi uffhelft.

Schnukkessin. Un allemol glawwe se noch Wunner was se an seller Milch noch hete — laafe in der greßt Hitz do eraus, un denke hei wersch se besser — Proste Mohlzeit, do mißt mer sein Sach net verschtehn.

Fuchs. A die Franforter misse noch froh sein, daß se ons huun, dei mißte jo sunst verhongern. Eich liwwre aach Hase enein un Lerche, awwer eich scheeiße dei Kanincher un Schpatze aach net umesunst. Gott, wann die Leit Alles wißte was se eeste.

Schnukkessin. Jo, jo, vill wirsse mecht Koppwih.

Fuchs. Guckse emol selt, Gevattern.

Schnukkessin. A wu?

Fuchs. Do leit e ganz Loding Franferter im Grawe.

Schnukkessin. Loßt se leie, sie leie waag.

Fuchs. Der Wage is aach kabores, deß muß eich mit ansihe. (Ab.)

Schnukkessin. Der muß aach in Alles sein Naas schtecke. Was geht's ihn an? Der meent, weil er e Jagdlaafer is, do hett er aach was ze saae. (Sie sieht Rummel und Zahm, welche von verschiedenen Seiten auftreten). A, do kumme Leut; geschwenn met der Kann fort, dei braache die Handwerksvorthaal net kenne ze lerne. (Sie geht in den Hof.)

Scene 10.

Zahm (noch im Kutscher-Überrock, **Rummel**. (Von verschiedenen Seiten.)

Rummel. Das trifft sich ja charmant. Am Thore war ein Fiacker reisefertig; es fehlte noch eine Person — und so kam ich schnell hierher. Aber wie weit bist du? was hast du mit deiner Familie angefangen?

Zahm. Wir haben uns überworfen.

Rummel. Wie denn so?

Zahm. Ach Gott! Ich habe sie eben umgeworfen. — Glücklicher Weise haben sie sich kein Leid's gethan — ich habe sie in einen Graben voll Gras gelegt.

Rummel. Brav! Du hast als Kutscher keine Ehre eingelegt. Mache, daß du dein Habit ablegst.

Zahm. Du hast recht, ich will mich adonisiren. (Er zieht den Ueberrock aus und wirft den Hut weg): Die Verwandlung ist fertig.

Rummel. Und a tempo, denn da kommen unsre Damen.

Zahm (nimmt eine Sommermütze aus der Tasche und arrangir seine Locken.)

Scene 11.

Die Vorigen. Madame Hampelmann. Rosine. Louise. Jean Noé.

Mad. Hampelmann. Bist du denn ääch ganz sicher Lisi, daß mer nix weh duht?

Louise. Des will ich meene, Sie sinn jo uff mich gefalle!

Mad. Hampelmann (sie mitleidig ansehend). Uff dich — des is vielleicht erscht e recht Unglick.

Louise. For mich ehnter als wie for Sie, dann mein Schulter muß blitze blau sein.

Rummel. Meine Damen, wir haben von Weitem den Umfall gesehen, der leicht einen Unfall hätte herbeiführen können, und sind zu Ihrer Hülfe herbei geeilt — disponiren Sie über uns.

Zahm. Ja Madame, mein Freund — und ich — ich und mein Freund — (leise zu Rummel, indem er ihm Rosine zeigt): Ist sie nicht himmlisch?

Rummel (leise): Meinetwegen. — Aber halt du's Maul, wenn du weiter nichts zu sagen weißt. (Laut): Gott! liebe Madame, Sie zittern ja noch?

Mad. Hampelmann. Ach, der Schrecke beim Umwerfe.

Zahm. Ja, besonders wenn man so etwas nicht gewohnt ist.

Rummel (zu Madame Hampelmann): Ihr Mann ist dort bei dem Wagen beschäftigt, Sie werden eines Arms bedürfen, ich hoffe, Sie schlagen den Meinigen nicht aus.

Mad. Hampelmann. Ach, ich bitt Ihne. — Aber ich hab nicht die Ehr, Ihne dorchaus nicht ze kenne.

Louise. Ich kenn die Herrn, es sinn Kunne vom Herrn, Sie kenne Se aach, der Herr Hampelmann.

Mad. Hampelmann. Hawwe Sie die Ehr den baumwollene Waarenhenneler Hampelmann zu kenne?

Rummel. Ja wohl!

Zahm. Hinter der Hauptwache Nr. 101 im weißen Eck.

Jean Noé (weinend). Mutter, ich hab Hunger.

Rummel. Ein allerliebstes Kind; es hat sogar Hunger. (Liebkost es.)

Mad. Hampelmann. Alleweil is noch net Zeit zum Esse.

Jean Noé. Ich will awwer esse, ich hab Hunger.

Louise. Gott, was des Kind schond en Appetit hot, der werd emol grad wie sein Vatter.

Jean Noé. Mutter, ich will Kuche hawwe.

Louise. Hehr uff ze ruhe, Bub, mer werd der Kuche brote.

Rummel (kneift dem Kind in die Backen). Der liebe Kleine hat recht. — Wenn man Hunger hat, muß man essen, und damit auch Sie sich erholen, Madame, so schlage ich Ihnen vor, eine ländliche Mahlzeit einzunehmen. Ich werde Sie führen, ich kenne die Localität genau, es gibt hier nichts. Indessen finden wir wohl in diesem Hause frische Eier und Milch. Auf dem Lande begnügt sich eine schöne Frau mit Wenigem.

Mad. Hampelmann. Wie angenehm sich der junge Herr auszedricke wähs.

Zahm (zu Rummel): Rede doch kein dummes Zeug.

Mad. Hampelmann. Sie sind ein recht lustiger Herr! Hawwe Se denn immer so e lustig Genie?

Rummel. O Madame, semper lustig. Nun darf ich bitten. (Er bietet ihr den Arm, Alle bis auf Louise und Rummel ab.)

Louise (zupft Rummel am Rock). Hehre Se, wo studiere Sie denn?

Rummel. In Heidelberg.

Louise. Kenne Se vielleicht den Fritz Licht? — Es ist ägentlich e Balwierer, er studiert awwer doch.

Rummel. O ja, den kenn' ich — der ist auch die Ferien über in Frankfurt, er steht als Mediziner im Fremdenblättchen und logirt in der goldenen Spitz.

Louise. Is er do? — Kimmt er vielleicht aach eraus?

Rummel. O Spitzbübin Sie! (mit dem Finger drohend): Gewiß der Herzgeliebte, he?

Louise. O gehn Se!

Rummel. Nun schönes Kind — sieh mich heute für ihn an, ich bin auch Student. — Den schön gepflegten Backenbart besitz' ich freilich nicht, aber — ein gutes Herz. Komm! (Sie umfassend. Beide ab.)

Scene 12.

Herr Hampelmann (allein).

No ich will grad net renomire — der Storz awwer war net bitter. Der Dag fängt gut an, deß muß wahr sein. — Awwer ich hab doch mein Plesir! So was muß ääch sein! Kän Vergnige ohne Aerger, kän Rose ohne Dorne — un kän Landbardieh ohne Grawe. Des is net annerscht, in des Gebräuchlich muß mer sich ze fige wisse. Awwer des schad all nix, ich muß doch mein Plesir hawwe. Unser Esse dauert mich nor. Lauter ausgesuchte Schissele, — wähs Gott net ze schlecht for en Gesandte — Nota bene, wenn er Hunger hot. — Ich hab jetzt nor die Melon noch gerett — Awwer Herrjeeche, wie sieht die aus (er zeigt eine Melone, die wie ein Kuchen zusammengedrückt ist). No — die muß en gute Buff kriegt hawwe! Aha, alleweil geht mer e Licht uff, do is mein Frää druff ze ligge komme. (Er setzt sich auf die Bank am Brunnen.)

Scene 13.

Hampelmann. Frau Schnukkessin.

Schnukkessin (bei Seite). Gott, was hot dene do drinn des Umwerfe zugesetzt, dei drinke jo e Milchspill eweck, daß es e Schann is, eich muß wahrlich widder an de Brunne, demit mein Kunne morje net zu korz kumme.

Hampelmann. A da is ja e Frää, noch besser e Milchfrää. Gottlob — ich spiere Appetit. — Mein Mage will e bissi flatirt sein. Die hot gewiß so recht ächte Land-milch — Frääche, sag se emol, hot se vielleicht e gut Glas Milch for mich?

Schnukkessin. Warum net, wann ersch bezählt?

Hampelmann. Des versteht sich, e Glas Milch is ja kän Liebesdienst.

Schnukkessin (gießt Milch in ein Glas und gibt sie an Hampelmann): Su gaut, als wei von der Kau eweck.

Hampelmann. Wahrlich, recht klor. (Gibt das Glas zurück): So gut drinke mer in Frankfort kän Milch.

Schnukkessin. A manichmol doch.

Hampelmann. Was kost des Glas?

Schnukkessin. Sechs Kreutzer.

Hampelmann. No da muß mer sich dann net driwwer verwunnern, daß se in Frankfort net so gut is, da derfor is se ääch wohlfeiler. Dernach Geld, dernach Waar. (Er bezahlt, sie geht mit ihrer Kanne ab.) Jetzt lest sich des Mittagesse schond besser abwarte. — Ja Mittagesse — woher krieje? Unsersch leit dort im Grawe! No, hier werd's doch ääch was ze Esse gewwe. Erscht will ich nor mein Leit uffsuche. — Awwer wo? Da kennt ich lang suche. — Liewer will ich hier warte, bis se komme un mich suche — mer muß sich als e bissi rahr mache. — Redd mer äner nor von dene Landwertt — in dene drei Herrn Länner — die Häls kenne se de Hahne abschneide, awwer käner kann ähn verninftiger Weis' brate. — Außer in Bernem un in Hauße wern se meist verbrennt. — Uff em Land, da is es awwer wie im Krieg, mer nimmt was mer kriejt, nor daß mersch bezahle muß. Etzt muß ich mein Leit uffsuche. — Awwer da kennt ich lang suche — un wo enaus? Da is ja gar kän Aussicht, Alles zugebaut mit Scheuern un Eppelbääm. (Er steigt auf die Steinbank, um eine Aussicht zu gewinnen): Ich kann Niemand sehe! Wie wärsch, wann ich mich uff den Eppelbääm deht mache, for was hab ich dann mein Perspectiv? (Er steigt auf den Baum): Die gute Bauerschleit, die planze die scheenste Eppelbääm ins freie Feld — sie misse doch viel Zutraue zu de Leit hawwe.

Scene 14.

Hampelmann (durch die Zweige des Apfelbaums versteckt.)
Fuchs und **Thomas** (zwei Flaschen Wein in der Hand.)

Thomas. He, he, he! des wor emol.

Fuchs. Etzt hier uff, sunst lach eich meich duht.

Hampelmann (auf dem Baum). Ah seh, do sinn die gute Eschborner, die mer geholfe hawwe.

Thomas. No was segst dau derzu, zwa Botelle Wein hunn eich wegg prakezert.

Hampelmann. Was babbele die?

Fuchs. No etzt wolle mer emol uff Regimentsunkeste freihsticke.

Thomas. Recht su, eich geb den Wein derzau.

Fuchs. Un eich de Kuche!

Thomas. Kumm, mer wolle ons in de Schatte setze. (Sie setzen sich unter den Baum.)

Fuchs. Su dumm ze sein un drei Stunn Wegs ze fahre, um sein Freihstick in e Grawe ze werfe.

Hampelmann. Ich gläb, da is von mir die Redd.

Thomas. Was leit dene dran an em verlohrne Esse.

Fuchs. For ons awwer e gefunne Fresse. Kumm Freind!

Thomas. Angestoße uff dene Franferter Sunntagsviggel ihr Gesundheit.

Fuchs. Vivat! Vivat!

Hampelmann (auf dem Baum). Ich bedanke mich scheenstens.

Fuchs und Thomas (stehen schnell auf). No was gebt's dann do owwe? Was mecht er do?

Hampelmann. Ich mach e Landbardieh.

Fuchs. Worum seid Ihr uff den Baam gestigge?

Hampelmann. Um ze sehe, wie Ihr mein Wein drinkt.

Thomas. Kän Ausflichte!

Fuchs. Ihr seid gepennd (gepfändet).

Hampelmann. Un Ihr seid Hallunke, die mein Frihstick fresse.

Thomas. He do, net geschennt — geantwort!

Hampelmann. Awwer —

Fuchs. Hie sein kän Awwer —

Hampelmann. Ich were doch froge derfe, wer Ihr seid?

Thomas. Er is net zum Froge do —

Fuchs. Halt, des giht mich an.

Hampelmann. Geht zum Deiwel!

Thomas. Reschpect for der Owwrigkeit — eich sein Feldschitz hie — un huun die Wacht iwwer des Obst.

Fuchs. Jo, des is er.

Hampelmann (steigt herunter). Un ich bitt mer mein Wein un mein Esse aus, doriwwer hab ich die Wacht.

Fuchs. Er is uff dem Eppelbaum gefunne worn.

Hampelmann. No! Was beweist des?

Thomas. Des beweist, daß Ihr gern Eppel eßt.

Hampelmann. Gekochte, ja, — die sinn ja noch grin.

Fuchs. Noch emol, Ihr werd gepennd, den Rock aus!

Hampelmann. Ich will zum Schulz gefihrt sein, der soll die Sach unnersuche!

Thomas. Ihr habt Eppel strenze wolle.

Hampelmann. Ich will zum Herrn Schulz.

Fuchs. Etzt kän Flause! Zum Schulz —

Hampelmann. So wahr ich Hampelmann häßs —

Fuchs. Was Hampelmann! Is er der Hampelmann — Paradeplatz Nr. 101.

Hampelmann. Ja, was soll's?

Fuchs. Do huun eich Ihren Hunn eingefange, der hot hie uff der herrschaftliche Jagd gejagt — Eich huun en dodscheeiße wolle, etzt kenne S'en mit finf Gilde Strof auslese.

Hampelmann. Ach Gott! — mein Neroche — un jage — des is froh, wann es net gejagt werd.

Fuchs. Des kenne mer schond — es is en englischer Jagdhond.

Hampelmann. Englisch mag er sein — awwer e Jagdhund — er is von mitterlicher Seit e Puddel un von vetterlicher Seit e Spitz.

Thomas. Alleweil sein mer am End -- Reschpect — eich sein im Amt jetzt — Hut ab, Herr Franferter — un Strof bezahlt for Obstfrevel.

Fuchs. Un finf Gilde forsch Jage.

Hampelmann. Ich zahl gar nix.

Fuchs. In Gehorsam, *) ins Loch mit dem Kerl. (Pfeift — einige Bauern kommen): Packt den Eppelfresser, fort mit em! (Sie führen Hampelmann fort.)

---

*) Gehorsam: Bauerngefängniß.

Verwandlung.

Drittes Bild.

(Die Bühne stellt das Boskett eines Wirthsgartens in Königstein vor — auf der Seite ein praktikables Mooshüttchen (Eremitage) mit einem Fenster nach dem Publikum. Man hört das Rufen der Gäste: „Kellner hierher." Mehrere Kellner laufen mit Tellern, Servietten und Flaschen über das Theater. — Gäste folgen ihnen. Andere Gäste sitzen an Tischen, stehen oder gehen umher.)

Scene 15.

Rummel. Madame Hampelmann.

Rummel (Madame Hampelmann am Arm). Kommen Sie schnell, Madame!

Mad. Hampelmann. Ach Gott! Was mache Sie for Schritt. Mer meent, Sie hette Siwwemeilestiwwel an.

Rummel. Erlauben Sie, heute ist Nachkirchweihe hier, und wenn wir da nicht eilen, möchten wir leicht keinen Platz bekommen.

Mad. Hampelmann. Awwer mein Mann?

Rummel. Sein Sie unbesorgt, der wird schon Freunde gefunden haben, die ihn hierher bringen. Die Straße wimmelt ja von Wagen. Er hat sich da mit dem Jäger und Feldschützen 2c. gezankt. Er ist überhaupt ein kühner, unternehmender Mann.

Mad. Hampelmann. S' is net möglich — Von der Seit hab ich ihn gar net gekannt. — Awwer zanke, des thut er, ob er gleich immer Unrecht hat.

Rummel. Sehn Sie her, Madame, das kühle Moos-hüttchen — das habe ich für unsere Gesellschaft gewonnen. Wenn Sie sich indessen da aufhalten wollen, so werde ich mich nach den Ihrigen umsehen.

Mad. Hampelmann. Nein, ich will lieber nach dem Esse sehe, des is mein Departement.

Rummel. Charmant, thun Sie das, schöne Frau! (Bei Seite): Ei was Teufel! Da kommt ja die Schlafmütze von Mann. Hat sich also doch los gemacht. Nun wart, ich will ihm schon noch etwas Anderes anrichten. — (Laut): Nun, Sie wissen ja selbst, was es in solchen Wirthshäusern für Noth hat, etwas zu bekommen. Ihre Sorge, schöne Frau, wird daher nicht überflüssig sein.

Mad. Hampelmann. En liewer, charmanter, junger Mann, dieser Student, un for Alles wähs er gleich Rath un Daht. Im Aageblick hot er en Läderwage zu verschaffe gewißt, der uns hieher gefahrn hot. (Ab nach der Seite, wo das Haus angenommen wird.)

Scene 16.

Zahm. Rummel, später ein Kellner.

Rummel. Aha! kommst du auch? Nun wie weit bist du mit deiner Liebe?

Zahm. Ach Gott! ich hab es noch nicht gewagt —

Rummel. Nun, du machst deinem Namen Ehre! Zahm bist du wirklich sehr. Ich opfere mich bei der Alten für dich auf, riskire alles Mögliche, wenn sie Feuer fängt.

Zahm. Ach, die alte Frau!

Rummel. Den Teufel auch! Altes Holz brennt am schnellsten. (Der Kellner geht mit einer Flasche Wein über die Bühne): He Kellner — wollen Sie mir wohl einen Gefallen thun?

Kellner. Ah! Herr Rummel — Gehorsamer Diener! Freilich, zehn für einen.

Rummel. Kennen Sie den Baumwollen=Waarenhändler Hampelmann?

Kellner. Warten Sie! — nein, ich glaube nicht.

Rummel. Sie werden ihn leicht erkennen, man sieht ihm den Krämer auf zehn Schritte an — Brauner Frack, auffallend weiße Weste, — schöner Hambacher Hut, Nankin-Hosen. —

Kellner Nur nicht ängstlich, Herr Rummel, den will ich schon à faire nehmen.

Rummel. Nun hören Sie — dem geben Sie nichts zu essen, gar nichts — Verstehen Sie? Ich möchte ihm gern einen Schabernack spielen. Es soll Ihr Schade nicht sein.

Kellner. Schon gut, schon gut. Schon um des Spaßes willen soll er nichts haben. (Läuft ab.) Gleich — gleich!

Rummel. Nun, das wäre auch abgemacht. Jetzt zur Donna! (Zu Zahm): Mache du deine Sachen nur besser als bisher (Rasch ab.)

Scene 17.

Zahm, bald darauf **Rosine, Louise, Jean Noé** und **Hampelmann.**

Zahm. Ich weiß doch auch gar nicht, was der immer von mir will. Ich bin doch nach allen Regeln des Anstandes verfahren. Aber Rosinchen muß doch auch einige Avançen — ach Gott — da kommt sie — aber ihr Onkel ist bei ihr. — Ich will doch lieber warten, bis sie allein ist. (Zieht sich ängstlich in den Hintergrund zurück.)

(Rosine, Jean Noé, Louise und Hampelmann treten auf.)

Louise. Nä, so e Werthschaft hab ich noch kän gesehe.

Hampelmann. Ei ich wollt', sie wäre, wo der Peffer wächst! Ich hab en awwer ääch dichtig den Text gelese — ich hab for mein finf Gilde geredd — denn du wähst, ich bin e Deiwel — in meim Zorn. Apripo von Zorn ze redde, wo is dann mein Frää?

Louise. Des mag Gott wisse, ich hab se net mehr gesehe, seit se mer ihren Barbeleh hat zum Drage gewwe.

Hampelmann. Ja mer misse se awwer doch uffsuche — Was hilft des Alles — Mer spiele heunt ja ordentlich Versteckelches — Lowis', geb mer den Barbeleh, — un geh du un such mit der Rosine die Dante — da macht er euch noch e klän Motion vor Disch.

Louise. Ja, fehle mich Ihne. — Ich bin heunt schon genug geloffe.

Hampelmann. Des Esse schmeckt er dann um so besser, Lowische!

Louise. O des werd mer aach so schon schmecke. Ich

hab heunt in dem Truwwel net emol e Frihstick kriezt. — Der Schanneweh hot mer mein Butterrahm gesse.

Hampelmann. No, net raisennirt!

Louise. Ich raisennire net, awwer mein Maage raisennirt.

Hampelmann. No, so sag s'em, er soll's Maul halte, un duh se's dann ääch.

Louise. Etzt guck emol äns an. Wozu hab ich dann des Maul, zum Halte wähs Gott net. Nä, so e Dienst!

Hampelmann (drohend): No! no!

Louise (bei Seite): No! no! dofor fercht mer sich aach net.

Hampelmann. Etzt marsch! Wann Se widder kimmt, da werd gesse.

Louise. No, so losse ich mersch gefalle. Komme Se, Mamsell! (Beide ab mit Jean Noé, Zahm ihnen nach.)

Scene 18.

Hampelmann. Ein Kellner.

Hampelmann. Jetzt wolle mer emol an die Hauptsach denke, das Leib und Seel zusamme hält. (Ruft): Heda, Kellner!

Kellner. Befehlen?

Hampelmann. Sage Se emol, kenne Se mer net so e Plätzi for mich Solo verrothe, — vielleicht in eme Stibche so —

Kellner. Ist Alles besetzt.

Hampelmann. Do des Mooshittche ääch?

Kellner. Ein Herr und eine Dame.

Hampelmann. No, dann decke Se uns en Disch im Saal.

Kellner. Kein Platz mehr frei!

Hampelmann. So? No so esse mer ewens im Garte. — Decke Se uns selt en Disch.

Kellner. Es ist kein Tisch mehr frei.

Hampelmann. Der Deib-Henker! So esse mer uff Stihl, un setze uns ins grine Gras.

Kellner. Das Gras ist seit gestern abgemäht

Hampelmann. Etzt sag ich nix mehr. Do setze mer uns dann in die Stoppele. — Was gibt's dann ze esse?

Kellner. Es gibt gar nichts mehr.

Hampelmann. Was, gar nix mehr? No, des is emol ene scheene Speisanstalt.

Kellner. Ja, auf der Kirchweih und Sonntags ist es nicht anders! — Gleich! — Gleich! (Er läuft ab.)

Hampelmann. Net iwwel. Am End kriest mer hier in Kenigstein Sonntags gar nix ze esse.

Ein anderer Kellner (mit einem Teller rasch vorüber laufend) Wer hat Welsch bestellt?

Hampelmann (nimmt den Teller): Ich. Nor her dermit. — Ich wern mersch selbst an Ort un Stell drage. Sie, Freind, hehre Se emol, kennt ich net etwas Salat derzu bekomme? Wie? (Er hält den Teller in der Hand, und sieht sich nach mehr um, während dessen kommt der Gast, für den der Welsch bestellt war, nimmt ihn stillschweigend Hampelmann aus der Hand und geht ab.) No! no! was sinn dann das for Bosse — Dunn — Herr — was fällt Ihne ein? (Der Gast bleibt stehn und sieht ihn groß an.) Ich bitt Ihne, geniere Se sich dorchaus nicht! (Indem er sich umwendet, läuft der erste Kellner mit einer gebratenen Ente auf der Schüssel vorbei und begießt Hampelmann mit der Brühe, indem er ruft): Platz da, aufgepaßt!

Hampelmann. Sie, mache Se als die Ääge uff, Sie verschwabble ja Ihne Ihr Soos!

Kellner. O, sein Sie unbesorgt! Ich habe noch mehr.

Hampelmann. Hol Sie der Henker mit Ihrem „Platz da." Des rieft mer als forher, eh mer die Leit mit Soos beschitt! des sieht aus wie Brote-Sauçe. (Er riecht am Aermel): Ja richtig, es is — von ere Gans odder ere Ent. So, Brate hätt ich nu geroche. (Nimmt das Schnupftuch und wischt den Rock ab.)

Zweiter Kellner (kommt mit einem kleinen Teller voll Salat): Hier haben Sie den Salat, den Sie zum welschen Hahn bestellt haben.

Hampelmann. Scheen! awwer den Welsch hab ich ja net.

Zweiter Kellner. Aber ich hab ihn Ihnen doch gegeben. Vorher auch Forellen und eine Flasche Wein.

Hampelmann. Den Deiwel ääch! Ich hab nix kriejt.

Zweiter Kellner. Haben Sie mir nicht gesagt, Sie hätten Welsch bestellt? der Herr, der Welsch bestellt hat, hat auch Wein und Forellen. Ich kann mir die Personen nicht so merken. Sie haben den Welsch genommen, also sind Sie's und müssen bezahlen. Macht fl. 1. 36 kr.

Hampelmann. Des leg mer uff! Bezahle, was annere Leit esse!

Zweiter Kellner. Wenn Sie hier noch lange Umstände machen, so werde ich mich an die Polizei wenden. Verstehn Sie mich? Hier haben wir Nassauer Polizei.

Hampelmann. Schon gut! Ich hab an der Frankforter genug. No, zum zweite Mol will ich mich heunt net arretire lasse — ich zahl.

Zweiter Kellner (während er das Geld nimmt): Sie waren also heute schon einmal arretirt — auch nicht übel. Danke. (Ab.)

Hampelmann. E infam Geschicht, des is wahr, so viel Pläsir haw ich lang net gehabt.

Scene 19.

Herr Hampelmann. Madame Hampelmann. Rummel.

(Mad. Hampelmann von Rummel begleitet, erscheinen am Fenster des Mooshauses.)

Rummel. Ihre Familie ist nicht zu finden. Madame, ich dächte, Sie äßen indeß.

Mad. Hampelmann Ach Gott, ich muß wohl, denn ich komm um vor Hunger.

Hampelmann (putzt fortwährend an seinem Rockärmel): Was werd mein arm Frää um mich in Angst sein, der Mann — is doch immer der Mann, un besonnersch so e Mann, wie ich. —

Rummel. Ja Madame, ich glaube, mein Freund liebt Ihre Nichte ernstlich und hat die reinsten Absichten.

Mad. Hampelmann. Was Se sage?

Rummel. Nach dem Allen, was ich Ihnen von ihm sagte — müssen Sie mir jetzt erlauben, Ihnen sein Leid zu klagen und geradezu um Ihre Vorsprache zu bitten.

Mad. Hampelmann. No, etzt redde Se nor zu, un schitte Se Ihr Herz aus — sein Herz, wollt ich sage. Awwer esse Se auch, Liewer. (Rummel setzt seinen Stuhl neben den ihrigen und spricht leise fort, während sie mit Appetit ißt.)

Hampelmann (immer noch am Rockärmel putzend und riechend) Des is erschrecklich — Nein — erschrecklich, was die Soos riecht! En verfluchte Hunger haw ich ääch. — Es is egal — ich amisir mich doch — des Geld geht ähm aus em Sack, als wann's Fliggel hätt — schad ääch nix, ich amisir mich doch!

Ein Musikant. Ich bitt — wann's gefällig is, for die Musik.

Hampelmann. Packt Euch zum Deiwel, ich heer ja nix.

Musikant. Sie is awwer doch gleich do newe.

Hampelmann (unter der Tanzmusik, welche eine Galoppade spielt): Dä — do is — etzt laßt mer mein Ruh — merkwerdig —

Ich amisir mich doch. Wo nor mein Fräă etzt stickt, ob se mich wohl mit Fleiß nexe duht — doch wann ihr was zugestoße wär — Mein Schannewehche fehlt mer ääch — s'is ums Deiwels ze wern. Was Dunner, do in dem Mooshäusche sitze zwä Verliebte — richtig — deswege sollt ich's net krieje. No, ich amisir mich hier —, un die do drinn.

Rummel (zu Madame Hampelmann): Trauen Sie den Versicherungen, die Herr Zahm Ihnen durch Freundes Mund gibt.

Hampelmann. Awwer seh ich recht? — Die hat ja e Kläd an, wie mein Fräă. — Wähs Gott, sie is es — mit dem verdammte Student. — Ei so soll ja der Dunner — denkst du vielleicht, ich deht mich amisire, wann du dich amisirscht — des is zu doll! Wart — du sollst sehe — was e gereitzter angesehener Berjer mit Rickficht uff Anstand ze duhn im Stand is (will wüthend ab).

Scene 20.

Kutscher. Hampelmann. Louise.

Kutscher (hält Hampelmann auf): Halt, Landsmann! Des geht hie net mit Extrapost. Hie geht er mir net mehr dorch.

Hampelmann. Was is des widder for e Erscheinung?

Kutscher. Erscheinung? — Etzt guck emol — Er is selbst e Erscheinung.

Louise. Ja, ja, Herr Hampelmann! des is unser rechter Kutscher. Der anner kam mer gleich so verdächtig vor.

Hampelmann (sträubt sich).

Kutscher. O ho, ich halte fest! Awwer ich kenn Ihne un die Madame aach. Ich will wisse, wo mein Wage un mein Perd sein?

Hampelmann. Wage? Perd? — Was gehn mich sein

Perd an? Mir kaloppirt etzt was ganz annersch im Kopp erum, als wie sein Gäul. — Er hat uns ja net gefahre.

Kutscher. Ja, do leit ewens der Haas im Peffer, e Annerer hat ohne Weitersch mein Platz eingenomme, un der, der soll sich finne. Verstehn Se mich?

Hampelmann. No, so such er'n sich.

Kutscher. Suche? des is sein Sach! Er muß mern schaffe.

Hampelmann. Was schaffe — ich schaffe —

Kutscher. Etzt Bester, hie werd mitgange, un de Freind suche helfe. (Er nimmt Hampelmann beim Kragen und führt ihn sträubend ab.

Scene 21.

Zahm. Rosine. Jean Noé. Die Vorigen.

Jean Noé. Ach Musik, wie scheen!

Zahm. Ach Mademoiselle, darf ich so dreist sein, Sie nur um eine Tour dieser köstlichen Galoppade zu bitten?

Rosine. Ach, wann sich's schickt, meecht ich wohl — denn dieser Galoppade hab ich noch nie widderstanne.

Louise. Ach ja, Mamsell, danze Se, mer sinn jo hier alläns — ich danze mit dem Schanneweh.

(Zahm zieht seine Handschuhe an und will mit Rosine tanzen. — Rummel und Mad. Hampelmann treten aus der Mooshütte.)

Mad. Hampelmann. Des gefällt mer net iwwel, also hier soll gedanzt wern?

Rummel. Nicht gezürnt, schöne Frau; ich denke, wir tanzten auch die himmlische Galoppade; sie schlägt alle gegenseitigen Explicationen nieder. Ist gefällig?

Mad. Hampelmann. No wann's net annersch is — so wolle mersch mit einer riskire. — Es is ja Kerb.

(Rummel und Madame Hampelmann, Zahm und Rosine, Louise und Jean Noé tanzen die Galoppade.)

Scene 22.

Hampelmann (kommt aus dem Hintergrunde ganz erschöpft): Verfluchter Kutscher! behannelt mich wie en Gaul. Glicklicher Weis is des Fuhrwerk widder gefunne. Es hat's äner hergefahre. Kost mich ääch widder mein Geld. — Was wollt ich mache — ich amisir mich doch. A da werd sich ääch amisirt — net iwwel. (Er läuft zu Madame Hampelmann und Rummel, der immer mit ihr fort galoppirt. Hampelmann galoppirt nach und macht unter der Musik seiner Frau Vorwürfe): O abscheulich Frää — bist de dann ganz des Deiwels! Un Sie Herr — wär ich nor noch emol zwanzig Jahr alt. — Un Sie Madame sinn wahrlich alt genug — un — so halte Se doch still. Ich gläb, die Tarantel hat Se gestoche — Se infamer Mensch!

Erster Kellner. Der Mensch fängt ja überall Händel an — das ist ja ein wahrer Krakehler.

Hampelmann. Krakehler, davon hernach; erscht will ich mit diesem Herrn e Wort spreche. (Rummel tanzt heftig fort.)

Scene 23.

Zweiter Kellner. Mehrere Gäste. Vorige.

Zweiter Kellner. Was machen Sie da?

Mehrere Gäste. He! was ist das für ein Lärm?

(Jahm und Rosine haben sich schon früher im Hintergrunde niedergelassen.)

Zweiter Kellner. Herr, was machen Sie hier?

Hampelmann. Des sehe Se ja —

Ein Gast. Das ist ja der, der mir meinen Welsch genommen hat.

Hampelmann (sehr erfreut): Ach sind Sie des? Gut, daß ich Sie treffe. Ich hab fl. 1. 36 kr. for Ihne ausgelegt.

Gast (sehr kalt): So, das ist gut! (Dreht ihm gleichgültig den Rücken. Während dem hat sich Madame Hampelmann auf die Bank bei Jahm und Rosine niedergesetzt, um, wie man sagt, sich auszuschnaufen. Rummel kommt mit Louisen in den Vordergrund, galoppirt und stößt Hampelmann an.)

Hampelmann. Stoße laß ich mich noch net! (Schreit wüthend): Verstehn Se mich!

Zweiter Kellner. Herr! menagiren Sie sich! Sie können noch zum dritten Mal arretirt werden.

(Mehrere Gäste eilen hinzu.)

Hampelmann. Ich laß mich net stoße, am wenigsten von Ihne! (Schreit fürchterlich): Verstehn Se mich!

Rummel. Donnerwetter! Gelassen Herr! Ist das Tusch —

Hampelmann. O Herr Student, for Ihne fercht mer sich noch net. Sie solle hier net umsonst en Frankforter Berjer beleidigt hawwe — des sag ich Ihne! Se sinn noch der lang Mann — noch lang der Mann, wollt ich sage, net derzu, mich zu affensirn.

Rummel (zu Hampelmann): Mais Monsieur voyez donc tout ce Monde, nous nous mettrons en spectacle.

Hampelmann. Ja, ja, Spektakel genug! vous mème Schpectacle che vous assire nous ferons la chosse dehors a un autre androit plus — (kann nicht mehr weiter und schreit): enfin Coquin!

Rummel. Was! Sie schimpfen?

Hampelmann. Lasse Se mich, ich bin ganz withend, ich wähs gar net, was ich redd. (Stampft mit dem Fuße): Dunnerwetter! Ich winscht, der Deiwel — (mitten in der größten Wuth hält er plötzlich ein, hält die Hand in die Höhe und ruft): Was Deiwel, es treppelt! Wahrhaftig, mer krieje Rege —

Alle. Ach, es regnet!

(Alles läuft durcheinander, Musik. — Die Damen nehmen Tücher über den Kopf, die Gäste Schnupftücher über die Hüte. — Rummel hat Hampelmann den Regenschirm aus der Hand genommen, und geht mit Madame Hampelmann. Zahm mit Rosine. — Als eben Alles ab will):

Jean Noé. Mutter, Mutter! nemm mich ääch mit.

Mad. Hampelmann. Alleweil falle mer unser Kinner ein. — Wo is dann der Nero?

Rosine. Ich hab en im Gaarte lääfe sehn.

Alle. Nero, Nero! Bsws! Bsws! (Pfeifen.)

Mad. Hampelmann. Ach, liewer Hampelmann, seh dich nach dem Hund um, ich schäme mich. (Sie hält das Tuch vor die Nase. Ab.)

Hampelmann (allein): So! etzt lasse se mich All alläns — Wo der verflucht Hund nor steckt? — All'äns — ich amisir mich doch. — Alleweil erscht recht. (Ab.)

(Die Musik spielt fort bis zur Verwandlung und dem Auftritte Hampelmann's.)

Verwandlung.

Viertes Bild.

(Straße. Zur Rechten das Haus des Herrn Hampelmann. Ueber der Thüre sieht man auf dem Schilde die Inschrift: „Peter Hampelmann, baumwollner Waarenhändler." Auf der andern Seite ein Haus mit einem Weißbindergerüste, an dem eine Leiter steht. An den Häusern der Straße sind zum Theil die Ladenthüren geschlossen. Quer über die Straße eine Laterne.

Scene 24.

Hampelmann (kommt, durchnäßt und schmutzig, nachdem mehrere Menschen mit Regenschirmen übers Theater gegangen sind): No, Gott sei Dank, endlich bin ich zu Haus! — E scheene Werthschaft! Mein Fräää — ich wähs gar net, was ich sage soll — is mer in dem Truwwel abhande komme. Awwer wohin? — Un ich — hätt wähs Gott von Kenigstein zu Fuß erin lääfe misse — wann ich mich net uff den gelbe Phaeton, hinne druff gesetzt hätt. Wie mer dorch Heechst sein, komme so e paar — Heechster Buweschenkel un rufe — hinne druff! hinne druff! Der Kutscher hat ääch zwä bis dreimal mit der Beitsch gehäge. Glicklicher Weis hot er des Neroche, den ich uff dem Arm hatte, getroffe; der lief im erschte Schreck dervon. Etzt muß ich ääch erunner — un lief em nach. Awwer zu meim Glick. — Do kam der Retter in der Noth — der Meenzer Eilwage — der Ferscht Thorn un Taxis soll lewe! — Der Conducteer kennt mich — es war so e langer — der seegt gut for mich im Rahmhof — denn ich hatt kän Kreuzer Geld mehr. (Er besieht sich): Ach, mein scheene Hose — die hawwe etzt die wahre Modefarb — un mein Hut, des muß e Wasserdichter sein. (Er biegt ihn zusammen): O ja, des Wasser is dichtig dorchgeloffe. Ich wern e scheene Schnuppe krieje. Ich merk's schond, ich hab e ganz kalt Naas — wie mein Neroche — un mein Kopp brennt wie Feier. — Treiloses Weib — du denkst vielleicht — ich wersch mache wie der un der, un mer mir nix dir nix Alles gefalle losse. — Ja wart nor! Weil dann Alles heunt der Quer geht, so will ich der ääch emol en Riggel forschiewe, un dich wenigstens e paar Stunn lang dorchwässern losse — wie in der Comedie in der gebesserte Ägesinnige — e scheen Oper — gefällt awwer net mehr. Du sollst for der Dier waarte, ich leg mich ins Bett. — (Er sucht nach seinem Hausschlüssel): No — wo hab ich — dann? — — No — des wär scheen — Ei, so wollt ich doch, daß — — Hei! den hot mein Frää in ihrem Retekil — was nu? Halt, dort kimmt Jemand! — Wenn sie's wär mit ihr'm Courmächer, ich will mich do unner dem Herrn Eppelmeier sein Iwwer=

hang*) stelle, do kann ich Alles sehe un heere. — E scheen Sach — die Iwwerhäng — schad, daß des Bauamt kän Geschmack mehr dran find! Die Herrn sollte nor emol so im Rege stehn. (Er stellt sich unter den Ueberhang in der ersten Coulisse): Oho, der Kennel rennt, leeft mer des Wasser in die Ank — des muß ich dem Herrn Eppelmeier morje des Dags ze wisse duhn ze losse, so was is än Berjer dem Annern schuldig. — Ich bin also werklich aus dem Rege in die Trääf komme.

Scene 25.

Hampelmann (unter dem Ueberhang). **Zahm, Rosine.** (Sie haben einen Regenschirm. Zahm führt Rosine.)

Rosine. Endlich sind wir da — wie Sie awwer ääch laafe! —

Zahm. Wir wollen hier auf Ihre Tante warten.

Hampelmann. Rossinche — uffgepaßt!

Zahm (stellt sich mit Rosine im Vordergrund unter den Regenschirm): Ach, mein Fräulein, ich weiß nicht, ob die Dunkelheit unserer Straßenbeleuchtung mir diese Dreistigkeit gibt, die ich am Tage niemals gehabt hätte. Wenn man sich mit dem Gegenstand seiner Liebe unter einem Dache befindet, durch die Macht der Verhältnisse und den Regen eng an einander geschlossen. (Er drückt sich an sie.)

Rosine. Wenn Sie nicht uffheere, Herr Zahm, so muß ich mich entferne, um Ihne zu zeige, daß Sie sich in mir irre.

Zahm. Nein, mein Fräulein, gewiß nicht, denn es regnet gar zu sehr. Warum soll ich Ihnen mein Gefühl länger verbergen? Rummel hat im Mooshüttchen bei Ihrer Tante für mich gesprochen, so daß sie uns ihre Hülfe zugesagt hat.

---

*) Ueberhang, oberer Vorbau eines Hauses, starke Ausladung der obern Stockwerke.

Hampelmann. So — also des war's? No — (er wischt sich den Schweiß von der Stirn): No, des is mer lieb — sehr lieb. Des Medche braucht en Mann — (laut): He da, junger Herr! Es freit mich ausnehmend —

Rosine. Ach Gott! mein Onkel! Fort! fort! (Zahm läuft rasch ab und läßt Rosine stehen, diese folgt ihm.)

Scene 26.

Hampelmann (läuft einige Schritte nach): Heda, Rossinche, Rossinche! — Sie — Bst — Musje Joli — Musje Liebhaber! (Kehrt um): Sie heere net, ich hab se verscheucht. Ja, ja, des Medche is so schichtern, wie e Rehche — (Mit Selbstgefühl): No, sie is in em gute Haus erzoge. Also die Geschicht in dem verfluchte Mooshittche war kän Liebesabentheuer meiner Frää. Buff! des is mer in der Daht sehr angenehm. Des hab ich etzt eweck, wann mer emol 25 Jahr verheirath is, so derf mer sein Frää net mehr im Verdacht hawwe, da is es forbei! Etzt muß ich awwer doch emol speculire — wie ich in des Haus komme — die Diehr is pickelfest zu. Des wär also emol nix — dorchs Fenster? Halt, do hawwe die Weißbenner e Leiter stehn lasse. (Er setzt die Leiter ans Fenster): No, mer wolle's riskire — den Weg hab ich lang net gemacht — außer in mein Lade — ganz owe zum Bafel. (Er steigt hinauf): Wähs Gott — ich muß mich gut ausnemme — wie en beglickter Liebhawer odder der Belmonte in der Entfihrung aus dem Serail. — Ich wern ohne Weiters e Scheib einschlage un dann des Fenster uffmache — So geht's. (Er ist oben und schlägt die Scheiben ein): Alle Dunn — etzt sinn de Läde zu. — Mein Frää hot se heunt Morjend noch selbst zugemacht — ganz recht. — Sunndag, des is so e Dag zum Einbreche. — Mein Frää denkt an Alles — 's is e Raretät von ere Frää — awwer was hilft's — ich kann etzt unner freiem Himmel schlafe — des war doch sunst e scheen Einrichtung mit dene Jobwächter-Häuserchen odder dem Offezier uff der Hauptwacht. — Noch en Versuch! (Er schlägt mehrere Male an die Laden, um sie aufzumachen.)

Ein Nachbar (erscheint am Fenster eines Hauses): Was is dann des for e Cravall — Wer amisirt sich dann do, de Leit die Scheiwe einzeschlage?

Hampelmann (auf der Leiter): — E ruhiger Berjer — der nach Haus kimmt un sich gar net amisirt.

Nachbar (hält ein Licht heraus): Do will so Äner ins Hampelmann's einbreche. Halt den Dieb!

Hampelmann. No, no! Langsam — wann ich Ihne sage, ich bin's: Johann Peter Hampelmann.

Mehrere Nachbarn (an den Fenstern): Was, e Dieb — Dieb!! — Ins Hampelmann's is eingebroche! —

Hampelmann. Ach Gott, was muß e Hausvatter net Alles erlewe! (Er steigt von der Leiter und fällt beinah): Was, do kommt die Badroll — soll ich mich schond widder arretire lasse? Nän, fort, fort! (Er läuft ab.)

Scene 27.

Die Nachbarn kommen alle in ihren Nachtanzügen aus ihren Häusern mit Leuchtern und Stöcken, Waffen &c. in den Händen. Die Patrouille verfolgt Hampelmann. **Madame Hampelmann, Rummel, Louise, Jean Noé, Bahm, Rosine.**

Mad. Hampelmann. Was is dann do for e Lerme — Brennt's in der Nachbarschaft?

Erster Nachbar. Ach, Sie sind's, Madame Hampelmann — sehr angenehm! Sehn Se, so geht's, wann mer so spät nach Haus kimmt.

Mad. Hampelmann. Was gibt dann des Ihne an?

Erster Nachbar. Mich gibt's net so viel an, als Ihne. Bei Ihne is eingebroche worn —

Mad. Hampelmann. Ach Herr Jemernichelche! — Eingebroche?

Erster Nachbar. Do, gucke Se, do steht noch die Läder. — Sie sinn dorchs Fenster. Wenigstens e Band von dreißig Mann. Wie mer komme sinn, sinn se dorch die Lappe gange.

Rummel. Wohin?

Mehrere Nachbarn (zeigen nach der Seite, wo Hampelmann hinlief): Do hinaus!

Rummel. Ich — will gleich sehen! (Ab.)

Zahm (zu Madame Hampelmann): Beruhigen Sie sich, ich bleibe bei Ihnen, Madame.

Mad. Hampelmann. Ach Gott! Nä — des Unglick. Wähs Gott, wann's net uff der Gaß wär, ich deht in Ohnmacht falle. Lowis', geh du dererscht ins Haus — un guck unner meim Bett nach — ob sich Käner versteckelt hat —

Louise. Des läg mer uff, Madame — ich wär jo des Tod's — wann mich Äner anpacke däht.

Mad. Hampelmann. So sinn die Dienstbotte heunt ze Dag — sie verdinge sich for Alles — un hawwe net so viel Anhänglichkeit for ihr Herrschaft.

Louise. Alles nach dem Lohn — Ich hab nor Anhänglichkeit for sechs und dreißig Gulde.

Scene 28.

Die Vorigen. Rummel. Hampelmann. Die Patrouille, welche Hampelmann begleitet.

Rummel. Sie bringen ihn — sie bringen ihn!

Louise. Aha — die Badroll — do brenge se'n.

Rummel. Vorwärts — Kerl! Laß dich einmal bei Licht betrachten.

(Alle umringen Hampelmann. Die Nachbarn halten ihm ihre Lichter unter die Nase.)

Alle. Wer? Herr Hampelmann?

Jean Noé. Ach, der Vatter ist der Spitzbub?

Mad. Hampelmann. Ach du armer Mann! Er is dorch un dorch naß.

Hampelmann. Ja — was hab ich awwer ääch Alles ausgestanne — Des war e scheen Landbardieh. Junger Mann, ich wähs schon, was Sie wolle — Ihre Artigkeit un Gefälligkeit — —

Rummel und Zahm. O — Herr Hampelmann!

Hampelmann. Un weil Se do mein Nicht so scheen heim begleit hawwe, so kenne Se Morje bei uns Kaffe drinke — do werd sich des Weitere finne.

Zahm (mit Pathos): Herr Hampelmann — meine Gefühle —

Hampelmann. No — lasse Se nor die Gefihle jetzt ruhe —

Rummel. Wann ist die Hochzeit? Die muß in Königstein gehalten werden.

Hampelmann. Nix do — hier in Frankfort e bestellt Mittagesse im Pavillon uff der Mainlust. Zwanzig Couvertts. (Zu den Nachbarn): Se sinn heeflichst eingelade.

Alle. Gehorsamer Diener!

Hampelmann. Jetzt awwer ins Bett, liewe Kinner! Ich spier kän Arm un Bän.

Louise. Es is awwer aach net alle Dag Sunndag.

Hampelmann. Des is ääch mein einziger Trost. — Drei so Däg — un ich wär dot!

Herr Hampelmann

sucht ein Logis.

Lokal-Lustspiel in fünf Bildern.

Personen.

Herr Hampelmann, Rentenirer.

Madame Hampelmann (vorher verehelichte Sauer, geb. Süß), seine Frau zweiter Ehe.*)

Sophie, seine Stieftochter.

Herr Hübner, sein Freund.

Carl Neumann.

Mademoiselle Aurora Wachtel, Sängerin.

Herr Ganz.

Madame Ganz.

Louise, ihre Tochter.

Regine, Stubenmädchen bei Ganz.

Herr Wackelmann, Ganz's Schwager.

Mariane, Kammermädchen bei Aurora.

Ein Stadtgerichtspedell.

Ein Schneidergesell.

---

*) Es lag in der Absicht, die Rolle der Madame Hampelmann sowohl, als einige andere in der Frankfurter Mundart zu geben, der Mangel geeigneter Darsteller jedoch machte die gegenwärtige Redeweise nöthig, welche, gehörig motivirt, bei der Darstellung von keiner üblen Wirkung ist. Bei Aufführungen (z. B. in Privatgesellschaften), wo dieses Hinderniß wegfällt, kann ja leicht der Dialekt da, wo es nöthig, für die Schriftsprache substituirt werden.

Erstes Bild.

(Ein nicht elegantes, aber reinliches Zimmer, mit Mittel- und Seitenthüren, rechts ein praktikables Fenster, in der Wohnung des Herrn Hampelmann.)

Scene 1.

Sophie (allein, am Fenster stehend und hinaus redend).

So? Zu einem Familien-Diner gehen Sie? — Darum sind Sie so geputzt? Nun, ich wünsche Ihnen viel Vergnügen. — Es werden wohl eine Menge schöner Damen dort sein, bei denen werden Sie mich sehr leicht vergessen. — O werfen Sie nur Küsse, so viel Sie wollen, ich sende Ihnen doch keinen zurück! ich traue Ihnen nicht mehr; Sie sind ein häßlicher, unbeständiger Mensch, der — ach, meine Eltern kommen! — (Sie macht das Fenster zu.)

Scene 2.

Vorige. Herr und Madame Hampelmann.

Mad. Hampelmann. Und genug, ich sage Dir's, Hampelmann, ich bleibe nicht länger hier wohnen; das Logis ist mir unausstehlich!

Hampelmann. Wähs Gott, merkwerdig! Wann Du Dir emol was in Kopp setzst, brengt dersch kän Mensch eraus — Seitdem ich mich in Ruh gesetzt hab, find mer des Geld aach net uff der Gaß — meenst Du vielleicht, ich kennt siwwe hunnert Gulde for e Logis ausgewwe? — Ja, wann dausend Deiwel Batze weern. — E Mann, der von seine Zinse lewe muß. —

Mad. Hampelmann. Du könntest ja doch eine Bedienung bei der Stadt annehmen.

Hampelmann. Ich will kän Bedienung — Guck emol an — Ze was wern se mich dann mache? — Korz, ich hab mich zur zwätt Frää entschlosse, um emol Ruh ze hawwe — un jetzt dringelirschte mich in ähm fort mit eme große Logis.

Mad. Hampelmann. Du willst bloß hier wohnen bleiben, um mir zuwider zu handeln. Aber diesmal gebe ich nicht nach! Ich habe wahrhaftig meinen glücklichen Wittwenstand nicht geopfert, um hier in Frankfurt schlechter zu wohnen, wie in meinem Hanau.

Hampelmann. Mein Settche seelig, hat sich doch drinn gefunne. Wie ich um Dich gefreit häb, Adelheit, do hast de annerscht geredt — Du hast ägentlich nix von mir verlangt, als daß ich mer Dein schönes Casselaner Deutsch, was uffe Hanauer Gelerib gebrobt is, angewehne sellt. — Un dernochender — ich kann dersch sage — hast de mich dahin gebracht, daß ich — bloß um Dir angenehm zu erscheine — ich auch in die scheene Wissenschafte so e bissi gepuscht hab — un des kost aber Alles Mees — Ei die Lectihr kost ja allän e Hädegeld! All die Penningsmageziner un Hellermageziner, un Konservationsblätter — des nemmt ja gar kän End — die Buchhänneler schicke ähm ja Hänzler-Wäge-weis des Zeug ins Haus.

Mad. Hampelmann. Aber Hampelmann ich bitt Dich! —

Hampelmann. Netwohr! — Nä — hern sollst des! — Sich — Guck — hätt ich e Fräa aus Frankfort genomme, die nach ihrm Schnabel geredt hätt, un net Dich hochdeitsche Person, so wern mer die Art Bosse all net beigefalle. — No, freilich, es kommt aach daher, daß ich e ze Ruh gesetzter Mann ohne Geschäft bin — dann ebbes muß der Mensch doch duhn. Die Gelegeheite mit dem Theater, die mer aach ze häufig frequentirn — die scheen Oper — die scharmante Sänger un Schauspieler, manchmol trifft mer se in de Werthshäuser — mer amesirt sich — drinkt e Schoppe mehr — un so — un des kost awwer Alles Geld.

Mad. Hampelmann. Schwatze doch nur nicht so einfältiges Zeug! Wer hat je so etwas von Dir verlangt — Gott, in Gegenwart meines Kindes. — Du findest es also sehr angenehm, drei Treppen hoch zu steigen? und was für Treppen? Unser Freund Hübner, der die Gicht hat, besucht uns bloß darum jetzt so selten. — Ueberhaupt leben wir so erschrecklich eingezogen, kein Mann darf zu uns. Wäre ich eitel, müßte ich glauben, Dich plage die Eifersucht.

Hampelmann. Eifersucht! — Mach mer mein Gaul net scheu, Adelheit! Ich Peter Hampelmann eifersichtig?! — Ich warsch bei meiner erschte Fräă net, un soll's jetzt bei Dir sein? — des wär ze spet. Nä, ich baue uff Dein Tugend, uff Dein Bildung — uff Dein Exterieur — uff Dein Fisonomie un uff Dein 50 Jahr, un uff was mer sonst noch baue kann. — No! un was wärsch, wann ich aach als emol eifersichtig wär? Worscht widder Worscht. — Bist Du dann net aach als eifersichtig? No, no! Du kannst ehnder Ursach hawwe — (eitel scherzend): Mer war emol e scheener Mann — mer hat sich conservirt, — un die Weiber —

Mad. Hampelmann (verdrießlich). Lachen den eitlen, alten Gecken aus.

Hampelmann. Des is purer Aerger, Schatz — Awwer lasse mer jetzt Alles ruhe, un bleibe mer wohne, hörst de? un was host de dann gege des Logis? bedenk nor an, mer hawwe die Sommerseit, die Kich raacht net, e scheene Alkov zum Schlafe. — Die Fensterrahme sin freilich e bissi wackelig — des mecht die Wetterseit. Die Laag is lebhaft. — Guck nor emol dem Fenster enaus. — Wie e Guckkaste. Do in der Nachbarschaft wohne zwää Schmidt, die kloppe ähm des Morjends um vier Uhr aus de Feddern — do in der Nähe von de scheenste Werthshäusern — do der Pariser Hof — der Weidebusch — der Schwane — de ganze Dag rumple die Eilwäge forbei — do verzehl ich der als von meiner Nernberger Rähs.

Mad. Hampelmann. Sey mir nur von deiner Nürnberger Reise still. — Dummes Zeug! Suche nur, und Du wirst schon eine bessere finden.

Hampelmann. Ja such nor äner hier in Frankfort e Logis — vielleicht dorch die Nachricht! do wird mer meest geuhzt. Do steht als: eine freindliche Wohnung in der schönsten Lage der Stadt. — Wann mer sein Batze zum Nachfrage ausgewwe hot un kimmt hin, — so is es in der Kaltelochgaß; e annermol häßt's! in der Mitte der Stadt — un do is es uff em Klapperfeld, odder aach, wann steht: auf einer Wallstraße mit der Aussicht ins Freie — do is es gewiß am Affethor, un manchmol gar häßt's: uff der Sonneseit in der Rosegaß.

Mad. Hampelmann. Man muß einem Makler Auftrag geben. — Am liebsten wäre mir eine Parterre-Wohnung.

Hampelmann. Ganz wohl! daß ähm alle Ageblick in die Fenster enein geguckt werd, un mer jed Wort hört, was mer redd — Du wähst, ich fihre als garstige Redde un zu dem bin ich als e Haupt-Liberaler bekannt — Un des Awends kloppe ähm die beese Buwe am Fenster, un sellt's nor sein, um ze frage, wie viel Uhr es is.

Mad. Hampelmann. Hampelmann, mit all Deiner hochgepriesenen Klugheit bist Du doch sehr kurzsichtig. Bedenkst Du denn nicht, daß Sophie alle Tage heirathen kann.

Hampelmann. Des wähs ich — un des Medche is e Schatz for en jede Mann — Es is e braves, bescheidenes — wohlerzogenes, sparsames Medche — es is ja — unner Deiner Leitung — so ze sage unner Deine Fittig uffgewachse. In Hanau, fern vom Getöse der Welt, mit beständig vor Auge habendem Beispiel. — Sophiche, Du brauchst Dich net ze schäme, Du kannst Dich in Frankfort sehe lasse — un wann de Dein Mäulche uff duhst, se hält mer Dich for e Hanoveranerin.

Scene 3.

Vorige. Herr Hübner.

Hübner. Guten Morgen! Guten Morgen, wie steht's? wohl auf?

Hampelmann. Ei, ei! Freind Hibner — noch eme halwe Jahr, endlich emol von Angesicht. — E! hawwe der net die Ohrn geklingelt? Ewe hawwe mer von dem Herrn geredd — No? wie geht's mit der Gesundheit, alter Düringer Du?

Hübner. Ei nun, recht erträglich — habe seit ein paar Tagen keinen Gicht-Anfall gehabt, und fühle mich neu belebt. — Sie sind doch allerseits wohl? Madame und Mamsell? — Sieh, sieh, sieh! wie das Kind herangewachsen ist. — Bei meinem letzten Besuche waren Sie nicht zu Hause, aber so groß habe ich Sie mir nicht gedacht! — Ja Freund, da merkt man, daß wir alt geworden sind.

Hampelmann. Des hat mein Fräa ewe aach bemerkt. Ja, ja, des Sophieche hat sich eraus gemacht; kann alle Dag heirathe. — Aus Kinner wern Leut.

Hübner. Heirathen? ei wie alt ist sie denn?

Sophie. Siebzehn Jahr, Herr Hübner.

Hübner. Schon? ja, ja, die Zeit vergeht; freilich, da kann man schon auf einen Mann denken. (Bedauernd): Hm, hm, hm! Das ist ja recht verdrießlich!

Hampelmann. Was denn?

Hübner. Ich hatte Euch eine prächtige Parthie vorzuschlagen.

Mad. Hampelmann. Nun, dabei sehe ich doch nichts Verdrießliches.

Hübner. Doch, doch! denn ich habe bereits einer andern Familie den Antrag gemacht. Der Familie Ganz, wenn ihr sie kennt.

Hampelmann (nachdenkend). Ganz? Ganz?

Mad. Hampelmann. Lieben sich denn die jungen Leute?

Hübner. Von heute Nachmittag an. Der Vater des jungen Mädchens hat ein Diner arangirt, dabei sollen sie sich kennen und lieben lernen. (Bedauernd): Ei, ei, ei, schade! das wäre so etwas für Deine Tochter gewesen.

Sophie. Ach, lieber Herr Hübner, ich bin wohl noch zu jung.

Mad. Hampelmann. Jung bist Du, das ist wahr; aber heut zu Tage muß man sich ja keine Gelegenheit entschlüpfen lassen, unter die Haube zu kommen.

Hübner. Es ist ein junger Mann, dem seine Eltern gern eine einfache, wirthschaftliche Frau geben möchten.

Hampelmann. O, des is des Medche; — e sanftes, bescheidnes, sparsames Medche — in Hanau uffgezoge — nix von Frankforter Bosse im Kopp — gibt emol e prechtig Hausmitterche, — natürlich, unner de mitterliche Fittige uffgewachse, des tägliche Beispiel, dann gute Sitte, verderbe beese Beispiel — odder beese Beispiel — —

Hübner. Schon gut. So eine grad thut ihm Noth. Er ist, wie alle hiesige junge Leute, ein wenig windig, macht jedem hübschen Gesichtchen den Hof, verschwendet sein Geld, stellt Wechsel aus — ist mit einem Worte ein lockerer Zeisig!

Sophie. O, lieber Herr Hübner, ich kann die gewöhnlichen Zeisige nicht leiden, geschweige dann die lockeren. Ich danke sehr.

Hübner. Aber dieser hat ein gutes Herz, wird sich bessern, und — wohl zu merken — fragt nicht nach einer Aussteuer, denn er wird Erbe eines Vermögens von sechzig Tausend Gulden.

Mad. Hampelmann (zu ihrer Tochter): Denke Dir, sechzig Tausend Gulden.

Sophie. Was würden mir die nützen, wenn ich ihn nicht liebte!

Hampelmann. No, no, des werd sich schond finne — Du wersch doch des Kind net iwwerredde wolle?

Mad. Hampelmann. Ach was, in ihrem Alter muß man von vorzugsweiser Neigung noch gar nichts wissen. Wenn wir nur eine andere Wohnung hätten, daß wir Gesellschaft geben könnten.

Hampelmann. Ahache! alleweil merk ich den Schnuppe — will des do enaus!?

Mad. Hampelmann. Ja, ja, dahinaus. Und bildest Du Dir denn ein, ein reicher, junger Mann werde in solcher Spelunke, wie diese hier, wohnen wollen?

Hampelmann. Spelunke — vous même Spelunke — guck emol an! — Alles vor siwwe Jahr erscht scheen mit Oelfarb angestriche — e einfallend Licht uff die Steeg gemacht, e neue Buschische Ofe, un en Mackische Herd, friedlich nebernanner setze losse, den Alkov neu tapezirt.

Hübner. Aber der junge Mann bedürfte Eurer Wohnung gar nicht; der würde seine Frau schon brillant logiren.

Hampelmann. Nän, Freindche — do wärsch ohnehin nix mit der Barbieh — wann des Sophiche heirath, muß der Mann zu uns ziehe. — Die Mutter duht's net annerscht, un ich, e Mann ohne Gescheft, will mein Amisement hawwe — In käm Fall — sunst liewer —

Mad. Hampelmann. Sonst bekommt er sie nicht, das haben wir fest abgemacht. Sophie muß bei uns bleiben, sonst wären wir unglücklich. Und aus diesem Grunde schon müssen wir eine andere Wohnung haben.

Hampelmann. So bleibt's derbei.

Hübner. Nun Kinder, lebt wohl! Es hat mich gefreut, Euch so gesund und munter gesehen zu haben.

Hampelmann. Adieu! Freind Hibner — Wann der widder emol e Schwiggersohn mit 60,000 fl. uffstößt — un es is der Mamsell recht — so sage mer aach Ja — Netwohr, Adelheit?

Mad. Hampelmann. Gewiß.

Hübner. Verlaßt Euch auf mich, Leutchen! Was ich für Euch thun kann, geschieht gewiß.

Hampelmann. Ich wähs, Du bist e guter Kerl — Wann Du ähm was ze Gefalle duhn kannst —

Hübner. Also — Adieu Madame — Mamsell — auf hoffentlich baldiges Wiedersehen. — (Er geht ab.)

Mad. Hampelmann (begleitet ihn). Gehen Sie nur ja recht behutsam die Treppe hinab — die Gicht schlägt Ihnen sonst wieder in die Beine.

Hübner. Ich werde mich ans Geländer halten. Adieu! (Ab.)

Hampelmann. Des werd widder bloß gesagt, um mich ze ergern.

Scene 4.

Herr und Madame Hampelmann. Sophie.

Mad. Hampelmann (kommt wieder vor). Nun hast Du's doch gehört — er ist gezwungen, sich ans Geländer zu halten.

Hampelmann. Geschicht em Recht! warum hat er des Gicht.

Mad. Hampelmann. Ein schönes Raisonnement.

Hampelmann. Aach noch! Ich hab kän Mitleid mit em — Er hot in seine junge Jahrn e bissi gedollt und hot aach net emol geheirath — un wisse mecht ich, warum der Mann net aach sein Kreiz uff'm Buckel treegt, wie e annerer ehrlicher Berjersmann aach. So e Junggesellelewe, so lang es geht, is es recht commod. For Niemand ze sorge — als for den ägene Leichnam — do dränge se sich in ordentliche Ehemänner Häuser — mache sich an die Weiber — renne und laafe dorch dick un dinn, dorch Rege un Schnee for lauter Scharmanteteet

— un krieje se dann am End des Podagra — dann kenne se käner berjerliche Trepp mehr enunner. — Ja! ja! gerechte Straf! prenez ein Erempel.

Mad. Hampelmann. Hampelmann! nimm den Mund nicht so voll, hörst Du! — Man weiß, daß, trotz Deines kahlen Kopfes, Dich jedes leidliche Gesicht entflammt.

Hampelmann (lächelnd). O Adelheit.

Mad. Hampelmann. Ich frage Dich jetzt übrigens zum letzten Male: wollen wir uns nach einem andern Logis umsehen, oder nicht?

Hampelmann. Sie läßt net nach, un läßt net nach — Sophiche — hol mer mein neue Frack.

Sophie. Gleich, lieber Vater. (Sie geht ins Nebenzimmer ab.)

Hampelmann. Was will mer mache, der Gescheidst gibt nach — un der Gescheidst bin ich. — Jetzt wolle mer gehn un alle Heuser angaffe — wo e Logis zu verlehne steht — uffs Miethbireau; üwwerall hin.

Mad. Hampelmann. Hampelmann! das ist brav! so bist Du vernünftig! (Ab ins Nebenzimmer.)

Hampelmann. Bin ich jetzt verninftig — Scheen!

Sophie (kommt mit dem Ueberrock zurück). Hier, lieber Vater.

Hampelmann. Geb her (zieht ihn an): Kind — helf mer — Dein Mutter — Du hälst mer ja den Ärmel ebsch — mecht mer den Kopp sehr warm — sitzt er ordentlich? (In den Spiegel blickend): Der Frack steht mer wähs Gott net bes — wo is mein Hut — der mit dem schmale Rand — der mecht e bissi jung — Ich glab, gar kän Rand, mecht noch jünger — bleib da, ich hol en selbst, ich duh mer zegleich mein Sammetkrage e bissi mit der Sammetberscht ausberschte. (Geht seiner Frau nach) Wer kann net wisse, wie mer unner Frauenzimmer kömmt. (Ab ins Nebenzimmer.)

Scene 5.

Sophie (allein, geht ans Fenster.)

Ob er wohl schon ausgegangen ist? — (das Fenster öffnend): Nein, da steht er! (hinausredend): Ein Billet wollen Sie mir herüber werfen, worin Sie mir wieder vorlügen, daß Sie mich lieben? Nein, nein! — Sie sind ein Schmetterling! fliegen von Einer zur Andern! Er wickelt das Papier um einen Stein — (zum Fenster hinausredend): Ja unterstehen Sie sich! wenn Sie die Scheibe treffen. — (Sie macht das Fenster weit auf und tritt bei Seite): So — nun werfen Sie! — (Es fliegt ein Papier an einen Stein befestigt durchs Fenster in das Zimmer): Das ist ein zudringlicher Mensch! — (Sie nimmt das Papier und liest): „Theures, ewig geliebtes Mädchen!" — (Spricht): Ewig! das ist eine Lüge! Mutter sagt: Es gibt keine ewige Liebe. (Liest): „Empfangen Sie den Schwur" — (Sprechend): Ha! die Eltern kommen! — (Sie stellt sich gleichgültig ans Fenster.)

Scene 6.

Herr und Madame Hampelmann. Sophie.

Hampelmann. Du guckst nach dem Wetter, net wohr? bleibt's scheen?

Sophie. Hm — nein — es stehen Regenwolken am Himmel!

Hampelmann. No, da geb mer nor mein Barbeleh eraus, sonst krieje ich mit Deiner liewe Mutter en Strauß uff der Gaß.

Sophie. Hier, lieber Vater! — (Sie gibt ihm den Regenschirm.)

Mad. Hampelmann (zu ihrem Manne): Da, trage meinen Shawl, meinen Redicule.

Hampelmann (seufzt): Ja, Dein Redicüle ze trage, is mein Schicksal. — Ich deht liewer aach noch die Katz mitnemme.

Mad. Hampelmann. Mache nur keine unnütze Bemerkungen. Hier die Nachricht, worin die vakanten Wohnungen stehen — nun gib mir den Arm! So!

Hampelmann. Aach noch — no, jetzt hab ich uffgepackt wie e — — (Er will mit seiner Frau abgehen.)

Mad. Hampelmann (kehrt um): Und, Sophie, verwahre das Haus ordentlich, und sieh manchmal in die Küche, daß das Mädchen nichts anbrennen läßt.

Hampelmann. Un sie soll net so ferchterlich Feuer mache — for was is dann der abscheulich Holzconsumo? (Er geht wieder mit seiner Frau.)

Mad. Hampelmann (kehrt um): Kommt Jemand, so sag', wir kämen zu Tische wieder nach Haus. Und sieh nicht zum Fenster hinaus, wenn wir weg sind, das rathe ich Dir — (Sie geht mit ihrem Manne.)

Hampelmann (kehrt um): Guck mer e bissi uffs Holz, mit dem letzte Gilwert is die Mähd in drei Woche fertig worn.

Mad. Hampelmann. Nun komm endlich! — (Sie geht wieder mit ihrem Manne.)

Hampelmann (kehrt um): Des kann ich net prestire. — Ja, wann ich mein Gescheft net verkäft hett. Des Holz is so theuer, mer selt werklich Torf odder Braunkohle — die rieche awwer wie der Deiwel.

Mad. Hampelmann. Peter, willst Du mich böse machen?

Hampelmann. Des werd e Kunst sein. — Ich muß des Geld herbeischaffe — un wann's der Köchin gefällt, wege eme Pannekuche e Feier wie e Hell ze mache, als wollt se en Ochs brote — so wern ich doch aach e Wort redde derfe, — Wart emol, Adelheit, hab ich dann aach mein Geldbeutel? — (Er zieht seinen Geldbeutel hervor, der in einem andern Geldbeutel steckt). So! —

Mad. Hampelmann. Ei, Du hast ja zwei Geldbeutel in einander stecken?

Hampelmann. A Närrche! Des is, wann ich ähn verliehrn, so hab ich doch noch en annern. (Er ist mit seiner Frau hinaus, Sophie begleitet ihn.)

Zweites Bild.

(Ein sehr elegant möblirter Salon bei der Demoiselle Aurora Wachtel.)

Scene 1.

Carl Neumann. Mariane.

Carl (eilig mit Marianen eintretend). Rasch, rasch, liebe Mariane! sage Deiner Gebieterin, daß ich hier sei; sie soll kommen, sogleich!

Mariane. Hu! wie ungestüm! Was haben Sie denn heute?

Carl. Eile, Eile, große Eile! Ich kann keine fünf Minuten hier bleiben. Also thue mir den Gefallen und melde mich.

Mariane. Ich gehe schon! — (Geht ins Nebenzimmer ab.)

Carl (allein). Mir ist sonderbar zu Muthe! wohin ich sehe, nichts als Trübsal und Verwirrung! Hier eine Geliebte, dort eine Geliebte, vor mir eine Heirath, hinter mir Gläubiger und Gerichtsdiener! Im Herzen ein Doppelgefühl von Liebelei und wahrer Empfindung, im Kopfe Thorheit und wiederkehrende Vernunft — wie soll ich das Alles ordnen! —

Scene 2.

Aurora. Carl — später Mariane.

Aurora. Willkommen, Herr Neumann! Mariane erzählt mir von Ihrem Ungestüm, Ihre Eile —

Carl. Von meiner Sehnsucht nach Ihnen, himmlische Aurora! Ich mußte Sie sehen, mußte mir Rath und Trost in meiner peinlichen Lage von Ihnen erbitten.

Aurora. In Ihrer peinlichen Lage? Was widerfuhr Ihnen?

Carl. Das Entsetzlichste! Man gibt mir heute ein Diner, und zum Desert — eine Frau.

Aurora. Eine Frau?

Carl Ja — eine Frau. Hören Sie ganz kurz den Zusammenhang; meine Eltern haben hier einen Freund, der ihnen über meine Handlungen regelmäßige Berichte abstatten muß. Dieser findet nun, daß ich ein lockerer, leichtsinniger Jüngling sei, der sein Geld verschwende, unnütze Schulden contrahire, zu nichts führende Amouren anspinne und dergleichen mehr. Um mich an ferneren Tollheiten — so nennt der Murrkopf meine reinsten Leidenschaften — auf ewig zu verhindern, hat er den Plan gemacht, mich zu verheirathen.

Heute Mittag soll ich meine Zukünftige zum Ersten Male sehen, und da deren Eltern durchaus nur eine Verbindung aus Neigung zugeben wollen, sie prima vista lieben.

Aurora. Und was sagen Sie dazu?

Carl. Bis jetzt habe ich mich geduldig leiten lassen — das Ding sieht aus, wie ein Roman, und der Freund meiner Eltern hat auch wirklich bereits die ersten Kapitel geschrieben, denn er hat, ohne mich weiter zu fragen, für mich um das Mädchen geworben, den Heirathscontract entworfen, und die Gäste zur Verlobung gebeten; — aber das letzte Kapitel werde ich anfertigen, und das soll zum Titel haben: die Braut ohne Bräutigam.

Aurora (freundlich und herzlich). Lieber Carl, Sie wollen meinen Rath?

Carl. Ja, ja, Göttermädchen! rathen Sie!

Aurora. So erfüllen Sie den Wunsch Ihrer Eltern!

Carl. Wie?

Aurora. Ihr Verlangen ist billig und gerecht!

Carl. Das können Sie mir rathen? Sie, die ich anbete, ewig, unaussprechlich liebe?

Aurora (lächelnd). Darin täuschen Sie sich, lieber Freund; Sie schätzen nur mein Talent, meine wenigen Vorzüge haben Ihr Herz ein wenig ergriffen, aber — Liebe empfinden Sie nicht für mich.

Carl. Aurora!

Aurora. Jetzt wenigstens nicht mehr! — Ein anderer Gegenstand fesselte Sie, Ihr vis-a-vis — am Fenster.

Carl (beschämt). Aurora!

Aurora (gütig). Ich zürne Ihnen nicht deßhalb; — auch wird Ihre Neigung zu der hübschen Nachbarin eben so rasch vergehen, wie die zu mir. Und darum heirathen Sie; (lächelnd): es wird Ihnen gut thun.

Carl (wehmüthig). Welch ein Thor war ich, mir einzubilden, Sie liebten mich.

Aurora. Ich war Ihre Freundin und will es bleiben, — fern von hier. Carl — eine Offenheit erfordert die andere. Auch ich werde heirathen.

Carl. Heirathen? Sie?

Aurora. Den jungen, talentvollen Tonkünstler Wilson aus London, den Sie einige Male in Concerten hörten. Morgen reisen wir in sein Vaterland!

Carl. Morgen schon?

Aurora. Wünschen Sie mir Glück!

Carl. Darum kündigten Sie diese hübsche Wohnung auf! Darum waren Sie Tagelang auf dem Lande! O Aurora! Sie haben mich hintergangen.

Aurora. Niemals! — Sie selbst haben sich getäuscht. Wilson liebt mich! —

Carl. Ich ja auch!

Aurora (lächelnd). Romanenliebe! — Wilson liebt mich aufrichtig! — (Es klingelt draußen.)

Aurora (erschrickt heftig). Ha! mein Gott!

Carl. Was ist Ihnen?

Aurora. Es klingelt — das ist Wilson — er wollte um diese Zeit hier sein.

Mariane (tritt ein). Fräulein, es klingelt — (besorgt auf Carl sehend). Soll ich öffnen! —

Aurora (hastig). Allerdings — und sogleich — daß er keinen Verdacht schöpfe! —

Mariane (geht ab.)

Aurora. Um Gotteswillen, verbergen Sie sich — nur einen Augenblick — ich führe ihn sogleich in mein Zimmer —

Carl. Aber wo, wo?

Aurora. Hinter den Fenstervorhang — nein — da könnte er Sie sehen — hier in diesen Wandschrank — er ist tief genug — Mariane soll Sie sogleich wieder befreien — (ängstlich): Er kommt — ums Himmelswillen.

Carl. Ruhig — ich bin schon drinnen. (Er steigt in den Wandschrank.)

Aurora. Wie soll ich Fassung gewinnen! Ich zittere und bebe!

Scene 3.

Vorige. Mariane. Herr und Madame Hampelmann.

Mariane. Der Herr wünscht das Logis zu besehen!

Hampelmann. Ja; — gehorsamster Diener — Madame odder Mademoiselle — Adelheit, faites votre compliment — wenn Sie's erläwe, so wolle mer so frei sein, un des Logis e bissi besehe — (bei Seite): e scharmantes Frauenzimmer!

Aurora (gezwungen höflich). Wenn Ihnen gefällig ist — Mariane, zeige Ihnen die Zimmer. — (Für sich): Widerwärtige Verpflichtung. —

Mariane (das Nebenzimmer öffnend). Belieben Sie — ?

Mad. Hampelmann. Nun, komm, Hampelmann.

Hampelmann. Gleich, den Ageblick — geh Du nor voran; ich beguck mer e weil den Salon.

Mad. Hampelmann. Was das nun wieder für —

Hampelmann. Ich verlaß mich ganz uff Dein Geschmack — Schatz — der is erprobt schon an mir, also —

Mad. Hampelmann (im Abgehen für sich). Ich weiß recht gut, warum er hier bleibt, der alte Geck! — (Sie geht mit Marianen ins Nebenzimmer.)

Scene 4.

Aurora. Hampelmann. Carl Neumann, (im Wandschrank.)

Aurora (für sich). Fataler Zufall! Der arme Carl!

Hampelmann (für sich). Alleweil is se fort. — Jetzt wolle mer uns emol e bissi bei dem Frauenzimmer herbei mache. (Laut): Also des is hier der Saal?

Aurora. Ich benutze ihn zum Boudoir.

Hampelmann (zärtlich). Boudoir — Ihr Boudoir? — Ach Gott! wo so viele Reize — da wern ich kinftig schla —

Aurora. Wie Ihnen beliebt! — (Für sich): Der Mensch ist sehr zudringlich.

Hampelmann. Wohnen, leben und weben — Gott! wann ich da an die Ex-Besitzerin zurück denke; (bei Seite): Ich muß mein Worte aartlich setze, vielleicht kann ich mich bei dem Engel e bissi insinuire.

Aurora. Er geht nicht vom Fleck!

Hampelmann. Finfhundert Gulde soll des Logis jährlich koste? N'est ce pas — meine charmante Madame?

Aurora. Ich weiß wahrlich nicht — ich zahlte monatlich.

Hampelmann. Monatlich — hm, dann is fl. 500 viel Holz — beaucoup de bois —

Aurora. Wie, mein Herr?

Hampelmann. Geht der Hauseigenthümer net ebbes erunner? die Finfhunnert-Gulde-Logis falle alleweil im Preis — Was sage Sie derzu?

Aurora. Wohl möglich! — (bei Seite) Welche Marter! —

Hampelmann. Un warum — wenn mer froge derf, ziehe Se aus?

Aurora (erstaunt). Warum?

Hampelmann. Hätt des Logis vielleicht e Untugend an sich.

Aurora (verdrießlich). Ich reise nach London; um mich dort zu verheirathen.

Hampelmann. O, ich bitt Ihne, Sie verstehe mich falsch, meine Hochzuverehrende, ganz falsch — ich bin nicht von der Bollezei — daß ich mer eraus neme deht — Rechenschaft von Ihne Ihre Hannlunge ze verlange. Nein — Gott bewahre! — Ich will nicht wisse, ob des Ihne Ihrige Herz vor en Engellener brennt; ich winschte bloß ze erfahre, ob die Kich net räächt?

Aurora (ungeduldig). Nein, mein Herr!

Hampelmann. Sehr angenehm; so wer ich denn muthmaßlicher Weise des bevorstehende Glick hawwe, in die Wohnung, die die drei Grazie verlasse hawwe, einzuziehe.

Aurora (bei Seite, lachend). Ich glaube gar, er sagt mir Schmeicheleien?

Scene 5.

Vorige. Mad. Hampelmann.

Mad. Hampelmann. Nun? Du kommst nicht?

Hampelmann. Ich verlaß mich ganz uff Dich Adelheit — Wie mecht sich des Logis?

Mad. Hampelmann. Nicht übel, aber der Preis ist horrent; dazu gehört ja ein Einkommen von wenigstens jährlich —

Hampelmann. Die Demoiselle odder unbewußter Weis' Madame — sinn der unmasgebliche Meinung — mer sollte mit dem Hausherrn redde — Awwer jemehr ich die Madame betrachte — je mehr ich se von Angesicht zu Angesicht — je mehr kimmt mersch vor, als wärn mir diese reizende Gesichtszüge schond irgend wo uffgestoße — diese griechische Fisonomie schwebt mer vor de Auge — vorm Kopp — vorm —

Aurora. Besuchen Sie vielleicht öfter die Oper?

Hampelmann. Die Oper? uffzewarte — wann abonnement suspendu, e Benefiz odder so was is — dann sunst kriet unser ähns kän Loge, und in der Wolfsschlucht mich dricke ze losse, da vor bedank ich mich.

Aurora (lächelnd). Nun, so werden sie mich wohl dort gesehen haben.

Hampelmann. Richtig, — richtig — jetzt besinn ich mich — in äne von de erste Loge rechts, so zwische der dritte und achte vom Orchester.

Aurora. Nicht doch, mein Herr, ich bin Künstlerin.

Hampelmann. Künstlerin? Dun — — verzeihen Sie — ach! (er verbeugt sich) Adelheit! Soyez sage, verneig Dich — Künstlerin — Sie werden wahrscheinlich der Engel sein, der in der Stumme von Portizi des Publicum, als Flenella, dorch ihr graziose Bewegungen, dorch ihr so dorchaus stummes Spiel, in ere Gastroll so hingerisse hat?

Aurora. Nein, ich bin Sängerin und gab hier mehrere Gastrollen.

Hampelmann. Ah! Sängerin! (zu seiner Frau): Du, Schätzi — des is die berihmte Künstlerin, von der mer in der Didaskalia gelese hawwe, daß se bis ins dreimol gestrichelte ff enuff singt — und is eine Erscheinung, Nota bene eine hechstliebliche. (Zu Aurora im Enthusiastenton): Bravo Bravissimo! Aber, hochgefeierte Kinstlerin, Sie heirathen? — Sie wolle von dem Kunsthorizont sich entferne, und ihre himmlische Persenlichkeit dem gesammte Publikum entziehe? Oh! — Sein Sie nicht so grausam — oh! do bleiwe! do bleiwe! wird Ihne die Volksstimme zurufe. Gott, mir hawwe erscht kerzlich mehrere Verlüste in diesem Genre erlitte, die dorch Ihne Ihr Verschwinde, um so sichtbarer for des musikalische Publikum wern.

Aurora (bei Seite). Ich ärgere mich und muß doch lachen.

Hampelmann. Oh, gehn Se — o bleiwe Sie da — ich bin hiesiger Berjer, un sprech im Name des Publikums, lasse Se sich erwäche.

Mad. Hampelmann. Aber Hampelmann, bist Du denn ganz und gar wahnsinnig.

Hampelmann. Also Frääche, des Logis behagt Dir net? No dann wolle mer nicht länger incommodiren, dann wolle mer uns empfehle! Behalt — was Du hast — Du findst nix Bessersch — ich hab's gleich gesagt — komm nach Haus. (Man hört leise donnern und stark regnen.)

Mad. Hampelmann. Ei, warum nicht gar! das wäre der Mühe werth gewesen! wir gehen weiter — von Haus zu Haus.

Hampelmann. Brav! do is mein Arm — Mademoiselle — odder vielleicht Madame unbewußt, wann Sie net morje stande bene nach dem englische London, nach der Lordstadt reis'te, so werd ich so frei sein, Ihne um Erlaubniß ze bitte, Ihne als dann und wann mein Uffwartung mache ze derfe, um mich nach Ihrem erlauchte Wohlbefinde zu erkundige. — Dann ich bin der Mann, der Zeit derzu hat, ich bin e Renthier un hab kän Geschäft. So aber kann ich nur mit der Versicherung schließe, daß ich mich der Ehre ihrer persönlichen Bekanntschaft ewig erfreue werde, und meine Hochachtung Ihne ins Dampfschiff, bis iwwers Meer, in die Themse und dem Tunnel —

Mad. Hampelmann. Wirst Du endlich aufhören, abgeschmackter Mensch! — (Sie zieht ihn fort.)

Hampelmann (bücklingt sich rückwärts hinaus). Aeußerst schmeichelhaft — unschätzbar Old Ingland for ever zeichne mit Achtung und Ergebenheit wery well — puff. (Mit seiner Frau ab.)

(Es donnert und regnet.)

Aurora. Endlich sind sie fort! Das war ja ein unausstehlicher Mensch! — Jetzt, armer Carl, befreie ich Sie; Sie haben wohl viel ausgestanden? — (Sie geht an den Wandschrank.)

Hampelmann (von außen). Schätzi — des is net meglich! in dem Wetter kenne mer net fort. — Es schitt ja nor wie aus Ziwwer (kommt mit seiner Frau zurück): Bitte dausendmal um Verzeihung — der Regen führt uns widder zurück, hochzuverehrendste Mademoiselle — Mer bitte noch um einige Ageblicke Gastfreindschaft — bis der triebe Himmel sich in en heitern verwandelt hat un des geschengerte Gewelk — —

Aurora. Oh — ich bitte — (für sich): Das ist zu arg — kaum behalte ich die Fassung! (ruft): Mariane!

Scene 6.

Vorige. Mariane.

Mariane. Sie befehlen?

Aurora (leise zu ihr): Diese Leute enuyren mich aufs Aeußerste; sie wollen hier den Regen abwarten. Ich gehe in mein Zimmer, bleibe Du hier, bis ich zurückkomme (mit einer kurzen Verbeugung gegen die Fremden ins Nebenzimmer ab): Der arme Carl! (Ab.)

Hampelmann (am Fenster). Gott, was des trätscht — wie mit Kiwel — No, nor zugeregnet, mir sitze hier im Truckene un lache derzu. Bis uff de letzte Troppe kenne mersch hie abwarte.

Mariane (für sich). Das wird sehr amüsant werden.

Hampelmann. Awwer ich wähs gar net, worum ich steh! (Setzt sich). Du kannst Dich aach setze, Adelheit, wann Du willst.

Mad. Hampelmann. Ja, ich muß wohl, der fatale Regen! (Setzt sich.)

Mariane. Nun, dann setze ich mich auch! (Thut es.)

Hampelmann (zu seiner Frau): Verhalt Dich nor ruhig — Die Kinste verlange Ruh, bedeutende Ruh. — Eine Sängerin muß studiren, muß denke — des Singe is ääch Kopparbeit. — Des Logis gefällt Dir also net? Antwort mer, mein Schatz, awwer langsam — St.

Mad. Hampelmann. Ich wüßte nicht, wo Sophie schlafen sollte.

Hampelmann. No, die werd mit Gottes un unserm Freind Hibner's Hilf en Mann krieje.

Mad. Hampelmann (laut). Hast Du schon wieder vergessen —

Hampelmann (hält ihr den Mund zu). St! piano — pianissimo — Du kreischt ja als wie — —

Mad. Hampelmann (leiser). Hast Du vergessen, daß ich meine Tochter schlechterdings nicht aus dem Hause lasse, wenn sie heirathet? — Der Schwiegersohn muß zu uns ziehen. — Ich kann mich von Sophie nicht trennen; sie macht mein einziges Glück — und besorgt ganz allein die Haushaltung.

Hampelmann. No, so werd ich mer die Gelegeheit e bissi genauer ausgucke. (Steht auf): Des Zimmer, worin mer do sinn, des gibt e herrlich gut Stub — Ach! un do rechts, do sinn Kabenetterchet; die de gar net besehe hast. (Er öffnet eine Seitenthüre): Ei — recht geräumig — freilich zum Schlofe e bissi klän. — Was duhn mer denn do enein? Richtig! — do werd e klän Kanteerche eingericht, wo ich als arweite deht. — Wann mer aach kän Gescheft mehr hot, so muß mer doch e Kanteerche hawwe — es hot gleich e besser Ansehe. — Zum Coupons-abschneide is es ääch groß genug. — Do newe wern Benkel angeschlage, do kannst Du Dein eingemacht Obst hinstelle, mer mecht en Vorhang dervor, do kann's die Hannelungsbicher odder e Bibliothek vorstelle — Du wähst, mer hawwe ja noch die alte Regale, wo vor Zeite die bäämwollene Strimp un Unnerhose druff gelege hawwe, un do an dem Fenster uff der Sunneseit, do setz ich mer e Botell Kerschebrandewein an — un dernewe kimmt unser Lääbfrosch, der grin Wetterprophet. (Er sieht sich im Zimmer um): Ei — ei — ei — is des net vielleicht e Wandschank?

Mariane. Das ist ein Wandschrank.

Hampelmann (zu seiner Frau): Des is e Wandschank. — Guck emol an, wie aartlich. Un wozu hot Ihne Ihre liebenswirdige Herrschaft diesen Wandschank benutzt?

Mariane. Sie verwahrt ihre Kleider darin.

Hampelmann (für sich). O glicklicher Wandschank! (laut): for meiner Frää ihre Kläder megt er wohl ze klän sein — dann die hot e formidable Garderob — Net wohr, Adelheit, Dein Garderob is bedeutend? — Un die Ermel nor allän — Was dähtst de denn in den Wandschank, wann er Dein wär?

Mad. Hampelmann. Ich müßte doch erst wissen, wie tief er ist.

Hampelmann. Richtig. — Des wolle mer gleich wisse.

Mariane (für sich). Umstände machen Sie gerade nicht!

Hampelmann (öffnet den Wandschrank, sieht den jungen Mann darin, erschrickt, und sagt halb leise): Bitte dausendmal um Entschuldigung, wenn ich Se incommodire! —

Carl (mit erstickter Stimme): Aber Herr —

Hampelmann. Scht! ich kann schweije. (Er schließt die Thüre des Wandschrankes zu, und zieht in der Zerstreuung den Schlüssel ab.)

Mad. Hampelmann. Nun, ist er tief?

Hampelmann (mit dem Schlüssel spielend, für sich): Die Wandschenk — des is e Warnung, des kennt ähm aach bassiere.

Mad. Hampelmann. Nun, so antworte doch! ist er tief?

Hampelmann. O! tief — tiefer, — wie ich gemeent hab, un hot e scheen Mannshöh; awwer nix for Dich. — Es hot uffgeheert ze regne — wann ääch net ganz — mer hawwe ja en Barbeleh. — Komm Schatz! (Er führt seine Frau). Adieu, Mamsell! Empfehle Se mich Ihrer Herrschaft. (Für sich): Der Musje im Schank is ganz gewiß ääch e Kinstler — e Tenorist. (Er schielt immer nach dem Wandschrank und stolpert an der Thürschwelle.)

Mad. Hampelmann. Na, Hampelmann, was machst Du denn? Du stolperst ja.

Hampelmann (lacht): Hahaha! Hie leit der Musikant begrawe, seegt mer im Sprichwort. — (Für sich): Es werd wohl e Musikant sein, der do drinn begrawe leit! — (Laut): Adieu! Adieu! (Mit seiner Frau ab.)

Scene 7.

Carl, im Wandschrank. **Mariane**. Bald darauf **Aurora**.

Carl (schreit im Wandschrank): Nun, macht mir endlich auf! Ich halte es nicht länger aus.

Mariane. Was hör' ich? — Herr Neumann steckt im Schranke! — (Sie läuft hin, um zu öffnen): Aber er ist ja verschlossen — und kein Schlüssel daran.

Carl. Wie? — Kein Schlüssel? — so hat der Satansmensch ihn mitgenommen.

Aurora (tritt ein). Sind sie endlich fort?

Mariane. Fort, und der fremde Herr hat in der Zerstreuung den Schrankschlüssel mitgenommen, nun kann ich Herrn Neumann nicht heraus lassen.

Aurora. Mein Gott — aber wie konntest Du erlauben, daß er den Schrank anrühren durfte!

Mariane. Er hat gar nicht um Erlaubniß gefragt, der zudringliche Mensch! —

Aurora. Nun so eile ihm wenigstens nach, ford're den Schlüssel zurück.

Mariane. Sogleich! (Will gehen.)

Carl (schreit): Das dauert mir aber zu lange. Können Sie denn das Schloß nicht aufbrechen?

Aurora. Nicht möglich! Eile, Mariane, eile!

Mariane (geht eilig ab.)

Carl. Nun so schlage ich die Thüre mit den Füßen ein.

Aurora. Um des Himmels willen, Carl — wenn Jemand käme.

Mariane (kommt athemlos zurück). Fräulein — Ihr Bräutigam — er ist schon auf der Treppe!

Aurora. Ha! — Carl — wenn Sie je einen Funken Liebe für mich empfanden, so halten Sie sich nur noch wenige Minuten ruhig. Es gilt meine Ehre und mein Glück! —

Carl. Nun, es sei, aber fliege Mariane, hole den Schlüssel, sonst beschließe ich mein junges Leben in einem Wandschranke, und das wäre zu prosaisch. (Während Mariane eiligst abgeht und Aurora ängstlich den Kommenden erwartet, fällt der Vorhang.)

Drittes Bild.

(Ein reinliches, aber nicht sehr elegantes Zimmer bei Herrn Ganz.)

Scene 1.

Louise tritt aus der Seitenthüre, ihr folgen **Regine** und der **Schneidergeselle.** (Letzterer sehr bleich mit einem großen Schnurrbart.)

Louise (zu dem Schneider). Sie haben ihre Sache sehr gut gemacht.

Regine. Die Taille sitzt süperbe.

Schneider. Erlauben Sie gütigst — hier ist noch eine Quetschfalte, die werde ich wegstecken. (Faßt sie an der Taille und versteckt die Falte.)

Louise. Sie arbeiten meisterhaft, nun ist mir's auch erklärlich, warum die hiesigen Meister Ihnen so sehr auf der Ferse sind.

Regine. Wann Se von der Bollezei gefragt wern, ob Se Puscharweit gemacht hätte, so kenne Se keck sage: Nän, dann die Arweit kann sich vor Jedermann sehe losse.

Louise. Und wenn sie wieder kommen, lieber bester Herr Friedrich, mir mein Brautkleid zu machen, schließen wir Sie dreifach ein, damit Sie ganz sicher sind.

Schneider. Ich würde gerne das Kleid an einem sichern Ort außerhalb machen, allein es ist so eine Sache mit dem Anprobiren, wenn man da nicht stets zur Hand ist — eine gemessene Taille und eine auf den Leib gepaßte — — wie Tag und Nacht.

Regine. Gott! ich glab es kimmt Jemand erein.

Schneider (versteckt sich plötzlich erschrocken hinter einem Tisch, oder sonst einem Möbel). Geschworne?

Regine. Es war in der Kich! Ich will emol gucke. (Sieht zur Thüre hinaus) Es ist nix. So! jetzt kenne Se gehn.

Schneider (eilig). Gehorsamer Diener.

Regine. Halte Se, do guckt Ihne noch e Moos dem Sack eraus — wann des gesehe werd, do is ja bewisse, daß Se gepuscht hawwe.

Schneider (ab).

Louise. Wie findest Du meine Frisur?

Regine. Pumpees. Awwer e bissi zu viel Blume un Kämm.

Louise. Mein Gott, an einem Tage, wo man den künftigen Gatten empfangen muß.

Scene 2.

Vorige. Herr Ganz.

Ganz (aus dem rechten Nebenzimmer kommend). Ei, Ei, Louischen, Du trändelst hier herum und die Gesellschaft da drinnen fragt nach Dir. — Recht charmant — siehst Du aus. — Nun Kind, ich brauch Dir wohl nicht erst einzuschärfen, daß Du Dich recht liebenswürdig gegen Deinen Zukünftigen benimmst, und ihm gleich mit einem freundlichen Gesicht entgegen gehst?

Scene 3.

Vorige. Mad. Ganz. Gleich darauf **Herr Wackelmann** und **die Gäste. Herrn und Damen.**

Mad. Ganz. Aber um Gotteswillen, wo nur der Hübner mit dem Bräutigam bleibt? — Die liebe Verwandtschaft fängt an bedeutend Appetit zu verspüren. Ich kann sie kaum mehr im Zaume halten. — (Zu Louise): Louise, ne soyez pas si plié — tenez vous droit — avez vous jamais vu ainsi quelque chose à votre mère — poitrine dehors, taille dedans — comme ça. (Sie richtet sie.)

Herr Wackelmann (tritt auf mit den Gästen, mehrere Herrn und Damen). Hierher, hierher, meine Herrn und Damen! Mer wern doch endlich erfahrn, woran des hengt, daß mer nix ze esse kriese. — Awwer, lieber Herr Schwager, sage Se mer nor, wo stickt dann dein kinftiger Schwigersohn; Schond bei der Braut? He?

Herr Ganz. Nein, er ist noch nicht hier.

Herr Wackelmann. Ei, ei, der läßt lang uff sich warte — bei mir hot's schond lang ze Mittag geläut. (Er klopft sich auf den Bauch.)

(Es klingelt draußen.)

Ganz. Es klingelt eben, — das wird er sein.

Wackelmann. Nun Gott sei Dank!

Louise. Endlich!

Scene 4.

Vorige. Herr Hübner.

Hübner. Gehorsamer Diener meine Damen und Herrn!

Ganz. Wie, Herr Hübner, Sie kommen allein? und der junge Neumann?

Hübner. Ist er denn noch nicht hier?

Ganz. Mit keinem Auge haben wir ihn gesehen. Ei, dieses Ausbleiben kommt mir ein wenig sonderbar vor.

Louise. Es ist ihm vielleicht ein Unfall begegnet?

Mad. Ganz. Haben Sie ihm denn nicht ausdrücklich gesagt, daß wir punkt Eins zu Tische gehen wollten?

Hübner. Was fällt mir ein — ich trage die Schuld. Ich bestellte ihn zu mir — da sitzt er und wartet, bis ich ihn abhole.

Wackelmann. Ei, ei, ei! un deswege misse mer hungern?!

Hübner. Bitte tausendmal um Verzeihung — ich laufe es ist ja in der Schnurgasse — gleich bin ich wieder zurück. (Er geht eilig ab.)

Scene 5.

Vorige. (Ohne Herr Hübner.)

Ganz. Das ist doch ein wenig zu arg von dem Hübner — läßt den Bräutigam in seinem Hause sitzen!

Louise. Der arme junge Mensch! die Sehnsucht mag ihn gewaltig quälen.

Wackelmann. Wann se ihn so plagt, wie mich der Hunger, dann bedaur ich en.

Mad. Ganz. Das traurigste ist dabei, daß die Speisen verkochen, unschmackhaft, vielleicht ungenießbar werden.

Wackelmann. Ach, do sei Gott vor. (Es klingelt wieder draußen.)

Ganz. Horch! schellt's da nicht wieder.

Mad. Ganz. Ja — Er wird's nicht haben aushalten können — hat sich allein auf den Weg gemacht! — Ja, ja, er ist's! — (In ein Nebenzimmer rufend): Regine, bring rasch die Suppe! —

Wackelmann. Des war e Wort zu seiner Zeit! — Allons meine Herrschafte, stelle se sich in Schlachtordnung — mer wollenen feierlich empfange.

Alle (stellen sich erwartend gegen die Thür).

Scene 6.

Vorige. Herr und Mad. Hampelmann; dann Regine, welche die Suppe über die Bühne trägt.

Hampelmann. Gehorsamer Diener allerseits! — (Er hat den triefenden Regenschirm in der Hand, von dem das Wasser auf den Fußboden läuft.)

(Allgemeines Erstaunen.)

Wackelmann (zu Herrn Ganz). Wer sinn die Leut? —

Ganz. Ja, ich kenne Sie nicht.

Hampelmann (zu Regine, welche mit der Suppe über die Bühne geht, schnuppernd). Jungfer! Jungfer, Ihne Ihr Supp is angebrennt. Sie hawwe gewiß in der Kich mit dem Mexterborsch gebabbelt.

Wackelmann. Was? die Supp is angebrennt?!

Hampelmann Merkwerdig angebrennt; ich hab's schond uff der Steeg geroche. Ich versteh mich uffs rieche — ich kennt sogar Riecher häße.

Ganz (verdrießlich). Was steht zu Ihren Diensten, mein Herr?

Hampelmann. Des Logis is zu vermiethe? Der Hausherr — der Herr Klebscheib schickt uns eruff — daß mersch ansehe — un do bin ich so frei — un bitte — wenn Sie's erlawe um Verzeihung, wann mer incommodirn sellte, odder ungelege kemte.

Mad. Hampelmann (knixt).

Wackelmann (für sich). Ja, verdammt ungelege.

Ganz (gezwungen höflich). O — ganz und gar nicht.

Hampelmann. Awwer doch — ich sehe, Sie hawwe

hier e Familie=Esse — Es ist interessant, mer sieht's dene Herrschafte an, daß se zu äner Familie gehere, viel egale Nase (schnuppert) Awwer here Se, ich glab, ich hab die feinst Naas, dann ich bariere, net allän die Supp is angebrennt, sonnern aach der Brote — es riecht ganz vermaledeit brenzelicht.

Wackelmann. No, dann kenne mer faste!

Mad. Ganz (verdrießlich). Sie können sich doch wohl irren, mein Herr.

Ganz (der mißbehaglich auf Herrn Hampelmanns triefendes Paraplüe sah). Wenn Sie mir Ihren Regenschirm erlauben wollten, könnte man ihn draußen auf dem Vorplatz aufspannen.

Hampelmann. Bitte, bitte, incommodire Sie sich net — ich wern selbst so frei sein. (Er spannt den Regenschirm auf, und stellt ihn mitten auf das Theater.)

Ganz (kopfschüttelnd). Hm! Hm! Wenn's Ihnen nun gefällig ist, mir zu folgen — die Wohnung zu besehen —

Hampelmann. Mit Vergnige — Setz Dich Adelheit, ich komme gleich widder. (Er geht mit Herrn Ganz ab.)

Mad. Ganz. Ich sollte meinen, Madame, der Regenschirm würde sich vor der Thüre viel besser ausnehmen, als hier mitten im Zimmer. — (Sie hebt ihn auf) Es ist ein förmlicher Bach entstanden, und zu einer Badeanstalt sind wir hier nicht ganz eingerichtet.

Mad. Hampelmann. Mein Mann ist auch so undelikat — ich bitte —

Mad. Ganz (ruft nach der Thüre). Reginche!

Regine (von innen). Gleich Madame. (Kommt heraus) Was soll ich?

Mad. Ganz. Trag einmal den Regenschirm hinaus.

Regine. Es is kän Stub sauber ze halte, un wann mer sich todt reibt. En Barbeleh in der Stub ablafe ze losse! (Sie geht mit dem Regenschirm ab.)

Scene 7.

Vorige. Herr Ganz mit Herrn Hampelmann zurückkehrend.

Hampelmann. Richtig — ganz richtig! Sie hawwe an der Eck gewohnt an der Kannegießergaß, wo der Spengler Rassel sein Lade hat, un ich drei Heiser weiter, bei dem Verschtebenner.

Ganz. Liebe Frau, der Herr hat uns gekannt, als wir noch unsere Lyoner Seidenwaaren-Niederlage hatten.

Hampelmann. Ja, ich hab mer emol zu ere West bei Ihne kaaft — wähßte Adelheit — die chang chang mit dene rehfarbigte Sträfe — — und mit einem gewissen Ganz war ich emol in Correspondenz in Elwerfeld.

Ganz. Ei, in Elberfeld? Das war der Vater meiner Frau.

Hampelmann. Erlawe Sie — deß is doch net gut meglich — ich sag Ihne ja, der Mann hat Ganz gehäße wie Sie.

Ganz. Ganz recht; ich habe meine Cousine geheirathet — meine Frau ist eine geborne Ganz.

Hampelmann. Ach — Sie sinn e geborne Ganz, ja, dann werd die Sach klar — So, so, so, also der Ganz in Elberfeld war Ihne Ihr Herr Vatter. — Hat er sich dann widder e bissi eraus gemacht?

Mad. Ganz. Herausgemacht? wie so? —

Hampelmann. No, er war ewe vor Acht Johr gewaltig uff'm Hund — des Bankerottche war net iwwel.

Mad. Ganz (betroffen). Mein Herr, Sie irren sich.

Hampelmann. Gott bewahre; Friedrich Ludwig Ganz in Elberfeld — ich hab ja mit em ze thun gehabt — ich wähs er hot finf un dreißig Prozent gebotte, wann ich Ihne sag, er war so erunner, daß kän Hund, kein Stick Brod — —

Die Gäste (zischeln untereinander).

Mad. Hampelmann. Hampelmann, — Du bist heut über alle Begriffe indiscret —

Mad. Ganz (will das Gespräch ablenken). Wie finden Sie das Logis?

Hampelmann. Oh, net iwwel, — e bissi dumpfig; es werd wohl net ordentlich uffgewäsche und gelüft?

Mad. Ganz (für sich). Das iß ja ein unausstehlicher Grobian!

Hampelmann. Des Zimmerche hier, werd sich recht gut mache, wann des Möbel e bissi besser wär.

Wackelmann (zu Ganz halblaut). Dunnerwetter! schmeiß doch den Kerl der Thier eraus!

Ganz (ebenso zu Wackelmann). Du hast Recht! (Laut zu Hampelmann): Mein Herr, Sie erlauben sich —

Scene 8.

Vorige. Mariane.

Mariane. Nein, nun kann ich's nicht länger aushalten, bitte um Verzeihung, meine werthe Herrschaften —

Hampelmann. Ah! do is ja des Kammerkätzche der englische Sängerin.

Mariane (zu Herrn Hampelmann). Ich sah Sie von weitem hier ins Haus gehen, und wartete unten vor der Thüre auf Sie; da Sie aber gar nicht zurück kamen, war ich so frei einzutreten.

Hampelmann (leise und eitel zu ihr). Hawwe Sie vielleicht etwas von Ihne Ihrer einzige himmlische Herrschaft ebbes an mich auszerichte?

Mariane Ich komme, um mir auf der Stelle den Schlüssel zurück zn erbitten.

Hampelmann. Welchen Schlissel?

Mariane. Den Schlüssel vom Schrank! — Sie allein können ihn mitgenommen haben.

Hampelmann. Was dann for'n Schank — zum Deiwel — ich wähs net wie Sie mer vorkomme?

Mariane. Mein Gott, den Schrank, in welchen Sie den armen jungen Mann eingeschlossen haben.

Hampelmann (für sich). Ach verflucht! (Zu Marianen): Scht! scht! (Laut): Ich hab awwer kän Schlissel mitgenommen — Wie komm ich mer vor?

Mariane. So suchen Sie doch nur in Ihren Taschen.

Hampelmann. Sag emol, Adelheit, hast Du ebbes gesehe, daß ich en Schlissel mitgenommen hab?

Mad. Hampelmann. Kapabel bist Du's! Bei Deiner Zerstreutheit —

Mariane (dringend). Suchen Sie, suchen Sie — der junge Herr muß ja ersticken!

Hampelmann. Awwer, liebes bestes Frauenzimmer, wann ich Ihnen awwer sage. (Er sucht in allen Taschen den Schlüssel.) Hollah! is es vielleicht der?

Mariane (reißt ihm den Schlüssel aus der Hand). Nun freilich — Gott sei Dank! — (Sie rennt fort.) Bitte tausendmal um Verzeihung! — (Ab.)

Hampelmann (lacht). Ha! ha! ha! — des is e merkwürdiger Uhz.

Wackelmann. Des scheint mer jo ein erz korioser Patron zu sein.

Hampelmann (lacht). Tod kennt mer sich iwwer so e Geschicht lache — un wann mersch in drei Woche noch einfällt, se wern ich lächerlich — des gibt ebbes ze verzehle.

Mad. Ganz. Wie, mein Herr, Sie schließen die Leute in Schränke ein?

Hampelmann (lacht). Ich sag Ihne, zum krepire! un mein Fräå hot aach net e bissi was gemerkt, ha, ha, ha!

Alle. Aber was ist dann geschehen?

Hampelmann. Des misse Se höre! Mein Fräå und ich, mer hawwe die Wohnung von ere Sängerin besehe, die ze vermithe war.

Wackelmann. Wer? die Sängerin odder die Wohnung?

Hampelmann. Sie misse mich awwer aach net unnerbreche, sonst kann ich's ja net verzehle. No korz un gut, mein Frää meent, sie hätt kän Idee zu dem Logis — awwer in dem Schlofzimmer odder besser gesagt in dem Boudoire der Sängerin hat mersch zu gut — gefalle —

Mad. Hampelmann. Awwer ich bitte Dich! —

Hampelmann. Was is dermeh? ich bin e gefühlvoller Mensch — die Umgebung — des Feenhafte der Meubles — des Wolkenhafte von de Vorhäng — korz, wie ich mich dann so umsehe, entdeck ich linker Hand en geheime Wandschank. Ich denke bei mir selbst; Siech emol, der Wandschank, der is net for die Katze do, un wie ich so sein Volumen ausmesse will, mach ich en uff, und stoß uff was, uff was awwer meene Se, daß ich gestoße bin — hot mer der junge Herr e Gesicht geschnitte, dieser jeune homme, wie er mich erblickt hat. — En Gesicht sag ich Ihne, — e Gesicht, verehrtester Herr Ganz — (er sieht ihn dabei scharf an) e wahres Deiwelsgesicht.

Ganz. Aber welcher junge Herr?

Hampelmann. Ja, kenn ich en dann? Zum ersten Mol hab ich en heunt gesehe.

Mad. Ganz. Wo denn?

Hampelmann Ich sag Ihne ja, in dem bewußte Schank; da stack er drinn.

Ganz. Im Schranke? Was that er denn da?

Hampelmann. Ja, des froge Se ihn selbst. — Wahrscheinlich — is er enein gewitscht, wie er mich hat komme höre und hernachender in der Distraction zieh ich den Schliffel ab — un laß den arme Schelm drinn zappele.

Mad. Ganz. Pfui, mein Herr, schämen Sie sich! wie können Sie im Kreise einer ehrbaren Familie eine so scandalöse Geschichte erzählen! Sehen Sie denn nicht meine Tochter?

Hampelmann. Ah! ah! ja, in der That, Madame Ganz, Sie hawwe ganz recht — Sie sind eine sehr wohlgezogene Mutter von ere Mama. Ich hab aach ze Haus aach so e Tochter — en sanftes bescheidnes Mädchen, ganz wie ihr Vatter, den ich die Ehr hatt nicht ze kenne; in der Haushaltung vortrefflich — natürlich unter den Fittiche ihrer Mutter.

Scene 9.

Vorige. Regine. Bald darauf **Carl Neumann.**

Regine (eintretend). Alleweil komme der Herr Neumann; er hat gleich nach dem Herrn Hübner gefragt.

Ganz. Er kommt! nun Gott sei Dank.

Wackelmann. So wer'n mer endlich ze Tisch komme.

Carl (tritt ein und verbeugt sich). Meine Herrn, meine Damen, ein seltsames Mißverständniß —

Hampelmann (erkennt ihn). Ei, ei — des is ja mein junger Herr. Willkommen! willkommen, sehr angenehm! glücklich aus dem Schank? ha, ha, ha!

(Allgemeines Erstaunen.)

Ganz. Wie? das wäre? —

Hampelmann. Des is — des is mein Schankmennche!

Alle. Ist's möglich!

Carl (sehr verlegen): Mein Herr! —

Hampelmann. Ha, ha, ha! Sie nemmen's doch net iwwel, daß ich den Schlüssel mitgenomme hab — es war pure Zerstreuung! Ha, ha, ha!

Ganz (ernst). Lachen Sie nicht, Herr, bei dieser höchst ernsthaften Sache. — An Ihrer Verlegenheit, junger Mann, sehe ich nur zu deutlich, daß die Erzählung jenes kuriosen — Herrn die reine Wahrheit ist. Sie werden begreifen, daß nun an eine Verbindung zwischen Ihnen und meiner Tochter nie mehr zu denken ist.

Carl. Mein Herr — ich —

Louise (für sich): Schade um den hübschen jungen Menschen.

Carl (zu Herrn Hampelmann): Diese Beschämung verdanke ich Ihnen, mein Herr! — (Zu Herrn Ganz): Ich gehe, weil ich fühle, wie peinlich mir und Ihnen mein längeres Verweilen werden würde! — (Zu Hampelmann): Wir Beide treffen uns schon noch! — (Geht ab.)

Hampelmann. Wahrscheinlich — zu diene — is wohl möglich — uf der Mänlust odder im Weldche.

Mad. Ganz. Das kommt davon, wenn man unberufene Friedensstörer so lange in seinem Hause duldet, ohne —

Hampelmann. Liebe Madame Ganz, — erlawe Se, ich bin sehr friedfertiger Natur, und wenn ich gestört hab, so is vielleicht meine Redsprechigkeit — —

Mad. Hampelmann. Ja indiscret ist mein Mann, auf eine unbeschreibliche Weise; — hätte der junge Mensch in meinem Wandschrank gesteckt, er würde es Ihnen auch erzählt haben.

Ganz. Solche Leute sind schädlich, ohne Nutzen zu bringen. Ich empfehle mich Ihnen, mein Herr!

Hampelmann. Ebenfalls mein hochzuverehrender Herr Ganz!

Louise (zu Herrn Hampelmann): Sie sollten sich schämen, mein Herr, einen solchen Bräutigam finde ich sobald nicht wieder.

Hampelmann. Liebes Engelche! wann ich was derzu beitrage kann — mit meim Lewe, mit meiner Person Ihne en annern — — —

Wackelmann. Wann dorch Ihre Schuld die iwrige Speise aach verdorwe sinn, Männche, dann hawwe Se's mit mir ze thun.

Hampelmann. Daß der Brote schond verbrennt war, dafor steh ich Ihne.

Mad. Ganz (sehr böse). Nun mein Herr, werden Sie endlich gehen!!

Hampelmann. Ach! Sie wollen allein sein? schön, schön! Familienroth — Hm, schön — Nun, es war mir außerordentlich angenehm, bei dieser Gelegenheit ihre persönliche Bekanntschaft gemacht gehabt ze hawwe. Wege dem Logis — da loß ich Ihne morje Antwort sage. — Komm, Fräă. — Empfehle mich bestens (im Abgehn sich wieder zur Gesellschaft kehrend): Des misse Se awwer doch selbst sage, merkwerdig lächerlich war die Geschicht! No, no, petz mich doch net, Adelheit — sie war lächerlich — deß loß ich mer net nemme. Ha, ha, ha! (Mit seiner Frau ab.)

Viertes Bild.

(Carl Neumann's Zimmer mit einer Mittel- und Nebenthür. Rechts ein Fenster.)

Scene 1.

Carl (allein, tritt athemlos durch die Mitte ein). Das ist ein Tag! — Von einer Folter auf die andere! — Aus der Heirath wird nichts, das sehe ich nun wohl klar! Das hab ich dem drolligen Patron zu verdanken — und er verdient wirklich meinen Dank, denn er rettet mich von einer Verbindung, die mein Unglück gemacht haben würde. — Seltsam! mein Leichtsinn scheint überwunden, mein Herz in wahrer Liebe gefesselt zu sein. — Zu ihr zieht es mich unaufhaltsam hin. — (Er tritt ans Fenster) Da ist sie! sie steht am Fenster — harret mein! — (Er öffnet das Fenster.) Ein liebliches, unschuldiges Wesen! — Aber wie? — sie scheint traurig! — was mag ihr fehlen? ich muß es wissen! — (Er ruft zum Fenster hinaus): Himmlisches Mädchen, kann ich nicht erfahren — Sie geht vom Fenster. — Was ist geschehen! — Hier gilt's einen raschen Entschluß; — allein ist sie — ich gehe hinüber — erwiedert sie meine Liebe, halte ich bei ihren Eltern um sie an. — Horch! — Lärmen auf der Treppe! hat der Satan vielleicht wieder einen Gerichtsdiener hergeführt, um mich in meinem Rendezvous zu stören.

Hampelmann (klopft von außen an der Seitenthüre).

Carl (ruft): Wer da?

Scene 2.

Vorige. Herr und Madame Hampelmann.

Hampelmann. Is erlaubt? In der Nachricht steht des Logis zu vermiethe —

Carl. Wa — was sehe ich — das ist ja mein Verfolger!

Hampelmann. Is es möglich — mein junger Herr! — (Singt): Sein Se mer zum drittemol willkommen.

Carl. Herr, jetzt bitte ich mir denn doch eine peremptorische Erklärung aus! Haben Sie die Absicht mich zu verfolgen, oder mich zum Narren zu halten? Keins von beiden würde ich dulden!

Hampelmann (verlegen). Da hawwe Se vollkomme recht, so was braucht mer sich net gefalle ze losse.

Carl. Sie sind ein drolliger Herr! Es lohnt sich kaum der Mühe ernstlich böse auf Sie zu werden. Aber sagen Sie endlich: Was wollen, was verlangen Sie von mir? Suchen Sie mich aufs neue in irgend einem Vorhaben zu hindern?

Sind Sie noch nicht malitiös genug gegen mich gewesen? — Nun? Sie antworten nicht? Donnerwetter, Herr, warum sitzen Sie mir unaufhörlich auf der Ferse?

Hampelmann. Um Gotteswille, sehe Sie denn net, daß ich selbst driwwer ganz consternirt bin? — ganz ähnfällig perpler. — Ich wähs gar net, ob ich e Bibche odder e Medche bin —

Carl. Sie haben also die Wuth zu aller Welt in die Zimmer zu dringen, wie ein Subscribentensammler.

Hampelmann. Wie e Suschkriwendesammler — gut gewwe — So wahr ich leb — heerst des Adelheit — Awwer junger Herr, duhn Se mer den Gefalle un sage des Wort noch emol — awwer — da zu der Perschon, ihr ins Gesicht, dann sie bringt mich in all die Fatalitäte, mit ihr'm Logisgesuchs.

Carl. Ich verstehe Sie nicht.

Mad. Hampelmann Die Sache ist ganz kurz die: wir suchen eine Wohnung; die Ihrige soll zu vermiethen sein, wie uns der Hausherr sagte, also —

Hampelmann. Also bitte mer um Erlaubniß, die Wohnung im Detalch sehe zu derfe; gütigst zu erlawe.

Carl. So, so, so, so! — Ja, das thut mir leid, ich selbst habe dazu keine Zeit, muß einen nothwendigen Gang machen, an dem sie mich hoffentlich nicht hindern werden. (Leise zu Herrn Hampelmann): Zu einem herrlichen Mädchen von guter Familie, naiv, unschuldig, sittsam —

Hampelmann. Un bescheide; grad, wie Dein Tochter; eine tichtige Hausfrää, natürlich, unter den Fittiche ihrer Mutter uffgewachse. —

Carl. Ich sage Ihnen, ein Engel; lassen Sie sich sie beschreiben —

Hampelmann (leise). Piano, Pianissimo, Sie junger Hitzkopp mit Ihrer Beschreibung, mein Fräää is als emol eifersichtig.

Carl (laut). Damit Sie sich aber nicht umsonst bemüht haben, so bleiben Sie hier, besehen Sie das Local von hinten und vorn, und wenn Sie befriedigt sind, verschließen Sie gefälligst die Thür, und geben den Schlüssel unten beim Hausknecht ab. Ich empfehle mich bestens! — (Geht ab.)

Scene 3.

Herr und Madame Hampelmann.

Hampelmann. Guck emol an! des is ja e ganz merkwürdiger junger Dausendsasa! Nachdem, was zwische uns vorgefalle is, hot er die ungeheuer Fiduz und läßt uns in seinem Eigenthum schalte und walte — wie mer nor wolle. — Daß die Heirath in die Brich gefalle is, des scheint em gar net stark im Kopp erum ze gehn — er is ganz fideel — Ei nu, er hot ewens e anner uff em Strich.

Mad. Hampelmann. Ach, was brauch ich das zu wissen. — Laß uns das Logis besehen.

Hampelmann. Ja, ja, mein Schatz. (Er öffnet die Seitenthüre und sieht in ein anstoßendes Zimmer). Es is awwer gar kän iwwler junger Mann — recht feurig — es scheint hie ääch dichtig ze rääche — Gott im Himmel, die Baumääster sinn doch des Deiwels — un wann se Alles kenne, so wisse se nix fors rääche — wähs Gott die Vorhäng sinn quittegelb dervon.

Mad. Hampelmann. Ach warum nicht gar, sie sind gelb von Natur.

Hampelmann. Wie Du — (hustet) wie Du meenst mein Schatz! Sich e mol, wie elegant. — Drimo-Spichel un e Allabaster Uhr —

Mad. Hampelmann. Und eine Mahagoni-Bettstelle, mit Bronze verziert.

Hampelmann. Alles Bronze, nix wie Bronze — ich gläwe wähs Gott — des Kluft- un Schipp-Gestell is aach von Bronze — Lampe von Bronze, Vorhangsring von Bronze Matrazze von Bronze — von Roßhaar wollt ich sage — — Gott im Himmel — was so junge Schlingel for e Lewe fihre — wie e Nebucadnezer — Alleweil hab' ich's, ei, ich wußt doch, daß sich an dem Logis ääch e Fehler finne werd!

Mad. Hampelmann. Nun, welchen denn?

Hampelmann. Ich dachte schon so bei mir selbst; korios, daß mer an dem Logis kän Fehler finne; un uff ähnmol hab ich ehn — un, wie! die Schlafstub liegt nach Norde.

Mad. Hampelmann. Aber nun bitte ich Dich, was schadet das? —

Hampelmann. Ferchterlich viel. E Schlafstub, ohne die Sonneseit — des is ja e Loch — Um kän Preis der Welt deht ich da drinn schlofe. —

Mad. Hampelmann. Du bist ein Narr!

Scene 4.

Vorige. Aurora. Mariane.

Aurora (tritt mit Marianen durch die Mittelthüre ein und erschrickt) Wie? fremde Leute hier?

Hampelmann (entzückt). Alle Dei — verzeihe Se — was seh ich — Sie hier, Nachtigall — Königin des Gesangs; (sehr scharmant). Is es vielleicht erlaubt ze frage — ohne unbescheiden ze sein — versteht sich, was for e Ursach, Sie uff des Zimmer von eme ähnzelne Herre führt?

Mad. Hampelmann (zu Aurora). Ich bitte, Madame, die Worte meines Mannes nicht auf die Wage zu legen, er ist heute verrückt!

Mariane (zu Aurora). Ja, das ist wahr!

Hampelmann. Adelheit — sei so gut und halt dein Mäulche! Dieser Stern erster Größe am Opernhorizont, wird sich herablasse, mir zu antworten.

Aurora. Ich muß es wohl, um mich von einem Verdacht zu reinigen. Der junge Mann, der hier wohnt, hat mir die Ehre erzeigt, mich oberflächlich anzubeten; er hat ein treffliches Herz, und wird bald von seiner Schwachheit geheilt sein. Sie erfuhren bereits, daß ich mich in London verheirathen werde; heute Abend reise ich mit meinem Bräutigam dahin ab.

Hampelmann. Heut' Abend schond?! Recht! Sie misse gewiß morje früh um sechs Uhr im Dampfschiff in Mainz sein. — Geht's mit der Concordia — odder mit dem Prinz Friedrich Wilhelm — odder mit dem Prinz —

Aurora (schnell die Rede coupirend). Ich versprach dem jungen Neumann ein Andenken — ich glaubte ihn nicht zu Hause — wollte es heimlich auf den Tisch legen — hier mein Bild. —

Hampelmann. Ah! Ah! E Rarität von Aehnlichkeit, wie ähn Droppe Wasser dem annern. (Sehr galant.) Aber diesem ohnerachtet bleibt die Copie sehr weit hinter dem Orchenal (Original) zerück.

Aurora (lächelnd). Sie sind sehr galant, mein Herr!

Hampelmann (für sich). Sie hat gelächelt! Ich habe se lächerich gemacht. — Sie muß wähs Gott e Aag uff mich hawwe. Aber still — mein Frää (halblaut zu Aurora): Auf welchem Theater des engelennischen Londons, werden Sie Ihre Flötentöne zuerst töne lasse?

Aurora (lächelnd). Ja, das weiß ich noch nicht

Hampelmann (für sich). Der Deiwel, sie lächelt als noch!

Mad. Hampelmann (verdrießlich). Ach, was geht denn das Dich an.

Hampelmann. Frää ich bitt' Dich! — (Zu Aurora): Hör'n Sie sie nicht an — ich bitte drum — E — die e — London — wollt ich sage, is eine sehr schöne Stadt. — Alles spricht englisch dort, sogar ganz gemäne Leut und Kinner. — Viel Damp — Nebel. — Wo werden Sie dann hin ze wohne komme? Ins Oberhaus oder ins Unnerhaus?

Mad. Hampelmann. Hampelmann, Dein Betragen ist unverantwortlich.

Hampelmann. Ich bitte dich Adelaide.

Aurora (zu Madame Hampelmann). Ich bedaure die unschuldige Ursache dieses Auftrittes zu sein! —

Mad. Hampelmann (weint). O, das ist so seine Art. Immer erniedrigt er mich vor fremden Leuten.

Hampelmann. Flenn net, ich bitt' Dich. — Du wähßt, Du bist net schön, wann de flennst. Ze Haus', do flenn ad libitum.

Aurora. Ei, mein Herr, wer wird so unzart sein!

Hampelmann. Hohe Kinstlerin, kann ich anders? Sie verbittert mer das Lewe mit Eifersucht.

Aurora. Ich will nicht länger ihren häuslichen Frieden stören, und mich entfernen. Haben Sie die Gefälligkeit, dieses Porträt Herrn Neumann zuzustellen, und mit ihm mein Lebewohl. Er sieht mich nie wieder.

Hampelmann (nimmt das Portait und küßt es). Dieß Bildniß ist bezaubend schön. — Oh, warum treten Sie in den heiligen Stand der Ehe — Huldgöttin!

Mad. Hampelmann. Hampelmann, willst Du noch nicht aufhören.

Hampelmann (dringender zu Aurora). Giebt's eine Heirath aus Liebe? Inklinäschen! wie der Engelenner segt.

Aurora. Aus Liebe, mein Herr, und ich wünschte, daß Sie dasselbe Motiv geleitet hätte! — (Mit einem Blick auf Madame Hampelmann).

Hampelmann. Wie war des?

Aurora. Adieu! (Sie geht mit Marianen ab).

Hampelmann. Adieu, Göttin!

Scene 5.

Herr und Madame Hampelmann.

Mad. Hampelmann. Wenn ich mich nicht schämte, so fiele ich in Ohnmacht — mir ist ganz schwach — es ist zu arg mit Dir, Hampelmann. (Sie sinkt auf einen Stuhl.)

Hampelmann (bemerkt es nicht und geht jubelnd auf und nieder). Aus Liebe, und sie winscht, daß mich dasselbe Motiv geleitet hätte! Das war ziemlich deutlich. — Ich hab' ihren Beifall! — Ich muß er gefalle hawwe. Ja, in den Gusto der Weiber finn sich der Deiwel. — Ich, so e Capricche for Se — (seine Frau erblickend) Schätzi — was is der dann! (Nimmt sie bei der Hand.) Frää! munter, Allegro!

Scene 6.

Vorige. Ein Pedell.

Pedell (in bürgerlicher Kleidung erscheint in der Seitenthüre für sich). Nu, da ist er ja! mein College konnte ihn nie treffen! ich habe ihn gleich erwischt! Der wird Sonica Colle geschleppt. Aber pfiffig muß ich's machen, damit er gutwillig mitgeht. — — (Er hustet). Hm! hm!

Hampelmann (der mit seiner Frau beschäftigt war, sieht sich um). No? schond widder äner. — Jetzt Adelheit, mach' kän' Sache, un steh uff. —.

Mad. Hampelmann. Geh! Abscheulicher!

Hampelmann. Alleweil redd' se widder.

Pedell. Mein Herr!

Hampelmann. Was steht ze Befehl.

Pedell (winkt ihm geheimnißvoll). Unten wünscht Sie Jemand zu sprechen.

Hampelmann. Wie? Dunnerwetter — (er hält dem Pedellen den Mund zu) scht! Freind! scht! (für sich): des is heilig mein Sängern — sie hat e Aag uff mich — was e riesemäßig Glick! Ich hab's gleich gemerkt, daß ich er nicht unangenehm war. — Ja, so e Sängerin, sie is ganz annerscht, wie die annern Frauenzimmer, gleich hawwe se ähm am Sääl (zum Pedellen): komme Se, Sie Postillon d'Amour. (Er geht auf den Fußspitzen bis zur Thür.)

Mad. Hampelmann. Nun, und ich? Bleib ich vielleicht allein?

Hampelmann. Natur! — Beguck der eweil des Logis, ich bin de Ageblick widder do. (Singend im Abgehen): Bei Harems Schönen (Kalif von Bagdad) (mit dem Pedellen ab).

Mad. Hampelmann. Er ist toll! rein toll! mich hier allein zu lassen!! —

Hampelmann (draußen). Ei, ei, Freind Hibner! Du hier!? Excellent! excellentissime — drinn sitzt mein Fräá, Du kannst ihr Gesellschaft leiste!

Scene 7.

Herr Hübner. Madame Hampelmann.

Hübner (noch draußen, ihm nachrufend). Aber warum gehst Du denn fort? — wohin läufst Du denn so eilig? — (eintretend): Meine beste Madame Hampelmann! Sie hier? Welch ein sonderbarer Zufall! Ich suche hier meinen jungen Freund, um ihn zu veranlassen, eine Uebereilung wieder gut zu machen, und finde Sie? Und allein! Was fehlt denn ihrem Manne?

Mad. Hampelmann. Der Verstand — das Herz — die Tugend — die Moral — er ist ein Scheusal, ein Ungeheuer, ein Kanibal! (sie läuft ans Fenster) Da — da steigt er in einen Wagen — er fährt fort, ihr nach! — o ich arme verlassene Frau!

Hübner. Ihr nach? — Wem?

Mad. Hampelmann. Einer Sängerin — einer Person, die ihn behext hat. Ach, ich bin zu schwach zum Umsinken, aber ich muß ihm nach — Ihren Arm — Ich prostituire ihn öffentlich — in seinen Jahren solchen Scandal zu geben — unerhört! (Sie tobt hinaus).

Hübner (folgt ihr erstaunt, Beide ab).

Fünftes Bild.

(Herrn Hampelmann's Wohnung wie im ersten Bild).

Scene 1.

Sophie. Carl Neumann.

Carl. So grausam wollen Sie sein! mich wieder wegschicken! haben wir uns doch kaum sagen können, daß wir uns lieben.

Sophie. Das habe ich nicht gesagt! Himmelschreiend ist es von Ihnen, die Abwesenheit meiner Eltern zu benutzen, mich hier zu überfallen, mir zu sagen —

Carl. Daß ich Sie liebe, anbete! —

Sophie. Ja, wer's glaubt! wie vielen andern Mädchen haben Sie das schon vorgeredet —

Carl. Ich that es, das ist wahr. Ich suchte nach einem weiblichen Wesen, das durch Bescheidenheit, Sittenreinheit und Anmuth mich fesseln könnte, ich suchte lange vergebens — jetzt habe ich es gefunden; Sophia heißt mein Ideal!

Sophie. Sie schmeicheln zu viel — ich traue Ihnen nicht.

Carl. Wenn ich Ihnen zuschwöre, daß meine Worte meine innigste Ueberzeugung aussprechen.

Sophie. Wie gerne möchte ich Ihnen glauben! —

Carl (feurig). Glauben Sie mir, und reichen Sie mir Ihre liebe Hand!

Sophie. Meine Hand? — die müssen Sie von mir nicht fordern — ich bin schwach — ich würde sie Ihnen vielleicht geben — selbst ehe Sie sie verdient hätten. —

Carl. O Sophie, was hör' ich — das Uebermaaß von Freude tödtet mich — Sie lieben mich — o besiegeln Sie diese Worte durch einen ersten Kuß.

Sophie. Nein, nein, nein, nein!

Carl. Himmlisches Mädchen — ich kann nicht widerstehen! — (Er umarmt sie trotz ihres Sträubens).

Hampelmann (öffnet in diesem Augenblicke die Mittelthüre).

Sophie (schreit und flieht ins Nebenzimmer).

Scene 2.

Hampelmann. Carl.

Hampelmann. Wa — wa — was Deiwel — muß ich sehen!

Carl (erkennt ihn, erstaunt). Schon wieder mein Plagegeist! (Für sich): Kein Zweifel mehr — es ist ein Exekutor des Gerichts, der mich arretiren will. — (Laut): Herr, was wollen Sie schon wieder von mir? — Erklärung! Erklärung!

Hampelmann. Soll Ihne mit uffgewart wern — un uffs Bindigste.

Carl. Verstellen Sie sich nicht länger, es wäre unnütz. Was thun Sie hier? Wie kommen Sie hierher.

Hampelmann. Wie ich hierher komme? Guck emol an! bin ich dann bei Trost? odder hab ich recht gehört?

Carl. Ich will auf das Bestimmteste wissen, ob Sie mir etwa zu Leibe wollen?

Hampelmann (wird böse). Ja, zu Leib will ich Ihne gehen, sehr zu Leib, bedeutend zu Leib! un des von wege dem, was mer Ihretwege bassirt is —

Carl. Ohne Umschweife zur Sache!

Hampelmann. En junger, so scharmanter Mann, den ich gleich so in Affection genommen hab, mit so eme coulante Exterieer — un hat — soll mer sage — des abscheuliche Laster Schulde ze mache!

Carl. Ach! endlich weiß ich, woran ich bin. Nun denn, Herr, so erkläre ich Ihnen, daß ich dieses Zimmer nicht verlasse. — (Setzt sich).

Hampelmann. Gläähwe Sie dann im Geringste, daß ich Ihne die Thier weise wern? Halte Se mich vielleicht vor en Mann ohne Lebensart, der nicht einmal weiß, was Höflichkeit, et celera — He! (Setzt sich auch.)

Carl. Ei, was Kuckuck, Herr! so drängt man sich nicht in anständiger Leute Zimmer — denn Sie sind hier in anständiger Leute Zimmer.

Hampelmann. Ei, ins Deiwels Name, des wähs ich wohl.

Carl. Aber unter dem Vorwande zu miethen, schleichen Sie sich in fremde Wohnungen ein. (Er steht auf).

Hampelmann (bleibt sitzen). Ich hab kän Vorwand nöthig, ich bin ohne Vorwand hie — awwer den Einwand bin ich so frei Ihne ze mache, daß ich mein Mieth auf den Tag zahl, un kän Vorwand brauch um hier ze sitze.

Carl. Wollen Sie diese Wohnung hier etwa auch besehen? Soll ich sie Ihnen zeigen? Dort ist wahrscheinlich das Wohnzimmer, da das Schlafzimmer —

Hampelmann (sitzt noch). No bitte ich ähn's — was soll ich dazu sage!

Carl. Hier vermuthlich das Gesellschaftszimmer, das Eßzimmer.

Hampelmann. Ja, ja, des is die gut Stub, des is die Eßstub. — Zwä un zwanzig Persone kann mer drin sitze, un wann mer sche e bissi zusamme rickt un e Hufeise deckt, drei- un dreißig — Notabene, wann die Frauenzimmer ihre abscheuliche Ermel dehäm losse.

Carl. Nun, wenn Sie das schon so genau wissen, so haben Sie hier nichts weiter zu suchen — also — (er zeigt an die Thür).

Hampelmann (für sich). Des is um des Deiwels ze wern — wann ich nor wißt, warum ich net des Deiwels wern — (laut): Sie Freindche — here Se emol — ich sehe schond, mer misse uns deutlich gege enanner explizire. Bei der Schankgeschicht heut Vormittag, da hatte Sie e Recht gege mich infam grob ze sein. Sie ware —

Carl. Werden Sie nur nicht langweilig.

Hampelmann (lauter). Jetzt Herr, bin ich im Recht — odder besser gesagt — jetzt bin ich uff meiner Gaß; jetzt kennt ich vice versa grob sein. Awwer ich mag emol nicht grob sein, ich will ganz gelosse froge: warum Sie sich hier desjenige herausnemme?

Carl. Warum? — weil Sie mich in dem schönsten tête à tête meines Lebens gestört haben.

Hampelmann (springt auf). Tête à tête — ganz wohl, jetzt fällt mersch erst widder ein. Sie hawwe sich unnerstanne, wie ich do erein kam, die Jungfer Sophie Sauer ze umarme — (anspielend): Sie scheine mer e Liebhawer vom Saure —

Carl. Herr, worin mengen Sie sich? das geht Sie nichts an!

Hampelmann (außer sich). Nä, des halt der Deiwel aus — des geht immer des Bohnelied — Ich laafe uff vor Zorn — Sackerment! Enaus! Herr! Enaus!

Carl (ebenfalls zornig). Unverschämter! Das ist zu viel! hinaus! hinaus!

Scene 3.

Vorige. Sophie.

Sophie (eilt aus dem Seitenzimmer herein). Die Mutter kommt! ich sah sie vom Fenster aus! — (Sie eilt durch die Mitte ab.)

Hampelmann (für sich). Mein Frää! Dunnerwetter! die ääch noch — die werd mer aach was stecke — un wähs der Deiwel ich bin net ganz sauwer. (Sich zusammennehmend) Ich bin deiwelsmäßig wild, loß se nor komme!

Carl. Hören Sie, ich will Ihnen Ihre Unverschämtheit verzeihen, aber schweigen Sie vor der Herrschaft vom Hause — ich werde sagen, ich sei gekommen, diese Wohnung zu miethen.

Hampelmann (schreit): Awwer sie is nicht zu vermiethe, Dunner un's Wetter!

Scene 4.

Vorige. Sophie. Herr Hübner. und Madame Hampelmann.

Hübner (zu Madame Hampelmann): Nun, da sehen Sie, da ist er ja! Ihr Argwohn war ungegründet.

Mad. Hampelmann (spitzig zu ihrem Manne): Schon wieder zurück, abscheulicher Mann!?

Hampelmann. O, laß mich in Ruh' — Du kimmst mer grad recht.

Hübner. Ei, was seh ich? Herr Neumann hier? Mensch, wie kommen Sie hierher?

Carl. Herr Hübner! welch sonderbares Zusammentreffen?!

Sophie (für sich). Die kennen sich! — Ach, zuletzt wird vielleicht noch Alles gut?

Hampelmann (dem seine Frau zusetzte). Loß mich zefridde, noch emol, Othello in Weibsgestalt?

Carl (zieht Herrn Hübner bei Seite). Ums Himmelswillen, bester Herr Hübner, bei wem bin ich denn hier?

Hübner. Bei meinem wackern Freund Hampelmann, dem Vater dieses lieblichen Mädchens.

Carl (wie versteinert). Ich bin des Todes!

Hampelmann. Aha!

Carl. O mein Herr — Sie sehen mich aufs tiefste beschämt — womit soll ich mich entschuldigen? was soll ich Ihnen sagen?

Hampelmann. Vor alle Dinge — was Sie denn ägentlich hier wolle — un warum Sie sich bei mir hämlich eingeschliche hawwe — Aber die Wohrheit — kän Firfarerei — wann ich bitte derf.

Carl. Ich liebe ihre Tochter; hoffe auf Gegenliebe, und kam, um Sophie zu fragen, ob sie mir erlauben wolle, bei ihren würdigen Eltern um ihre Hand anzuhalten.

Hübner. Nicht möglich! — Hampelmann, freust Du Dich nicht, wie der Zufall die Dinge gestaltet?

Hampelmann. Dinge? Was for Dinge?

Hübner. Erräthst Du denn nicht?

Hampelmann. Was in Dreideiwelsname soll ich dann errothe — ich bin kän Rothsherr —

Hübner. Der junge Mann, von dem ich Dir heute, als von einer herrlichen Parthie für Deine Tochter sprach.

Hampelmann. No?

Hübner. Der junge, reiche, etwas lockere, aber sehr rangirte Mann.

Hampelmann. No?

Hübner. Da steht er! —

Hampelmann. Was? Des is der junge rangirte Mann?

Hübner. Nun ja doch!

Hampelmann (lacht). Rangirt — ja im Wandschank.

Carl (zu Hampelmann leise). Um Gotteswillen —

Hampelmann (leise, zu ihm.) Nor ruhig, brauche kän Angst ze hawwe — Mer sinn Mensche — ich hab jo ääch mein Schwachheite, — mein Tochter soll kän Bibswertche erfahre — (laut): So, so, so, so! Höre Se, junger Mann. — Heut Vormittag hab ich Ihne per Rencontre in em Wandschank eingeschlosse — des verzeih ich Ihne — ich bin schuld dran, daß Ihne e ganz annehmbare Bardieh in die Brich gefalle is

— des verzeih ich Ihne aach — awwer was ich Ihne net verzeihe kann — des is — daß Se Schulde gemacht hawwe.

Hübner. Ja, das sage ich auch; bei Ihrem Einkommen! das war unrecht.

Mad. Hampelmann. Sehr unrecht.

Sophie. Aeußerst unrecht.

Hampelmann. No, jetzt hab ich's satt — Wann Ihr ihm den Text lesen wollt — do will ich lieber enaus gehn. Ihr hört, daß ich dem junge Herr mit Anstand den Krage eraus mache will — un do kommt Ihr mit Eure moralische Vorlesungen angestoche. Ich bitt Euch, behalt's for Euch, un wart bis Ihr gefrogt werd. (Zu Carl): Was — e was — e — was hab ich Ihne dann geschwind sage wolle — ja ganz recht! — was ich Ihne nie verzeih, des sinn Ihne Ihr Schulde. — Sie misse wisse — hechst liftiger junger Herr — wohin mich Ihne Ihr Schulde gebrocht hawwe? rothe Se, — uff die Mehlwoog —*)

Alle. Auf die Mehlwaag!?

Hampelmann. Still — ruhig — es is merkwerdig — uff die Mehlwoog. — E Pedell vom Hochlebliche Stadtgericht oder lebliche Stadtamt, den ich gar net gekennt hab — wo kenn ich so Leut, perschwadirt mich in e Kutsch — und liwwert mich ganz scheen uff der Mehlwoog ab. Wann mich der Herr Vorsteher der Anstalt, den ich als dann und wann in de drei Sauköpp treff, net zum Glück gleich erkennt het, daß ich derjenige Mann nicht bin, der Schulde macht, un wann

---

*) Schuldgefängniß.

ich dem Herr Pedell — net immer die Solidität meiner Person net in's Klare gebracht hätt, so hätt ich wähs Gott brumme misse!

Carl. O mein bester Herr Hampelmann, Sie sehen mich zerknirscht! In Zukunft will ich der solideste Mensch von der Welt werden — Sie können mich dazu machen — wenn Sie mir die Hand Ihrer Tochter nicht abschlagen!

Hübner (leise zu Herrn Hampelmann): Weig're Dich nicht — denk an die sechzigtausend Gulden.

Hampelmann (leise): Ein erhabener Gedanke! (Laut): Awwer mein Gott! des Sophieche kennt Sie so wenig — es is e stilles, bescheidnes Mädchen, unner den Fittiche ihrer Mutter — —

Carl. Theure Sophie! sprechen Sie ein mildes Wort!

Sophie (schägt die Augen nieder). Lieber Vater — wenn Sie nichts dagegen haben — ich kenne den Herrn — vom Fenster aus — er wohnt ja gerade gegenüber —

Hübner. Ha ha ha! Nun Hampelmann, Fügung Gottes! Schicksals Wink.

Hampelmann. Du hast recht — awwer schweie mußt Du — hier, jeune homme — awwer ordentlich jetzt — wann ich bitte derf.

Carl und Sophie. O bester Vater! beste Mutter! tausend Dank! (Sie umarmen erst den Vater, dann die Mutter und Hübner.)

Hampelmann (greift, während die Uebrigen ihre Freude leise bezeigen, in die Tasche, um sein Schnupftuch zu holen, und findet das Portrait der Sängerin). Schon gut! schon gut! Ihr habt mich — soll mich der — gerührt, es is mer so wahr ich leb ganz flennerich (für sich, indem er das Portrait der Sängerin findet): Alle Neun und Neunzig — des Portrett der Sengerin! for mein Herr

Schwiegersohn! Ja, prost die Mahlzeit, der kriegt's nit. Des Portrett kimmt uff mein helfenbeinern Doos — un wann gefragt werd, wen stellt dann des scheene Bild vor — so laß ich so e Wort falle – von ere einstmalige Geliebte — des is e unschuldig Vergnige, des Niemand was schadd — un ebbes muß ich doch for mein Strabaze all hawwe.

Mad. Hampelmann (nähert sich kleinlaut ihrem Manne). Hampelmann.

Hampelmann (erschrickt und versteckt eilig das Bild). He?

Mad. Hampelmann. Du bist also nicht der Sängerin nachgefahre?

Hampelmann. Bild der doch so e Sach net ein — kän Gedanke.

Mad. Hampelmann. Aber Du thatest ihr doch in meiner Gegenwart so schön?

Hampelmann. No, no, des war emol Dein Eifersucht uff die Prob gestellt. — Du Mäusi — Du bist in die Fall gange, (ernst thuend) künftig hin verbitt ich mer so Scenen — Un korz jetzt — es werd kän anner Logis gesucht.

Hübner. Bis zur Hochzeit kauft sich dein Schwiegersohn ein Haus.

Carl. Und nimmt seine lieben Eltern zu sich.

Hampelmann. Des loß ich mer gefalle! An die heutig partie de plaisir wer ich so lang denke, als an mein Königstäner, — also wenn Du mich lieb hast — do redd mer net mehr vom Logis suche (halb laut gegen das Publicum) es mißte dann der Fall seyn, daß es sonst gewünscht würde — — dann bin ich immer bereit — mein Promenade alle Tage zu wiederhole.

(Der Vorhang fällt.)

Die Bauern.

Genrebild in einem Akt. In Wetterauer Mundart.

(Wird zum ersten Mal dem Druck übergeben.)

Personen.

Der Graf von Langen.
Günther, Advokat.
Bärbel, eine junge Bäuerin, auf dem Schlosse dienend.
Duckes, } Bauern.
Schieß, }

(Ort der Handlung: Zimmer im gräflichen Schlosse in der Wetterau).

Scene 1.

Günther. Bärbel (folgt Günther im Eintreten).

Bärbel. Herr Günther, kann aich kumme?

Günther. Ach! Du bist's, Bärbel? Was willst Du, mein Schatz?

Bärbel. Herr Adfekat, weil der Herr Graf gestern Owend hie im Schloß ankumme is, un aich ehm ebbes Nuthwenniges z saan hun, was aich maich neit z saan gedraue, su hänn aich gedocht, daß Er, der e Adfekat is, un dem's sei Sach es, for die arme Leut z redde, aach mei Sach bei dem Herrn Grafe anbringe kennt, wann er wollt so gaut sein.

Günther. Und was betrifft's?

Bärbel. Ei, guck Er, es is ungefehr zwä Johr her, daß der Herr Graf, wie er an mir vorbeigange is, do drunne im Gaarte, un aich Gras, mit Respekt z sae, fors Vieh geschnitte hun, zu mer g'saht hot: Bärbelche, wie alt bin Du denn? — Sechzeh Johr uff Martini, gnädig Dorchlacht, hun aich g'saht. Do hot er gelacht, wie ersch immer thut, wann aich Dorchlacht zu ehm saan; un do saht er mer frei: No, in zwa Johr, wann Du recht brav bist, da werd ich dir en Mann gewe. Des is zu viel Gnad for mich, gnädiger Herr Graf, saht aich em, un verneigt maich, aber von heut bis in zwä Johr, kennte Sie des odder vergesse. Nein, mein Kind, saht er zu mer, Du darfst mich dran erinnern, „Du vergißt's gewiß nicht." Oh, um derntwege hette mer Spas gehott, gnädiger Herr Graf, do hot's kän Noth, saht aich. Da hot er noch emol gelacht, und gung dann fort. Do halte mer nun, Herr Günther, un esu stihn die Sache. — Es is awwer nun e Miglichkeit, daß der Herr Graf, der in dene zwä Johr viel annere Sache gedocht hot, des vergesse kennt hun; aich awwer hob nor an desjenige gedocht, un waas nor nett, wie aich's vorbringe soll. Wann aich's vorm Johr hett sage kenne, do wor aich noch e bissi herzhaft, awwer ji greßer dei Mädercher wärn, desto mehr thun s' sich schäme vom Heurathe z redde. Is Ihm des noch net uffgefalle, Herr Advekat?

Günther. Mir sprichst Du doch recht dreist davon?

Bärbel. Ja, Er, Ihm is des sein Sach so ebbes anz'höre, des mecht en Unnerschiedd.

Günther. Du willst also, daß ich den Herrn Grafen an sein Versprechen erinnere?

Bärbel. Jo, des will aich, Herr Günther.

Günther. Wohlan! ich übernehm' es.

Bärbel. Heit noch?

Günther. Nein, weil wir Wichtigeres mit einander zu verhandeln haben.

Bärbel. Vor maich gebt's nix Wichtigeres; dann wann die Sach verzottelt werd, do kennt der Herr Graf saan, mer hätte den Tarmin verstreiche losse, un lies uns laafe. Morje is es grad zwä Johr un ähn Monat, daß er mer des Bewußte gesaat hot, do sieht er jo doch, daß die Zeit schonn verstriche is.

Günther. Laß mich nur machen. Der Art Dinge sind mit großer Umsicht zu behandeln. Der Herr Graf ist in diesem Augenblick auf das ganze Dorf überhaupt nicht gut zu sprechen. Ihm ist bekannt, daß ihm Holz im Walde geschlagen wird, daß ihm ganze Stücke Land wegstipizt werden; daß eure Kühe auf seinen Wiesen weiden, da dürfte er wohl gerade nicht geneigt sein, Verbindlichkeiten zu erfüllen, wie die sind, die er mit dir eingegangen ist. So lange der Herr Graf hier verweilt, führen mich meine Geschäfte öfter zu ihm; ich verspreche deiner zu gedenken.

Bärbel. Su saht Er; awwer wann er nix mih hie zu duhn hot, so wird He (Er) wege mir alläns kän finf Stunn Wegs mache. Jo, wann er hie im Ort wohne deht, do ging's. Nix do — vor alle Dinge muß mai Sach in Ordnung gebrocht wern. Hun aich vielleicht dem Herr Graf was gestuhle? Weil's die Annern gethan hun, su werd er mir derntwege kän Tort anduhn.

Günther. Du eilst also sehr, dich zu verheirathen?

Bärbel. Des glab' aich! so gut wi die annern Madercher.

Günther. Nun, warum eilst du so?

Bärbel. Weil aich e Spitzehaub trage derf, un weil maich mei Modder nett mih schmähle derf, wann aich mit ahm odder dem annern Borsch redde.

Günther. Hast du denn auch Liebhaber?

Bärbel. Des will aich mane, mih als ahn.

Günther. Du bist aber auch nicht übel.

Bärbel. Des is net dei Sach, weil aich aartlich sein; awwer aich hiern se allminnanner an. Su lang e jung Madche noch leddig is, derf sei net dei Ros' huch drage.

Günther. Ist denn Einer unter deinen Anbetern, dem du den Vorzug gibst?

Bärbel. Ei aich denk; es is der Hannes Schieß, der hot kan Varrer und ka Modder mih, un scheint mer net schalu.

Günther. Ah so!

Bärbel. Hiehrt Ersch, wann mer heurath, do will mersch annerscht, als wie als Madge hun. Zum Deiwel zu, aich will net mih geschollen sein.

Günther. Ich verstehe.

Bärbel. Eaich heuroth net ens Hawerfeld, aich mache mei Bedengunge vorher.

Günther. Da thust du wohl daran.

Bärbel. No, Gott befohle, Herr Adfekat. Wann He for maich redd, wie sich's gehört, su soll er aach unsern Schreibes mache.

Günther. Schönen Dank.

Bärbel (geht ab, kehrt aber gleich wieder zurück). Thu He doch näit dem Herrn Grafe ebbes vom Hannes Schieß saan, aich kinnt maich doch noch anerscht besinne. Mer muß sech net öbereile, wann mer dei Wahl hot. (Ab).

Scene 2.

Günther (allein). Sieh da, eine kleine Bäuerin, über die es schwer sein dürfte, eine Idylle zu machen. Sehr praktisch — nicht den geringsten Anflug von Poesie in ihrer Liebe. — Nur um besser die Kokette spielen zu können, will sie sich verheirathen. Unsere Bauern machen große Fortschritte.

Scene 3.

Der Graf. Günther.

Graf. Nun, mein lieber Günther, wie haben Sie geschlafen? Ich habe Befehl gegeben, Sie recht gut zu bewirthen. Ist man diesem Befehl nachgekommen?

Günther. Zu gütig, Herr Graf! wir Advokaten auf dem Lande, wir sind daran gewöhnt, unter fremdem Dache zu schlafen, und ich muß die Ehre haben, Sie zu versichern, daß ich es nicht oft so gut treffe, wie diese Nacht.

Graf. Sie werden finden, daß ich frühe bei der Hand bin; aber mich verlangt sehr, meine Waldungen zu besichtigen. Ihre Berichte waren nicht übertrieben; die Grenzfurchen besonders fand ich in sehr verwahrlostem Zustande.

Günther. So ist's, Herr Graf. Sie haben mir keine Vollmacht geben wollen. Ihre Waldungen würden Sie im bessern Zustande angetroffen haben, wenn Sie mich hätten gewähren lassen. Ich hatte die Ehre Ihnen anzuzeigen, daß meine Tochter vergangenen Winter einen jungen Rechtsgelehrten, voll Eifer und Ergebenheit geehelicht hat, der all' diesem Volk gute Prozesse an den Hals gehängt haben würde. Sie aber, Herr Graf, haben mir nicht geantwortet. Wenn dann Ihr Förster sich gegen mich beklagte, so hatte ich nie eine Antwort für ihn.

Graf (leicht hin). Ach! wenn diese armen Teufel einmal unter Ihresgleichen Hände fallen, so weiß ich wohl, wie es ist — — — Und können unsere Landleute bei ihrer angebornen Prozeßsucht dem entgehen? Sehen Sie, ich weiß, daß einer Ihrer Herren Collegen Fußreisen im Lande umher macht, einen Büchsenranzen mit Vollmachtsformularen gefüllt. Kömmt er nun dazu, wie das nicht selten der Fall ist, daß die Bauern in der Kneipe einen kritischen Rechtsfall verhandeln, so mischt er sich ins Gespräch, und erhitzt sie. Ist es ihm auf diese Weise gelungen, einen Klienten zu fangen, gleich wird die Vollmacht hervor geholt, und vom neuen Klienten unterzeichnet. Man versichert, der Herr College komme zuweilen mit einer sehr ergiebigen Erndte an Vollmachten zurück, so daß er auf lange Zeit sein Auskommen dadurch gesichert habe. Wahrlich, Ihr Herrn, Ihr seid für die Landleute mehr als Steuern, Frohnde, Zehnte, und das ganze Feudalwesen, womit man ihnen gern Furcht einjagt.

Günther. Sie ziehen es also vor, Herr Graf, daß sie sich Ihres Eigenthums bemächtigen?

Graf. Ich wünsche allerdings, die Bauern wären besser, als sie sind.

Günther. Sie kennen die Bauern schlecht. Zum größten Theil thun sie das Böse, nur des Vergnügens halber, es zu thun, ohne nur irgend einen Nutzen für sich, lediglich in der Absicht, denjenigen zu schaden, welche sie die Großen (Herrn) nennen. Was mich betrifft, so habe ich kein Mitleid mit ihnen, und gerade dieß hat mich bestimmt, meiner Tochter einen Juristen zum Manne zu geben. Der junge Mann tritt ganz in meine Fußtapfen. Ein Geschäftsmann mit ihren Ansichten, Herr Graf, käme nimmer zu Ende. Das sehen wir überm Rhein, wo das Institut der Friedensrichter das größte Unheil für uns Juristen stiftet.

Graf. Ich sehe, das Mittel liegt hier nicht ferne vom Uebel. Fügt man uns auch Schaden zu, so sind wir doch durch Euch Herrn auch genügend gerächt.

Günther. Wir sind, so zu sagen, die leichten Truppen, die die Rechte der Grundbesitzer vertheidigen. Aber auch die Gutsherren müssen uns unterstützen — — — Wenn hier die Philanthropie eine Rolle spielt, wenn man stets fürchtet, den armen Landleuten zu nahe zu treten — — —

Graf. Wahrlich, ungeachtet Ihres Eifers und Ihrer löblichen Ansichten, glaube ich immer noch, Sie bedauern zu dürfen. Nur der Zustand meiner Waldungen, der mir nicht aus dem Kopf will, könnte mich auf andere Gedanken bringen. Denn diese Dreistigkeit ist wirklich über die Gebühr. Kennt man wenigstens Diejenigen, welche die größten Verwüstungen angerichtet haben?

Günther. Alle sind's. Hören Sie, Herr Graf, Sie kennen ohne Zweifel die vornehme Gesellschaft, in der sie leben, besser als ich; aber glauben Sir mir, ich kenne das Geschlecht der Bauern besser als Sie. Mischen Sie sich ferner in nichts, und lassen Sie mich gewähren.

Graf (lacht). Noch nicht, Herr Günther. Ich verweile hier einige Wochen und will meine Lehrzeit als Grundeigenthümer machen. Wenn ich bei meiner Abreise eben so klug bin als Sie, so gebe ich ihnen unbegrenzte Vollmacht. Aber bis dahin fürchte ich, Ihr Diensteifer werde Sie zu weit führen, und Sie würden mir die armen Teufel, die doch wirklich nicht auf Rosen gebettet sind, aufs Stroh legen.

Günther. Wie Sie befehlen, Herr Graf, wie Sie befehlen. Sie denken etwa, daß es die bravsten Leute von der Welt sind, weil sie recht fromm sich geberden, wenn sie mit Ihnen sprechen, weil sie Sie beim dritten Wort gnädiger Herr und Durchlaucht nennen, und weil sie ja nicht versäumen recht demüthig den Hut zu ziehen, wenn sie Sie von Ferne erblicken? Gut — aber ich — sage Ihnen, dies ist Alles nur die Schale — der Kern taugt doch nichts. —

Graf. Doch muß man ihnen diese Schale lassen, ohne diese würde vielleicht nicht viel Gutes an ihnen bleiben.

Günther. Wenn Sie wüßten, wie sie unter sich über Ihre große Milde lachen. Sie bilden sich sogar ein, Sie hätten den Muth nicht, strenge zu verfahren.

Graf. Ich will nicht, daß sie dieß glauben sollen.

Günther. Es ist aber doch der Fall. „Aich brauch maich net zu ferchte, der Herr Graf waß zu gaut, daß aich's Faustdeck hinner d' Uhre hun, und daß aich blus artig sain, wann aich will."

Graf. „Daß aich bisartig sain, wann aich will" sagen sie (mit Selbstgefühl): die Spitzbuben!

Günther. Und darüber lachen Sie?

Graf. Nein, nein, ich lache nicht, im Gegentheil, ich bin sehr Ihrer Meinung. Hier muß gehandelt werden, und zum Zeichen, daß dieß mein völliger Ernst ist, habe ich meinen Förster bestellt, meine Befehle deshalb zu empfangen.

Günther. Den Förster, gut. Aber der kann höchstens nur die Thatbestände constatiren.

Graf Mit Etwas muß doch der Anfang gemacht werden. Ach — von was sprachen Sie mit mir doch gestern vor Schlafengehen. Ich gestehen Ihnen, ich war von meiner 80stündigen Reise so erschöpft, daß ich Sie nicht ganz verstanden habe. Alles, was ich mich so dunkel erinnere, ist, daß man mich so nach und nach um ganze Stücke Landes bringt.

Günther. Wenn das so fort geht — so lassen sie Ihnen nur noch Ihren Park. Zwei Ihrer Vasallen —

Graf (ihn unterbrechend). Wie sagen Sie?

Günther. Zwei Bauern dieses Dorfes — —

Graf (lacht). Ich hab' Sie wohl verstanden.

Günther. Zwei Einwohner dieses Dorfes, welche Jahr aus Jahr ein bei Ihnen in Arbeit stehen, sind vorigen Sonntag unter dem Vorwande, mit einander in Prozeß zu gerathen, in meiner Schreibstube erschienen, zu versuchen, sagten sie, ob die Sache nicht verglichen werden könne. Dahin wollt' ich sie haben, die Schelme. Auf heute Morgen hab' ich sie hierher beschieden, angeblich ihnen die vier Stunden Wegs zu mir nach Feldberg zu ersparen; aber im Grunde nur, Sie selbst, Herr Graf, urtheilen zu lassen, inwiefern es nothwendig ist, gegen das bei diesen Leuten überhand nehmende Raubsystem einzuschreiten.

Graf. Ist es denn wirklich so arg?

Günther. Sie wissen es, oder Sie wissen es auch nicht, daß in Ihrer Wiese im Kohlengrund, nahe bei der Oelmühle in der Allerwiese, ein Grundstück, eine Art Erdzunge, an Peter Duckes und Johannes Schieß grenzt, so zu sagen in dem Felde hineinläuft.

Graf (zerstreut). Ich glaube, dem ist so.

Günther. Drei Jahre sind es ungefähr, daß Duckes und Schieß, beim Umpflügen ihrer Aecker, stets Eingriffe in Ihr Eigenthum machen, und von Furche zu Furche, haben sie so gut operirt, daß sie das ganze Feldstück in ihren Besitz genommen haben, und sie nunmehr darüber streiten, welcher von beiden dem Andern weichen soll. Es ist ihnen nicht entgangen, daß wenn dieß dem Landrichter bekannt würde, sie schlimm wegkommen könnten, deshalb ziehen sie es vor, durch mich zu bewirken, daß Ihr Eigenthum, Herr Graf, Ihnen gerichtlich zugesprochen werde.

Graf. Sie haben nicht unrecht, sich bösartig zu nennen.

Günther. Gottlob, daß man es nicht minder ist.

Graf. Sie sprachen mir aber niemals von diesem Falle.

Günther. Ich wußte ja, daß es damit, wie mit allem Andern sein würde.

Graf. Sie wollen Ihnen Furcht einjagen?

Günther. Ist etwa keine Ursache dazu vorhanden?

Graf. Verzeihen Sie.

Günther. Ich bitte Sie inständig, in der Bauern Gegenwart wenigstens nicht zu lachen. Wenn auch Ihnen solche Dinge bei Ihrem großen Reichthum keinen Schaden bringen, so bedenken Sie wenigstens, daß Ihre Sache auch die Sache vieler kleinern Grnndbesitzer ist, die eben so gut, wie Sie, Herr Graf, bestohlen werden.

Graf. Wie theuer kann den Burschen der Spaß zu stehen kommen?

Günther. Wenn Sie meinen Schwiegersohn gewähren lassen, der sehr gewandt in seinem Fache ist, so stehe ich dafür, daß unsere beiden Schelme einige Zeit im Zuchthause darüber nachdenken können.

Graf. Um eines Morgen Landes willen, der, unter uns gesagt, nicht einmal viel werth ist; das wäre wahrlich eine Gewissenssache. Dieser Schieß ist, wenn mir recht ist, ein guter, freundlicher Bursche. Ist's nicht derselbe, der immer so große Krebse fängt?

Günther. Oh! der ist nicht auf den Kopf gefallen.

Graf. Was den Duckes betrifft, der ist ein Studirter. Hat er nicht einmal für den Schultheiß vicarirt?

Günther. Mein Gott, er war so zu sagen, der Schultheiß selbst.

Graf. Er scheint mir kein sonderliches Subject zu sein.

Günther. Ich vermuthe das Gegentheil.

Graf. Hat er immer noch sein Gewehr?

Günther. Ich denk's wohl.

Graf. Den muß man aufs Korn nehmen.

Scene 4.

Die Vorigen. Bärbel.

Bärbel. Der Förster ist da! Gnädiger Herr, soll er herein?

Graf. Nein, laß ihn warten, der verdammte Kerl raucht nicht den besten Knaster, er würde mir die Luft in diesem Zimmer verpesten. Ich will draußen mit ihm sprechen. Herr Günther, kommen Sie mit?

Günther. Zu dienen, Herr Graf.

Graf. Bärbel, hab' ich Dir nicht etwas versprochen?

Bärbel. Jo, gnädger Herr Graf, vor zwä Johr hun Sie mir versproche, mir en Mann ze gewe.

Graf. Ja das war's; gut. (Ab mit Günther.)

Scene 5.

Bärbel (allein). Jo des war's, hot er gesaat. Gut, hot er gesaat. Des is grad, als hett er gesaat, dau derffst d'r nor ahn aussauche. Es is karios, ji nächer der Ageblick rickt, wu aich maich inscheide soll, ji saurer kimmt mer die Wahl an. Ei, wann aich all mei Freier die Reih noch mostern, su will mer kaner anstihn. Wann dei Herrschofte hei sein un aich all dei Bediente seh, — des sein doch Statskerl — do kume mer die Borsch hei im Ort ganz annerscht vor. Un dann sein die su grob. Hot ahm so aner en rechte Buff in die Ank, odder uff d'n Buckel versetzt, su mänt er wunner, wie aartlich er gewäßt wär. Dei Herrn Bediente awwer, dei sage ahm bald der oder des — No — des is doch viel schiner. Awwer dei Art Leut heurothe nait.

Scene 6.

Bärbel. Schieß.

Schieß. Gaut Zeit, Bärwel.

Bärbel. Dau best's, Hannes. Ach, dau sehst verdeiwelt traurig aus?

Schieß. Es der Adsokat Günther hei?

Bärbel. Zitter gestert Owend.

Schieß. Sitter gestert Owend? Js der klän Duckes noch net do gewese?

Bärbel. Sull der aach kumme? Hun sech dann all mei Freier heut hei uff des Schloß bestellt?

Schieß. Ach! su sah doch naut, daß der Duckes dei Freier es, der kinnt ja dei Varrer sei.

Bärbel. Anerlä, er hot e Aag uff maich, un spaßt sech mit mer; hot er maich net am Sunntag beinoh in den Sump geschmisse?

Schieß. Den Deiwel aach, er spaßt sech met de Maderchcher schun su lang, als mersch denkt.

Bärbel Jo, mer hot er awwer gesaat, wos er nett alle Maderchcher gesaat hot, ganz geweß.

Schieß. Un des wär?

Bärbel. Daß er Miller wern will, un des meintwege — denn er will maich zur Millerin mache. Dos es doch nett bitter.

Schieß. Dau! trau dem nett su viel, der alte Duckes is nett sauber.

Bärbel. Aich sein aach nett vun gestern.

Schieß. Dau wellst also dei Falsche gege maich spiele?

Bärbel. Host dau e Mihl?

Schieß. Wellst dau wette, daß dau maich neit verschmerze kannst?

Bärbel. Des is miglich, weil dau e gauter Kerl best, un aich daich leiwer hun, als en annern, awwer wann dau's zefridde best, so sullst dau Mihlknecht wern.

Schieß. Dodefor dank aich.

Bärbel. Dau derffst nor „Ja“ saae.

Schieß. Wann aich schleecht wer, so kennt aich daich beim Duckes anschwärze.

Bärbel. Wai maanst dau des?

Schieß. Aich derft em nor den klane Ring vun Zinn uffweise, den dau mer uff der Kerb gewwe host.

Bärbel. Gott waß, wei viel aich ausgedählt hun.

Schieß. Awwer dem Duckes host d' doch kan gewe?

Bärbel. Nan, er es mer ze garstig.

Schieß. Gih! Bärwel, dau host recht onrecht, daß de mer noch mih Prast un Kommer mechst, als aich schun hun.

Bärbel. Wos host dau dann forn Brast?

Schieß. Aich well der's nor saa'n, aich glab, daß aich in bise Schlimassel bin, un des dorch dein Duckes, den dau su leib host.

Scene 7.

Die Vorigen. Duckes.

Bärbel. Saht emol, ahler Duckes, wos hott Ihr dann vor bise Masematte mit dem Schieß, der arm Borsch es ganz gehl im Gesecht.

Duckes. Do hun dei klane Madercher net dernoch zu frahe.

Bärbel. Su werd mer g'antwort, gaut aich weern dran denke (will ab).

Duckes (hält sie zurück). A, su hier doch. Aich hun den Kopp su vull — sich Bärwel — —

Bärbel (sich von ihm losmachend). Loßt maich meiner Weg gihn, dei junge Madercher hun met de ahle Männer naut ze schaffe. (Läuft ab.)

Scene 8.

Duckes. Schieß.

Duckes. Wei det Kenner heut zu Tag schlecht g'zuge weren. Vor Zeite hätt sech kan Madche gedraut, met mer su ze redde. Host dau den Herr Günther gesproche?

Schieß. Nan!

Duckes. Wann nor der Graf nett do es, wann dei Redd' von unserer Sach fällt.

Schieß. Redd mer neit dadervun. Aich deht mei Dahl gern erausgewe, wann dau deins aach wollst fahre losse.

Duckes. Den Deiwel aach! Aich sellt den Lappe Land gaut gezackert un gedingt hun for en annern? des wer jo dimmer als dumm.

Schieß. A — do hätte mern nor dem ze losse brauche, dem er gehirt, do hätte mern net zackern un net dinge misse.

Duckes. No warom hot aach aner Alles un dei Annern hun naut? Wu stiht dann deß geschriwe?

Schieß. Dunner — —

Duckes. Daut ahn Minsch mih esse, als der annere? Es sull a jewedder sein Dahl hun.

Schieß. Ei Ehr hott jo ach mih Land, als aich — do derft aich's Euch numme?

Duckes. Alwern geschwätzt! Dei Bauern derfe sech enanner vun ihrem bissi Armuthche nix numme. Des Land es ihnen, weil s' es baue, die Stadtleut hun es nor um Geld davon ze ziehe, un um gege ons arme Leut, dei grad su viel werth sind, dei Gruße ze spiele. Aich sein lang genog Gemandemann gewese, um des ze wesse. Frog nor den Herr Fischer, der werd dersch saae; mer muß sich nett Alles gefalle losse.

Schieß. Er kann saae, was er well, mer schläft doch ruhiger, wann mer nor des hott, was ahm gehirt.

Duckes. Ahn Mensch soll nor des besitze, was er versehn kann. Aich froge Daich, wai kann der Herr Graf sei Gut all hüte? Aich well wette, er waas nett emol, was er hott, un daß aich besser waas, was er hott, wei er selbst. Wettst dau?

Schieß. Gottlob! destu besser, so werd er velleicht nett gewahr, daß aich ihm genumme habb. Aich hätt' Ihm nor nett anhöre solle. Ehr hott mer gesaaht: Seih Hannes, wei aich von meiner Seit profetire, profetirst dau aach vun deiner. Do hun aich ewens aach von meiner Seit profetirt, un nu reut maich's, su viel aich Hoor uff em Kopp hun.

Duckes. Maich reut's nait; dann des hat maich gaut abgegrenzt. Wann mer des dem Herr Günther esu beibrenge kinnte, su deht der Deiwel nix gewahr weren.

Schieß. Awer der Herr Graf.

Duckes. Des es der recht. Wann he zehmol Graf es, su hun aich kan Forcht. Es es net mih wei sunst. Dei Herrn stihn jetzt aach unner ons Großherzog. Sunst hatte se ehr age Gericht, do kunnte se met ons mache, was se wollte. Ja, aich kann d'r erzehle von sunst; meim Vorrer selig hott's noch gedaacht, wei im Hessische die Bauern noch Leibeigene worn, wei se uns vorn Pflaug gespannt, wei se ons noch als Soldate noch Amirika wei's Vieh verkaaft hun. Wei mer noch kan Kartoffele noch nett hotte, un wei se uns uff der Proforßjagd dei Saat vertrete hun, un wei mer Schmiß kreit hun un dreiwe mußte.

Schieß. Sei hawwe uns verkaaft, wei's Vieh?

Duckes. Ja, un aach verschenkt derzu. Wann aner gruß wor, is er unner dei Grinadirer geholt worn. Des is awer, Gottlob, alles vorbei. Jetzt is es en gelegt, un iwwerm Rhein, do soll's noch besser sei. In Rußland awer, do is es noch beim alte — saat mei Vetter, der es als Soldat drinn gewese.

Schieß. Ehr weßt viel ze erzehle.

Duckes. Wann aich erscht von der gruße Fruhnt redde wollt, Gottlob, dei es abgelißt; des mögte se gern wedder su hun, wann's geng.

Schieß. Des derft nor widder su kumme. Duckes, aich geb dem Herrn Alles wedder, wos aich genumme han. Aich well naut mih met euch ze schaffe hun. Ehr hatt maich verzogt gemecht.

Duckes. Em Gegethal, derntwege möffe mer zesamme halle, daß s' es net werrer su mache,

Schieß. Ehr kinnt meintwege mache, was er wollt, aich mach lenks om.

Duckes. Aich well nix davon wisse, aich well nett allans dei Katz aus der Bach schlafe. Wann mer ons enanner nett onnerstütze, su hun dei Gruße frei Speil.

Schieß. Wann der Graf Lunte richt, su es kan Stern mih, der laicht. He is in seim Recht und kann uns noch viel Herzeläd mache.

Duckes. Schaude, der dau best — aich wahs es schunn anzefange. Eich schick' ihm mei ale Morrer un mein Unkel Thumas uff de Hals, dei hunn weiße Hoor, dei lametehre un flenne recht, un domet es es gaut, aich hunn des schun emol prowirt beim Kreisroth — velleicht helft's aach beim Herr Graf.

Schieß. Awwer aich, aich hun kan Vorrer un kan Morrer mih, und wann se aach noch am Lebe were, su waß aich, daß se sech net dodermet abgewe. Sich, es woren su brave Leut, hätt' aich en doch immer gefolgt.

Duckes. Dei woren von ihrer Zeit, ons sein von onserer.

Schieß. Ach, do kimmt der Herr Graf.

Duckes. Dau — vergeß net uff deiner Redd' ze bleiwe.

Scene 9.

Der Graf. Günther. Schieß. Duckes.

Duckes und Schieß (grüßend). Gnädiger Herr!

Graf. Guten Tag ihr Leute!

Günther. Nun, was giebt's, habt ihr mir etwas zu sagen?

Duckes (verschmitzt): For jetzt ner. Aich wollt den Herr Graf net belästege met onsere geringe Angelegenheite.

Graf. Nur zu! Ich will euch nicht bei Herrn Günther im Wege sein.

Duckes (verwirrt). Er waaß doch, Herr Günther, daß der Schieß un aich net vor Gericht gih wollte, un daß mer schon doriber anig sen, daß e Jeder behalle soll, was er hott. Un do wollte mer dann gebett hun, daß er ons e Schreibens uffsetzt, wu mer einverstanden sen, wie mer de Markstan gemanschaftlech setze wullte, un domet hett dei Sach e En.

Günther. Wozugegen liegt denn das Grundstück?

Duckes. Sellt — Sellt onne.

Günther. Wo unten?

Duckes (in steigender Verlegenheit): Aich brauch des doch net anzegewe, mer senn jo einverstanne.

Günther. Aber um einen Vergleich anzufertigen, muß ich doch die Ortsgelegenheit wissen.

Duckes. Kann Er kän Vergleich mache ohne des? Zur Zeit, wu aich Gemansmann wor, do wor aich net so neuschierig wei Er. Wann dei Leut einverstanne worn, so hun aich se net weiter gefrogt.

Günther. Wenn aber zufälliger Weise Ihr und Schieß zu gut einverstanden wäret?

Schieß (leise zu Duckes): Der reicht Lunte.

Duckes (leise zu Schieß): Halt's Maul! (Laut): Wos well He domet saan, daß mer ons zu gaut verstihn? Es es dann an Unglöck, wann mer anig es? (Gezwungen lachend): Aich verstihe, do gewenne dei Advekate nix dobei.

Günther. Mir kommt das nicht lächerlich vor, Freund.

Duckes. Nex for Ungut — aich hun Ihm nex Unrechts saan wolle.

Günther. Antwortet auf meine Fragen. Ein ander Mal könnt Ihr schlechte Witze machen.

Duckes. Sull maich der Deiwel hule, aich verstihn sein Froge net.

Graf (streng). Aber ich verstehe sie — ich. — Herrr Günther meint, daß das Grundstück Euch wohl nicht angehören könnte.

Schieß. Gnädiger Herr — — —

Duckes (hält ihm die Hand vor den Mund): Ah — wem gehirt es dann zau?

Günther. Dem Herrn Grafen, zum Beispiel.

Duckes (verwirrt). Dem Herr Graf!

Günther. Ja wohl, dem Herrn Grafen.

Duckes. Des is des erschte, wos aich hire.

Günther. Habt Ihr etwa geglaubt, mich zum Narren zu halten?

Schieß. For main Dahl, Herr Günther, aich will die Wohrheit bekenne.

Duckes. Hirt ehn net an, er waas naut, wos er saat. Dei alte Rechte senn abgelieẞt, do is es aach em arme Bauer erlaabt — —

Günther (zu Schieß). Schieß, was willst du sagen?

Duckes. Den do alsu wollt Ehr ehnder anhire, als wei maich, weil er nix von de Gerechtsame verstiht.

Günther. Sprich, Schieß.

Schieß, Di Wohrheit ze saan, mer hunn ebens en's Herrn Grafen Land geärwet, awer mer hun net druff acht gehott. Mer hun doch nor des Agemoos am Kopp. Heut hun mer ahn Forch weiter geärwet, Morje hun mer än dernewe gelegt, ohne ze wisse, was mer duhn; un wann Niemand do is, der ahm saat, daß mer im Errthum es, do — — —

Duckes. Su is es.

Günther. Und wo habt Ihr diese Furchen gepflügt?

Duckes. Ach Gottche, do unne in ahm ganz schlechtem Erdreich; aich was net wem's gehirt. Velleicht Niemand. Do unne im Kohlgrund, an der Ihlmihl.

Günther. In der Allerwiese?

Duckes. Es es miglich.

Günther. Die dem Herrn Grafen gehört?

Duckes. Su, dei Wies, dei gehört dem Herr Grafe zau?

Günther. Und das Stück Land, das Ihr Euch zugeeignet habt, auch.

Duckes. Aich glawe neit.

Graf. Man darf ja nur die Urkunde nachsehen.

Duckes (schlau). Dei aale Urkonde gelle nix mih.

Günther, Wie so — das ist ja wieder etwas Neues.

Duckes. Ihr migt saan, was Ihr wollt, dei aale Gerechtsame sein abgelist, wei Zihnte un Fruhn. Wann aich maich besinne will, su finn aich aach des Datum wann — —

Graf (sehr ernst). Aber die Justiz ist nicht abgelößt, die besteht Gottlob noch.

Duckes (listig). Aich glab beinoh.

Graf. Nun, mit ihr werdet ihr es fortan zu thun haben. Ich war lange genug nachsichtig, jetzt ist's damit zu Ende und ihr Beide sollt den Andern als warnendes Beispiel dienen. — Verstanden — Die Urkunden sollen nicht mehr gültig sein? Ich will euch zeigen, daß sie Gültigkeit haben.

Schieß. Ach! gnädiger Herr Graf, Ach! gnädiger Herr Graf!

Graf. Still! Ihr also bildet euch ein, Euch sei erlaubt sich unseres Eigenthums ungestraft zu bemächtigen. Ich bin fest entschlossen, auch das Geringste der Art nicht zu dulden, und gemessene Befehle sind in diesem Punkt gegeben. — Also — kein Eigenthum soll mehr gelten?

Duckes. Der Herr Graf werd mer verzeihe, Sie misse wisse, daß mir kan Kenntneß hun, un daß mer nor aus Dummheit gefehlt hun. Sei weren e paar arme Deiwel net ins Unglück brenge wolle, dei ihr bissi Armuthge met ihrer Hende

Erwet sauer verdeine un ihre aale Eltern des Brudche verschaffe. Es es wohr des Steck Land, des mer alle Tog nebig onserm hun leie sehn, hott ons in die Roos gestoche, un daß aich gefehlt hun am Eigethum, des mer respectire sull. — Awer, es hot ons des Läppche Land su gaut gebaßt.

Günther. Ah so, seid Ihr jetzt zahm?

Duckes (mit erhobener Stimme). Herr Günther, Er es nauth annerscht als e Adfekat, un wos aich saan, giht Ihn naut an. Mer moß net immer den geringe Mann drecke zum Nutze der Gruße. Es es onser Schuld nett, daß mer nait reich gebohre sein, un daß mer dei Leut net su gruße Rechnonge mache kenne.

Günther. Herr Graf, Sie werden dieser Sache hoffentlich Folge geben, und sicherlich kommen sie dann nicht leicht davon.

Graf. Ich werde unerbittlich sein.

Scene 10.

Die Vorigen. Bärbel an der Thür.

Duckes. Gnädiger Herr Graf, losse Se desmol Gnad vor Recht ergihn. Des Stückche Land baßt ons su gaut, un wann Se mer's verpaachte wollte, do wär mer kan Pacht su gruß — zemol, daß dei ganz Geschicht verschwige bleibt.

Graf. Halt Freund, das geht doch nicht. Der Erbpacht ist ja ein altes Herkommen. Ihr versteht Euch ja auf die alten und neuen Rechte.

Duckes. Von wegen meiner, strofe Se maich, wei Se wolle, nor, daß neix unner dei Leut em Dorf kimmt.

Graf (der Bärbel bemerkt): Nun Bärbel, was suchst du hier?

Bärbel (sieht den Schieß mitleidig an). Nix, Herr Graf.

Graf. Du sprichst nicht die Wahrheit.

Bärbel. Herr Graf, aich waas nait, wos hei vorgiht — awer su viel waas aich, daß der grißte Spitzbub nett der Hannes es.

Graf. Woher weißt du das?

Bärbel. Ei, er es doch jinger als der Duckes, un kann sech noch bessern (Graf lächelt). Ach, Herr Graf, verzeihe S'm. Sehn Se, wann Sie ihm befehle wolle, daß er mer recht gehorsam es, un daß er mech im Haus allain cummadere läßt, do well aich ehn heurothe, un aich stihn d'for, daß er sech nix mih zu Scholde kumme losse werd.

Graf. Ich hab Dir einmal versprochen, Dich zu verheirathen. Ich gebe Dir hundert Thaler Aussteuer und das Stück Land, worin diese sich getheilt hatten. Das Weitere hängt von Dir ab.

Bärbel (macht mehrere Knixe). Gnädiger Herr, Exelenz un Dorchlaacht, Sei sein zu gaut gege maich, aich bedanke maich.

Günther. Dieß geschieht doch vorbehaltlich der weiteren Klage des Herrn Grafen, für zwei Jahr Pacht.

Graf. Ich übertrage alle meine Rechte auf Bärbel; sie ist nun Herrin ihres Schicksals.

Günther (leise zum Grafen, verdrießlich). Geben Sie wohl acht, Herr Graf, daß der Vorfall nicht den Anschein eines Spaßes behält.

Graf (leise zu Günther). Was ist denn auch dabei? Lassen wir sie gewähren; denn ich bin wirklich neugierig, das Resultat dieser Geschichte zu erfahren. (Geht ab mit Günther).

Scene 11.

Duckes. Bärbel. Schieß.

Bärbel. Duckes, weßt Ehr viel Madercher met hundert Thaler un em Stöck Land?

Duckes. Dau host e schien Stöck Land, aich geb kan zehe Gille defor.

Bärbel. Ehr redd' jo jetzt ganz annerscht, wei vorhin. Des habt Ehr dem Herrn Grafe nett gesaat. Hannes, des Land es su gruß.

Schieß (seufzend.) An Morje un zwölf Ruthe, Bärwel.

Bärbel. An Morje und zwölf Ruthe, warim seuftste de dann esu, wann dau des saast?

Schieß. Aich wußt jo nett, daß daich der Graf aussteuern wullt. Hätt' aich's geweßt, so hätt' aich maich g'hüt, daich su leib ze hun, als aich deich hun.

Bärbel. Grod, deswege — —

Schieß. Jetzt, weil dau Geld host, werscht dau aach nor en reiche nemme wolle.

Bärbel. Do best dau uff dem Holzweg. Jetzt grad' net, will aich kän Mann, der mih sein well, als aich.

Schieß. Do mißt dau maich numme, aich well nett mih sein, als dau.

Bärbel. Aich waaß, mei Murrer hält Sticke uff daich, un wann se erfehrt, daß aich des Stick Land un honnert Daler hun, so werd se for dich des Wort redde; dau siehst nu, daß dau nett desperat ze were brauchst. (Spöttisch). Gaut Zeit, Schieß!

Scene 12.

Duckes. Schieß.

Schieß. Wann dei ehr Morrer freht, su es dei Sach in der Reih.

Duckes. Dau wellst also e Madche heurothe, wege an Morge un zehe Ruthe Land, un hunnert lumbige Daler.

Schieß. Hätte aich se doch met nix genumme.

Duckes. Dau achtest dech nu damet for reich?

Schieß. Aich rechne aach dodruff, daß Ehr des Uebrige nachzohlt.

Duckes. Was for Iweriges?

Schieß. Dei Schadloshaltung for des Grondstick, des ihr von mir un meiner Fra zwa Johr im Besitz gehatt.

Duckes. Gih zom Deiwel, met deiner Schadloshaltung.

Schieß. Do hott der Deiwel nix derbei ze thun. Der gnädige Herr hot sein Recht an dei Bärwel abgetrete, un aich wärn's geltend mache.

Duckes. Dau wellst dann domet anfange gege dich selbst uffzetrete?

Schieß. Aich gibe aach uff maich selbst lus, wann aich well. Awer su viel wahs aich, daß aich Euch ner schenke.

Duckes. A, sag emol, wellst dau maich zom Narre hun?

Schieß. Ehr seid ons scholdig un Ehr zahlt ons.

Duckes. Des wulle mer doch sihn.

Schieß. Des wern mer aach sihn. Ehr un kan Mensch im ganze Ort jagt mer kan Forcht ein met Plug un Schmiß, un Rekrutefange. Es es jo allbekannt, daß Ehr gege dei Gruße kreischt, nor aus pure Neid. Wann Ehr immer den grade Weg gange wert, do deht Ehr nett des Zeug all vorbrenge. Korz, aich well mein Paachtgeld, un aich kreis aach.

Duckes. Aha, dau bist su Aner, s'is gaut, daß mersch wahs.

Schieß. Dau hest in deiner Grenz bleiwe, un nett enib blüge sulle.

Duckes. Sullt mer do net glawe, er wer in seiner Grenz gebliwe; s'is zum Deiwel hole.

Schieß. Aich hun for mei Fraa dei Grenz vererwet, des giht Niemand ebbes an.

Duckes. Dei Fraa? Dei Bärwel es es noch neit.

Schieß. Su werd s'es doch, aich hun nix ze reskire.

Duckes. Ei sei kann noch mei were, aich brauch er nor gruße Vortheile anzebiete, dann aich ben reicher, als dau.

Schieß. Anerlä, Er migt meintwege reich sein, es gebt Vortheil, dei ehr net mih anbiete kennt.

Duckes. Un wann se maich doch numme wollt — wer dersch dann reecht, wann aich gege dech ufftrete deht?

Schieß. Ja, des wer mer reecht.

Duckes. Do ging jo Alles druff, was dau host.

Schieß. Es dieht euch aach viel Batze koste.

Duckes. Es dieht maich awer neit rõenire.

Schieß. Ja, doch; wann dem Herr Günther sein Schwerersuhn sech der Sach ahnnehm, do kinnt's wuhl su kumme. Der verstiht's. Hot er den Lorenz Kraft in zwa Monat uffs Struh gelegt, un dohin gebroocht, Knecht ze weren, un der wor reicher, als Ehr.

Duckes. Dau wellst also den annumme?

Schieß. Ja.

Duckes. Gaut, do wenn aich maich aach on ehn.

Schieß. Wei Ehr wollt.

Duckes. Dein honnert Daler wern bald beim Deiwel sein.

Schieß. Do sein s'es.

Duckes. Dau kimmst in bise Masematte.

Schieß. Des is mei Sach.

Duckes. Dau worschst su schechtern beim Herr Graf.

Schieß. Aich worn schechtern, weis Ruth g'dohn hott, aich sein's nett mih, wänn's kan Ruth daut.

Duckes. No om e Frag ze dauhn? Wos dehst dau dann Entschädigung numme?

Schieß. Je mih, je leiwer.

Duckes. Willst dau dech zau ebbes verstihn?

Schieß. Zau was?

Duckes. Es es mein Ernst, daß derjinige, der dei Bärwel heiroth, dem annern zwölf Daler get — un damit dei Sach en Enn hott.

Schieß. Nan, nix do!

Duckes. Des es jo for daich wei for maich. Waas mer doch noch nett, wer se hamföhrt. Dei kann der allerla vorbabele, am Enn will se doch werrer annerscht.

Schieß. Aich well nu emol von dem Vertrag nex wisse. Wann aich dei Bärwel verliere sull, su will aich, daß sei maich mih kost, als des.

Duckes. Was sull sei dech dann koste?

Schieß. Sei sull maich winigstens dreißig Gille koste.

Duckes. Dreißig Gille for dei Nutznießung von zwa Johr, for an Morje zehe Ruthe Land, dei aich hichstens for 10 Gille gepaacht hett.

Schieß. Do hett Ehr's paachte messe.

Duckes. Des mecht maich jo dull, daß der, der su redt, su scholdig es als aich.

Schieß. Weil aich awwer geweß ben, dei Berwel ze heurothe — do bin aich kan Scholdiger mih — drom well aich dreißig Gille.

Duckes. Aich geb der se naut.

Schieß. Wei Ehr wollt, dem Herr Günther sei Schwerersuhn, der schlegt mer se eraus — aich kann nex verliere.

Duckes. Aich wullt leiwer met dem Deiwel ze duhn hawe, als met dem do.

Schieß. Schwei, ehr scheckt em euer Morrer un euern ale Unkel Thomas, met de weiße Hoor iwwern Hals. (Lacht.)

Duckes. Dau sullst dei dreißig Gille hun, awwer dau kannst off deiner Haut sein.

Schieß. Hab kan Angst, aich ferchtmaich nett. (Ab, indem er sich die Hände reibt.)

Duckes. Doron wern aich lang denke. Aich, der aich maich su arch vor dem Graf geferchtet hun — aich wehr zihnmol besser mit ihm zerecht kumme, als mit dem klane Satan do. Immer besser beim Schmidt, als wie beim Schmidtche.

Porzenelle-Comödie.

(Wird zum ersten Mal dem Druck übergeben.)

Zu dieser Polichinell-Comödie sind 5 Puppen erforderlich, und kann das Ganze füglich von zweien in dem Kasten befindlichen Personen dirigirt werden. Sprache und Vortrag sind möglichst genau den herumziehenden Polichinell-Spielern nachzuahmen; gewöhnlich sind diese für die Anstandspersonen ein Gemisch von überhochdeutschen, mit etwas Anklang irgend eines norddeutschen Idioms, welcher bei gemeinen Leuten meist für den Ausdruck des Vornehmen und Anständigen gilt.

So wird das Deutsche eines Brandenburger Handwerksburschen, bei uns Südländern immer als Hochdeutsch gelten.

Der Hanswurst spricht durchweg Oestreichisch-Bayerisch. Besonders muß bemerkt werden, daß bei den derartigen Volksergötzlichkeiten, nie ein Dialekt rein gesprochen wird, sondern immer nur das beliebte Sprachgemengsel von Leuten, die ihr ganzes Lebenlang alle Provinzen Deutschlands durchwandern. Die Handhabung der Puppen ist zu bekannt, als daß es einer Erläuterung bedürfte; nur ist zu bemerken, daß die Prügelei, eine Bedingung aller Polichinelle, am besten von einer Person besorgt wird, welches das Wechseln des Knüppels zwischen den Puppen wesentlich erleichtert.

Personen.

Raps.
Hanswurst.
Hasenschrot.
Herr v. Kickeriki, ein Offizier.
Lorchen, Tochter des Hasenschrot.

Scene 1.

Raps. Hanswurst.

Raps.

Ich habe jetzt Dein Glück gemacht,
Indem ich Dich hieher gebracht,
Eine Herrschaft kannst Du Dir nun suchen,
Bei der es giebt täglich Bratwurst und Kuchen.

Hanswurst.

Brotwurscht und Kuchen esse will i schon;
Aber wonn dos is mein gonzer Lohn,
So konn mer dos niet convenire,
Un ich werd gleich wieder nach Haus spaziere.

Raps.

Hanswurscht bleib hier,
Ich rath es Dir,
Lauf nicht davon,
Du wirst Lackei bei em Baron.

Hanswurst.

Bei so em Herr von,
Dös kenn i schon:
Do gibt's viel Koresse,
Un wenig z' Fresse.

Scene 2.

Vorige. Herr Hasenschrot.

Raps.

Ihr Diener, mein lieber Herr Hasenschrot.

Hasenschrot.

Ihr Diener bis in den Tod.

Hanswurst.

Do hör' i schon zwä Diener nenne,
Do weren's mi wohl nit brauchen könne.

Raps.

Hier ist der Bediente quaestionis,
Von Kopf bis auf die Füß'.

Hasenschrot.

Das is ein ganz scharmanter Borsch,
Ich werd' ihn heißen Schorsch.

Raps.

Hanswurst mach deine Sachen fein,
Ich geh und trink 'nen Schoppen Wein. (Ab.)

Scene 3.

Vorige ohne Raps.

Hanswurst.

(Bei Seite nach Polichinellen-Art mit ganz abgewandtem Gesicht.)

Wenn mer's jetzt hie gefällt,
So kriegst a schö Stück Geld.

Is aber nix,
So kriegst de Wix. (Schlägt mit dem Kopf auf.)

Hasenschrot.

Kann Er frisiren und rasiren,
Auf der Kutsch stehn und serviren?

Hanswurst.

Frisiren kann i aus dem Fundament.
(Bei Seite, wie oben): Nur werdens bisweilen die Hoor verbrennt.
(Laut): Rasiren kann i a e Bissel.
(Bei Seite): Das heißt mit der Zung in der Suppenschüssel.

Hasenschrot.

Daß Er umgehn kann mit Bart und Haaren,
Ist mir lieb zu erfahren;
Jetzt will i Ihm in zwei Worten sagen,
Was für Arbeit ich Ihm werd' auftragen.
Morgens bringt Er immer
Den Kaffe auf mein Zimmer,
Sowie auch etwas Zuckerbrod.
Unterbleit's, kriegt Er die Schwernoth.
Dann muß Er bei Tisch aufwarten;
Mittags jagt Er die Spatzen aus 'm Garten,
Abend geht meine Frau in die Oper,
Da bringt er ihr den Schanzeloper.
Wenn die Oper is aus,
Führt Er sie schnurstracks nach Haus.
Ohne sich unterwegs aufzuhalten,
Sonst werd' ich Ihm den Schädel spalten.

Wenn Er mir dann wohlgefällt,
Bekommt Er dreißig Thaler an Geld,
Eine Livree von wollen Tuch,
Essen und Trinken vollauf genug.
Dein sind alle Stiefel und Schuh,
Und ich nenn' dich jetzund Du.
Wenn Du mir auch noch die Livree schonst,
So hast bei mir das Wasser umsonst.

Hanstwurst.

Nie hab' ich mich resolvirt geschwinder,
Topp, ich will sein sein Bedienter. (Reicht ihm die Hand dar.)

Hasenschrot (einschlagend.)

Ich hab Dich nun geworben,
An dir ist ein Spitzbub verdorben. (Ab.)

Scene 4.

Hanswurst (allein).

Heißa, da gibt's ein luschtig Leben,
Dreißig Thaler will er mir zum Versaufe gebe.
Abends darf ich ins Comedi gehe
Un die Deiwels Sache sehe.
Da wer ich bald crepire vor Lache,
Uns Hanswurst werd's eben so mache.

Hasenschrot (ruft hinter der Scene):

Hanswurst! Hanswurst!

Hanswurst.

Jo! Jo! He!

Scene 5.

Hasenschrot (erscheint.) **Hanswurst.**

Hasenschrot.

Ich will Dich mit einer Commission chargiren,
Die Dir gewiß wird amüsiren.
Meine Tochter ist sehr verliebt
In den Herrn von Kikerikik.
Alle Abend thut er her spaziren,
Um mit ihr zu chameriren.
Da ich nun das nicht leiden kann,
So zeig' ich Dir hierdurch an,
Daß, wenn er Abends kommt hieher,
Und bitt' und singt und ruft ma chère!
Und seufzet immer O! und Ach!
Du ihm schlägst auf das Dach.
Wenn meine Tochter kommt in dieser Noth,
So rufe nur, Herr Hasenschrot.
Dann werd' ich sogleich erscheinen,
Und ihm sagen, was ich meine.
Wer dann sich noch drein melirt,
Der wird recht tüchtig abgeschmiert.

Hanswurst.

Das werd' ich Alles nach Wunsch ausführen,
Besonders aber das Abschmiere.

Pause statt Actus.

Scene 6.

Hanswurst. Kickeriki.

Hanswurst.

Da kommt er so mit seinem Chapeau Claq,
Die Hand im rechte Hosesack.

Kickeriki.

Wenn Lorchen wird nicht heute mein,
So laß ich Leben, Leben sein,
Und tödte mich zu Tode!

Hanswurst.

(Aus der Coulisse ihn schlagend und gleich wieder ab.)

Krieg die Schwernoth! (Ein Schlag.)

Kickeriki.

Potz Bomben und Granaten!

Hanswurst.

Do hast a ans uff de Waden! (Ein Schlag.)

Kickeriki.

Au weh! au weh!

Hanswurst.

Laß du Jungfer Lorche geh! (Ein Schlag.)

Scene 7.

Vorige. Lorchen.

Lorchen.

Ach mein lieber Kickerikik,
Wie hab' ich Dir so lieb.

Kickeriki.

Ach liebes Lorchen
Guten Morgen!
Laß mir Dir umarmen,
Und Dir einen warmen
Kuß auf Deine Lippen
Hochachtungsvoll drücken.

Lorchen.

Ich wär schier gestorben,
Denn um mir hat geworben
Der Major Zill,
Dem mich der Vater geben will.

Kickeriki.

Wie, was hör' ich?
Wär'st Du so thörigt,
Dich ihm zu unterwerfen
Mit Deinen schwachen Nerven?

Lorchen.

Nein, so was thu ich nicht,
Ob mir's gleich an Courag' gebricht.
Dir allein kann ich nur lieben,
Und wär'st Du mitten unter Dieben.

Kickeriki.

Sieh mich hier zu Deinen Füßen,
Sieh' wie meine Thränen fließen;
Du nur kannst mein Leben versüßen,
Ohne Dür würd' ich mir zu Tode schüßen.

Scene 8.

Hanswurst. Vorige.

Hanswurst.

Herr Kickeriki, guten Morgen!
Guten Tag, Jungfer Lorchen!

Lorchen.

Mir ist sonderbar zu Muth. (Ab.)

Scene 9.

Hanswurst. Kickeriki.

Hanswurst.

Nix vor ungut,
D' Herr Vatter hobben mer aufgetrage,
Ihm die Knoche zu zerschlage,
Wofern Sie bei so später Uhr,
Der Jungfer Lorchen machen die Cour.
Und wenn Sie sich nicht gleich scisire,
So werd' ich die Commando executire.

Kickeriki.

Du Grobian!

Hanswurst.

Musie, i fang an!

Kickeriki.

Nu Flegel, in Gottesnamen!

Hanswurst.

Morge gehörst zu die Lahmen.

(Beide prügeln sich. Kickeriki nimmt Hanswurst den Stock ab und prügelt ihn.)

Hanswurst.

Das Blatt hat sich gewendt.

Kickeriki.

Du Sackerment!

Hanswurst.

Herr Haseschrot, ich bin in großer Noth.

Kickeriki.

Ich schlag Dir tod!
Hanswurst, länger will ich Dir nicht plagen,
Wenn du mir willst sagen,
Ob du werden willst Soldat!
Dann verzeih' ich Deine Missethat.
Willst Du das nicht,
So bin ich's, der Dür erstícht.

Hanswurst.

Jo, Alles will ich Euch verspreche,
Nur thut mich nicht versteche.

Kickeriki.

So wahr ich heiße Kickeriki,
Du kommst in meine Compagnie,
Nur mußt Du mir geloben,
Dich immer gut aufzuführen,
Und des Herrn dort oben,
Tochter Lorchen zu entführen,
Wider ihres Vaters Willen,
Heute in der stillen
Mondhellen Nacht.

Hanswurst.

Ich thu, wie ihr gesagt,
So wahr ich bin Hanswurst. (Kickeritik ab.)

Scene 10.

Hanswurst (allein).

Wos wer ich machen für Figur,
Wann ich steck in der Montur,
Den Säbel an der Seit,
Wie die wohre Kriegesleut.
Ein Schnurrbart bis auf die Schuhe,
Ein Rock bis obe zu.
Komoschen mit 101 Knopf,
Ein Tschakot wie a Kuchetopf,
Mit einer schönen weißen Feder,
Kosemir-Hosen von Kolbsleder.
Wenn's aber heißt, marschirt geschwind,
Jetzund bläst e guter Wind,
Es geht zu Schiff nach Algier hin;
Des will dem Hanswurstel nit in Sinn.
Eh ich mich mit Ruhm bedecke,
Dos i kann kei Glied mehr strecke,
Oder gar werd geschosse todt,
Lieber bleib i beim Haaseschrot.
Ich werd' ihm aber auch gleich entdecke,
Was Kickeriki ihm will verstecke.

Scene 11.

Hasenschrot. Hanswurst.

Hasenschrot.

Was gibt's?

Hanswurst.

Warum seid Ihr denn nit gekomme,
Wie mich der Kickeriki hat beim Ohr genomme.

Hasenschrot.

Ich hab' Dir nicht rufen gehört,
Sonst hätt' ich ihn mores gelehrt.

Hanswurst.

Anfangs hab' i ihn recht geschlage,
Nochher hot er mi kriegt beim Krage,
Un hat mir gar garstig geschmisse,
Da hob i ihm verspreche müsse,
In der That
Zu werden sein Soldat,
Un ihm ze helfe
Heute Nacht um zwölfe,
D' Jungfer Lorche zu entführe,
Und euch recht derb abzeschmiere.

Hasenschrot.

Meine Tochter mir entführen! Der Bösewicht!
Ich blas ihm aus das Lebenslicht.
Hanswurst, es ist sehr schön von Dir,
Daß Du es entdeckest mir.

Ich werde Dir belohnen,
Wie es thun Standspersonen.
Einen Kreuzer hast Du hier,
Kauf Dir bisweilen eine Wurst dafür.
Jetzt komm fort mit mir dem Kickeriki aufzupassen,
Ich hoffe, Du wirst mich nicht verlassen. (Ab.)

(Man sammelt das Geld ein.)

Hanswurst (erscheint und spricht in Prosa):

Hochzuverehrenste und wertheste Zuschauer! Insonders charmante Junggesellen und Mamsells! Sowohl ich Hanswurst, als der Herr Hasenschrot, und sämmtliche mitdrachirende Personen, waren sehr touschirt, unsern Teller so voll zu sehen. Wir statten dafür einen vollkommenen Dank allen Denjenigen ab, die was geben haben; die Andern hingegen, die nichts geben und doch zugesehen haben, die können's noch nachholen; sie werden halt aber schon weggeschliche sein, aber ihr Gewisse wird se sehr peinige. Itzund, meine Herrn, muß ich ihm was sage, däs mir nit von Herze geht, denn i hätt' se gern noch ein auch zwei Stunde geamüsirt. Dos Stück kann heut nit ausgespielt werde, von wege verschiedene Unfälle, die im Innern von unserm Kasten vorgefallen sind, und von wege Unpäßlichkeit mehrerer Mitglieder. Auch hot de Polizei e Poor Wort drei gesproche, als war scho 10 Uhr vorbei.

Morge, 'meine Herre, sin mer präcis zwische Licht un Dunkel uf'm Marktplatz vor dem Bierhaus zum lahme Engel anzutreffe.

Die

Jungferu Köchinnen.

Lokalposse in einem Act.

Vorrede.

Ich würde vielleicht keine Vorrede zu diesem Stückchen schreiben, wenn es nicht bisher eine gewisse Nachrede, von der ich noch genauer spreche, gehabt hätte. Und in so ferne mag des seligen Lichtenberg Vergleichung gelten. Er nannte Vorreden: „Fliegenwedeln". Gut, ich wedle Fliegen.

Das Zeugniß wird mir von Freund und Feind nicht entstehen, daß ich meine literarischen Arbeiten immer ohne Prunk und Prätension, sowohl dem schauenden, als dem lesenden Publikum übergab. Ich machte keinen Hehl mit meinen Quellen, wenn deren vorhanden waren; ich erkannte gerne an, daß die Darstellung Alles thue; ich nahm fast nichts für mich in Anspruch, als das Zugeständniß, daß es nicht ganz leicht sei, unter gegebenen, engen und beengenden Verhältnissen — nicht etwas Vorzügliches, etwas Ausgezeichnetes, nein, nur etwas Taugliches zu leisten. — Vielleicht hätte ich aber gerade ein umgekehrtes Verfahren einschlagen sollen. Die Quellen konnte man leicht mit einem Steine überdecken. Die Darsteller bemühten sich um Rollen, und so durften sie nicht von der Fahne weglaufen, welche etwa zu Ehren des Dargestellten wehte. Jedenfalls wäre man in diesen beiden Punkten nachsichtiger gewesen, als im dritten. Denn — was verlangt man — der Tänzer sollte tanzen, gut, taktmäßig, elegant; und kein Mensch bringt bei ihm in billigen Anschlag, daß er im spanischen Bock liegt oder doch ganz knappe Schuhe an hat. — — Dr. Arbuthnot pflegte zu sagen: „Lachen verlängert das Leben, und ein einziger Hanswurst, der in einer Stadt einkehrt, trägt mehr zur Gesundheit der Einwohner bei, als zwei Dutzend Aerzte."

Ich weiß nicht, ob ich des Hanswursts hier erwähnen durfte. Es sind im Jahre 1837 gerade 100 Jahre verflossen, seitdem der Professor Gottsched in Leipzig, in Gemeinschaft mit der Schauspieldirectrice Johanne Neuber, den Hanswurst öffentlich und feierlich zu Grabe trug. Dadurch war der gute Geschmack für Deutschland gerettet. Zeigte sich der Hanswurst noch da und dort, so geschah es nur auf Jahrmärkten, bei Judenhochzeiten oder auf Maskenbällen, und wenn der eine und andere Ehrenretter, z. B. Justus Möser, der Verfasser der patriotischen Phantasien, für ihn aufstand, so machten hundert kluge Leute sehr ernsthafte Gesichter und bemerkten, man solle die Todten ruhen lassen, insbesondere die todten Hanswurste. Wirklich drang solches Raisonnement auch in der Hauptsache durch. Der Hanswurst war und blieb von der deutschen Bühne vertrieben, wie der Wolf aus den englischen Wäldern, und wo Splitterchen seines Thuns und Seins sich geltend machten, da rief man gemein! Dieses „gemein" hatte dann häufig die Wirkung wie der Ruf: „Ein toller Hund!" Schlug man nicht darauf, so lief man doch fort, und das war schon schlimm genug für Dinge, welche angeschaut sein wollten.

Wessen Arbeit solcher Ruf erklang, konnte sich nun zwar mit Allerlei trösten; z. B. mit den heruntergestimmten Nerven einer matten und mattherzigen Zeit; oder mit dem Schicksale der niederländischen Malerschule, welche man auch gemein nennt, und doch schätzt und rühmt; oder mit der nützlichen Kartoffel, diesem würdigsten Symbolum der materiellen Interessen, worunter unsere Zeit ganz beglückt schwitzt und keucht. — Aber nicht Jeder war solchem Troste zugänglich, und, was mich betrifft, so hatte ich früherhin gar keinen Anlaß, desselben zu bedürfen. Erst als meine „Köchinnen" auf der Bühne erschienen waren, wurde ich andern Sinnes. Denn zu Lob, was man ihnen spendete, kam auch Tadel, — wobei ich nicht das Mindeste zu erinnern gehabt hätte, — und wobei ich Einiges zu erinnern finde, selbst das Wörtchen gemein. Ich suchte das Wörtchen in Eberhard's synonymischem Handwörterbuch auf. Sein Bescheid lautete tröstlich. Aber der gewöhnliche Wortverstand nimmt's ernstlicher, als Eberhard's Handwörterbuch.

Mein Hampelmann, der als eine Art ständig gewordenen Theatermaske vom alten begrabenen Hanswurst Einiges an sich genommen hatte (ungefähr so wie der Raupach'sche Till, der aber ein Studierter ist), war, meines Wissens, ohne jenes Prädicat durchgekommen, und nun mußten meine „Köchinnen," Frauenzimmer ledigen Standes, zum Theil verlobt, und in die Register der Polizei eingetragen, also gewiß nicht ohne Furcht, sondern auch ohne Tadel, — meine feuerfesten Küchen-Bayards mußten mit dem Anathem: „gemein" belegt werden! —

Aber was nennt ihr denn gemein, ihr Ungemeinen? — Was nicht bloß natürlich und wahr, sondern zugleich einer Sphäre des Denkens und des Ausdrucks, welche die sogenannte untere Klasse umgibt, entnommen ist. — Geliebte! Ich habe vorhin vom Tänzer gesprochen. Nur an diese untere Klasse und ihre nächsten Nebenläger darf er sich halten; nur sie sind das etwas unansehnliche Terrain, auf dem man ihm seine Sprünge erlaubt. Wollte er es auf gebohnten Dielen versuchen, unter prangenden Kronleuchtern — o wie schnelle wiese man ihm die Thüre! Ein Glück ist dabei noch, daß die Menschen aller Orten und Klassen sich äußerst ähnlich sehen, und daß insbesondere die Dii minorum gentium der Küche und des Pferdestalles ziemlich genau die Fehler und Lächerlichkeiten der Dii majorum gentium, d. h. ihrer Herrschaften, abspiegeln; nur mit mehr Aufrichtigkeit, Frische und Keckheit. Wer seine Zeitgenossen im Allgemeinen abschildern will, findet unter jeder Sorte derselben die dazu erforderlichen Stifte und Farben. Aber begreiflich muß man dann an die Eigenthümlichkeiten der gewählten Form sich halten. Eine Köchin, mit feiner Bildung und mit reichen Kenntnissen, wäre keine Köchin mehr. — Die Ausführung kann übrigens ungeachtet dessen, was für die Sache an sich gilt (das gebe ich gerne zu), mangelhaft, langweilig, unmotivirt, verwerflich und, damit ich nur das böse Wörtchen nenne, gemein sein. Die einzelne Arbeit taugt dann nichts. Sie wird euch auch alsdann nicht gefallen. Ihr habt einen dégout davor, wie vor allem Gemeinen, — aber — die Hand auf's Herz! — habt ihr insbesondere einen vor den „Köchinnen," und, wenn ihr diese auch mit einem (rückwirkenden) Bannstrahle belegen wollt, habt ihr einen vor meinen Hampelmanniaden?

O ich kenne euch, die ihr einen bepolsterten Stuhl hinansteigt und sagt, ihr hättet einen erhabenen Standpunkt eingenommen. Ich kenne euch, die ihr häufig „gemein" nennt, was euch gefällt, und die ihr es auf die Gefahr hin thut, nicht für bescheiden gehalten zu werden, sondern nur für aufrichtig. Ich kenne euch, die ihr mit der Zwiebel eines gewissen, angequälten, kritischen Geschmacks euch Thränen auf die Wange lockt, und sie mit lächerlichem Pathos dem Publikum hinhaltet. Ich kenne euch, die ihr beim Grabe Gottsched's schwört, daß der gute Geschmack nur noch an einem Fädchen hange — wahrscheinlich am Fädchen, was euch die Parze spinnt! — Nun wohl! Die Parze spinne und drehe daran nach Belieben. Bisweilen aber flüstere sie hinein, daß es allerlei Gemeines gebe. — Kommt, was man gemein nennt, zur Vertheilung, gut, dann behalte mein kleines, anspruchsloses Stück das Prädicat, was ihr ihm beilegt, und euch verbleibe das Uebrige zu freier Auswahl.

Noch bleibt mir zu bemerken, daß ich im Plane des vorliegenden Stückchens einer französischen Posse: „les Cuisinières," gefolgt bin. Eine Uebersetzung derselben wurde schon vor einer Reihe von Jahren auf der königlichen Hofbühne in Berlin gegeben. Die ausgezeichnete Künstlerin, Demoiselle Lindner, fand die Rolle der Frenz ihres Talentes nicht unwürdig, stattete dieselbe mit einer Fülle von Laune und bewunderungswürdiger Bühnengewandtheit aus, wovon nur Derjenige, welcher die Darstellung gesehen, sich einen Begriff zu machen vermag.

Der Verfasser.

Die

Jungfern Köchinnen.

Lokalposse in einem Act.

Personen.

Herr Hammel.
Madame Hammel.
Frenz, ihre Köchin.
Frau Hannlapps, ihre Mutter.
Peter, ein Metzgerknecht.
Dorthee, Lisbeth, Susann: Köchinnen.
Die Schwäbin.
Schmidt, ein Kutscher.
Ein Kohlenträger.

(Ort der Handlung: in der Wohnung des Herrn Hammel.)

(Die Bühne stellt das Innere einer bürgerlichen Küche vor. In der Mitte gegen das Publikum ein großer Tisch (die Anricht), links der Herdt 2c., rechts Küchenbänkel, Wasserzuber und der Eingang in die Zimmer, im Hintergrund die Thüre auf den Vorplatz.)

Scene 1.

(Beim Aufgehen des Vorhangs hört man auf dem Gang außerhalb klingeln.)

Mad. Hammel. Kohlenträger.

Mad. Hammel (in der Coulisse). Frenz! Frenz! — dreimol hot's schond geschellt — heert se dann gar nix! Mer meent sie hett Bänwoll in die Ohrn — (sie tritt auf) No, no, wo is dann des Weibsbild nor? (Es klingelt wieder.) Wer is dann do?

Kohlenträger (außerhalb). Ich bins, der Kohleträger. (Nach geöffneter Thür): E Bitt Kohle! —

Mad. Hammel. Schond widder Kohle, mer hawe jo erscht krigt.

Kohlenträger. Die Jungfer Kechin hot se vor ere halwe Stunn bestellt — es deht gebiggelt wern.

Mad. Hammel. Ach Gott, ich bin ganz allän; sie mißte ägentlich uff de Boddem — ich kann jetzt net; mer hawwe heut Leut — liewer Mann, er kimmt mer recht ungelege.

Kohlenträger. A, wisse se was — mer sinn kan Hanzeler — wanns Ihne geniere duht, ich brenge se der Fra Kratz uff dem annern Gang, die kann se immer brauche — un morje früh frog ich emol noch, wann ich Ihne e Bitt brenge derf (ab).

Scene 2.

Mad. Hammel, allein.

Mad. Hammel. Gar orndliche Leut, die Kohleträger. — Gott im Himmel! Wie sieht die Kich widder aus! Beinah Essenszeit un noch net vom Mark zerick. — Wähs Gott! wann mer sich nor selbst bediene kennt, mer sollts wahrlich duhn. — Awwer die Fraa von eme borjerliche Gegeschreiwer kann doch, wähs Gott net mit eme Henkelkorb iwwer die Gaß gehn — so wie e Schuhmacherschfraa — zu dem, wo mer so stolze Hausbewohner hat — un beim Licht betracht, was is es? E ungeschworner Makler, e Holzmesser, e Littegraf, der duht, als ob er sunst e Graf wär. — Was die sein, des sinn mer längst gewest — war mein Mann net vor Zeite Platzmäster bei de Schitze un Vorsteher von ere Leichekaß — zur fröhliche Abfahrt. Es is hart, wann mer sein Ehrnämter ablege muß.

Herr Hammel (von innen). Frenz!

Mad. Hammel. Alleweil is mein Mann bei der Hand, der werd sein Rassier=Wasser hawwe wolle. (Geht an den Herdt und sieht nach.) Kän Dreppche warme Rege (sie geht an den Wasserkessel) un ich gläb aach gar, der Kessel is leer? (Sie geht an den Wasserkrug, füllt ein kleines Gefäß mit Wasser und setzt es an's Feuer.)

Scene 3.

Mad. Hammel, Herr Hammel (in weißem Kamisölchen und Nachtkappe. Er bemerkt Mad. Hammel beim Feuer stehen und hält sie für Frenz, legt den Finger auf den Mund, schleicht auf den Zehen zu ihr hin und gibt ihr einen leichten Klapps auf die Wangen.)

Hammel. Frenzemenche!

Mad. Hammel (sich rückkehrend). No, no! Frenzemenche — Guck, guck!

Hammel. Ach mein Fraa — Wo hat ich denn mein Age? — oder mein Brill wollt ich sage?

Mad. Hammel. Mich hot der Herr hie net gesucht?

Hammel. Nän — awwer do beim Feier im Negligee hab ich dich vor die Köchin gehalte, ha, ha, ha! nemm's mer net iwwel, do vorm Feuer mit der Kluft siehst de aus wie's Eschepuddelche!

Mad. Hammel. No, no, no! Mit Spaß will der Herr sich aus der Affaire ziehe. Ich wähs, was ich dervon ze halte hab.

Hammel. No, awwer, wo is dann die Mähd?

Mad. Hammel. Sie is — Sie is noch net vom Mark zerick. —

Hammel. Ach so! Es is awwer aach e weiter Weeg.

Mad. Hammel (ironisch). So? — E halb Stunn, so weit wie noch Meenz, netwohr?

Hammel. Des freilich net. — Warum muß des Medche aach uff den Mark — wo do gleich e Hockin sitzt, un die Gärtnerschweiber ähm jetzt des Gemies ins Haus brenge ins Haus enein schmeisse, sellt mer sage.

Mad. Hammel. Do sieht mer die Männer — dene is all äns, ob mer uff en Marktag é paar Koppstick spart odder net.

Hammel. Was ich doch gleich sage wollt? Hast de denn der Frenz gesagt — —

Mad. Hammel (ihm nachspottend). Frenz! Frenz! und alsfort Frenz! Ja, ich hab der Frenz gesagt, wås se wisse soll, un damit Punktum, Sand drum.

Hammel. Es is nor wegé dem heutige Mittagesse, du wähst dann doch — es is kän Klänigkeit en Herr Secretair zu tractirn. Ich hab' mein Ursach, daß Alles gut ausfällt — du wähst ja, von derntwege. —

Mad. Hammel. Un ewe deswege bekimmre sich der Herr um nix. — Du hätt'st en awer aach wohl uff en annern Tag inventire kenne.

Hammel. Warum net gar? — Suntags do prätendirn die Leut gleich e Traktement, un zu dem, siech Mäusi, des mißt du ja besser wisse wie ich; den äne hot die Mähd ihrn Ausgehtag, un den annern host du dein Madamme-

Kränzi, do meegt ich um dausend Gulde wille net, un siech, wann mer sich do Mittags — wie doch net zu vermeide is, so vollpropt, do hot mer Awends —

Mad. Hammel. Sei still — du host recht — die Hauptsach awwer, Herr Hammel is, daß mer am Mittwoch e gut Stik Rindfläsch krigt, un mer so kän Bettelmannssupp ze mache braucht.

Hammel. Zum Glick sinn mer ja in der Lag, daß for uns jeder Tag recht sein kann, es is ja net, als wann mer bei der Hannelung wär, wo mer gleich des Mittags uffs Kontor muß. Mir Staatsmänner, mer widme uns nor Vormittags dem Staat.

Mad. Hammel. Zu was is dann aach der ganz Uhz mit der Traktirerei?

Hammel. Des will ich der sage, Mäusi, die anner Woch do is e Wein-Versteigerung aus dem Herrn Rohrspatz seelig seiner Verlassenschaft seelig, un do wern die Browe noch dem Erblasser seelig seim eigenhändige letzte Wille erst zwä Tag vor der Versteigrung gewwe. Etzt is awwer unser Gast e guter Freund vom Herr Bennermäster Zopp, der die Wein bei Lebzeite des Herrn Rohrspatz seelig, sämtlich behannelt hat, un durch sein Conexion do krie ich sämtliche Browe jetzt schond ins Haus, un starke Browe, un do wolle mer heunt e bissi browire, un den 28te hujus browire mer noch emol am Faß. Ha, ha, ha!

(Hammel nimmt das Gefäß mit heißem Wasser vom Feuer und will ab.)

Scene 4.

Hammel. Mad. Hammel. Frenz (einen großen Marktkorb am Arm; sie setzt ihn im Eintreetn auf die Anricht nieder.)

Frenz. Krie die Krenk Offebach! Bald weer mersch ze schwer worn, Madam, — des is e Last! —

Mad. Hammel (ironisch). Sie werd sich wahrscheinlich dran verhowe hawwe; — ähnfällig Geschwätz!

Hammel (macht sich um Frenz zu thun und singt in den Bart). Tralera ꝛc.

Mad. Hammel. Host de bald ausgesunge? — Geh hin, rasir dich!

(Hammel ab).

Scene 5.

Frenz. Madame Hammel.

Frenz. Do hot jo de Herr sein häß Wässer —

Mad. Hammel. Sie hot's wahrlich net beim Feier gehalte. — Sie hot sich heut recht gedummelt — so e Ausbleiwerei is mer noch net vorkomme. — Etzt wolle mer emol die Einkaferei begucke. — Was hat se dann scheenes mitgebracht? (Sie untersucht den Korb). Was is dann des? Kollerawe?

Frenz. Nä, Madame! s'is Zellerie.

Mad. Hammel. Was kost dann des Gewerzel?

Frenz. Es is for 9 Kreuzer, do hab ich aach e bissi Rosekohl — e Staatsgemis for 14 Kreuzer — do Madam — is e Raretät von Eskarol, von ere Owwerredern, den Kerwel — —

Mad. Hammel. Weis se emol des Hinkel?

Frenz. Es is e Pulatt! (Poularde.)

Mad. Hammel. Was is es? E alt Hinkel, weiter nix.

Frenz. Die Fraa wollt mersch gar for en Kapaun verkaafe!?

Mad. Hammel. Was hot se dann dervor bezahlt?

Frenz. Achtzehe Batze.

Mad. Hammel. Achtzehe Batze. — Ich hab neulich erst ähns for 45 Kr. kaaft, des war e anner Geschwetz. Ihr Weibsleut awwer, ihr loßt euch alles in die Händ stoppe. Na, un ich glaab aach, sie hot sich's von der Hinkelroppern zerecht mache losse? (Sie legt das Huhn auf den Tisch.)

Frenz. Ei des versteht sich! Sie mäne gewiß, wann mer so viel ze thun hett, kennt mer sich aach noch dodermit abgewe?! Awwer Madam, Sie zanke doch ewig.

Mad. Hammel. No, weiter! (Sieht in den Korb.) Ach! Do is der Nachtisch — (ironisch) scheen Obst — was des widder vor verhutzelte Eppel sinn — un die Keste — die Niß wern aach nor zum vergolde gut sein — un da soll mer aach net emol was sage. — Was is dann in dem Babier?

Frenz. Des is der Permißionskäß for in die Supp.

Mad. Hammel. Ah, halt se des Maul, wo is dann des Permesankäß, — der is jo ganz waich — Gott, Ihr Leut, der Käß hot kän Aaze, awwer mer meent, ihr hätt aach kän Aage.

Frenz. Madam, mer kanns Ihne awwer aach mein Lebtag net recht mache — gehn Se doch lieber selbst uff de Markt.

Mad. Hammel. Wann ich nix besserſch ze duhn hett', ja, do geh ich hin. — Nein? Sei ſe net unnitzig — un stell ſe ihr Dippe bei's Feuer.

Frenz (thut das Fleiſch in den Topf und ſetzt ihn ans Feuer). For was is dann des ewig zanke?

Mad. Hammel. Ich glab, ſie will aach noch was eraus hawwe?

Frenz (bei Seite). Gott, wie werd merſch!

Mad. Hammel (ſich umdrehend). Noch net fertig? Ich ſag' erſch im Gute — duh ſe Ihr Arweit un loß ſe mich ungeſchoren. (Sie geht ab und nimmt das Deſſert mit.)

Scene 6.

Frenz (allein).

Gott ſei's gelobt, gedankt, getrummelt un gepfiffe, ſie is fort. Des Gekrammel alsfort anzehere! — Wann unſer Herr, die gut Haut, net wehr — ſollt's der Deiwel hole! den bedient mer mit Pläſir. Wann mer awwer mein Mutter den gute Dienſt ausmecht, den ſe for mich ſuche duht, do bleib ich doch kän Ageblick bei dene Leut. — Heut traktirn ſe emol, do will ich en emol weiſe, was ich kann. — Wo bleibt awwer der Muſje Peter, ich muß jo noch zwä derre Brotwerſcht zur

Beilag hawwe, un Filsel for mein Kleserchér. — Ich kann en gut leide, es is e spaßiger Mensch. — So e Art Doscheva (Don Juan) von de Merter. (Sie kocht und singt während der Arbeit die Barcarole aus der Stumme.)

Scene 7.

Frenz. Peter (in elegantem Metzgercostüm, kurze Jacke, legère Halsbinde, blendend weiße Schürze, seinen Fleisch-Narden (Arten) auf der Schulter).

Peter (den Narden niedersetzend). Gute Morje, Junfer Köchin!

Frenz. Ah, do sein Se so, alleweil dacht' ich bei mir selbst, wo Se bleiwe dehte? Sie komme net ze früh heunt?

Peter. Ich hab' schond mein ganz Tour gemacht, un hab' gedacht (galant) des best Bissi hebst de der zuletzt uff (er will sie um den Leib fassen).

Frenz. Here Se uff ze ruhe — ich hab kän Zeit zum Babbele, ich muß mein Esse mache — Etzt allé, mache Se fort, un gewwe Se mer Ihr Werscht.

Peter. Da sinn se — Frenzi! des sein der Ihne, Gott verdamm mich, Werschtercher, wann mer do enein beißt, do spritzt's die Brih eraus, grad wie bei unsrer neu Wasserleitung. — Frenzi, gewwe se mer ihr Messer, ich wills Ihne e bissi scharf mache. (Nimmt das Messer und wetzt es mit der linken Hand).

Frenzi, merke Se dann nix, ich bin ja links, aber des mecht nix, wann ich Ihr Mann bin, will ich Ihne schon rechts komme. — Apripo, wo sin dann mein Daskalia?

Frenz. Hier (sie sucht ein Paquet Zeitungen unter dem Wasserstein hervor) lieber Freund; Gott, wie scheen! Ich hab gelese bis halb zwä, do fiele mer die Aage zu. Gott, was is der Alfonso for e Mensch! — Nä! zu ächt! — Un der die Geschicht gemacht hot, des is e rechter Schmeicheldichter. — Der redd ähm — Mitte dorchs Herz, un widder eraus, und was mer nit versteht, des fiehlt mer, un was mer nit fihlt, des empfind mer. O! Peter, Sie hawwe viel aus mir gemacht, seit ich Ihne kenne, dorch Ihne Ihre so delikat Lectir.

Peter. Netwohr? des Lese is e angenehm Leidenschaft?

Frenz. Deiwelmäßig angenehm!

Peter. Des häßt die Dichtung, un mit Wahrheit vermischt, so werd's jetzt allgemän verlangt. —

Frenz. Warum awwer hot mer Ihne dann gestern Awend mit käm Aag ze sehe krigt?

Peter. Ach Frenz. — Des misse se sich verzehle losse. Gestern Awend, wie ich ebe Feierabend mache wollt, docht ich, — du schlenderst noch emol über den Nikelose-Mark; — wie ich do geh, so begegnet mer die scheen Verschtebennern, die Junfer Steckbohn.

Frenz (verächtlich). Die do?!

Peter. Ich grieß se dersche, natirlich, un sie dankt. Des sieht äner, der sie vielleicht aach gern kenne gemecht hätt, melirt sich enein; — do fährt mer des Wort Nation eraus. —

Vorher awwer muß ich sage, daß er sich aach gege mich Ausdrick bedient hot.

Frenz. Peter, des heite se nicht thun selle.

Peter (fortfahrend): Er hott dann gleich gesagt: „ich verbitt mir alle Anziglichkeit Herr N. N. oder wer Se sonst sein möge.“ — Es war e Fremder, e Preiß. — Sie denke wohl, Se seind was? Ja, dieses denke ich, sagt ich — un wie sagt ich's?! mit Anstand — Gott verdopp — Sie kenne mich darin, Frenz!

Frenz. No, un er?

Peter. Un er? Er sagte: „Was Sie seind, des sind man schon lang gewesen.“ Ich hatt nemlich ähnfälliger Kerl gesagt.

Frenz. Net meglich? un Sie?

Peter. Ich sagte gar nix.

Frenz. Gar nix? Peter, no, un er?

Peter. Er, er sagte aach nix.

Frenz. Aach nix? No, un Sie?

Peter. Ich? — ich hab, bei mer selbst gedacht: des sinn so growe Flegel, als wäre se (mit der Pantomime des Herauswerfens) aus dem Schubkärchercolleg enaus ballotirt worn. Aber sage — ich sagt aach nix!

Frenz. Recht so! — So Mensche treiwe sich in Eppelweinhäuser erum un hawwe kän Bildung.

Peter. O! es is noch net all — do kimmt etzt e Kammerdiener von der Gesandtschaft und frogt ob er die Ehr hawwe kennt, die Mamsell nach Haus ze fihre? — nemlich die Mamsell Steckbohn? — Ich sagt etwas spitzig — „Mamsell sind schon begleitet“ und ging meiner Weg.

Frenz. Das war charmant von Ihne, Mosie Peter!

Peter. Ja, es bekam mer schlecht, denn der nemlich Kammerdiener klotzt mich an und segt. — Ich schäme mich ordentlich es ze sage.

Frenz. No, eraus dermit!

Peter (herausplatzend). Knote sagt' er! gemäner Limmel!

Frenz. Wos sich so Mensche erausnemme! — No, dem hawwe Se wohl recht gut bedient?!

Peter. Des will ich meene! — Ich gab dem Stinkbock en Stumper, daß er in de erste beste Glaserker enein gefahre is.

Frenz. No, un was sagt er?

Peter. Entschuldige Sie, — sagt er -- ich heiße Blifsky; wo ich bin, können Sie mir allemal finden, un mecht sich pleede.

Frenz. No, un die Junfer Steckbohnin?

Peter. Die geht aach pleede, dann ich glab, die hot's mit'm gehatt! — Ich dacht bei mir selbst, du host dein Thäl, mit Finne geb ich mich net ab — Apripo! Frenzche — wie is es dann dodermit?

Frenz. Wodermit?

Peter. Ich meene — No Sie wisse schond.

Frenz. No, wie ähnfällig?

Peter. No, ich meene, wann denke Se dann, daß mer uns heurathe kennte?

Frenz. Ach Gottche! — des werd lang dauern.

Peter. Warum?

Frenz. Sie misse doch erst Ihne Ihr Wittfraa geheurath hawwe, un dernochender misse mersch erscht abwarte, un wer wähs, wie lang des dauert. Ja, wann Se hie e Schern krije kennte, ohne Wittfraa? —

Peter. Frenzche, etzt will ich Ihne emol ebbes stecke. — Sie duhts — awer der Deiwel kennt sein Spiel dreiwe — so ähn is im Stand un lebt als elf Johr. — Ich gehn her, un wern Mexter in Butschbach — do kenne mer ehnder vom heurothe redde.

Frenz. Ach ja? E Herr Landmexter, is aach net bitter. — Die Wittfraa is noch frisch — un warte soll der Deiwel — Netwohr Herr Peter, Sie sinn jo e Borjerschsohn aus Butschbach? un des is jo doch aach e Stadt, so gut als wie Frankfort? (zärtlich) Un gucke Se, mer mache dernochender Schwarzemäge un schmuckle se noch Frankfort.

Peter. Losse Se mich nor mache — Vielleicht arweit ich mich doch noch in die Profession, aach ohne Wittfraa — denn ohne Profession kän Lieb.

Frenz. Sie hawwe Recht — die Lieb is gut, sie muß awwer Brod hawwe.

Peter. Ja, un wo möglich aach Fläsch derzu. — Mir zwi gewwe awwer aach e scheen Paar. In Butschbach — odder hie, uff ähn Art muß es gehn.

Frenz (schäumt das Fleisch im Topfe). Ich kann Ihne noch kän Tass' Fläschbrih anbiete, — es kocht kaum.

Peter. Anerlä; gewwe Se mer eweil e Glas Wein, wan Se hawwe?

Frenz. Da hab ich — es is freilich nor Kochwein, awwer Sie wisse, eme geschenkte Gaul, guckt mer net ins Maul.

Peter. Guckt mer net ins Maul -- awwer der Wein soll mer enein gucke — do is e Glas — des mit dem Renftche, do hab ich schond mehr draus gedrunke.

Frenz (schenkt ihm das Glas halb ein).

Peter. Ganz voll — Schätzi! Mache Se kän Sache.

Frenz (schenkt das Glas voll). Eile Se sich — wann die Madam käm. —

Peter. Ach Herr Jeses — die Herrschafte sein aach alleweil gar ze interessant! Un uff Morje?

Frenz. E Schweinebredche von so 3 Pund.

Peter. Ich brengs vielleicht heint Awend noch?

Frenz. So is recht — do kenne Se noch e bissi mit uns krusteliere.

Peter. Brav! — Komme aach die annern Medercher? Die Lisbeth un die Dorthee?

Frenz. Ja, aus'm ganze Haus. —

Peter. Do wolle mer recht fidel sein — No, Atze Frenz! Gewwe Se mer aach e Kissi. (Er will sie küssen.)

Scene 8.

Vorige. Herr Hammel.

Hammel (er ist frisirt und trägt die Wasserbouteille in der Hnd). Ei, ei, ei!

Frenz (zieht sich zurück und Peter nimmt seinen Narben auf die Schulter).

Peter (im Abgehen). Es war des Fläsch! Verzeihe Se (ab).

Hammel. Des seh ich wohl, daß es hie Fläsch war.

Scene 9.

Frenz. Hammel.

Hammel. Sag emol — was duht dann der Kerl immer bei Dir? —

Frenz. Es is ja der Merter — der so spaßig is.

Hammel. Der Merter, un als der Merter, als wann e Merter — korz ich leid des net.

Frenz. Awwer Sie wisse doch — daß der mit alle Medercher in der ganze Gaß scheen duht.

Hammel. Siech! Frenz, du hast's gut bei uns; awwer nemm dich in Acht — des Gegaaler mit dene Leut, die so Sache brenge — des fihrt zu gar nix; mag's etzt Merter, Becker odder Schornsteinfeger sein, nemm .en in Zukunft ihr Sach ab — zahl se — un loß se gehn. Ich rathe dersch — dann siech, du bist schön un angreiflich, un wann de der so en Anhang in der Kich mechst, so fihrt des zu beese Häuser.

Frenz. Herr Hammel, warn Se so gut, un hawwe Se mer desjenige besorgt? —

Hammel. Ja, ich hab dein goldne Ohrring dorch en gute Freund von mer, im Pandhaus auslese losse. — Etzt bleib awwer dervon un halt dein Sach zu roth — da, un do leg ich noch e Schnall derzu — die geht mit drein.

Frenz. Sie sinn awwer aach e recht guter Mann.

Hammel. Netwohr?

Frenz. Was die Auslag is, des derfe Se nor der Madam sage, die hält mersch an meim Lohn zerick.

Hammel. Gott bewahr! meiner Fraa? Do käm ich scheen an.

Frenz. No — wann des is, so leese Se mer aach dorch Ihne Ihrn gute Freund noch 10 Ehle Tuch, die ich noch drin hab, aus.

Hammel. No, no, heer, mein Fraa gibt mer als net so viel Sackgeld, daß ich des kennt; awwer den nechste Monat kannst de druff rechne. — Awwer ich rechne aach uff dich, mein Schatz (schmunzelnd) uff e bissi Dankbarkeit — du wähßt!

Frenz. Do is der Pandschein (gibt ihm ein Lotterieloos).

Hammel (nimmt es). Herrzeche — des is jo e Vertelche in der Frankforter? — Also aach in der Lotterie spielst de? brav!?

Frenz. No, was is dann do? mer muß dem Glick den Weg net verspern, un derzu, ich hab die Nummer geträmt.

Hammel. Schon gut; sei awwer nor e bissi ordentlicher gege mein Fraa, se beschwert sich sehr. Guck, net emol Wasser in meiner Boutell! —

Frenz (lachend). Do im Zuwwer is ja genug, un hette mer die Wasserleitung, do kennte Se sich selbst fille.

Hammel. Du host Recht! —

Mad. Hammel (von innen). Hammel! komm doch — du werscht ja mein Lebtag net fertig anziehe.

Hammel. Ich komme gleich — ich hol mer nor Wasser.

Mad. Hammel. Alsfort in der Kich! es is e Schann, so e Kichetrippel!

Hammel. Ich komme gleich. Es is jo so e halwer Feiertag (geht noch einmal zu Frenz, im Begriff ihr in die Backen zu kneifen, ruft)

Mad. Hammel. Hammel!

Hammel (wendet sich erschrocken um). Ja! (Geht ab.)

Scene 10.

Frenz (allein).

Des arm Mennche! — Der muß scheen ducke, — un doch hot er den Deiwel mit scharmire. — No, mein Ohrring hab ich. — Bei dem Kichefeier werd ähm ganz schwach — ich gläb, jetzt kann ich schond e Taff Fläschbrih drinke, e bissi Muschcatnuß druff. — (Sie füllt eine Tasse, reibt Muscatnuß darauf, stellt den Topf wieder ans Feuer und trinkt; sie hört ihre Mutter husten.) Aha! do hust jo mein Mutter, glab ich.

Scene 11.

Frenz. Frau Hannlapps.

Fr. Hannlapps. Gout Zeit, Frenz!

Frenz. Ei Mutter, was fihrt sie dann her?

Fr. Hannlapps. Dau sullst's hiern! Gib mer en Staul, daß eich mich setze! — (setzt sich) des ose Frankfort werd su gruß, weïs Sprichwort seht. — No, dou eßt Sopp? —

Frenz (ihre Bouillon trinkend). No, habt Ihr mer was ausgemacht?

Fr. Hannlapps. Su gaut wei richtig — gaute Leit — No, am Laafe hun eich's net fehle losse. Dou willst also werklich aus deim Dienst?

Frenz. Je eher, je liewer — sie wolle mer nix zulege. —

Fr. Hannlapps. Schwierhacke — do kriejst de 80 Gille, des is aach mehr wei 40 — (sie lacht) weïs Spriwort seht!

Frenz. Hot se was gesse?

Fr. Hannlapps. Beileib; eich gung zou dir, do docht eich, dau gihst zu deiner Frenz, do wäre eich schund en Bisse esse, weïs Sprichwort seht.

Frenz. Setz Se sich do hin, — do an den Tisch — viel hab' ich net, dann bei dere Herrschaft bleibt nix iwwrig — es is Alles so genau. — Ich hab awwer do noch en Fliggel von ere Gans. (Sie holt einen Gansflügel aus dem Schrank.)

Fr. Hannlapps. Als her dermit. — No su genaa is se doch aach net.

Frenz. Ach, Mutter — es geht heut bei mir drunner un driwwer, mer hawwe heut Leut, ägentlich nor ähn Gast. —

Fr. Hannlapps. Gout, do komm eich gegen Owend wirrer un helf der speile.

Frenz. Desto besser — do kimmt der Peter aach — do kann Se em emol einredde, daß er ennlich emol seegt, ob er mich dann nemmt.

Fr. Hannlapps. Gewiß muß er dich nemme, er giht jo schund lang genug mit dir; er muß jetzt met der Sproch eraus, do heeßts: bekennt orrer getrompt, weïs Sprichwort seht. — Host de net e wing Babeir?

Frenz. Jo Mutter! (Sie gibt ihr Papier.)

Fr. Hannlapps. Sah! Host de net e bissi ze drinke? eich hunn Dorscht; eich kumm bald um vor Dorscht?

Frenz (holt einen Krug). Do, Mutter! loßts Euch schmecke; do hab ich noch en Krug baierisch Bier vom Herrn. — No, wie is es dann sonst mit dem nene Dienst?

Fr. Hannlapps. Gout, ganz gout! — dei Kippesinn, dei Wartfraa in der Stelzegaß von der eich des Kostkenn gehatt — dei hot en ausgemacht.

Frenz. Des is e brav Fraa, die Fraa Kippesinn.

Fr. Hannlapps. Es is beieme gruße Kaafmann; sei hunn en Lade in der Schnurgaß; du bist do, wie der Buggel im Hanfsome, weïs Sprichwort seht.

Frenz. Wann des so is, do sag ich meine Morje uff.

Fr. Hannlapps. Mer muß net su an der Herrschaft henke; sie henke aach net an unser ähm. Gihts ons schleecht, bekimmre se sich den Deiwel drumm. No, du host jo dein Uhring wedder.

Frenz. Der Herr hot mer se aus dem Pandhaus besorgt.

Fr. Hannlapps. Dei Herrschafte sein den Deiwel naut nutz! — Dau host jo do e neu Halstichelche?

Frenz. Die Madam hot mersch gewwe.

Fr. Hannlapps. Net mihr .wei billig. -- Dou host genung meten auszestihn. —

Frenz. Etzt Mutter, steck Se des Dippche mit Schmalz in Sack, un den halwe Krug Bier nemm Se unner ihrn Scherz — do sinn aach zwä Gutlichter. Des fällt als for die Köchin ab.

Fr. Hannlapps (steckt alles ein). Hoste net ebbes for de Mage, ei eich hun su s'Drickens?

Frenz. Ei ich kann ihr nix, als wie e Gläsi Rhum gewwe.

Fr. Hannlapps. No, her dermit!

Frenz (schenkt ihr ein Gläschen Rum ein, welches sie rasch austrinkt).

Fr. Hannlapps. Ach, des is e schlechter Dienst. No, sellt werd's besser, Frenz.

Frenz (bringt Teller, Glas rc. wieder in Ordnung; Frau Hannlapps schickt sich zum Fortgehen).

Scene 12.

Vorige. Mad. Hammel.

Mad. Hammel. No, Frenz, allé, werd's bald, es is jo schond halb Eins. — Sie hat ja ihrn Spinat noch net ausgemacht?

Frenz. Nor ruhig, Madam, — wanns Essenszeit is, werd nix fehle.

Mad. Hammel. Ach! Siech emol do, do is jo ihr Mutter? Wie siehts aus Fraa Hannlapps? Ei sie hot ja gar ze schwer, was hot se denn in dem Krug?

Fr. Hannlapps. Ei, eich hunn mer e wing Ihle (Oel) geholt, un do sein eich aach emol widder in der Stadt, un do hab eich emol heit bei meiner Frenz eingesproche, un wollt Ihne aach mein Empfehl mache.

Frenz (stellt während des Gesprächs den Kapaun in den Bratofen).

Mad. Hammel. Recht so.

Fr. Hannlapps. No, sein Se dann aach met dem Medche zefridde?

Mad. Hammel. So passabel — No, wo is e Mensch in der Welt, der sein Fehler net hot; awwer sonst is se e brav Medche —

Fr. Hannlapps. No, des frat meich, daß Sei zefridde sein. — Im Ageblick hunn eich erscht noch gesaht, daß wann mer e gaut Herrschaft hot, mer bleiwe muß, des Witschele is den Deiwel nix nutz — un zemol wege e paar Batze Geld.

Mad. Hammel. Ich wähs gewiß, daß ihr eurer Tochter nor zum Guthe rothe duht.

Fr. Hannlapps. Oh, Se derfe Se froge — was eich ehr alleweil gesaht hunn. — Netwohr, Frenz? sah — was hunn eich der gesaht?

Frenz. Wähs Gott un wahrhaftig, so is es Madam.

Fr. Hannlapps. Un wann se brav is, so is es am Enn nor doch for sich. — Dann wann se gaut daut, se werd's er gaut gihn, weïs Sprichwort seht.

Mad. Hammel. Frenz, hot se dann ihrer Mutter was ze esse gewwe?

Frenz. Ach gehn Se! des deht ich mer net erlawe ohne die Madam vorher ze froge.

Fr. Hannlapps. Eich bedanke meich! — Eich brauche nix ze esse.

Mad. Hammel. Awwer, wann se — — doch, doch, Frenz, guck se emol im Kichschank noch, es muß noch e Restche von dere Gans da sein.

Fr. Hannlapps. Ach, Sie sinn gar ze gut, Madam, eich hab awwer schun gesse. — Adies Frenz!

Frenz. Adies Mutter!

Fr. Hannlapps. Schreib dersch hinnersch Uhr, was eich der gesaht hunn, un denk, Herr un Fraa Hammel in alle Sticke zefridde zu stelle, un bleib bei en im Dienst, so lang de kannst; — dann des Sprichwort seeht: „Ehrlich währt am längste!“ Adies Madam Hammel, mein Empfehl an Herrn Hammel. — Hot er dann noch immer den bise Huste?

Mad. Hammel. Net so arg mehr.

Fr. Hannlapps. No, Gottlob. — Den vorige Winter hots'en recht gehatt.

Mad. Hammel. No Adies.

Fr. Hannlapps. Adies beisamme! (Grüßt im Abgehen.)

Mad. Hammel. Adies, Adies.

Frenz (begleitet ihre Mutter und verweilt einige Augenblicke bei ihr).

Mad. Hammel. Jetzt Frenz, mach se, daß ihr Esse fertig werd (ab).

Scene 13.

Frenz (allein).

Frenz. Mein Esse, ach Gottche! des is so gut als wie fertig. — Des Dunnerwetter, ich hab mer vergesse frisch Butter mitzebrenge — (öffnet den Schrank) un do is aach kän mehr. — No, ich lehn mer bei der Dorthée. (Ruft durch die Mittelthüre): Dorthée! Dorthée!

Dorthee (von außen). Was soll's? Jungfer Frenz!

Frenz. Lehn se mer doch e bissi Butter, ich muß mein Spinat schmelze. (Zurückkehrend.) Der osig Spinat, des is e rechter Butterfresser.

Scene 14.

Dorthee. Frenz.

Dorthee (nach einer kleinen Pause, die Butter auf einem Teller bringend). Hier Frenz, do breng ich er en Butterweck — nem' se sich dervon was se braucht. — No, ihr habt ja Leit? — Sie hett mer nor e Wort sage derfe, ich bin heut ze hawwe; mein Herr ißt aus, un sie kann sich wohl einbilde, daß do die Madam — —

Frenz (geheimnißvoll). Hot se dann der gewisse Jemand abgeholt?

Dorthee. Nän, sie ißt bei ihrer Fra Dante — odder wo annerscht. — Lang bleib ich net in dem Dienst, ich kann des Gelähf net leide.

Frenz. Mach' s'es wie ich, stell s'en den Stuhl vor die Thier.

Dorthee. So? Sie will eweck von do? werd se geschickt?

Frenz. Gott bewahr — Ich sage uff — sie wisse ewens noch nix dervon.

Dorthee (bei Seite). Gut, daß ich des wähs! unser Madam hot mer uffgesagt — wann des ging? — do hett ich net weit, blos iwwern Gang eniwwer.

Frenz. Dorthée — awwer alles unner uns, dann siech se, Sie is e brav Person, deswege schenk ich er mein Vertraue — Gott — un dann unser Herr is immer hinner mer, un hert der uff, so fengt die Madam an.

Dorthee. Sie hot recht, daß se geht. Apribos, wie steht se dann mit ihrem Peter? ei ich wähs gar net, sie segt mer gar nix mehr?

Frenz. Ei, no, des geht net so geschwind, wie sie mehnt, ei gut Ding will Weil hawwe. (Sie sieht nach dem Rindfleisch im Topfe).

Dorthee. Des is e scheen Stick Rindfleisch.

Mad. Hammel (tritt auf). No, Frenz, richt se dann net bald an, es is ja schon halb zwä?

Frenz. Alleweil.

Hr. Hammel (kommt unmittelbar nach seiner Frau). Du Fraa, geh doch enein, der Herr Secretär is do, un empfang en.

Mad. Hammel (im Begriff abzugehen, sieht sich noch einmal um, und ruft ihrem Manne, welcher noch in der Küche verweilen will, mit barscher Stimme zu): Hammel, allons, als mit enein!

Hammel. Ja. (Beide gehen ab.)

Frenz (richtet die Suppe an und trägt sie hinein).

Dorthee. Gott, was is des e Dorchenanner in dere Kich, was sieht des Kuppergescherr aus, es is e Schann, do käm ich meiner Madam scheen an, wann ich so e Unordnung het.

Frenz (kommt zurück und richtet das Rindfleisch an).

Dorthee. Duht se kän Petersilie dran?

Frenz. Ich hab' kän, — sie kennes ohne Petersilie esse. — Dorthée, in der Zeit, wo ich des Rindfläsch uffstrag, guck se mer e bissi nach meiner Poulard un rihr se mer e bissi mein Spinat (ab).

Scene 15.

Dorthee.

Soll mer sage, so e Medche geht aus so eme Dienst! — es is doch aach kän Hund, nor zwä Persone ze bediene ze hawwe, un kän Kinner, — un owwedrein kriet se 50 Gulde, un ich krie bei meine Leit nor 38. — Still! — mir geht e Licht uff — die geht — ich muß an ihrn Platz — awwer Dorthée, nor gescheid. — Des is jo alleweil an der Tagesordnung, daß äner uff dem annern sein Platz spekulirt — des duhn jetzt die scheenste Leid; König un Ferschte — warum sollt unser ähns —

Scene 16.

Frenz. Dorthee.

Frenz (hereinlaufend). Ach, Heer Je! — Ich hab's doch drinn geroche, daß mein Poulard anbrennt. — Sie hot se also net gewendt un geträfelt?

Dorthee. Des duht nix, mer mecht, daß die verbrennt Seit unne hin kimmt.

Frenz. Was werd die Madam sage?

Dorthee. A loß! sie bleibt ja doch net bei ihr.

Frenz (nach dem Herd gehend). So ganz gewiß is es noch net. — Ach etzt guck emol! mein Spinat is aach angebrennt.

Dorthee. Ach, des schmeckt mer gar net.

Frenz (thut ihn in die Schüssel). Den Deiwel aach — Sie is werklich kurios — nä — die Gemiethsruh von ihr! —

Dorthee. Des Koche is ewe mein Sach net. — Bei uns kimmt's gar zu wenig vor.

Frenz (leichtsinnig). No, ich trag's ewens enein. — Wann se's net esse, so losse se's stehn. (Trägt den Spinat und Poulard ab.)

Dorthee (allein). Un des war gut. — Du werscht gut ankomme (sie horcht), ich glab, sie werd gezankt — aach recht. — Des brengt die Sach in Gang.

Mad. Hammel (von innen). Un wann ich er sag' — sie is e Köchin, daß Gott erbarms. Des is ja net erlabt, so anzerichte!

Frenz (außerhalb). Awwer Madam! —

Dorthee. Alleweil komme Se!

Scene 17.

Dorthee. Mad. Hammel. Frenz (bringt den Braten zurück und hat ein Licht in der Hand).

Mad. Hammel. Ich sagen ersch, Sie mecht immer ze viel Feier.

Frenz. Awwer Madam, es war'n kaum e paar Kehlercher drinn.

Mad. Hammel. Daß du! — E Feuer forn Ochs ze brote! — Was is es — mer esse desmol unsern Sallat ohne Brate — des muß ich sage — e scheen Esse, wann mer emol e Fremdes hot! Do laf Se eniwwer zum Herr Leredde, un hol Se zwä Portione kalt Hase-Pastek.

Frenz. Madam, Ihne kann mer awwer aach nix recht mache — wie mersch aach mecht. — Wenn sie allenfalls net zefridde sinn. — — No, ich will mein Schaal umhenke.

Mad. Hammel. Ach noch e Schaal! — um zwä Häuser weit ze gehn?

Frenz. Warum net — mer werd wie e Nickel iwwer die Gaß laafe. (Geht brummend ab.)

Mad. Hammel. Infame Weibsbilder!

Scene 18.

Dorthee. Madam Hammel.

Mad. Hammel. Sie war do?

Dorthee. Ja, Madam — un ich sagt ihr frei noch, Frenz, wenn' dein Brate, es is gar ze viel Feuer in dem Ofe.

Mad. Hammel. No Sie! — des glab' ich, Sie is aach e perfect Köchin.

Dorthee. Ich muß es wohl sein. Ach so was derft mer net bassirn. Mer is net immer so glicklich, en Herr un Madam Hammel zur Herrschaft ze hawwe.

Mad. Hammel. Ich kann sage, — ich bin die Frenz satt.

Dorthee. Sie is doch sonst e gut Medche; sie muß Feind im Haus hawwe, dann die sagen er nix gut noch.

Mad. Hammel. Bah!

Dorthee. Vielleicht, daß ihr die Fraa Baier do gleicher Erd net gut is, un die des iwrig Gesinn uffgehetzt hot.

Mad. Hammel. Wähs sie dann ebbes von ihr?

Dorthee. Sehn Se, ich bin kän Zuträgern, un es kimmt mer hart an, von meim Newemensche beeses ze redde, — un dann sinn mer gute Freund zesamme. — Sie is e bissi vergeßlich, des is wohr; no do helf ich er als aus mit Allem, was se vergeßt; awwer, was wohr is, deß muß wohr sein,. sie gibt alles pinktlich widder zerick.

Mad. Hammel. Sie will er ewens nix nachsage, aach gut. — Awwer Dorthée — was sage dann die annern Leut von er?

Dorthee. Es thut mer werklich läd, daß ich sage muß, daß mer von er seegt, sie deht sich ewe viel eraus nemme, sie deht zwar kän Kloppheller mache —

Mad. Hammel. Was? Kän Kloppheller? am Dinstag erscht hab ich se erwischt. — Hot mer des Weibsbild net vorgerechent, zwä Groscheläbcher, acht Kreuzer?!

Dorthee. Wie dumm! (fortfahrend) Awwer sie deht als tractirn in ihrer Kich. Die Mähd aus dem Haus, den Merter; un ihr Mutter deht alle 8 Tag e Dippe mit Schmalz häm nemme. — Awwer, ich glabs net.

Mad. Hammel (bei Seite). Do erfahr ich scheene Sache.

Dorthee. Des iwrig — will ich verschweije.

Mad. Hammel. Bosse! — als eraus dermit.

Dorthee. Es häßt aach — daß — daß — der Herr Hammel sie gar net zankt — sonnern sie — sie — sehr angenehm — aartlich — wollt ich sage, tractirn deht, un sie deht sich vor Ihrem Mann so stelle, als wann Sie se gewiß net fortzeschicke gedraute. Ich glab awwer alles net — es is Geschwätz.

Mad. Hammel. Was? Ich gedraut mich net, se fortzeschicke — alleweil muß se fort! — Morje des Tags! — Sie is bestimmt nix nutz.

Dorthee. Des hawwe Se net nöthig Madam; ihr Mutter hat er schond en Platz verschafft — un do werd se Ihne uffsage.

Mad. Hammel. Aha? Sie denkt mich in Verlegenheit ze bringe! Gott wie schadd is es, daß Sie noch net frei is, Dorthée! — dann Sie scheint mer e ordentlich Weibsbild.

Frenz (kommt mit der Pastete zurück und geht in das Nebenzimmer ab).

Dorthee. Zu gut gefällt mersch aach net bei der Madam Kratz.

Mad. Hammel. Dann is ja unser Sach uff änmol in der Reih — un wanns Ihr recht is, do is der Miethpennig, e preußischer Thaler (gibt ihr einen Thaler).

Dorthee (nach einigem Sträuben). Es is mer recht angenehm, wann ich bei Ihne eintrete kann, Madam Hammel, awwer sage se um Gotteswille nix der Frenz — net eher als bis ich meiner Madam uffgesagt hab. Mer derf doch ere Herrschaft aach net grad zu — —

Mad. Hammel. Des is aach recht, Dorthée. Morje is aach noch Zeit, un zudem brauch ich die Frenz heut noch. Ich hoffe etzt net, Dorthée, daß Se mer, wie mein Frenz, wie die bei mer eingange is, mit ere nußbamerne Komod von zwä Schreinerschgeselle getrage, angestoche kimmt. Sie werd ihr Kist hawwe.

Dorthee. Gewiß nix annerschter. Ja, Madam, Sie hawwe recht, es is gar ze arg, wie's alleweil die dienend Klaß' treibt, mer sellt sich scheme, daß mer e Dienstbot is; sonst hot mer Gott gedankt, wann mer Jungfer is gehäße worn, un e kartune Kläd uff dem Leib gehatt hot. Jetzt muß es Mamsell un Merino sein.

Mad. Hammel. Sonst — muß ich sage — is die Frenz ziemlich nach dem alte Schnitt, sie is doch etzt annerdhalb Jahr bei mer, un geht immer noch mit ähm un demselbe Borsch.

Scene 19.

Frenz. Dorthee. Mad. Hammel.

Mad. Hammel. Un dann soll se doch sehn, wer hie Herr is, — ich oder mein Mann!?

Frenz (tritt von innen ein). Der Herr Hammel erwart Ihne, Madam, zum Ausgehn.

Mad. Hammel. Alles in der Ordnung, etzt geh ich. (Bei Seite) Morje kriest de dein Laafbaß (geht ab).

Frenz (bei Seite). Gott sei Dank, sie geht. Fahr ab mit deiner Halbschaise! — Etzt soll's los gehn, das ganze Haus soll erbei, mer wolle lustig sein.

Dorthee (bei Seite). Awwer zum letztemal — dann morje sollst de ze sehe kriese, ob die annern Dienste besser sein, als der.

Frenz (ihren Shawl ablegend). Ich hoff Dorthée, sie komme so bald net häm. Geht sie jetzt zum Esse, Dorthée?

Dorthee. Ja, ich muß .en Muffel esse. Ihr Madam hot awwer kän kläne Zorn uff Sie.

Frenz. Sie hot also mit er geredt?

Dorthee. Versteht sich, ich hab' er awwer gesagt, was se wisse soll. — Des is e Drache, bei der mecht ich um kän Preiß diene.

Frenz. Sie hot Recht. — Lang dauert's mit uns aach net mehr. — Ah! der Musje Peter!

Scene 20.

Vorige. Peter (geputzt).

Peter. Fellmichihne allerseits. Alleweil hab ich Ihne Ihre Herrn un Madam unner der Katharine-Port begegnet — sie gehn wahrscheinlich ins Theater — dann heut fängt's frih an.

Frenz. No ja, Robert der Deiwel, der dauert bis 11 Uhr, do sinn mer ungestört. Ich will noch e zwät Licht anstecke, in dere Kich is es um drei Uhr schon dunkel — kän Wunner, des klän Höfche. — Mer muß zu seiner Arweit doch ebbes sehn. — (Stellt die beiden Lichter auf den Tisch.)

Scene 21.

Peter. Frenz. Lißbeth. Dorthee.

Lißbeth (öffnet leise die Thür). Nix for ungut, Frenz, ich hab geglabt du wärscht allän.

Frenz. Nor erein, des is der Musje Peter, un die Dorthée, du kennst se ja.

Lißbeth (stellt ihr Licht auf den Tisch neben die andern). Ich hab unserm Herrn die oosig dunkel Trepp enunner leuchte misse, es ist e Schand — er is in Schwane.

Dorthee. Aha, etzt bist du Madam.

Lißbeth (lacht). Ich bins aach ohne dem.

Peter. Sie kann von Glick sage, bei eme Junggesell ze diene.

Lißbeth. Es is kän Junggesell, mein Herr, es is e Wittmann. — Er hot mich oft versichert, daß so lang ich bei ihm blieb, er niemals nicht heurathe deht.

Peter (lachend). So, So! — guck emol an!

Susann (ruft außerhalb). Jungfer Frenz!

Frenz. Ach! — die Susann, was werd dann die wolle? (Sie öffnet.) Was is Susann?

Susann. Komm se eruff! — ich hab' en Rest Zuckerteig — mer wolle uns Kreppele backe.

Frenz (schreit hinaus). Breng se ihrn Täg erunner, ich hab Besuch — mer backe se hunne.

Susann. Gut — ich komm enunner.

Dorthee. Frenz! Ich wähs net, was de an der Susann hast, ich kann se der net rieche.

Frenz. Warum?

Dorthee. Ach, weil se iwwer alle Dreck gleich so e Fahrt hot. Sie duht jo wähs Gott, als ob kän Mensch koche kennt. — Ach! die will sich for e Gesandeköchin verkaafe, un wo hot se gedient, in eme elende Speißhaus in der Erbsegaß.

Lißbeth. Sie seegt doch, daß Se drowe achtzig Gulde kriejt. — Wersch glabt, wird seelig.

Dorthee. Ja, proßt die Mahlzeit, ich wähs besser wie die Gäul im Stall stehn — 36 Gulde, daß bufft, un nix hinne un nix vorne.

Peter. Do kimmt se, esse mer ihr Kreppel un halte mer des Maul.

Scene 22.

Vorige. Susann (ein Licht in der einen Hand, welches sie auf den Tisch zu den übrigen stellt; in der andern das Gefäß mit Taig. Sie stellt Letzteres auf den Herdt).

Susann (tritt zwischen Frenz und Lißbeth). Do is mein Zuckertaig. — Die Drowe hawwe Eppelkuche esse wolle — was e Einfall, — alleweil Eppelkuche?! — Da sag' ich awwer — ich will Kreppele. — Ich hab' noch drei gute Eierdotter mehr enein gedahn, daß der Taig leichter werd.

Frenz. Bald fällt die Welt ein, daß die sich emol in Unkoste gesteckt hawwe.

Dorthee (lachend). Des kimmt net oft vor.

Susann. Heut hot awwer der bewußte Unkel mitgesse.

Dorthee. Ah, der Herr Unkel — hm, hm — Ihr Herrschaft — des sinn kuriose Heilige.

Susann. Redd Se mer net dodervon — do megt mer sich en Buckel lache iwwer so Leut, — grad so ungefähr wie Ihr — Frenz!

Frenz. Gott, es gibt ere so viel von dem Schlag. — E klän Einkommens — un dann wolle se doch thun, als wann's noch so dick seß.

Dorthee. Do werd des Geld enaus geschmisse forn Wind ze mache — un dann solls am arme Gesinn gespart wern. — Es wer viel gescheidter, sie ließe die Bosse, was en doch Niemand glabt, un legte's uns uff unsern Lohn zu.

Lißbeth. Her se emol, es heßt ja, die Ihrig deht ja die Rester selbst in Kicheschank einschließe, un die Schlissel mitnemme.

Dorthee. Ja, wann ich net erscht iwwer Seit brecht, was ich bräucht. Un von Euerm Herrn häßt's, daß er selbst in Keller geht un sich sein Wein hölt.

Lißbeth. Vor mir! — Ich trink doch kän Wasser.

Peter. No, no, ihr verarweit awwer euer Herrschafte gut. — Loßt se jetzt e bissi ruhe.

(Es klingelt von außen).

Frenz. Nor erein.

Scene 23.

Die Vorigen. Die Schwäbin.

Schwäbin (bleibt schüchtern vor der Thüre stehen).

Frenz. Ach! des is die Schwäbin! — Die Neu, zwä Steege hoch.

Schwäbin. Ischts erlaubt, daß ich mein Lichtle anzinde, Ihr Jungfern?

Frenz. Nor erein. — Stell se sich net so ebsch.

Lißbeth. Ich glab die schämt sich?

Schwäbin (tritt gesenkten Kopfes ein). Wann mer Koins kennt?

Peter. Do lernt mer sich kenne. Mer sein all Kreuzfidel!

Schwäbin (steckt ihr Licht an). Mit Erlaubniß (verneigt sich, und will gehen).

Frenz. No! die geht schond? — Is dein Herrschaft ze Haus?

Schwäbin. Nai! awwer d'Madam hot mer Tiechle z'wäsche gäe un dann muß i au spinne.

Lißbeth. Du kannst dein Tichle morje wäsche, un jetzt kannst de mit uns Kreppele esse.

Schwäbin (lacht). Nai, nai, awwer wann des isch — jo! so will ich mein Lichtle auslösche.

Frenz. O, Olwel! — wann de jo des Licht net brenne leßt, do sicht jo dein Fraa, daß de aus warscht.

Schwäbin. Sel isch nu wohr. — (Sie stellt ihr Licht neben die andern.)

Peter. No, die is aach noch passabel ähnfällig.

Lißbeth. Sie is aach ersch nach Frankfurt komme.

Dorthee. Sie is erscht am Mittwoch eingange.

Schwäbin (lacht). Jo. —

Dorthee. Was hot se Lohn?

Schwäbin. 25 Gulde.

Peter. O wie miserabel.

Lißbeth. Fünf und zwanzig Gulde — nix hinne, nix vorne? Kän Kaffe?

Schwäbin. Wasser.

Frenz. Fünf un zwanzig Gulde!? Es is wähs Gott im Himmel schändlich — so e arm Unschuldche, — do nemmt des Osezeug so Orschele vom Land — mit dene meene se dann, kennte se umspringe wie se wollte.

Schwäbin. I bleib awwer nit z'lang do. Wann i e bisle koche kann, do gang i wiederum haim. Mei Freindschaft hat mer g'sait, sie könnte mi dann selbst zu Bopfinge brauche.

Frenz. Des loß ich mer gefalle.

Peter. No, wer duht dann jetzt die Krepple backe?

Frenz. A, wer dann annerscht, als die Dorthée?

Peter. No, wißt'r was? — domit ich doch aach was duhn, so will ich die Sach beim Feuer halte.

Frenz. Nemme Sie die Pann. — Die Dorthée nimmt den Taig un backt se — do is Fett in dem Kroppe.

Peter. No un Frenz! Sie singe uns was derzu.

Frenz. Erst wolle mer Kreppele esse.

Dorthee. Soll ich vielleicht e Resche kalt Pastet derzu brenge, um ze zeige, daß die Madam net Alles einschließt. (Nimmt ihr Licht und geht ab.)

Frenz. Ja. —

Lißbeth. Un ich — ich liwwer den Wein derzu, um Euch ze zeige, daß unser Herr net immer die Kellerschlissel im Sack hot.

Susann. Wollt er verleicht e Tass Kaffe nach dem Esse trinke? — ich hab' en schond for Morje früh fertig — ich derf en nor erunner hole (ab).

Frenz. No? un du Schwäbin?

Schwäbin (mit den Armen schlenkernd). I hab nix — d'Frau schließt allweil Alles ein.

Peter. Ach! was e Unschuld! — Du werscht's aach noch lerne. — No, uff en annermol werd se schond noch was brenge.

Frenz. Jetzt will ich doch e bissi e Tischtuch ufflege. — No, allé! — Angegriffe! — Halt kän Maulaffe fäl, helft mer e bissi. (Sie rücken den Tisch ins Proscenium.)

Schwäbin. Wo sein dann d'Teller?

Frenz. Des will ich schon mache. Geh nor enein un hol Stihl erbei.

Schwäbin (geht nach der Seite ab und holt Stühle heraus).

Peter. Ich bin wahrhaftig heut Hahn im Korb hier, — wer Courage hätt?! —

Scene 24.

Frenz. Johann. Schwäbin. Peter.

Johann (ein Licht in der Hand). Guten Abend, Mamsell Frenz! — drunne hawwe se gesagt, die Lißbeth wär hier.

Peter (dreht sich um und fragt im Tone der Eifersucht). Wer is des, Mamsell Frenz?

Frenz. Ach der Kutscher von's Herr Braune, der hot sein Stall in unserm Hof.

Peter (wie oben). Kimmt er wege Ihne?

Frenz. Na — er kimmt for die Lißbeth.

Peter. Des wollt ich ewe meene!

Frenz. Nor erein Herr Schmidt. — Sie is Wein hole gange, un Sie drinke e Glas mit.

Schmidt. Ich bin derbei. Sehn Se, ich hab' grad e leer Boutaille bei mer — ich wollt mer ewe bei ihr fille. (Zieht eine Flasche aus der Tasche und stellt sie auf den Tisch.)

Peter (läßt das Fett sieden).

Scene 25.

Vorige. Dorthee, Susann, Lißbeth (kommen nacheinander).

Dorthee. Hie is mein Pastet.

Lißbeth. Do is Wein.

Susann. Do is Kaffe, ich brauch en nor ze wärme. (Stellt ihn ans Feuer.)

Scene 26.

Vorige. Frau Hannlapps.

Fr. Hannlapps (außer Athem). Hoi! was Besuch — Frenz, eich hun der was ze sahe.

Frenz. Nor eraus dermit! — Ich hawwe kän Gehämniß vor dene Leut.

Fr. Hannlapps. Eich will der nor sahn, daß der Dienst —

Frenz. No ja, daß er fest ausgemacht is?

Fr. Hannlapps. Im Gegethal. — Sie hunn e neu Köchin fitter Gestern. — Ihr Beckerschfraa hot en än recumandirt. Die Fraa Wissilier is des Deiwels driwwer. So Beckerschweiber melirn sich in Alles.

Frenz. Mer wähs aach warum, — es is ihr Vorthel e Köchin ze recumandirn. No etzt net den Kopp gehenkt, Mutter, do driwwer, zum Glick hab ich meine noch nix gesagt.

Fr. Hannlapps. Des war gescheid! Mer muß sich net iwwereile, weis Sprichwort seht.

Dorthee (bei Seite). Ich hab awwer recht gehatt mich ze eile. — Die kimmt gut an.

Frenz. Allons, vorwärts, gesse jetzt! — Herr Johann, do nebe der Lißbeth.

Lißbeth. Des is scheen von Ihne, daß Se aach komme sinn, Herr Schmidt.

Peter. No, un ich? — ich vielleicht net? Die Mamsell babbele un ich mach hie den Koch. (Alle setzen sich an den Tisch, alle Lichter, welche die Köchinnen mitgebracht haben, stehen auf demselben.)

Schwäbin (hält sich schüchtern im Hintergrund oder an der Seite).

Frenz (zur Schwäbin). No, setz dich do e vor uff des Hackklotz.

Schwäbin (setzt sich auf das am Herd stehende Hackklotz).

Peter (die Krapfen austheilend). Mir leide heut kän Noth! — nor her mit de Teller. (Gibt, nachdem er sich und den Andern die Krapfen gegeben, die übrig gebliebenen sammt der Schüssel an die Schwäbin.) Da Schwäbin.

Frenz. Allons, etzt aach en Schluck Wein.

Peter. Zwä, wann ich bitte derf! — No! Herr Kutscher!

Johann. Gesundheit! — No, ich mache Alles wett; wann mein Herrschaft emol verräßt is, do fahr ich Ihne allerseits emol noch Bernem.

Alle. Es is e Wort.

Dorthee. No, trinkt emol Beschäd, Fraa Hannlapps.

Fr. Hannlapps. Eich danke! weis Sprichwort seht!

Peter. Allons, Mamsell Frenz, gewwe Se uns emol des bewußt Liedche zum Beste.

Frenz. Ach, des is ja ganz gemän! Des bloße schond die Postilion.

Peter. Es is awwer doch scheen, un Sie singe wähs Gott, wie die Fischer.

Dorthee. Warum net gar wie die Sunntag?

Frenz. Awwer erscht misse Se uns was verzehle, so aus dem Theater ebbes. Sie kennes, sie lese jo all die Programmer, un kenne die Geschichte von dene Opern.

Dorthee. Verzehle Se uns vom Robert dem Deiwel, aus dere Geschicht kann doch Niemand klug wern.

Lißbeth. War denn werklich der Robert e Sohn vom Deiwel?

Peter. Guck emol an? — Der Deiwel war sein Großvatter.

Susann. Ach gehn Se! Der Deiwel hot ja gar kein Großvatter gehatt.

Peter. E Großmutter hat er awwer doch gehatt, dann mer segt jo, der Deiwel un sein Großmutter, un do hot er aach en Großvatter gehatt.

Frenz. Ach, sie wisse ja nix, verzehle Se was annerscht, vom Gustav und dem Maskebahl.

Peter. No, ich will's verzehle, uffgebaßt! — Etzt dererscht geht der Vorhang uff, un do is schon viel heller wie gewehniglich, da werd „ah!" gemacht, dernoch stehn all die Hofkavellier beisamme, mit ferchterliche Hoorzepp; links, do stehn ere, die schneide grimmige Gesichter, worum? des werd sich finne. Etzt kimmt der König erein, aach in eme Hoorzopp, dem leit desmol die Audienz net uff, dann es geht em e schwedisch Gräfin im Kopp erum. Etzt kimmt e klän lieb Medche erein, die hot Hose an un singt scharmant. Dernochender singe se widder allerlä dorchenanner. Etzt kimmt äner erein, e scheener Mann, e Jenneral, aach im e Hoorzopp, mit eme Staatsschnorrbart, un eme gewickste noch derzu. Etzt sagt der dem alte Schwedekönig ebbes ins Ohr, do glotzt der en an, als wollt ersch net glawe, dann die Geschworne wollenem de Garaus mache. Etzt kimmt awwer des Scheenst. Etzt is Brob von em Ballet — do kimmt der Gustav Wasa — net der, den als der Herr Becker spielt — e Annerer, un werft sich wie e fauler Schäfer vor den König hin un schläft un treimt; do kimmt der falsch Dänekönig, der dem Gustav sein Reich strenze will, un wie der en schlofe sieht, will erem e Messer ins Herz steche; do komme awwer die Schutzgeister mit Fahneln un Kette, un nemmen en mit; er geht aach gutwillig, un doderzu werd gedanzt un uff schwedisch Hochzeit gehàlte, Alles mit Musik. — Etzt geht der Vorhang widder uff! —

Dorthee. Er war ja noch net hunne?

Peter. Naseweis Gefrog — do nett — awwer im Theater war er awwer doch hunne. — Etzt sein se in so eme alte Gelerch mit ere Bodemtrepp, un hinne sieht mer Schiff; do leßt sich der König verkläd als Schiffmann die gut Wahrheit sage von so ere Art Karteschlegerin, un plakleziert ähm e Roll Dukate in Sack, — des wern awwer nordst Dantes gewese sein. Dernochender versteckelt er sich, un wie er widder zum Vorschein kimmt, so singe die Choriste: Es lebe der König, un die Kinner leckenem die Hänn ab, als hette se Lattwerkbutterrahm un Alles geht enaus. — Etzt geht widder der Vorhang uff.

Dorthee. Wann er erscht zu war.

Peter. Schweie Se doch. — Etzt sinn mer gar am Gallje — hawwe Se den Hanauer Gallje schond gesehe? —

grad so äner steht do! — Es is ferchterlich, es leit Schnee un is Nacht — do geht aach widder allerlä vor, der Ankerstrem sattelt um, un will den König, dem er sein guter Freund vorher geweßt is, umbrenge, un do derzu werd widder viel gesunge un die Choriste lache ha! ha! ha! un kän Mensch wähs warum. — Etzt fällt der Vorhang, wann's widder uffgeht, do stellt's e Stub vor, die ich schond wo annerschter gesehe hab, in dere Stub werd widder allerlä gesunge von dem ich nix verrothe will. Hernochender loose Se, wer den König todtschieße soll, der mit dem Schnorrbart (der Jenneral) zieht's, sein Fraa krigt bald die Gichter; etzt kimmt des Medche widder un singt sehr freundlich; do werd ferchterlich geklatscht. Un do is es widder aus, un wann's widder uffgeht, do mißt'r gucke, do gehn Sache vor! Erschtlich emol, mehr wie 2000 Wachslichter un ähnzige Colliffe un Dekeratione! — Korz e ganzer Maskebahl, wie mern hie net ze sehe kriejt. — Ich war emol uff ähm hinner der Roos — der war awwer Bummer! — Wie ich in Mannem gearweit hab, do warsch so ungefähr uff dem Foxhall uff Fassenacht. — Hernochender danze die Gickel — des is um die Krenk ze krieje — un e Kallopad — wann die angeht, do bleibt kän Bän ruhig, — do sellte Se emol des Gewitschel uff dere Gallerie sehe! — Hernochender werd ferchterlich geklatscht. — Etzt komme die Geschworne — do geht's widder ernsthaft zu, die hawwe weise Binne uff ihre Aerm gebunne, un bischbele ganz beducht mit enanner. Uff ähnmol, wupp dich, geht der Ankerstrem uff den König los, un eh mer sichs versicht — Buff — hot er e Kuggel im Leib un sterbt, un der Uhz hot e Enn. — Sicht, des is der Gustav! —

Frenz. Jetzt will ich aach was scheenes singe, awwer net des, was ich Euch die Pingste im Weldche gesunge hab,

des is ähnzig neu, mich hot's e musikalisch Biggeljungfer gelernt.
(Singt nach der Melodie: Das Auge voll Muth.)

Du, du, du mit dem Feierblick,
Weis', weis', weis' du mich nicht zurück!
Krö-, krö-, kröne mein Liebesglück,
Schnell eh' die Rosen verblühn.
Man, man, man sagt ein Männerherz
Treibt, treibt, treibt mit der Liebe Scherz,
Sein's, sein's, sein's ist wie Silber treu,
Schlägt alle vierzehn Tag neu.

Scene 27.

Vorige. Herr und Mad. Hammel (öffnen die Mittelthüre, und bleiben erstarrt über das, was sie erblicken stehen).

Peter (erhebt sich sehr animirt). Jungfer Frenz, ich muß Ihne küsse!

Frenz. Ach, gehn Se weg!

Fr. Hannlapps. No, allons Frenz! er beißt dich net, weis Sprichwort seht.

Mad. Hammel (strenge). Was geht vor in meim Haus? des is jo ganz scharmant! —

Alle (ergreifen ihre Lichter). Ach, die Herrschaft! (Die Frau Hannlapps ist beim Anblick der Mad. Hammel wie versteinert.)

Mad. Hammel. Wer hot mich also doch mit der Wahrheit bericht? — Des geht scheen her, wann ich net dehäm bin?

Frenz. No? un was is dermehr? — Wann mer sein Arweit gethan hot, do is mer sein Herr, un kann sich uff sein Hand amisire.

Mad. Hammel. So? uff Unkoste der Herrschaft?

Frenz (patzig). Wann Se vielleicht glawe, Madam Hammel, mer eeßte hie Ihr Sach, — do errn Se sich. Es hot e jedes sein Sach mitgebrocht.

Alle. Ja, Madam, e Jedes hot sein Esse mitgebracht.

Peter. Un die, die kän Esse gebracht hawwe, hawwe ihr angenehm Gegewart gebracht.

Frenz. Un in meiner Kich, do hab ich doch was ze sage.

Hammel. Wann werklich jedes sein Esse mitgebracht hot, do kann mer doch — —

Mad. Hammel. Ich bitt' dich, schwei! — ich wähs doch, was ich wähs.

Frenz. Was wolle Se domit sage, Madam?

Mad. Hammel. Weil ich mich von ihr net zwische zwä Stihl setze losse wollt, so hab' ich mich vorgesehe. — Morje des Tags kann Se gehn.

Fr. Hannlapps. Was? Sie wolle mein Dochter uff die Gaß brenge?

Mad. Hammel. Gottbewahre — weil se doch en Dienst hat.

Frenz (schluchzend). Wer kann Ihne so was gesagt hawwe? — Nän, Madame, wahrhaftig ich hab kän Dienst.

Mad. Hammel. Des duht mer läd, ich hab die Dorthée gedunge.

Dorthee. Sie hot mer ja doch gesagt, daß se uffsage deht; — wähs Se was, nem se mein Platz bei der Fraa Kratz.

Frenz. Ja! 25 Gulde weniger — ich danke.

Hammel (zu seiner Frau). Awwer Fraa, wann se dann doch kän Platz hot, so kannst de doch wahrlich net —

Mad. Hammel. Ich rothe der, schwei! Was hab' ich in Ihne Ihrm Gillet gefunne?! (Zeigt ihm Frenzen's Pfandschein.) Kenne Se desjenige?

Hammel. Des is e Pandschein, weil ich den Taxator zum Freund am Pandhaus hab, so hat mich die Frenz gebitt. —

Mad. Hammel. Sie soll Ihr Potenteträgern selbst sein, sie soll ihr Brief selbst trage. (Sie gibt ihr den Schein.)

Fr. Hannlapps. Madame, wann Se erlawe. — Mer muß Niemand beschimpe. Wann mein Dochter Schulde gemacht hot, su warsch um ïhrer Freundschaft behilflich ze sein. — No, was sah ich? — Do der Herr Peter — se werd heurathe misse — su kanns allans sein.

Peter. No, ich wußt doch, daß ich for ebbes herkomme bin.

Fr. Hannlapps. A, freilich. —

Peter. Mein Sach — is so zimmlich in der Reih — wann's dann net annerscht is, so gehn mer morje des Dags noch Butschbach. — Mein Mutter gibt mer zwar erscht überschs Johr des Geschäft — bis dohin braucht se awwer en brav Mäd — Jungfer Frenz, ich hab an Ihne gedacht. — Korz, des kimmt druff eraus, daß mer unner ähm Dach wohne, un iwwersch Johr, wann uns unser Herr Parre copelirt, werd all ihr Verdruß verschwunne sein.

Frenz. Sehn Se Madam, daß ich doch net plott sitz. — Un da Se mer nix vorzewerfe hawwe, so bitt ich um e gut Lob. Ich bin dann so frei, Ihne als dann un wann ze besuche, mit Ihrer Erlabniß.

Hammel. No, es werd uns angenehm sein. Sprech Se emol zu, zukünftig Fraa. wie häßt der Mann? —

Peter. Kalbfläsch.

Hammel. Fraa Kalbfläsch. (Er sagt ihr etwas ins Ohr.)

Mad. Hammel. No, no, Hammel, dauert's noch lang, die hämlich Conferenz?

Hammel. Schätzi, ich komm gleich.

Mad. Hammel (nachspottend). Ich komm der gleich noch. — (Gebieterisch.) Voraus!

Hammel. Awwer! — —

Mad. Hammel. Nix Awwer! -- (Stößt ihn vor sich hin.) Voraus! sag ich.

Frenz. Madam, wann Se vielleicht mein Kist wolle uffmache losse, un nochsehe losse?

Mad. Hammel (im Abgehen). Dozu is morje Zeit, bei Tageslicht.

Peter (nachrufend). Un ihr Bichelche einschreiwe, wann's Ihne gefällig wär!

Scene 28.

Alle, außer Herr und Mad. Hammel.

Frenz. Sag se emol an, Dorthée, Sie is e Fuchsschwänzern.

Dorthee. Den Deiwel aach, Sie hot mer jo gesagt, sie ging.

Frenz. Dorthée, sich se, ich will's gut sein losse. Ich trag ersch net noch, was duht's? Ich bin ja versorgt. Awwer die Alte sein fort, losse mer des gut sein un verzehre mer etzt volligst unser Sach in Ruh. Un — wißt Ihr was? Hawwe mer dann so viel heunt angestellt, so wolle mer aach noch ganz des Deiwels sein — den Kopp reise se ähm doch net erunner. Mer singe noch emol: „Ein freies Leben führen wir, ein Leben voller Wonne!"

Alle (wiederholen den Gesang).

(Plötzlich zeigt sich Mad. und Herr Hammel an der Seitenthür und ruft aus): Satansgezeig!

(Der Vorhang fällt.)

Das

Stelldichein im Tivoli,

oder

Schuster und Schneider als Nebenbuhler.

Lokalposse mit Gesang in zwei Akten.

Personen.

Konrad Splitt, ein Dichter

Frau Schnawwelmännin, seine Wirthin.

Philippine Dinkelmeiern, ein Wasch- und Bügelmädchen.

Meckeritz, Schneider aus Sachsen.

Sohlfritz, Schuhmacher.

Kibitz, Friseur.

Ein Theaterdiener.

Erster } Bürger.
Zweiter }

Ein Berliner } Handwerksbursche.
Ein Sachsenhäuser }

Zwei Mädchen.

Ein Kutscher.

Ein Bedienter.

Ein Dienstmädchen.

Ein Lakai.

Zwei Mägde.

Ein Livreejäger.

Ein Weckmädchen.

Ein Gast.

Zwei Ladendiener.

Zwei Köchinnen.

Mussje Wolf, Mischores.

Sannchen, Schickselche.

Heinrich } ein Liebespaar.
Amichen }

Gäste, Kellner, Knaben ꝛc.

Erster Act.

(Kleines Zimmer mit wenigen ärmlichen Möbeln und zwei Thüren, deren eine im Hintergrunde, die andere dem Zuschauer links. Rechts an der vordersten Coulisse ein schlechtes Schreibpult, auf welchem Papiere und einige Bücher zerstreut liegen. Zur Linken des Pults ein altmodischer Kleiderschrank mit zwei Thüren, so gestellt, daß die linke Thür geöffnet, den am Pulte Stehenden vor den zur Mittelthür Eintretenden verbergen kann. Die rechte Thür ist angelehnt.)

Erste Scene.

Splitt (tritt durch die Thüre im Hintergrunde, und wirft mit Heftigkeit den Hut auf den Stuhl). Nein, es ist zu arg! hol' mich der Teufel, zu arg! Elender Schuft von Verleger! Warum nimmst du meine Beiträge an, wenn du kein Geld hast, sie zu honoriren? Ist denn bei dir ewig Ebbe in der Kasse, und Fluth in den wässrigen Artikeln deines Journals? Nun, meine liebenswürdige Wirthin wird wieder einmal belfern! Ich hatte sie so bestimmt auf dieses Geld vertröstet. Das wird viele gute Worte kosten; denn ein Obdach muß der Mensch doch haben, eine Lagerstätte für die Nacht, sey sie so schlecht, wie sie wolle. Ja, bei Gott, herrlich ergeht es mir in diesem Frankfurt. Ein Leben führ' ich drinnen, um darüber zu verzweifeln, und es durch einen Strick zu enden, oder es unendlich komisch zu finden, und es lustig weiter zu führen. Nun, ich habe meinen Theil erwählt; ich lebe lustig weiter. Ich habe gewiß etwas von Genialität; ich verdiente einen Namen zu haben, jedes Kind müßte mir nachsehen, wenn ich über die Straße ginge; aber bemerkt mich wohl Jemand, als meine Gläubiger? Faßt mich wohl Einer? — Doch ja, der Executor in civilibus hat mich schon ein paar Mal gefaßt. — O diese Esel von Gläubiger! mir zu borgen! Ueberhaupt einem deutschen Dichter zu borgen! Wissen denn die Dummköpfe nicht, daß so einer keine andere Anweisung erhält, als auf Hunger? Die wird aber pünktlich honorirt. — Man hat mir gerathen es zu machen wie viele Andere, zu recensiren, zu schimpfen, bis man mir das Schweigen bezahlt; zu loben, so lange man mir das Loben bezahlt; damit kann man gut leben. — Ich habe den guten Rath auf der Stelle recensirt — durch ein Paar Ohrfeigen an den Rathgeber. Die Recension war gewiß treffend! Zu den Glücklichen also gehör' ich einmal nicht, die nur dann zu schreiben brauchen, wenn sie der Genius dazu treibt; mich leider treibt heute der Schuhmacher! Laß doch sehen, wie viel die Erzählung für das Nachmittagsblatt eintragen wird. Dieser Verleger zahlt pünktlich. (Nimmt ein auf dem Pulte liegendes Convolut zur Hand.) Einer meiner Bogen gibt einen halben seiner Druckbogen. (Nimmt einen Zirkel und mißt.) Zwei — zwei und zwei Drittel Bogen — zwei geben einen, also ein und ein Drittel Bogen — den Bogen zu einem Ducaten, macht sieben Gulden 20 Kreuzer — Sapperment, ich brauche ja gerade acht Gulden für meinen Schuhmacher!

Der verdammte Kerl macht mir ja keine neuen Stiefel, wenn ich nicht den alten Rest von acht Gulden bezahle. Und Stiefel muß ich doch haben! — Und nun ist die Erzählung fertig, ganz zu Ende! Was thut's, ich muß doch noch für 40 Kreuzer daranschreiben. — Was denn aber? — Eine Nutzanwendung? Pfui! den Nutzanwendungen hat die neuere Aesthetik mit Recht die Thür gewiesen; und die wahre, daß die Erzählung dazu nützt, daß ich Stiefel bekomme, dürft' ich ja doch nicht darunter setzen. (Sinnt nach.) Hm! ich verspreche dem Leser, künftig Fredonien's weitere Schicksale zu erzählen. Aber, nein! Ich habe ja Fredonien sterben lassen. Freilich, aber sie hat sterbend nur ein paar Worte gesagt, sie kann mehr sagen. So etwas über Unsterblichkeit. Richtig! — aber was? Da liegt ja Jean Paul's Selina. Vortrefflich! (Er blättert.) Herrlich gesagt! Diesen Gedanken will ich dem Jean Paul nacherfinden, ein bischen versplittisirt, dann soll mir's einer merken, daß dieß der Stiefelstrippen wegen geschrieben ist. — Haha! toll! toll! Aber das ist mir eben eine Beruhigung, daß ich selbst mein Treiben ganz toll finde. Stehe ich nur noch darüber mit meiner Ansicht, dann kann ich auch die gute Laune dabei bewahren.

Nr. 1.

Mel.: Auf Handwerksmann. (Maurer und Schlosser.)

Mag mir das Glück den Rücken kehren,
Nicht Erdensorge ficht mich an!
Ich weiß das Mittel ihr zu wehren,
Mich schützt ein mächt'ger Talisman.

Breitet der Unmuth die mächtigen Schwingen,
Will mich der Trübsinn feindlich umschlingen,
Ruf ich den guten Geist Humor.
Wo er weilet
Da enteilet
Schnell der Sorgen düstrer Chor!
Selbst aus Leiden
Blühen Freuden,
Auf sein Zauberwort empor.

Zweite Scene.

Frau Schnawwelmännin (tritt zur Thür links herein). **Splitt.**

Fr. Schnawwelmännin. No ja! recht so! recht lustig, Herr Splitt, Sie hawwe gewiß recht viel Mischumme mitgebrocht, daß Se Ihne Ihr scheen Stimm so heere losse!

Splitt. Ein Irrthum, Frau Schnawwelmännin, ein falscher Schluß! Umgekehrt! ich lasse die Stimme erklingen, damit doch etwas klingt, denn Geld klingt für diesmal wieder nicht.

Fr. Schnaw. Widder kän Geld? No, heern Se, bald haww' ich's satt. Ei, denke Sie dann, Sie wollte for nix und widder nix bei mir wohne? Vor des Geld kann ich mein Stub allähns gebrauche. A! Sie dehte besser, Sie dehte Sich ennaus vor's Galljedohr in ähns von dene Häuser, die do noch um die Gasfabrik erum gebaut selle wärn, logiere. Do soll die Mieth jetzt recht billig sein.

Splitt. Sehr witzig, liebe Frau Schnawwelmännin, sehr witzig, aber auch sehr spitzig. Sie sollten aber artiger gegen einen Dichter sein, der, glauben Sie mir, glänzende Verdienste hat, wenn auch bis jetzt wenig klingende. Doch auch die Zeit wird kommen.

Fr. Schnaw. Ja, awwer wann, mein Hochzuverehrender Herr Splitt — wann? Ich glawe als, Ihne Ihr Geld un die letzt Posaun, die wärn ich zugleich klinge heern. Un daß Sie e Dichter sinn, des schmiere Se mer genug ufs Brod; — awwer wo sitzt dann des Dichte bei Ihne? Mir is nur lockersch an Ihne ufgestoße, un dene anneren Leut werd's net besser gehn. Gott bessersch!

Splitt. Schon wieder witzig! Wahrhaftig, schimpften Sie in etwas besserem Deutsch — es brauchte nur um eine Kleinigkeit besser zu sein — Sie könnten ein kritisches Tagblatt schreiben, und es würde reißend abgehen.

Fr. Schnaw. Ja, reißend abgehn, wie mein alt Schaal, die geht aach reißend ab. (Sie reißt ein Stückchen von dem Kleidungsstück ab.) Iwwrigens wann Sie nor abgehn, do bin ich zufridde, awwer des erleb' ich net.

Splitt. Aber liebste Madam! Ist das eine Art mit einem gebildeten Manne umzugehn?

Fr. Schnaw. Gebildeter Mann -- Guck emol an? — gebildeter Mann; do leit ewens der Haas im Peffer, des sinn ewens die schofle Masematte, daß ich immer gebildete Leit in mein Kwadier krie. Do newe, die Hockin, die mecht's annerster, die hot immer nor Leit von unserm Schlag genomme. Wie emol äner net bezahlt hot, hot se de Schuld sicher gemacht un hot en geheuroth. Do hott' se doch ebbes dervon. Awwer so vornehme gestudirte und gebildete Schläfer oder Logies-Herren wie Sie, die sinn immer zu vornehm ähm zu heurathe, un doch gemän genug ihrn Hauszins zu zahle. (Bei Seite.) Do freß' es!

Splitt. Nun freilich, heirathen kann ich Sie nicht, aber die Schuld ist Ihnen dennoch sicher. Und bedenken Sie doch, wer miethet sobald diese Stube, die nicht verschlossen werden kann, weil sie der Durchgang zu Ihrer Wohnung ist? Und wo fänden Sie wohl einen Miether, der Ihnen so wenig Unbequemlichkeiten verursachte.

Fr. Schnaw. Des is nu wohr. Jeden Morjend weniger ufzeraame. (Ironisch ihm auf die Schulter klopfend.) Schätzi! wo is dann widder der neu Berliner Schlofrock gebliwwe?

Splitt. Der — der wird ausgebessert.

Fr. Schnaw. Ja, ins Pandhaus werd er gewannert sein zu den annere. Sage Sie emol, werd's Ihne denn net Angst un bang' do drein in dem Kläderschank, wann Se sich als vor Ihre Schuldleit versteckle, un so alles wiest un leer is, daß die Geister von Ihne Ihre verewigte Kläder drin spuke?

Splitt. Ach nein! Furcht hab' ich nur vor Körpern, und das sind die meiner Gläubiger. Doch das erinnert mich, daß ich noch ein letztes Ende einer Erzählung zu schreiben habe, um meinen ungestümen Mahner, den Schuhmacher Sohlfritz zu befriedigen; dessen neuer Kredit ist mir am nöthigsten. Drum gönnen Sie mir eine Viertelstunde Ruhe.

Fr. Schnaw. Was? Den Pechkawwelier wolle Se bezahle, weil er grob is? Oh, ich kann aach grob sein, un wan mer doderdorch zu seinem Geld bei Ihne kimmt, do kenne se gleich e Brebche dervon zu heere krieje.

Splitt. Ich glaub' es Ihnen, Frau Wirthin, ich glaub' es Ihnen. (Für sich.) Das hab' ich dumm gemacht.

Fr. Schnaw. Is des mein Lohn dervor, daß ich Ihne vor Ihre Creature (Creditoren) verlägne, un se Ihne, wann ich ze Haus bin, vom Hals halt?

Splitt. Soll ich Ihnen etwa das danken, was Sie Ihres Interesse halber thun?

Fr. Schnaw. Wann ich's aus Intresse duhn — gut, so soll sich's auch verinterressire. Dann gege Ihne muß mer interressant sein, sonst kriet mer nix. Korz un gut, wann Sie vor die Geschicht Geld krieje, so bin ich der Nächst derzu. No jetzt dutzwitt, setze se sich uf de Hose, un mache Se se fertig, un recht scheen lang und rihrend, daß der Buchhänler nix dran auszesetze hot. Ich setz mich so lang dohin un stoppe Strimp bis se fertig is, un dann trag' ich se selbst in Buchlade un loß mer des Geld dervor gewwe. Da beißt kän Maus kän Faddem net ab, Punktum! Etzt schreiwe Se! (Setzt sich und stopft Strümpfe).

Splitt. Ist wohl ein Dichter von seinem Genius mächtiger zum Schreiben aufgefordert worden, als ich von diesem, meinem Dämon? Ha, es ist zum Lachen gräßlich. Nein, gar nicht gräßlich, nur zum Lachen! — Du gebietende Muse, ich folge deinem Befehl. Wenigstens kommt dadurch die Geschichte zu Ende, und ich hoffe, daß es mir noch gelingen wird, die Arbeit meines Kopfes zum Frommen meiner Füße zu verwenden. — (Sinnt einen Augenblick nach.) Ja, so kann's gehen! (Schreibt und liest dabei.) „Orlando und Mathilde standen im stummen Schmerze da. Schon wähnten sie aus Fredonien's schöner Hülle die schönere Seele entflohen, da belebte sich — (Man klopft.) Verdammte Störung! gerade jetzt! (Springt in den Schrank.)

Fr. Schnaw. Herein!

Dritte Scene.

Sohlfritz. Vorige.

Sohlfritz. Gun Dach, Fraache; wie is es? kannm er Ihne Ihr'n Fedderheld net emol ze spreche krieje?

Fr. Schnaw. Er is net dehäm!

Sohlfritz. Alle Dunner — schon widder net dehäme. So wohr ich Sohlfritz häße, er muß dehäm seyn, un is er net dehäm, so misse e Poor Stiwwel oder sunst ebbes von em dehäm seyn. Denn wähs Gott, ich warte net länger — was net bete kann muß mit. (Auf den Schrank zugehend.) Ich mache korze Prozeß.

Fr. Schnaw. Korze Prozeß wolle Se mache? des glab ich. — Mein, Freind, gehn Se, wie annere ehrliche Leut, uffs Stadtamt un verklage se'n, un wann se dann doch was mache wolle, so mache se's — do korz.

Sohlfritz. Allee, uffgemacht, wann's Ihne gefällig is.

Fr. Schnaw. No, no, gemach, gemach, ganz gemachelche, nor net so stracks uff den Schank los, hier seyn aach Leit', die mit ze redde hawwe, des is mein Stub hier — un der Kläderschrank is mein Kläderschrank, un was alleweil drin is, des is kän Kreuzer werth.

Splitt (im Schrank). O du Lästermaul!

Sohlfritz. Here Se, ich finne es awwer sehr sunnerbar, daß Se mich net wolle in den Schank gucke losse wolle, den Guck — meen ich, müßt mer doch frei hawwe.

Fr. Schnaw. Jetzt hawwe Sie recht! Awwer ich leid's net, kenne Se dagege was einwenne?

Sohlfritz. Nor net gleich so owwe enaus, Fraache; soll mer dann net des Deiwels wärn, wann so e lumbiger hergeloffener Schmirax en hiesige Mann um sein Geld bringe will. Soll ich vielleicht do derzu die Henn in den Schooß lege — odder bei dem ewige Geläff mein Zeit verseime, die ich doch meine Kunne net anrechne kann, als wie die Adfekate, — Ich bin jetzt schon dreimol do gewese.

Fr. Schnaw. Ewe deswege is es Zeit, daß Se sich dricke dehte.

Sohlfritz. Gucke Se, weil Sie's sinn, so gehn ich, awwer kumm ich noch emol, so will ich Jhne Jhr'm Herrn Fedderfix e Red halte, daß er de Parrthorn for e Hollermennche ansehe soll. Adie (ab).

Fr. Schnaw. Gehorsamer Diener, ich wärn's ausrichte. (Macht die Thür auf.) Do rechts is die Trepp; gewwe Se acht, nemme Se's Sähl in die Hand, falle Se net. (Sohlfritz ab.)

Fr. Schnaw. No, Mennche! eraus aus deim Schillerhaus un weiter geschriwwe.

Splitt (guckt schüchtern aus dem Schrank). Ist er fort, der Schuft?

Fr. Schnaw. Nor net ängstlich. Ich sage Ihne, er is dem Tempel drauß.

Splitt (kommt heraus und stellt sich an das Pult).

Fr. Schnaw. (präsentirt ihm Tabak.) Da gehn Se her, memme Se emol e Pries Cuntenance. Sie scheine mer ja ganz verdutzt. Nemme Se sich nor in Acht, daß Se im Rappel net enein schreiwe, was Ihne der Pechkawwelier do gesagt hot.

Splitt. Ich war so schön im Zuge. Jetzt bin ich ganz hinaus. Wie sollte der Satz doch enden? (Sinnt.) Ja, so war's. (Schreibt): — „Da belebte sich der gebrochene Blick noch einmal, himmlischer Glanz erfüllte das dunkle Auge, leichte Röthe überflog die bleichen Lippen, sie öffneten sich — ein tiefer Seufzer drängte sich hervor — (man klopft.) Zum Henker, schon wieder Einer. (Springt in den Schrank.)

Vierte Scene.

Friseur. Vorige.

Friseur (ist stets bemüht ins Hochdeutsche zu fallen). Allerschönsten guten Morgen, Madam, ich megt den Herrn Splütt emol spreche.

Splitt (im Schrank). Der Friseur!

Fr. Schnaw. Sinn alleweil dererscht ausgange.

Friseur. Nicht ze Haus — o so schlag e Bumb — Fange Feuer, männliche Gelassenheit, verwildere zum Tüger, sanftmithiges Lamm, und jede Faser recke sich auf zum Grimm und Verderben! segt Räuber Moor.

Fr. Schnaw. Warum dann die Reddensarte — es is zu viel. Un wann er nun net dehäme is, so kann ich ja ausrichte was Se wolle?

Friseur. Was ich will? Geld! Geld! Geld! Bezahlung einer Schold, mit der er mich schon seit einer Oewigkeit herumzicht. O, nü ist ein Kinstler schmählicher behandelt worden.

Fr. Schnaw. E Kinstler müsse Se dann doch wohl sein, dann gucke Se, des is wähs Gott e Kunststick, daß Sie an ähn Geld zu fordern hawwe, der sich gar net frisire lasse duht.

Friseur. Wer redd' von Frisire? Daderfür ist er mir nix scholdig.

Fr. Schnaw. No, vor was dann?

Friseur. Wissen Sie denn nicht?

Nro. 2.

Mel.: Ein Knabe war ich noch an Jahren. (Joseph und seine Brüder.)

Zwar hat er kaum dreißig Jahre,
Aber schon vor langer Zeit
Wuchs der Kopf ihm durch die Haare,
Heller Mondschein war nicht weit.
Da zu mir, dem Künstler, kam er,
Angelockt von meinem Renommee,'
Und seitdem schon zweimal nahm er
Auf Kredit ein falsch Toupee.

Fr. Schnaw. (singt): Ein Toupee? O ne! Herr Je!

Fr. Schnaw. Also e Tourche? No, daß er ähnmol die Hoorn uff dem Kopp schuldig is, des wußt ich, awwer, daß er se Ihne noch emol schuldig ist, des is des erscht, was ich hehre.

Friseur. O du verfluchter Lomp! Wie viel scheene Stunde haww' ich wegen diesem ölenden Körl, meinen Brifat Liebhabereuen entschwünden lossen missen. Alleweil haww ich widder a Brob geschwenzt.

Fr. Schnaw. Aha, sein Se aach bei der Weißfedderbischer Musick?

Friseur. Nein, eine Schauspielprobe.

Fr. Schnaw. So, so, also aach von dene die Kumedie spiele, ich hab dervon geheert — seins lauter Barickemacher? So verschammerirte Kerl, da wähs ich wie's is. Apripo, wie sein Se dann an den Herrn Splitt komme — spielt der narriche Kerl aach mit?

Friseur. A beileibe! Er is enmol e Gelehrter, und da hawwich mir als iwwer das innerste Wese der Kunst an Uffschluß geholt, und sein öfterer gebüldeter Umgang hat mich des Wißbedörftige der Kunst so e bissi kenne lerne. Und wann ich nechstens in Offenbach e Gastroll geb, do werd er einige gewüchtige Worte über mein Spiel in die Daskalia falle losse. Duht er das, so streich ich des Toupee, duht er's nicht, da sage Sie ihm:

Nro. 3.

Mel.: Schwefelhölzer ꝛc.

Wo ich ihn nur gehen seh',
Ob's auf offner Straße sei,

Im Kaffehaus, der Stadtallee,
Mir ganz einerlei:
Faß ich den Patron beim Schopp,
Reiß ihm sein Toupee vom Kopp,
Ja, bei meiner Treu!

(Geht ab, die Thür zuschlagend; Splitt will eben aus dem Schrank steigen, als der Friseur zurückkehrt, und als Reprise singt):

Ja bei meiner Treu!

Das sagen Sie ihm; fele mich Ihne! (ab.)

Splitt (aus dem Schrank steigend). Das ist ja ein entsetzlicher Mensch!

Fr. Schnaw. Gewaltig entsetzlich! — Also en Kahlkopp — brav — widder a neie Qualideht.

Splitt. Nur still doch! (schreibt): — „drängte sich hervor, dann sprach sie mit matter, aber vernehmlicher Stimme: Warum diese Thränen, Ihr Lieben?"

Fr. Schnaw. (für sich, halb singend). Kahlkopp! Dieterich! die alte Weiber fresse dich!

Splitt. Da schreibe der Teufel! Schweigen Sie doch nur einen Augenblick.

Fr. Schnaw. (setzt sich und arbeitet).

Splitt. Nun, Jean Paul, hilf! (Schreibt): — „Seht Ihr nicht in jedem Jahr den Frühling untergehn? Verwelkt nicht in jedem Jahr die Rose? Und ist die Rosenwange zarter als Sie?

Fr. Schnaw. No, was bollert denn do schon widder die Steeg eruf?

Splitt (macht Miene in den Schrank zu steigen).

Fr. Schnaw. (sieht zur Thür hinaus). Bleiwe se norst haus, es is e Weibsbild.

Splitt. Nun, Gottlob! Damen bin ich nichts schuldig. — Vielleicht eine Schriftstellerin, die wähnt, ich habe den guten Rath befolgt, zu recensiren, und mir das Compliment machen will.

Fr. Schnaw. Nä, for so ähns is des weiß Klähd zu propper. Die von dem Stofft kenn ich aach, es hot emol ähn als änzling Perschon bei mir gewohnt un is mer de Zins schuldig gebliwwe.

Fünfte Scene.

Philippine (sehr geputzt, tritt ein). **Vorige.** (Splitt sich verbeugend, ihr entgegen).

Philippine. Nix for ungut — ich gehn grad vorbei, Herr Splitt, und da wollt ich emol frage, ob Sie denn endlich emol bei Geld wärn um mer des Wäschgeld zu bezahle.

Splitt (erschrocken bei Seite). Sapperment, meine Wäscherin!

Fr. Schnaw. Ei der Dei — Mamsell Dinkelmeiern.

Philippine. Se hawwe mir nun schond lang nix bezahlt, und des Ganze läft immer mehr uf. Denn gucke Se, wähs Gott, ich brauche des Geld jetzt werklich äußerst sehr nothwennig; e Medge, wie ich, muß aach sein Einkommensteuer zahle, un sonst — un korz — Allerhand! Und da nemm ich die Fra Schnawwelmännin zum Zeige, ich wäsche

Ihne, Gott strof mich — net en Hemderkrage mehr, bis Se mich bezahlt hawwe.

Splitt. Kleinigkeit! — Versteht sich, daß ich sie Ihnen zahlen werde. — Aber ich kann mich von meinem Erstaunen noch gar nicht erholen. Sie, Pinchen? Wahrhaftig, Sie können sich neben die erste Dame Frankfurts stellen.

Fr. Schnaw. (für sich). Warum net? wann Platz is?

Philippine. Sehr charmant! Awwer ich brauch Geld, Herr Splitt.

Splitt. Werd' ich Ihnen denn das Geld behalten? Doch heute glaubt ich Sie zu beleidigen, wollt ich Ihnen Waschgeld zahlen. In einem Augenblicke, wo nichts, so gar nichts an Ihren Stand erinnert.

Philippine. Ach gehn Se — Se mache mich ja schaamrethlich — awer ebbes Geld kenne Se mer doch gewwe, wenns aach nor e Klänigkeit is.

Splitt. Nein, heute nichts. In der That nichts. Heute könnt' ich nur mit der Gesinnung eines Freundes neben Ihnen stehen, wenn ich mich Ihren Freund nennen dürfte, nicht als ein Kunde, der Ihnen die Arbeit Ihrer Hände mit Geld bezahlt. Sie sehen gar zu hübsch aus, ich könnte sagen nobel.

Nr. 4.

(Mel.: Wenn mir dein Auge strahlet. (Opferfest.)

Wem solche Reize strahlen,
Um den ist es geschehn!
Mit seiner Freiheit zahlen
Muß wer Sie so gesehn.

Philippine.
Zu viel Ehre,
Bitt recht sehre.
Wie Sie flattiren können,
Weit mehr als mir gebührt.
Splitt.
Beglückt ist der zu nennen,
Der Sie durch's Leben führt.

Philippine (für sich). Der mich dorchs Lebe fihrt? Sollt er mich vielleicht fihrn wolle? — Wart!

Fr. Schnaw. Fihrn? warum denn net, awwer anfihrn.

Philippine. Ach — nä — Se mache Spaß — Se wolle mer flattire. Awwer des is nu wohr, ufs schmächle verstehn Se sich, Se oosiger Mann.

Splitt. Fragen Sie ihren Spiegel, ob ich schmeichle, und passen Sie auf, ob er ja sagen wird. Nein, dieser Anstand, diese Haltung, diese Enormität Ihrer Coeffure. —

Philippine. Zu gitig!

Splitt. Diese Abnormität Ihrer Physiognomie —

Philippine. O ich bitt Ihne —

Splitt. Berechtigt Sie zu Ansprüchen —

Philippine. Etzt erlawe Se, an Ansprich fehlt mersch gar net. (Mit Nachdruck.) Ich bin so kän gering Medche, wie Se verleicht denke mege — ich bin von sehr scheene Eltern. Mein Vatter war hiesiger Cunstabler, un hätte e gewisser damaliger Senatersch Sohn, der uff mein Mutter als Mädche e Aag geworfe hot, net umgesattelt, so kennt ich jetzt Fräle Von sein.

Fr. Schnaw. (für sich). No fahr ab! (Laut.) Sie hatte ja vorhin nothwennig ze schreiwwe, Herr Splitt? un es schlägt schon Siwwe.

Philippine. Schon Siwwe? wähs Gott, ich hab gedacht, es wehr ersch̄t Sechs — do muß ich mich uff die Bähn mache, denn gucke Se, wenn man so e Tour in der Stadt zu mache hot, un nach seim Geld ze gehe hot, mer kimmt gar net erum, iwwerall werd mer ufgehalte. Am schlimmsten sin die Herrn, die koste so e arm scheen Medche e ferchterliche Zeit, mit ihrem ebsche Gebabbel, doch bei Ihne, Herr Splitt, (mit einem Knix) laß ich mer gern was gefalle.

Splitt. Bedaure, schönes Philippinchen, daß uns Beiden heute die Zeit so knapp zugemessen ist.

Philippine (für sich). Es is doch gar kän iwwler Mann, der Herr Splitt! Hm! hm! dorchs Lewwe fihre — des geht mer im Kopp erum. No, wer wähs, Binche, wer wähs! (Laut.) Morje früh bin ich widder do — duhn Se nor Alles hibsch zerecht lege, was Se mer zum Wäsche gewwe wolle. Scheene guten Awend, mein liebster Herr Splitt. (Mit verändertem Ton.) Adje, Schnawwelmännin! (Ab.)

Fr. Schnaw. (gedehnt). Adje! — Ach, Philibbine de dauersch̄t mich! Wann de Floretterchern for Weschgeld annehme duhst, do wersch̄te bald viel Kundschaft hawwe, aber wenig ze esse. Net wohr, Herr Splitt, wann mer doch mit mir aach so umspringe kennt?

Splitt. Sie sind um 30 Jahre zu alt dazu, sonst möcht's wohl gehen.

Fr. Schnaw. Brav! — Ze alt? un gleich noch 30 Johr! — Die Johrn misse Ihne gar nix koste, daß Se so gebschnitzig dermit sein. Awwer Se, Se hätte mich vor 30 Johr aach net angefihrt — Se net, wähs Gott net! — do mußt' annerst ufgespilt wern. Do was babbel ich? un Se dehte besser weiter zu schreiwe.

Splitt. Ich warte nur auf Ihr Stillschweigen.

Fr. Schnaw. Alleweil. (Setzt sich und stopft.)

Splitt (schreibt). „Zarter als Sie? Auch die Menschenblume zerlegt sich sanft in Staub. (Es wird geklopft.) Verteufelt! Schon wieder Einer! Nein, heute geht's zu arg! (Springt in den Schrank.)

Fr. Schnaw. Herein!

Sechste Scene.

Theaterdiener. Vorige.

Theaterdiener. Is der Herr Docter Splitt dehäm?

Fr. Schnaw. Ewe de Aageblick is er ausgange.

Theaterdiener. Wann kimmt er widder?

Fr. Schnaw. Unbestimmt — des is e Kerlche ohne Ordnung, so e Schußbartel — awwer, wann Se was hawwe, ich richt Alles aus.

Theaterdiener. Ich hab e Billet an ihn.

Fr. Schnaw. Her dermit — er kriegt's — heut noch!

Theaterdiener. Erlawe Se, ich muß es ihm selbst abgewwe.

Fr. Schnaw. Von wem is es dann, wann mer frage derf?

Theaterdiener. Vom Herr Theater-Intendant.

Splitt (für sich). Vom Theater-Intendanten? Wie komme ich nur mit Ehren aus dem Schrank?

Fr. Schnaw. Was mecht denn der Herr Intendant?

Theaterdiener. E bees Gesicht; — sie hawwe heunt ihre schlechte Dag.

Fr. Schnaw. Ach liewer Mann, er versteht mich net. Ich meene, was er arweite duht, woderfor ihm der Herr Splitt Geld schuldig is?

Splitt (hustet im Schranke). Hm! hm!

Theaterdiener. Herr Splitt sein ihm awwer nix schuldig.

Fr. Schnaw. Nix schuldig? No, etzt lasse Sie sich emol orndlich angucke. Ich muß wisse, wie Äner aussieht, der von Ähm kimmt, dem mein sauwerer Stuwweherr nix schuldig is.

Splitt. Nein, nun wird's zu arg! Ich muß ein Ende machen. (Zieht seinen Rock aus, tritt heraus, den bisher offen gelassenen Thürflügel anlehnend, und zieht den Rock wieder an.) Aber Frau Schnawwelmann, wie können Sie denn sagen, ich sei nicht zu Hause? Schon ehe Sie ins Zimmer traten, war ich im Schrank, um diesen Rock zu suchen. Nur währte es lange bis ich ihn unter den vielen andern herausfinden konnte.

Fr. Schnaw. Ja so! — wo so viel is, do kriegt mer als den Schwinnel vor die Aage, daß mer gar nix sieht.

Splitt. Guten Tag, Herr Kurz, was bringen Sie?

Kurz. Dieß Billet. (Gibt es ihm.)

Splitt. Einen Stuhl für Herrn Kurz. (Oeffnet das Billet und liest es mit Zeichen der Freude für sich.) Ha! ist die Noth am größten, und so weiter. — Meine gehorsamste Empfehlung an den Herrn Intendanten, werde die Ehre haben, schriftlich zu antworten.

Kurz. Empfehle mich! (Ab.)

Siebente Scene.

Splitt. Frau Schnawwelmännin.

Splitt. Also wieder eine Localposse wünscht der Herr Intendant? (Liest vor sich hin.) „Ihre letzte Posse — — Vergnügungen gewährt — wünsche bald etwas Neues der Art — O ich bin bereit! stehe zu Diensten, Herr Intendant! — Sehr erfreut! und — deckt einen Riß.

Fr. Schnaw. (für sich). No rappelts dem? was is dann mit dem Brief? (Laut.) Awwer, Herr Splitt, wie is es dann — dehte Se net besser schreiwe? Was Se do mit sich selbst dischkerire, bezahlt der Buchhänler doch net.

Splitt. Ach, was Buchhändler! Die Erzählung bleibt heute liegen; mich beschäftigt ganz etwas Anderes.

Fr. Schnaw. Awwer mich beschäftigt mein Zins, un werd mich so lang beschäftige, bis Se mich bezahlt hawwe.

Splitt. Wird bezahlt werden, Frau Schnawwelmann, wird bezahlt werden! Sie werden auf andere Wege sinnen müssen, Ihre spitzen Reden los zu werden. Dieß Billet enthält einen Auftrag zu einem Theaterstück, das mir mehr einbringen wird, als ich Ihnen schuldig bin.

Fr. Schnaw. Des is e Kummedie? Guck emol an!

Splitt (ohne auf sie zu hören). Aber woher den Stoff nehmen? wo Charaktere ausfindig machen, die nicht verbraucht sind? — Wo? — Wo haben Teniers und Ostade den Stoff zu ihren lebensfrischen Gemälden gesucht? Und nehmen diese in der bildenden Kunst nicht fast die Stelle der Localposse ein. Wohlan! mach es wie sie! Besuche die Sammelplätze des Völkchens, dem du deine Figuren entlehnen willst. (Geht auf und ab.)

Fr. Schnaw. Figurn will er lehne? Des is gewiß e Stick fors Bobbespiel! —

Splitt (wie oben). Beobachte ihre Weise, belausche ihre Gespräche.

Fr. Schnaw. Wen will er belausche?

Splitt (wie oben). Wie bald findest du nicht einen Faden, den du weiter spinnen kannst.

Fr. Schnaw. Spinne will er? Der werd doch net mischucke über des Billet wärn?

Splitt. Und wenn auch nicht eine abgeschlossene Handlung, reichliches Material ist dir gewiß.

Fr. Schnaw. Was is denn des jetzt mit der Material=hanlung?

Splitt. Wer nur alle die Lustorte kennte! Doch halt! Las ich nicht im Intelligenzblatt, daß heute das Tivoli eröffnet worden, daß dorten Tanzmusik ist?

Fr. Schnaw. (für sich). Was gibt ihn die Danzmusick im Diwillie jetzt an?

Splitt (wie oben). Ja, dort will ich mir die goldnen Früchte pflücken. (Geht auf und ab.)

Fr. Schnaw. Was? im Diwillie will er sich goldne Früchte plicken? Do muß ich doch aach derbei sein. Gleich auf die Bän und nachspionirt — verleicht geht mer dort e Licht iwwer die Sach uff. Vor hat er was do, — des loß ich mer net nemme, un wann der Osekerl dann werklich goldne Eppel dort ze erwarte hot, so soll er mer sche net gleich widder verbutze. Dadervor bin ich sein Hauswerthin. Aber nordst vorsichtig — zieh dich sauwer an, daß er dich net kennt, e weiß Klähd un en große Hut; dann, kennt er dich, so kimmst de net hinner sein Schlich. (Ab.)

Splitt (allein). Aber, Splitt, willst du denn wieder dein Werk dem vornehmen Hohnlächeln Derer hingeben, die da meinen, eine Local-Posse sei kein würdiger Vorwurf für die Kunst? — Ja, ganz dreist! Denn da ihr Leutchen die Posse überhaupt doch einmal statuiren müßt, so kann auch nur dieß die Nase rümpfen machen, daß die Local-Posse meist Menschen niederen Standes vorführt, weil jetzt von diesen allein das Gepräge des Oertlichen noch nicht abgeschliffen ist. Aber sind nicht die Glieder jeder, anscheinend noch so geringen Menschenklasse, für künstlerische Auffassung geeignet, und derselben würdig? Nein, Ihr sollt mir die Lust nicht vergällen, die ich empfinden werde, sollte es mir etwa gelingen, auch nur ein Dienstmädchen so charakteristisch darzustellen, daß selbst der ihr am fernsten steht, selbst ein Fürst, von der innern

Wahrheit der Darstellung frappirt, sich überzeugt hielte, in ihr eine ächte Repräsentation ihrer Gattung zu sehen. Mögt Ihr euch dafür an Fürsten ergötzen, wie sie heut zu Tage meist über die Bretter gehn, die sich selbst ein Dienstmädchen von willigstem Glauben nicht als ächte würde aufdrängen lassen. Aber die Recensenten, die Recensenten! Willst du diese wieder einmal auf dich loslassen. Ei warum nicht? Leben und leben lassen! Und am Ende haben die jetzt ihr Gebiß anderweit nöthig, um es viel gegen dich zu gebrauchen; denn sie machen es oft wie die hungrigen Ratzen, sie fallen über einander her und fressen einander auf. Fort nach dem Tivoli. (Er singt.)

Nro. 5.

Mel.: Lott' ist todt 2c.

Geigenklang,
Froher Sang
Tönt mir schon entgegen.
Wie so frisch,
Frei von Zwang,
Sich die Leutchen regen.

Lotte singt,
Ludwig springt,
Heinrich schwenkt die Mütze.
Gib nur acht,
Denn es macht
Jeder seine Witze.

Wie sie jetzt,
Bunt und kraus,
Durcheinander tanzen.
Wie ergötzt
Solcher Strauß,
Von Frankfurter Pflanzen.

Zweiter Act.

(Garten des Tivoli. Tische, Bänke, Stühle ꝛc., auf einigen Tischen Windlichter. — Mondschein.)

Intermezzo.

(Der Hintergrund der Bühne ist mit Gästen aller Art gefüllt. Kellner und Verkäufer gehen hin und her. Die Sprechenden kommen von verschiedenen Seiten und gehen, je nachdem ihre Reden es bedingen, in den Tanzsaal, oder anderwärts ab. Die Tanzmusik ist während der ganzen Rede in der Ferne hörbar.)

Erster und zweiter Bürger sitzen im Vorgrund an einem Tische.

Erster Bürger. Breche Se uff, Herr Brillderfer, es riecht mer hier so viel nach Mähd.

Zweiter Bürger. Sie hawwe Recht, Herr Kreblinger, nir wie Bodienter un Mähd an so eme Dag. Un der nirwerdige Lerme von dene Handwerksborsch. Mer mache uffs Schitzehaus, un drinke als gestannene Männer unsere einige Schoppe do.

Erster Bürger. Mer kumme uff en andermol wann mer den Zindaderada (Janitschaarenmusik) net hört, un drinke unser Glas Wein; dann wähs Gott, es werd hie so guter verzappt, daß mer kän Musick braucht um en ennunner ze uhze.

Zweiter Bürger. Halte Se, ich muß Ihne noch emol den Platz weise, wo vorm Johr der Sählbänzer gedanzt hot.

Erster Bürger. Des will ich doch emol begucke; es soll sehr schehn ze sehe gewese sein; mein Dochter sagt mer dervon. (Beide ab.)

Berliner und Sachsenhäuser treten auf.

Sachsenhäuser. Läßt des Dos, mer meent, die Supp wer angebrennt.

Berliner. Uff Ehre, Bruder Frankfurter, seh mal da den Blechpfeifer (Klempner), der globt, er hätte die Loore vor sich alleene!

Sachsenhäuser. A loß! So e Spengler meent aach als was.

Berliner. Weeßt du was, wir wollen in den Saal jehn, der Danz jeht schon los — aber Bruder, des sag ich dir, ich lasse mir von diesen Blechpfeifer (Klempner) nicht de Probe jefallen.

Sachsenhäuser. Noch emol, ä Spengler häßt's. (Beide ab.)

Erstes Mädchen. Kettche! dein Schubennel is uf, binn dern!

Zweites Mädchen (indem sie sich niederkniet und das Schuhband bindet). Mach, daß mer fortkomme, do selt hinne gehn zwä von der Gesandtschaft.

Erstes Mädchen (sieht zurück). Ach ja! dene wolle mer die Sarfarion net gunne uns im Garte abzefange.

Zweites Mädchen (steht auf, im Weitergehen): Du host recht — laaf — es sinn recht scheene Leit, der Kutscher is e Wittmann aus Hannover, sein Fraa soll von Adel gewese sein. (Beide ab.)

Kutscher. Ich glaube den Herrn Collegen schon irgendwo gesehen zu haben. Haben wir nicht zusammen bei dem portugiesischen Gesandten zu Mittag gespeist.

Bedienter. Ja, das war mein vorletztes Haus — aber wir haben uns auch manchmal im Theater gesehen.

Kutscher. Richtig! vorigen Winter — dieses Jahr sind wir nicht abonnirt. Wir besuchen desto öfter Thee dansant, Vorlesungen, Conzert, Museum.

Bedienter. Das gefiele mir nicht. Ich ziehe das Theater allem anderm vor; es ist zu bestimmter Stunde zu Ende und ist auch recht hübsch warm auf den Gängen. Bleiben Sie noch lange hier?

Kutscher. Unter uns gesagt, wir sind hier uns zu verheirathen. Der Gräfin Maraskasky Vater kommt auch — da geben wir die Blessen wohlfeil weg und fahren mit unsers Schwiegerpapa Füchsen.

Bedienter. Ich wünschte, wir heiratheten die französische Markisin — die weiß die dienende Klasse zu tractiren. (Beide ab.)

Erstes Dienstmädchen. Schellt denn Ihne Ihr Herrschaft aach so oft?

Zweiter Bedienter. Gewiß, un juschtement, wann mer grad was annerscht ze duhn hot, mer meent, se deht's expreß. (Beide ab.)

Zwei Mägde und ein Jäger kommen Arm in Arm.

Erste Magd. Ich wähs, was ich von mer ze halte hab, ich sehn uff Propperdeht un weiß mein Honneer ze schetze; ich studire uff die Kammerjungfer.

Zweite Magd. Unn ich, wann ich widder in Dienst gehn, verlang ich mein äge Stub, Esse un Drinke, zwämal Kaffe, Kostgeld, alle verzehn Dag mein Suntag — un wann ich länger bleiwe soll, so pretendier ich aach en Hausschlissel.

Jäger. Wann doch emol von Pretendatione die Red is, so sag ich Ihne, wann der Herr Baron des Wagebrett net besser in Feddern henge leßt — so bleib ich kän Minut.

Zweite Magd. Ich lerne aach jetzt franzeesch bei unserm junge Herrn, do hoff ich dernochender, daß ich als Bonne zu Kinner komm. Dann die hawwe des beste Lewe.

Jäger. Des is recht, mein Schatz.

Ein Weckmädchen. Kaafe Se Bernemer Weckelcher? (Zu einem Gast in sehr ordinärem Costüm.) Ebbes Merwes, scheener Herr — e Fiez. — Kaafe Se mer was ab, ich hab heut noch nix geleeßt.

Gast. Bleib' mer vom Hals mit deim Bernemer Cunfect.

Weckmädchen (sucht ihre Waare anderwärts anzubringen).

Die beiden Bürger, welche zuerst sprachen, kommen wieder.

Erster Bürger. Das Wasser is awwer sehr gewachse.

Zweiter Bürger. Is es dem Fahrdohr hinn?

Erster Bürger. Ja, sitter gestern; — denke Se, do is der Poste am Fahrthor, der hot's uff de Wacht gemelt un angefragt, ob ersch erein lasse'selt, do hot em der Kapperahl sage lasse, wann ersch net halte kennt, so selt ersch laafe losse.

Zweiter Bürger. Des groß Wasser ist gut — do schlegt de Frucht e bissi uff — des kann uns arme Leit e bissi uffhelfe.

(Eine auffallend geputzte Wassersteindame mit besonders hoher Frisur geht über die Bühne.)

Erster Bürger. Do misse Se gucke, des Frauenzimmer in dere merderliche Frisur, — mer meent, es weer e Standsperson.

Zweiter Bürger. Des is die Köchin aus dem goldne Fligel.

Weckmädchen. Kaafe Se mer was ab.

Erster Bürger. Weis emol, wann dein Waar so frisch is wie du? (Kneipt sie in die Backen.)

Zweiter Bürger. Ei, ei, Herr Krechlinger, mache mer aach noch die Bosse?

Erster Bürger. Als e mol, guck emol an? (Beide ab.)

Junge (ausrufend). Aechte Hawalla-Sigarren mit Fedderkeil!

Kellner (zu einem andern). Schorsch — do hinne an dem Disch will äner bezahle — laaf!

Gast (hält den Kellner bei Arm). Mein Portion Gans.

Kellner. Glawe Sie dann, mer wer nor doderfer do, Ihne nochzelafe — do is Ihr Portion Gans — un etzt bezahle Se.

Gast. Ich hab mich anders besonnen, es bleibt Niemand im Garten, ich will mein Gans in Gesellschaft im Saal genießen.

Kellner. Des hette Se gleich sage selle, mer meent, mer wer bloß derfor do die Gäst ze bediene.

Gast. Anfälliger Kerl!

Stimme (im Hintergrunde). Drei Bredercher! en Schoppe ze Zwelf!

Andere Stimmen. Selzerwasser — Keller — Werthshaus!

Erster Ladendiener. Allé Leimberger, parlé francé, afin que ces mediocre gens ne nous combrend bas.

Zweiter Ladendiener. Nous pouvons moquer sur eux.

Erster Ladendiener. Cebandant, brennez Obacht, je connois un, qui connoit un, qui a reci des coups ici.

Kellner (zu einem andern). Franz! Helf dene Herrn e bissi franzeesch redde.

Erster Ladendiener (ärgerlich). Tenir la bouche!

Köchin. Mer tregt jetzt kän Schikot=Ermel mehr, etzt werd widder alles glatt gedrage, Hoor un Alles.

Zweite Köchin. Die Schwernoth, ich hab noch Locke. (Nimmt die Seidenlocken ab.) Da, nemm se, geb se der Leene uffzehewe.

Kellner (jagt einige Buben vor sich hin). Enaus, ihr Lausbuwe! macht euern Lerme draus!

Bube. He! he! he! (Ab.)

Musie Wolf. Sannche, sinn se gewesen im Theater an Schabbes?

Sannche. Ich bin gewese.

Musie Wolf. Was habe Se gesehn?

Sannche. Was ich hab gesehn? Der Wilhelm Tell.

Musie Wolf. En scheene Oper for die Musik.

Sannche. Aach sehr scheen form Kostüm.

Musie Wolf. Wahs Gott, alles Merinos, von Leb Wolf un die Dekeratione solle sein gemolt in pure Oel — es hot gekost 40,000 Gulde.

Sannche. Net möglich!

Musie Wolf. Ich hab an unangenehme Vorfall gehabt in Wilhelm Tell.

Sannche. Wie so?

Musie Wolf. Nu ich hab gezischt, hat mer ahner a Schups gegeben.

Sannche. Worum haben Se gezischt?

Musie Wolf. Ich waß net, ich hab eben gezischt.

Sannche. Hat's Ihne net gefalle?

Musie Wolf. Jo, es hot mer gefalle; aber ich hab doch gezischt. (Beide ab.)

Liebhaber. Amieche, ich sage dersch, wann de mer dem Meenzer sein Name noch emol ins Maul nemmst, so gehn ich fort un losse dich stehn — so wahr Gott lebt. (Will gehen.)

Mädchen. Des leßt de bleiwe, Henri — Gott soll's wisse, ich liewe dich mehr wie Vatter und Mutter. Es is awwer doch mein Vetter.

Liebhaber. Vetter hin, Vetter her! Mer kennt die Vettern aach — ich will nu emol nix von dere Vetterschaft un Briederschaft net wisse. (Beide ab.)

(Allgemeiner Tumult.)

Stimmen. Was gibt's?

Kellner. Meine Herrn, alleweil werd der Galopp aus dem Templer und der Juddin gemacht.

(Alles stürzt nach dem Saal; man hört die Musik dieses Tanzes.)

Erste Scene.

Sohlfritz. Philippine, dann Frau Schnawwelmann.

Philippine. Wähs Gott! Sie hawwe recht, Herr Sohlfritz, im Saal is gar ze schwädmig; do im Garte is e ganz anner Tempelatur.

Sohlfritz. Net wohr? Mer scheppt e bissi Athem. Aber Sie wern sich verkihlige. Sie sin im Schwähs vom Danze, un do, do geht e kihler Wind. Duhn Se Ihr Schaal um, Philibbinche. Glawe Se es em Mann, der Wittmann un Mäster is, un alle Dag widder Familievatter wern kann. Sie wern sich verungeniere mit dem viele Danze! Is en so korzes Vergnige dasjenige wohl werth?

Philippine. En korzes Vergnige? Im Kunträr, Sohlfritz. Eben doderdorch, daß ich so viel danze, mach ich mer ja des Vergnige recht lang. Un was for Vergnige auf dieser Weld gewährt wohl ein greeßer Plaisir als des Danze.

Sohlfritz. Ich hab' nix dadergege, daß net aach der Mensch, odder des Frauenzimmer danze soll. Worum sellt aach e Schumacher uffs Danze schimpfe? Kunträr, ich glaab e Schuhmacher un en Docter hawwe des Danze erfunne. Awwer Schätzi mit Mooß un Ziel. Sehe se, Binchen, ich bin Wittmann un Mäster, ich mache noch als mein Walzer-Kalopp, un Sie wisse, ich danze kein unangenehme Stiwwel. — Aber damit Basta! — Gucke Se, Binche — no dadervon wisse die junge Frauenzimmer nix — des ewige Zoppe von dene Musikante, des versteert em gesetzte Borjer sein Plaisir.

Philippine. So lang mer jung un leddig is, kann man sich vor sein Geld kän scheener Plaisir mache, als Danze.

Sohlfritz (zärtlich). Awwer Binche, wann mer Wittmann un Mäster is, un alle Dag gern widder Familienvatter wern möcht? (Feurig.) Binche, liebes Binche, wie lang wolle Se mich noch schmachte lasse? Wern Se endlich emol sage: da Sohlfritz — ich bin die Deinige, du bist mein Meiniger?

Philippine (bei Seite). Gott, er werd alle Dag verliebter, un doch kann ich heut meinen Entschluß nicht fasse. (Laut.) Here Se uf ze ruhe — hibsch geschickt jetzt. — Es ist hier gar nicht der Ort nicht, un der Owend nicht, zu solche Augenblicke! Der sternhelle Mandschein! Des geschwächte Herz — O Sohlfritz! Geschwärmt hawwe Se wohl niemals nicht?

Sohlfritz. Worum dann nicht, mein Binchen? Doch es kimmt net oft vor; zwä Stunne nach Feierowend kenne Se mich in mein Bett finne, dann ich bin e gestandner Mann und bin kein Freund vom Saufe und dergleiche — heint is awwer noch Zeit — denn es hot erst halber Acht geschlage.

Philippine (bei Seite). Herr Jesus! halb Acht? Um halb Acht wollt' mich der Meckeritz hier treffe.

Fr. Schnaw. (tritt auf im weißen Kleide und Hut, sich umsehend, für sich). No, wo stickt er dann, der Zeit nach mißt er schon do sein.

Sohlfritz. Awwer Binche, Sie speiße mich so nor mit Reddensarte ab, do dervon werd der Mensch awwer net fett.

Philippine. Met Reddensarte, o gewiß nicht. Ach, Schorsch, Sie verdiene mein Zudringlichkeit wahrlich net! Hab' ich heut Mittag net schon dran gedacht, Ihne mit ganz was annerm, als demjenige ze speise? Wie ich auf der Bockemergaß an dene Bäckerläde vorbei ging — halt, dacht ich, der Sohlfritz is en Freind von Merwem. Verleicht trefffst de ihn par ungefehr, kaufe ihm e halbe Fastenpretzel, überrasche ihn dermit. (Zieht eine Pretzel aus ihrem Strickbeutel, bricht sie, jedoch so, daß es Sohlfritz nicht sieht, in zwei Hälften, steckt die eine wieder ein, und gibt ihm die andere.) Da sehn Se, Freund! ich dähl se mit Ihne.

Fr. Schnaw. Na, wo stickt er dann, mei sauwerer Herr Splitt.

Sohlfritz. Nun is mir Ihre Liebe ganz bekannt; ich esse sie stande bene, uff Ihne Ihr Gesundheit, ha ha ha!

Philippine. So net, Sohlfritz, so net, wo annerschter, zu ere Botel Eppelwein=Schampagner.

Sohlfritz. Worum net gleich hier, damit Se sehn, wie ich alles dasjenige, was von Ihne Ihre scheene Hände kommt, zu tractire wähs.

Fr. Schnaw. (geht wieder vorüber, für sich). Ei, ei, seht emol, Jungfer Dinkelmeiern, wie verschamerirt. — Sollte der Mosje Splitt un die do vielleicht — No, no, do muß ich ufbasse.

Philippine. Merke Se net, daß mer beluurt wern? Sehe Se nicht des Frauenzimmer im weiße Kläd, die immer um uns erum lauschpert?

Sohlfritz. Wo dann?

Philippine. Alleweil is se selt ins Bosket, Se sieht im Mondschein orndlich ferchterlich aus.

Nr. 6.

Mel.: Ballade aus dem weißen Fräulein.

Sehn Sie dann dort im Mondenschimmer
Die Frau im weißen Kleide nicht?
Sie scheint kein junges Frauenzimmer,
Der Hut versteckt mir Ihr Gesicht.
Drum fort von hier, Sie müssen gehn;
Sonst ist's um meinen Ruf geschehn.
Sie paßt uns auf, ich will drauf schwören,
Hier kann die weiße Frau uns hören,
Hier kann die weiße Frau uns sehn.

Sohlfritz.

Die weiße Frau soll uns nicht hören,
Die weiße Frau soll uns nicht sehn.

Philippine. Ja, Sohlfritz, was ich Ihne bitt, schone Se meine Repetition. Etzt marschire Se — im Saal treffe mer uns dernachender.

Sohlfritz. Se hawwe Recht, Binche, Se sinn e gescheid Perschon. — Was braucht die alt Hex do ihr Noos im en Wittmann sein Liebeshistorie ze stecke. So ähn muß mer ferire — un des orndlich. — Adje, uff Widdersehn, Binche. (Ab.)

Philippine. Uff Widdersehe! (Wirft ihm einen Kuß zu.)

Zweite Scene.

Philippine (allein).

Gottlob — er is fort! Mich hot's hähs un kalt iwwerlafe, wie ich den do angetroffe hab! Ich hab gar nicht geglabt, daß so e Mann in dene Johre en solche Gaarte frequendire deht. Wann der Meckritz derzu gekomme wehr, des hett e scheene Geschicht gewwe kenne, dann der Sohlfritz is net sauwer. Awwer wie jetzt? Kimmt der Meckritz, so driwwelirt der mich aach, der gute Leibziger. Un ich kann em doch heunt des Jawort net gewe. Gestert, ja — do hett ich mich noch entschließe kenne, zwische em Bechdroht odder em Gähsbock ze wehle — aber heunt. — O, Herr Splitt, ich hawwe Ihne verstanne! Se hawwe e Wertche falle losse, un ich hab's ufgehowwe. Dorchs Lewe führe! O unsereins hatt aach was gelese un wähs was die Reddensart sage will.

Es is wohr, die Schriftstellerei muß e Profession sein, die net so viel einbringt, als wie die Schneiderei un des Schustern, sonst wehr mer der Herr Splitt net des Wäschgeld schuldig gebliwwe, un mit große Bisse werd ähm bei dem Herrn Schriftsteller aach des Maul sauwer gehalte wern. Awwer -- awwer die Ehr! — Fra Schriftstellerin — Herr Splitt — sie hawwe mein Jawort. Awwer jetzt nor gescheid, Bine. Morje, wann de zu ihm kimmst, bewisse, daß de Bildung host, daß de aach ebbes gelese host, un daß er sich net ze scheeme braucht; — heut war ich ganz verdunnert, un hab gebabbelt wie mer der Schnawwel gewachse is. Awwer heunt soll er ze here kriege, wie e Medche hie des Sunndags redde duht.

Der Sohlfritz un der Meckeritz wern heunt noch hingehalte, awwer wie mer morje der Herr Splitt sein Antrag gemacht hot — Adje Schuster! Adje Schneider! Der Sohlfritz werd spectakelire, awwer ich halt mer de Ohre zu; der Meckeritz werd withend, awwer e Schneider duht sich kän Läds an. Ah! da kimmt er jo ganz fidel angestiege un sein Unglück schwahnt em noch net.

Dritte Scene.

Meckeritz (in eleganter Kleidung). **Philippine.**

Meckeritz. Da seind Sie ja schon! — Na, schönen kuten Abend, Pinechen, mei Hühnechen.

Philippine. Guten Awend, Herr Meckeritz.

Meckeritz. Ei, warum so kühle, mei kutes Herze? warum denn Herr Meckeritz. Seind Sie etwa böse, daß ich

Sie habe warten lassen. Sehn Sie, mei Hühnechen, ich habe Sie den kanzen Nachmittag kute Frankfurter Kunde zu mahnen kehabt, die immer kän Geld haben, wenns ans Bezahlen kommt; un hernacher bin ich Sie flugs heeme kcloofe, um mich umzukleeden, damit ich doch mei Herze keene Schande mache.

Philippine. Wirklich, sehr scheen angezoge, Herr Meckeritz. Uff was for'm Graf sein Leib hot gestern der scheene Frack noch gesotze?

Meckeritz. Was meine Sie von mir, mei Herze? Werr ich Sie denn Kleder tragen, die ä Anderer schon uf sein Leeb kehabt hat? Das wäre Sie ja karschtig! Ich trage Sie immer nur die neuen Kleder, ehe ich Sie abkebe.

Philippine. Net iwwel! Des kann mer schon gefalle.

Meckeritz. Ach, wenn ich Sie doch kanz und gar kefallen thäte, mei Zuckerengel, mei Koldherze! daß Sie sich meiner Bein erbarmten, und mich endlich eenmal mit ä Ja beklicken thäten.

Vierte Scene.

Vorige. Splitt tritt von der rechten Seite auf, sein Taschenbuch in der Hand.

Splitt (für sich). Verdammt, nichts zu erhaschen! Das Volk tanzt, trinkt, mitunter werfen auch ein Paar einander verliebte Blicke zu; davon läßt sich nichts aufschreiben, nichts anwenden.

Meckeritz. Sie sein ja kanz stille, mei scheenes Pinechen!

Philippine. Marsch! Fort! eweck von hier! do schnuppert e Mensch uf ene sehr uffällige Art um uns herum. (Sie gehen in den Hintergrund.)

Splitt. Ein Liebespaar wie es scheint! Hier könnte mein Weizen blühen. Hier muß ich mich aufs Lauschen legen! O, Ihr Leutchen, thut mir den Gefallen, macht Euch hier im Stillen lächerlich, damit ich Euch die Ehre anthun kann, Euch öffentlich lächerlich zu machen. (Tritt unbemerkt hinter einen Baum.)

Meckeritz. Derjenige is furt, mei Meische. Wir seind jetzunder kanz unter uns. Sie derfen sich nun nicht länger scheniren, mei Zuckerengel, mir das deutliche Einkeständniß von Ihrer Liebe von mir zu machen.

Splitt (bei Seite). Nicht übel!

Philippine. Von meiner Liebe? Wenn Sie aach e Mensch sein, der Gefühle vor mich hegt, muß ich darum eine Person sein die Ihne Ihre Gefühle erwiedert? Hawwe Sie warte gelernt, Charmanter?

Meckeritz. Keduld? hab' ich Sie nich den kanzen langen Sommer Keduld kehabt?

Nro. 7.

Mel.: Wie lang hab ich geschmachtet. (Figaro's Hochzeit.)

Meckeritz.

Wenn Sie doch endlich sprächen:
O Jüngling, ich bin dein!

Philippine.

Es schickt sich vor kein Mädchen,
So gleich parat zu sein.

Meckeritz.

So redlich, wie ich's meine —

Philippine.

Wer weiß auch, ist es wahr,

Daß ich Ihr Herz alleine.

Meckeritz.

Wer sonst? — Ich tachte kar!

Philippine.

Also sind Sie —?

Meckeritz.

Frei.

Philippine.

Und Sie lieben —?

Meckeritz.

Drei.

Philippine.

Drei?

Meckeritz.

Nein, drei mit dem harten d.

Philippine. Ach! Sie liewe treu; ich hab' verstanne, Sie dehte Drei uff emol liewe; des weern mer Zwä ze viel. Gucke Se, des kimmt dervon, wann mer net deutlich ausspricht!

Splitt (für sich). Optime! gib du ihm Sprachunterricht.

Meckeritz. Sie fillen ja mein kanzes Herze. Wie wäre neben Sie noch Platz, mei Koldengel, mei blankes Borschteräppelgesichte.

Splitt (schreibend). Blankes Vorschteräppelgesichte.

Philippine (für sich). Es gemohnt mich grad als hätt' äner was gesagt do hinne, ich seh' doch Niemand.

Meckeritz. Keen Wort, mei Hühnechen, mein Koldpienechen?

Splitt (für sich, schreibend). Goldpienechen.

Philippine (für sich). Wer rieft denn do hinne? (Sieht sich um.) Schlag e Rad — — do steht ja der Schriftsteller hinnerm Baum und kreischt sich heiser nach mir, un ich dumm Dos merke nix. (Hustet.) Hm! hm!

Splitt (für sich, schreibend). Dumm Dos, exzellent. — Na, warum antwortet denn das alberne Frauenzimmer nicht? Ihr hm! hm! kann ich nicht aufschreiben.

Philippine (für sich). Er hust Antwort: Alleweil is richtig. Er is mer nachgange. Wie wer ich awwer jetzt den Gähsbock los?

Meckeritz. Warum so nachdenklich, mei Thierchen? Warum reden Sie denn mit sich alleene?

Philippine (leise). Nor langsam geredt, ich hab Ihne was ze sage, Herr Meckeritz.

Meckeritz. Nur 'raus damit, mei Engelche. Wozu soll das lange Kesperre?

Philippine (leise). Meckeritz, lasse Se mer mei Ruh!

Meckeritz (nachdem er eine Zeit mit offenem Munde da gestanden). Wie? was soll das heeßen? Soll Sie das etwa einen Korb vorstellen, Mademasell?

Philippine (für sich). Des hab' ich doch ze knollig gemacht.

(Zu Meckeritz.) Gereut Ihne Ihr Antrag, deß Se mich so frage? ich wollt ja nor sage, Se sollte ufheern zu ruhe.

Meckeritz. Na, das laß ich noch ehender kelten. Aber warum nich jezunder, mei Herze?

Philippine. Muß sich dann net e honnet Medche en so kizzeliche Schritt wie den Ehestand net orntlich iwwerlege? (Sich nach Splitt umsehend.) Lasse Se mich jetzt mit meine Gedanke allän. Verleicht findt sich äner drunner, der Ihne einstens glücklich machen duht. — Meckeritz, ich bin Ihne — wähs Gott, nicht abgeneigt.

Meckeritz. O Sie einzigster Abkott meiner Seele! Das war noch ä Wort. Aber mei Thierchen, soll ich Sie ohne ein Andenken an diese scheene Stunde von Sie scheiden. (Auf einen Kuß zielend.)

Philippine (für sich). Wie krie ich den nor eweck? Herr Je, ich hab' ja noch e halb Pretzel. (Zieht die halbe Pretzel aus der Tasche, wobei sie sich jedoch umsieht, ob Splitt es nicht bemerkt, leise.) Da, nehme Sie desjenige, was schond vorher for Sie bestimmt gewese war. Gehn Se jetzt in Friede un verzehre Se's zum Andenke an diese Stunde, un denke Se bei jedem Bisse an die Ihne Ihrige. In ähner Stund sehe mer uns widder, und (mit Bedeutung) wer wähs, ob Sie net ähne glückliche Braut in mir finde.

Meckeritz. O Engel, wenn Sie die kanze groSe Kluth sehen könnten, die mein Herz in Bewegung setzt. Es is Sie ä Klick, hören Sie, daß mein Frack weit kenunk in der Prust is, sonst sprengte mir mei Herz die Aermelnähte uff. — (Steckt die Pretzel ein und wirft abgehend Philippinen noch eine Kußhand zu, die diese verstohlen erwiedert.)

Splitt (hervortretend, für sich). Nun kann ich nur abziehen; einen Monolog wird wohl die Dame nicht halten.

Philippine (für sich). Alleweil kimmt er. Awwer er duht gar net, als ob er meinetwege gekomme wehr — uffgebaßt!

Splitt (für sich). Dieß Frauenzimmer scheint ein Auge auf mich geworfen zu haben. Na, wenn ich selbst hier noch Liebesabenteuer erlebte.

Philippine (geht wie zufällig an Splitt vorüber, bleibt neben ihm stehn, und spricht von hier an, wenn sie mit ihm redet, sehr affektirt.) En scheener Awend, heunt Owend, Herr Splitt.

Splitt (für sich). Sapperment! die kennt mich! der Teufel! es ist Pinchen Dinkelmeiern. (Laut.) Ein sehr schöner Abend, Philippinchen, aber etwas kühl!

Philippine (mit Bedeutung). Ja wohl; mer hot an so em Awend bald en Kerthárr eweck, oder en Husten.

Splitt. Nun, ich erkälte mich so leicht nicht.

Philippine. Es is mer doch so vorkommen, als hätte Se gehust, hinner diesem Baum.

Splitt (für sich). Wetter! sie hat mich dort erkannt! (Laut.) Ich? — je nun, man hustet ja wohl einmal, ohne eben erkältet zu sein, liebes Philippinchen.

Philippine (für sich). Alleweil rickt er an. (Laut.) Freilich, liebster Herr Splitt, es geht mer aach manchmal net besser. Un was is es? wann mer sich aach als einmol verkält, so sucht mer sich doch gern so romantische Mondscheins-Awende.

Splitt (für sich, unruhig). Gott steh mir bei! (Laut.) Freilich! Freilich!

Philippine. Wann ähm nor als dritte Persone nicht störe dehte.

Splitt (für sich). Gott sei Dank! (Laut.) Ich verstehe, Pinchen, und entferne mich. (Will gehen.) Gute Nacht!

Philippine (ihn zurückhaltend). Ei, Herr Splitt, könne Se mich so schimpire? (Zärtlich.) Ach, Sie wisse recht gut, daß ich Ihne nicht mäne, aber es gibt annere, ungebildete, gemeine Perschone, die gar nicht begreife, wos e scheener Mandschein uff sich hot. O gewiß, Sie verstehn mich. (Verschämt das Gesicht abwendend.) 'S is wohr, ich liebe die Einsamkeit an solche Awende, aber ich thäle aach die Einsamkeit gern mit noch jemand, wenn dieser Einer derjenige is, der mit mir ähn Schenie hot, und sein Gefühl mit mir harmelire (harmoniren) läßt. Dann gibt es kän scheener Einsamkeit nicht, als die selt Zwet. Fihlen Sie dieses nicht mit mir, lieber Herr Splitt?

Splitt. Gewiß, gewiß! (Für sich.) O wer jetzt aufschreiben könnte.

Philippine. Was sagte Se vom uffschreiwe?

Splitt. Hm! Ich sagte: Sie sprächen so vortrefflich, liebstes Philippinchen, daß Ihre Worte aufgeschrieben zu werden verdienten.

Philippine (für sich). Der wunnert sich, der hot des net hinner mir gesucht. Jetzt gilt's. Zeig dich, Bine, laß ihn dein ganz gebildete Seit sehn. (Laut.) Ja, Herr Splitt, so Monumente, wie mer jetzt genüße, sin die scheenste Aagenblicke des Lebens.

Splitt (bei Seite). Daß dich! —

Philippine. Gucke Se — die feuerliche Stille, womit uns der Mand umgibt, des Geraschel des mormelnden Baches brengen eine große Entzickung zwischen zwei liebende Herzer hervor, un beselige die Seele mit Seligkeit, un wo Frühlingslüfte sanft wehen. —

Splitt. Wir sind im Mai, Philippinchen, und es ist kühl.

Philippine. O Sie garstiger Mann. Sie wecke mich aus meine scheene Dräume.

Splitt. Das ist mir leid, Philippinchen! Aber die Bemerkung drängt sich mir auf, denn es wird in der That recht kalt.

Philippine. Wenn's Herz nor warm is, Herr Splitt.

Splitt. Aber mit dem wärmsten Herzen von der Welt kann der Körper frieren, liebes Kind! Ich muß mir nothwendig einige Bewegung machen.

Philippine (für sich). Wärmstes Herz von der Welt! liebes Kind — immer besser. (Laut.) Sie hawwe Recht — es wird auch etwas kühlhaftig. Ich deht mer aach Bewegung mache, awwer wo ennaus dann?

Splitt. Hm! Das ist indifferent —

Philippine. Dohin gehe ich mit, wann's Ihne recht is. (Nimmt seinen Arm.)

Splitt (für sich). Vermaledeite Klette!

Philippine (für sich). Wo Deiwel mag dann des Indifferent sein? (Laut.) Odder wolle mer liewer an Karussel odder an die Schuckel. — Nä, es steigt ja heunt e Luftballon — do wolle mer hin. (Für sich.) Do solle mein Frankforter emol große Aage mache, wann se mich mit eme Schriftsteller unnerm Arm sehe! Gut, daß der Sohlfritz un der Meckeritz net aach so was sehe.

Splitt (für sich). Muß ich mir denn von der Person Alles gefallen lassen. — Ja, verdammt, ich bin ihr 48 Kreuzer schuldig! (Laut.) Wie Sie befehlen! (Für sich.) So wie wir unter den Haufen kommen, streife ich mir das Frauenzimmer ab. (Beide ab.)

Fünfte Scene.

Sohlfritz, eine Tabakspfeife im Munde, tritt von der linken Seite auf. **Meckeritz** auch mit einer Pfeife kommt von der nächsten Coulisse ihm entgegen, so daß Beide auf einander stoßen.

Sohlfritz. Ei, ei, Freind Meckeritz, guten Awend!

Meckeritz. Ei der Daus! das is ja mei Herzenspruder, Mäster Sohlfritz! Wo kommen Sie denne hieher? Das is ja sonst Ihr Ort kar niche.

Sohlfritz. Veränderung, Freind; alle Dag Bernem, Bockenem werd mer iwwerdrissig. Gehn Se her, Meckeritz, mer wolle e Botell gute Wein mit einanner verarweite. Keller! e Botell ze 32 —

Meckeritz (sich setzend). J, wenn Sie es recht is, mei Kuter! ä halbes Stindechen hab ich Sie noch wohl Zeit.

(Kellner bringt den Wein, sie setzen sich einander gegenüber an den Tisch.)

Sohlfritz. No, wie stehts dann bei Euch?

Meckeritz. Je nun, so, so, lala. A theures Pflaster, des Frankfort, vor en armen Kleedermacher.

Sohlfritz. 'S is wohr — theuer is es — awwer aach gut — viel ze gut for en arme Schuhmacher. So e Sohl hat's beste Lewe uff dem Plaster.

Meckeritz. Un denn, was das Zahlen anlangt, so fängt die Windbeutelei auch sehr an überhand zu nehmen.

Sohlfritz. Des is nu wohr.

Meckeritz. Sehn Sie, ich bin so erpoßt auf so ä verdammten Windbeutel, der mir das Macherlohn vor ä Frack schuldig is! Bei dem loofe ich Sie täglich zu zween und dreien Malen, un versäume mir die kostbare Zeit. Aber mer trifft Sie diesen Menschen nun un nimmermehr derheme. Ich weeß kar nich, wovor Sie der die Miethe bezahlt.

Sohlfritz. Er werd se ewe gar net bezahle. Ich hab' aach Kunne mit dene es mir um kän Hoor besser geht. — No! (Beide trinken.)

Sechste Scene.

Die Vorigen. Splitt.

Splitt (von der rechten Seite auftretend, für sich). Gottlob, es ist gelungen, die wird suchen. Aber wegen dieser vertrackten Störung bin ich immer noch um nichts weiter gekommen. Aergerlich!

Meckeritz. Ne, es is Sie zu tolle!

Splitt (für sich). Zwei am Tische dort im Gespräch? Laß hören. Vielleicht fällt dabei etwas für mich ab. (Nähert sich lauschend.)

Sohlfritz. Aber treffe Se dann den Lump net emol uff der Gaß?

Meckeritz. Das hilft mir wenig, Kuter. Er weeß sich Eenem kleich aus die Oogen zu practiciren. Unsereens ist doch leicht zu Fuße, aber nicht gegen den.

Nro. 8.

Mel.: Wenn sie mich nur von weitem sieht. (Schweizer Familie.)

Wenn er mich nur von weitem sieht,
So leeft er was er kann.
Wie Feuer flieht ihm sei Kesicht,
Er sieht mich kar nicht an.
Er sucht sokleich sich loszudrehn,
Spricht man ihn einmal an;
Doch fass' ich ihn, so soll er sehn,
Was ein gekränkter Schneider kann.

Splitt (für sich). Armer Schuldner!

Sohlfritz. No, akkerat so en Hallunke von Kunne hab' ich aach. Will ich en in sei'm Logis mahne, so hot en der Deiwel immer alle Bärg. Seh' ich en uff de Gaß, so hat er mich immer schond friher gewittert un wutsch, fort is er. Ich glab', er schluppt als wie die Eidechse in die Mauerritze. Awer uff den hab ich's gepackt. Kimmt der mir emol in die Klubbe, do hack ich en zu Niereschnitte.

Splitt (für sich). Vortrefflich! doch gut, daß ich's nicht bin.

Meckeritz. Und das muß ich Sie sagen, bekomme ich den Meinigten zu backen, so will ich Sie seinem Rücken äne Appretur keben, daß er ihn sein Lebtag nicht braucht decatiren zu lassen.

Sohlfritz. So e Gersteschleims=Gesicht.

Splitt (für sich). Nicht übel! Gerstenschleims=Gesicht. (Schreibt.)

Meckeritz. So en verteifelter hungriger Landläufer.

Splitt (für sich). Geht auch an! (Schreibt auf.)

Sohlfritz. Meiner wohnt gar net weit von hier.

Meckeritz. Meiner ooch niche.

Sohlfritz. Meiner is so e oosiger Zeitungs= un Romanschreiwer. Er mecht aach Geschichte ins Schornal un die wechentliche Unterhaltung.

Splitt (aufmerksam werdend, für sich). Wie?

Meckeritz. Na, hören Sie, meiner is ooch so'n Musje Fedderheld, so ä vertorbenes Schenie.

Sohlfritz und Meckeritz (zugleich). Meiner heeßt Splitt.

Splitt (für sich). Höll' und Teufel! nun weiß ich doch, wessen Ehrentitel ich niedergeschrieben habe.

Zugleich. { Sohlfritz. Guck emol an!
Meckeritz. Ei der Daus!

Sohlfritz. Etzt is gut! Mir wolle uns e Freindschaft anduhn. Wer en dererscht trifft, der haut em vor de annere des Kamisol voll.

Splitt. Nun ist's Zeit, daß ich mich davon mache, sonst fällt hier noch etwas Anderes für mich ab, als ich wünschte. (Sucht längs den Bäumen fortzuschleichen.)

Meckeritz. Was raschelt Sie denn da?

Sohlfritz. Do hot sich Aener hinner die Beem versteckelt, der hot kän gut Gewisse. (Läuft mit Meckeritz auf Splitt zu, der das Gesicht ins Schnupftuch verbirgt, und packt ihn.) Wer do? Wer sinn Sie? was wolle Sie hier? worum versteckeln Se sich vor ehrliche Leit?

Meckeritz. Ja, Kuter, warum verkrieche Sie sich vor ehrliche Leute?

Splitt. Wen geht's was an?

Sohlfritz. Mich, Landsmann, die Larv' vom Gesicht. (Reißt ihm die Hand vom Gesicht.)

Meckeritz. Daß dich der un Jener! Musje Splitt!

Sohlfritz. Meiner Seel! des is unserm Freind Splitt sein Fisonomie. Wie gemolt, wie in der Kummedie. No, wart nor!

Nr. 9.

Mel.: Ohne Rast, angefaßt. (Maurer und Schlosser.)

Sohlfritz und Meckeritz

(singen, während Splitt sich loszumachen sucht).

Ohne Rast,
Angefaßt,
Nur tüchtig zugeschlagen;
Ihn geknufft,
Ihn gepufft,
Nur tüchtig bis auf's Blut!
Dem Patron
Seinen Lohn.
Zahlt er schlecht, wir zahlen gut.

Splitt. Aber meine Herren, hören Sie doch ein Wort! — Meinen Sie denn, ich sei von Silber und Sie könnten Geld aus mir schlagen?

Sohlfritz. So wahr Gott lebt net, net emol von Kupper. Awwer eben weil mir nix bezahlt krije, so wolle mer doch Ebbes for unser Geld hawwe.

Meckeritz. Ja, wollen doch was vor unser Keld haben.

Splitt. Aber wäre es denn nicht besser, meine Herren, Sie hätten Ihr Geld selbst, als Etwas für Ihr Geld, wofür Ihnen kein Bäcker eine Semmel überläßt.

Sohlfritz. Wie kumm ich mer vor? Wolle Se bleche?

Meckeritz. Haben Se Keld, Kutesier? Dann reden wir äne andere Sprache.

Splitt. Einen von Ihnen kann ich morgen befriedigen. Jeder von Ihnen hat ungefähr gleichviel an mich zu fordern. — Vereinigen Sie sich nur darüber, welchem ich zu zahlen habe.

Meckeritz. Nu mir, das versteht sich am Rande. Ich loofe Sie ja schon ewig un drei Dage nach dem Kelde.

Sohlfritz. No, des is merkwerdig, so wahr ich Sohlfritz häße! Laf ich verleicht erscht seit gestern dernoch? Na, Musje Meckeritz, so weit geht Ihne die Freindschaft net. So hawwe mer net gewett!

Meckeritz. Na, hören Sie, das find ich Sie doch kar sehr sonderbar.

Sohlfritz. Finne Sie gar nix sonnerbar, Herr Schneidermeister. Sonnerbar is, wann Sie's Geld krägte, un ich nix.

Splitt (für sich). Es wäre göttlich, wenn sich die Kerle ums Geld prügelten, das ich gar nicht habe.

Meckeritz. Nur nich kleich so rappelköppisch, mei kutes Herrechen. Ich sollte doch meenen, was ä Kleedermacher den Leuten liefert, is ihnen nöthiger, als was ä Schuhmacher verfertigt, un wenn Sie ä Einsehens haben, Kuter, so müssen Sie selber sagen, daß mir das Geld zukömmt.

Sohlfritz. A haww' ich denn mein Lebtag so en Schneider gesehn? Herr, wo dermit wolle Se des beweise? Ähn Schuhmacher frißt zehn Schneider.

Meckeritz. Na, sich eens! Wie doch ä Mensche blind sein kann! Aber Herr Splitt is ja ä Studierter, der soll mal selber entscheiden.

Splitt (für sich). Neue Verlegenheit! Des Ungewitter, das ich erregt habe, schlägt nun bei mir ein.

Sohlfritz. Ja, Herr Docter, sage Se selbst.

Splitt. In der That, eine kitzliche Frage! Freilich heißt es, Kleider machen Leute —

Meckeritz (zu Sohlfritz). Na, Sie Kuter! Un wer macht die Kleeder? der Schneider; un wer macht also die Leite — der Schneider.

Splitt. Aber anderseits, wie wichtig ist nicht auch in der Welt ein bequemer Schuh; denn wie wär es sonst irgend möglich, auf einem angenehmen Fuße zu leben.

Sohlfritz. No, Freind Meckeritz, von wem hängt nun Leid und Freid von Ihne Ihregemachte Mensche ab? Vom Schuhmacher.

Splitt. Doch wiederum, bedenk' ich's recht, so hängt auch wieder viel Wesentliches vom Schneider ab. Ohne ein Kleidungsstück, das er ihnen liefert, ginge ja manchen Leuten das Herz rein verloren.

Sohlfritz (zu Splitt). Des wisse Sie wohl aus ägener Erfahrung?

Meckeritz. Na, Sie kuter Sohlfritz?

Splitt. Dagegen verfertigt der Schuhmacher den mächtigsten Scepter, der die Männer, und durch sie die Welt regiert, den Pantoffel.

Sohlfritz. Richtig! alleweil! was regiert die Welt? der Pantoffel! Wer is Vorjemäster? Antwort: die Fra Vorjemästern. Also bin ich der Herr im Staat un ich krie des Geld.

Meckeritz. Daß du die Motten kriegtest! Hat er denn nicht für mich kesprochen?

Sohlfritz. Der Dunner — Kerl is er dann taub?

Splitt. Herrlicher Moment zum Reißausnehmen. (Entspringt nach der rechten Seite.)

Meckeritz Ih, wer is er? Er is er.

Sohlfritz. No, Sie —

(Beide wenden sich zugleich nach der Stelle, wo Splitt gestanden hat.)

Zugleich. {

Sohlfritz. Un daß Sie mer dem Meckeritz des Geld net zahle! Ich komme morjen frih, un —

Meckeritz. Und daß Sie mir dem Sohlfritz nicht zahlen! Ich kommen morgen früh um —

}

Zugleich. {

Sohlfritz. Der Dunner, wo is er dann?

Meckeritz. Furt is er über alle Perge!

}

Sohlfritz. No, etzt guck emol äner den Windsliegel an. No, ich wähs en ze finne.

Meckeritz. Ich ooch, Kuter! — Das wird Sie morgen früh auf de Keschwindigkeit ankommen.

Sohlfritz (nach einer kurzen Pause). Aegentlich, Meckeritz, beim Licht betracht' — sinn mer doch zwä recht dumme Eser, mir zwä, daß mir uns um des Geld zanke. Wärsch dann net gescheidter, mer dehte uns in die paar Batze thäle, als daß äner von uns gar nix kriet? Halb Part! Morje ganz frih, eh der Vogel noch ausgefloge is, mache mer zusamme hin.

Meckeritz. Na, das is doch ä Wort! Warum haben Sie das nich früher ausspintisirt?

Sohlfritz. Abgemacht! — Etzt könne mer weiter drinke. Uff so e Hatz, schmeckt e Schluck. (Setzen sich wieder an den Tisch.) Prost!

Meckeritz. Schönen Dank! Aber lange hab' ich Sie nich mehr Zeit, hören Sie!

Sohlfritz. Ich aach net. — Awwer worum Sie dann net?

Meckeritz (pfiffig lächelnd). Je nun, das hat seine kuten Krinde!

Sohlfritz. Osiger, infamer Sachs! Gewiß Knepperchern, gewiß e Frauenzimmer in der Näh! he?

Meckeritz. Kelt! Sie sein doch kar nich uf em Koppe gefallen.

Sohlfritz. Netwohr? — Awwer, hern Se, Meckeritz, nemme Se sich hier vor den Mederchern in Acht, die hawwe die Mannsleut zum Beste, zemol so en Ausländer. Ich sag' es immer, mit dene Frankforter Mederchern is es wie mit dene brennende Lohkees; wann mer glaubt, se brenne lichterloh, buff, so sinn se aus, un mer is angeführt.

Meckeritz. Na, es kiebt Sie doch aber ooch Ausnahmen, Kutester!

Sohlfritz. Kän Regel ohne Ausnahme. Ich duhe selbst ähn kenne, die e Ausnahm is.

Meckeritz. Na, hören Sie, ich ooche.

Sohlfritz (leise und vertraulich). Meckeritz, mein Ausnahm is do im Divillie! Awwer — (die Hand auf den Mund) Sie werd sich heunt Awend mit mir verspreche.

Meckeritz. Na, sich eens! Das ist doch kuriose! Ich hoffe Sie hinte Abend hier auf dasselbigte.

Sohlfritz. Des is korjos — so wahr ich Berjer bin, der alle Dag Familievatter wern könnt. Mein is e recht sauwer Medche, die Condewitte un aach was mer sagt, Bildung hot. Sie glawe 's net, wie gut se derbei is.

Meckeritz. Das kann ich Sie mit Recht ooch von der Meinigten sagen.

Sohlfritz. Sie kimmt niemals net mit mer zesamme, daß se net ebbes for mich im Retekil stecke hätt.

Meckeritz. Na, krade so ä Kemiethe hat meine Sie ooche! Da hat sie mir hinte kleich ä Present mitgebracht, wovon sie weeß, daß ich es sehre kerne habe.

Sohlfritz. A schlag e Rad — die zwä Mederchern müsse aus ähm Stick sein! Mein hot mer aach was mitgebracht.

Meckeritz. Ei, ich dachte! Ha, ha, ha! Na, hören Sie, Kevatter, wir wollen doch mal sehen, welche von Beeden Sie den besten Keschmack in ihre Presenter hat! Mal 'raus mit Ihrem Keschenke.

Sohlfritz. Recht so! awwer alle Bäd' zegleich, damit Käner seines zurick halte duht, wann der Anner was Bessersch hot.

Meckeritz. Oder wissen Sie was? Wir stellen uns Beede mit dem Rücken gegen den Tisch, und jeder langt seines aus der Tasche, und wenn mer's uff m Disch kelegt haben, klatschen mer in die Hände, un drehen uns Beede uf eenem Male um.

Sohlfritz. Mir aach recht; gemacht, wie die kläne Kinner. Awwer, den Deiwel aach, wann mer recht fidel is, do kann e orntlicher Borjerschmann aach emol Kinnerbosse dreiwe. (Beide stehen auf.) Rum gedreht, Leibziger!

(Beide thuen genau, wie Meckeritz angegeben hatte; klatschen in die Hände und drehen sich um.)

Beide (gespannt auf den Tisch blickend). Na?

Meckeritz. Wie? Sie ooch ene halbe Brätzel?

Sohlfritz. Das is dem Deiwel — alleweil geht mir e Licht uff!

Meckeritz. Was seh ich?

(Jeder nimmt seine halbe Brezel und Beide halten sie so zusammen, daß sie genau an einander passen.)

Nro. 10.

Mel.: Wie? Was? Entsetzen! (Freischütz.)

Meckeritz.

Wie? Was? Entsetzen!
Sie passen akkurat!

Sohlfritz.

Den Kopp will ich zum Pfande setzen,
Daß Satan Hand im Spiele hat!

Sohlfritz. Wie häßt die Ihne Ihrigte?

Meckeritz (zögernd). Nu — sie fängt mit ä härtes B an.

Sohlfritz. Meckeritz, lasse Se jetzt Ihre Ihre sächsische Flattuse! sage Se deutsch eraus: häßt Se Bine?

Meckeritz (kleinlaut). J nun ja doch.

Sohlfritz. Häßt se Philibbine Dinkelmeiern?

Meckeritz. Nun ja! ja! ja!

Sohlfritz. Freund! So e Zopp is seit der Parrthorn steht, net mehr uf de Welt komme, als wie uns des Frauenzimmer ähn angedreht hot! Par Zufall hab' ich se hie angetroffe, sie gab mer Hoffnung un die halb Brätzel, un bat mich sie ähn Weilche allän zu lasse, mer wollte uns hernachender im Saal treffe.

Meckeritz. Das that sie, weil sie hier ä Stelldichein mit mir verabredet hatte.

Sohlfritz. O, du Karnaille! Ich bin so Deiwelmäßig wild, daß ich Alles verdunnern könnt.

Meckeritz. Un ich bin so rabbios, daß ich Sie Alles zerfleeschen möchte. (Beißt in seine Brezel.)

Sohlfritz (eben so). Miserable Perschon!

Meckeritz. So ä dreiloses Weibsbild! (Immer essend.)

Sohlfritz. Pfui, über Dich! (Immer essend.)

Meckeritz. Ä ehrlicher Mensche sollte deinen Namen kar nich mehr nennen.

Sohlfritz. Drunne is die Brätzel — sie war gut, awwer des Medche is den Deiwel nix nutz. Warum sein Sie dann net bei ihr gebliwwe, Freind Sachs?

Meckeritz. Herr Je! sie wollte ja allene bleiben un überlegen. Un in ä Stündchen sollt' ich wiederkommen, un mir das Jawort holen.

Sohlfritz. Was? noch emol allän bleiwe? Do derhinner stickt was, so wahr ich Sohlfritz häße! Do is noch e Dritter im Spiel, wege dem wir vexirt wern; un der is aach hie!

Meckeritz. Hören Sie, kuter Mensch, da können Sie Recht haben.

Sohlfritz. Awwer kimmt mer der in die Klubbe, so loß ich kän ganz Glied an ihm.

Meckeritz. Ich will Sie ooch ehrlich das Meinigte an ihm duhn.

Sohlfritz. Meckeritz, Freindschaft uf Lewe un Doht, in dieser Angelegenheit.

Meckeritz. Uf Dod und Leben!

(Beide treten bis in das Proscenium, umarmen sich und singen mit Pathos.)

Nro. 11.

Mel.: Schluß des ersten Duetts der Oper Vestalin.

Beide.

O du mein theurer Freund { o edler Kleidermacher,
o Schuh- und Stiefelmacher,
Wir stehn mit Rath und That hinfort einander bei.
Und treffen wir einmal auf unsern Widersacher,
So brechen wir die Rippen im Leibe ihm entzwei.

Siebente Scene.

Sohlfritz. Mecheritz. Splitt, Philippinen am Arme von der rechten Seite; von der andern Seite Frau Schnawwelmännin.

Splitt (erschrocken, für sich). Die noch hier, und wie es scheint versöhnt.

Fr. Schnaw. (für sich). Endlich erwischt — un richtig mit der Dinkelmeiern. Awwer wart, Windbeutel!

Philippine. Der Sohlfritz un der Meckeritz bei einanner? Des is bees. Awwer Maul, Naas un Ohre wern se in Compagnie uffsperrn.

(Während der obigen Reden haben sich Sohlfritz und Meckeritz wieder an ihren Tisch begeben.)

Meckeritz (Philippine und Splitt bemerkend). J, der 'Teufel! Seh ich Sie recht? Sohlfritz kucken Sie doch 'mal da hine!

Sohlfritz. Wo? — A do soll ja e Himmel heilig Kreitz Dunner — Noch emol, der Dintekleckser, der Babierverschmierer! Alleweil reißt mer der Geduldsfaddem, so wahr ich Sohlfritz häßß! (Tritt auf Splitt und Philippine zu, Meckeritz hinter ihm). Also widder Er Musje? Js es net genug, daß er ähm des Geld aus em Sack abspenstig mecht, will er uns aach die Mederrcher abspenstig mache? Awwer deßmol soll ihn die ganz Bollezei net vor Mir bewahre!

Meckeritz. Ne, kuter Freind, keen Mensche soll Jhn davor schitzen! Legen Sie los, Sohlfritz.

Fr. Schnaw. (für sich). Jch hoffe ze Gott, do gibt's Riß. Uffgebaßt!

Splitt. Aber ums Himmelswillen, meine Herrn, was wollen Sie denn von mir? Ich Ihnen diese Dame abspänstig machen? Ich will es Ihnen schriftlich geben, daß ich nicht den mindesten Anspruch auf sie mache. — Im Gegentheil —

Philippine (für sich). Was?

Splitt. Ich traf sie zufällig hier.

Sohlfritz. Wersch glabt werd selig!

Meckeritz. Fangen Sie an, Kevatter Sohlfritz!

Splitt. Ich schwör's Ihnen! Ach, ich bin ja ganz anderer Zwecke wegen hier! Aber über deren Erreichung waltet ein Unstern.

Philippine (für sich). Was is das?

Splitt. Diese Dame fand mich. Sie schien hier allein, vom Wunsch beseelt, sich an mich anzuschließen.

Sohlfritz. So? Was seegt denn die Mamsell derzu?

Meckeritz. Ja, was sagen Mamsell da derzu?

Philippine. Gar nix segt se, als daß der Herr Splitt sehr einbildisch sein. Ha, ha, ha!

Splitt. Vielleicht auch erschien es mir nur so. Aber kurz, wir plauderten von den gleichgültigsten Dingen von der Welt.

Sohlfritz. So? Awwer warum sein Sie denn eigentlich do? un was is des vor e Hundstern, den Sie mit Ihre Zwecke erreichen wollen?

Splitt (zögernd). Sehn Sie —

Philippine (für sich). Kimmst de mer so, so komm ich der so! (Laut.) Wahrlich, meinetwegen is der Herr nicht hier. Er getraut sich net mit der Sprach eraus, er is ze schichtern —

er wähs noch net recht Bescheid, an so eme Ort — drum is er aach in seiner Sach noch net weiter komme. Awwer mir hot ersch anvertraut, un hot mich ewwe um mein Vorsprach gebitt. Er hot eine Espece stille Neigung for die Madam do! (Auf Frau Schnawwelmännin zeigend.) Um die do is er do!

Splitt (für sich). Schlange du!

Fr. Schnaw. (für sich). Philebine! du bist net so dumm als de aussiehst!

Sohlfritz (leise zu Meckeritz). Freind Sachs, for die Alte? Verfluchte Sträch, kän Wort wohr! Awwer etzt wolle mern annerscht fasse!

Meckeritz (leise). Ja, fasse Sie nn anders.

Sohlfritz (laut zu Splitt). No, hehre Se, worum sagte Se dann des net gleich? Mer muß net so verschämt sein. Worum danze Se net emol mit der Fra Schnawwelmännin. Ich wern Se gleich auf en Danz mit Ihne verancouragiere.

Splitt (für sich). Den Kerl plagt der Teufel!

Sohlfritz (zur Frau Schnawwelmännin). Madam, der Herr wünsche sehr ausdrücklich, weil Sie em so anstännig sinn, e poor Dänz mit Ihne ze mache des Glick ze hawwe; Sie wern doch?

Fr. Schnaw. Sehr oblischirt! Warum dann des net, wann ich den Herrn so glicklich domit mache kann. (Für sich.) So muß's komme! Etzt sollst de mer die dreißig Johr abdanze, die ich der heunt Nachmittag ze alt war.

Sohlfritz. No', gucke Se, die Madam Schnawwelmännin hawwe gar nix dergege — No, allons, sich aach e bissi gefrät.

Meckeritz. Ja, Kuter, freuen Sie sich doche!

Sohlfritz. Odder ärgert's Ihne verleicht, daß e ähnfälliger Schuhmacher eher zum Ziel kimmt, als so e gestudierter Romaneschreiwer? Ei, ei, mer muß net so einbildisch sein.

Splitt (ärgerlich). Aber ich weiß gar nicht —

Sohlfritz. Ja, des glab ich. Aber danze wern Se doch, odder ich will net Famillievatter wern.

Meckeritz. Ja, danzen werden Sie doch, Kuter?

Sohlfritz. Ja, ja, nehme Se nordst den Vorschlag an; sonst hab' ich en Anschlag vor. (Schlägt ihn mit der Hand auf den Rücken.)

Splitt (für sich). Vermaledeite Rotte!

Meckeritz. Ja, wir haben Sie ä andern Anschlag vor! (Will sich Splitt nähern.)

Splitt (verächtlich und drohend zu Meckeritz). Schneiderseele!

Meckeritz (erschrocken, nimmt einen Satz rückwärts).

Splitt. Bonne mine à mauvais jeu. (Zur Frau Schnaw.) Schöne Frau, könnte ich die Ehr' haben?

Fr. Schnaw. Die Ehr' is uff meiner Seit!

(Sie faßt Splitt und walzt mit ihm nach dem Hause zu, während die Folgenden dazu singen.)

Nro. 12.

Melodie des Freischützen-Walzers.

Sohlfritz und Meckeritz.

Holder Engel, welch Vergnügen,
Sich mit dir im Tanz zu wiegen,
Mit dir auf und niederfliegen!
Welche Wonne! welches Glück!

Philippine (für sich). Er dauert mich doch!

(Meckeritz und Sohlfritz lachen.)

Sohlfritz. Lache Se doch aach, Mamsell, daß Ihne Ihr Herzallerliebster, der aartlich vornehme Herr, heunt so viel Ehre theilhaftig werd, un hier mit der alte Schachtel vordanze muß.

Philippine (leise zu ihm). Allerliebster Sohlfritz, könne Sie so von mir denke?

Meckeritz. Ja, Ihr Herzallerliebster hat hinte viel Ehre.

Philippine (leise zu Meckeritz). Wie verstehn Sie das, Meckeritz, womit duhn Sie mich beschuldige?

Sohlfritz. Mamsell Dinkelmeiern, gewwe Se sich kän Müh, un sparn Se die Reddensarte, die Flause führe zu nix. Is Ihne vielleicht nicht e Geschicht von gewisse zwä halwe Brätzeln erinnerlich?

Philippine (für sich). Bleeßt der Wind doher? (Leise zu Sohlfritz.) Gott im Himmel, dieser Schneider do, verfolgt mich mit Sißigkeite aller Art! un da ich ihm mein Herz nicht gewwe kann, so haww' ich ihm die halbe Brätzel gewwe, damit er net ganz leer ausgange is.

Sohlfritz. So?

Meckeritz. Na, kute Madmasell, was sagen Sie zu dieses unverhoffte freudige Wiederfinden von zwe ketrennte halbe Brätzeln?

Philippine (leise zu ihm). Aber bester Meckeritz, wie soll mer dann so en gemäne, schmierige, ungebildete Schuster los wern? Ich warf em die Brätzel in die Ribbe, un liess ihn laafe.

Meckeritz. Ei, was Sie sagen, Kute?

Sohlfritz. Mamsell Dinkelmeiern, es is genug. Mich fihrn Se net mehr an der Nas herum, un den Freind Meckeritz aach net, des gewwe se nordst uff. Un do der Fedderheld beisst aach net an. Sie misse sich nach Nummer vier umsehn.

Philippine. Des is ze toll!

Meckeritz. Ja, sehen Sie sich nach Nummer vier um, Herze!

Sohlfritz. Awwer was kimmt dann do for e Hatz eraus?

Achte Scene.

Vorige. Splitt, kommt vom Saal hergelaufen, von Friseur **Kibitz** verfolgt, vor dem er sich zu retten sucht. **Frau Schnawwelmännin** hintendrein.

Nro. 13.

Quodlibet.

Friseur.

Melodie aus Don Juan.

Nein, du sollst wir nicht entrinnen!
Warte Bursch, ich fasse dich!

Splitt.

Weh, wie komm ich nur von hinnen,
Ist heut Alles wider mich.

Fr. Schnaw., Sohlfritz, Meckeritz und Philippine.

Melodie aus der Zauberflöte.

Nur stille, stille, stille, stille!
Wer macht denn gleich solch ein Scandal?

Sohlfritz.

Melodie. Commerslied.

Potz Blitz, Ihr Herrn, was soll das Schrein?
Was soll das für ein Lärmen sein?
Sie schreien Beide auf einmal,
Was ist das wieder für Scandal?

Friseur.

Melodie aus der heimlichen Ehe.

Der Schlingel ist mir schuldig,
Vertanzt mir hier mein Geld,
Und tritt mir auf die Füße,
Doch wart, du Fedderheld!
Ja, wart nur! Ja, wart nur! Ja, wart nur!

Splitt.

Melodie aus Don Juan.

Sollt' ich wohl auf diesem Platze,
Meines Lebens sicher sein?

Sohlfritz und Meckeritz.

Melodie aus der heimlichen Ehe.

Mir ist er gleichfalls schuldig,
Auch mich hat er verlacht,

Und hat dazu mein Mädchen
Abspänstig mir gemacht.
Doch wart nur! Doch wart nur! Doch wart nur!
Längst ist dir's zugedacht!

Splitt (sich den Rücken reibend).

Melodie aus der Zauberflöte.

Ich Armer kann von Strafe sagen,
Der Spaß wird wirklich sehr local.

Fr. Schnaw.

Ich kann nichts thun als Sie beklagen,
Wir tanzen wohl ein andermal.

Splitt.

Melodie aus Joconde.

Ist das nicht zum Erschießen?
Mit meiner alten Wirthin,
Vor allen Leuten tanzen;
Und jetzt die tolle Fahrt.

Sohlfritz, Meckeritz und Friseur.

Melodie aus der Entführung aus dem Serail.

Ihre Tücke, ihre Ränke,
Ihre Finten, ihre Schwänke,
Sind wir längst bekannt.

Melodie aus Doctor und Apotheker.

Doch Sie bekommen schon
Noch ihren Lohn.

Splitt,
(der sich bisher hinter einem Baume vor ihren Angriffen sichert, sich davon schleichend).

Melodie aus Don Juan.

Sachte schleich ich mich davon!

Friseur.

Melodie aus Don Juan.

Nein, er soll mir nicht entrinnen!
Wahrlich, er entkommt mir nicht! (Läuft nach.)

Philippine (zu Sohlfritz, der ebenfalls folgen will).

Melodie: Theurer Oheim. (Sargines.)

Theurer Sohlfritz!

Sohlfritz.

Nichts von Sohlfritz!

Philippine.

Nur ein Wörtchen!

Sohlfritz.

Keine Silbe!

Melodie aus der Zauberflöte.

Bewahret Euch vor Weibertücken,
Das ist ein alter wahrer Spruch.

Melodie von Bianchi.

Wahrlich, Weiber, wer Euch traut,
Wer auf eure Schwüre baut,
Ist zum Tollhaus reif genug! (Setzt sich.)

Philippine.

Melodie aus der Zauberflöte.

Ein kluges Mädchen achtet net,
Was der gemeine Pöfel redt.

Fr. Schnaw.

Melodie aus der Entführung aus dem Serail.

Ach ich tanzte — war so glücklich,
Wie zu jener schönen Zeit.

Melodie aus Don Juan. (Menuett.)

Als ich noch im Flügelkleide
In die Mädchenschule ging.

Melodie aus dem neuen Sonntagskind.

Da fihrt mir der Deiwel den dummen Friseur,
Auf einmal zum größten Verdruß in die Quer!

Philippine (sich Meckeritz nähernd).

Melodie aus Gluck's Iphigenia.

O theurer Freund, o hören Sie mich an!
Wie konnten Sie mich jemals so verkennen?

Meckeritz.

Melodie aus der Italienerin in Algier.

Vergebens, Schatz, ist Ihr Bestreben,
Ich laß mir keine Nase drehn.
Gott, ich glaubte mich am Ziele,
Und den Sieg in meiner Hand!
Doch zum Scherze nur, zum Spiele
Hielt sie mich am Gängelband. (Wendet sich von ihr.)

Philippine.

Melodie aus Gluck's Iphigenia.

O Meckeritz, auch dich hab' ich verloren!
Ich armes Mädchen muß nun das Opfer sein.
Ach nur zu Leiden bin ich geboren,
Alle Drei hab ich verloren.

Splitt
(kommt zurück, von Sohlfritz und Kibitz verfolgt).
Melodie aus Figaro's Hochzeit.

O wollen Sie nur hören,
Nur ein paar Worte hören!
Ich hab' einen Vorschlag, Sie werden bezahlt.

Sohlfritz und Fr. Schnawwelmännin.
Melodie aus der heimlichen Ehe.

Nun wir wollen es versuchen,
Hören wir den Vorschlag an.

Friseur und Meckeritz.
Melodie aus der Entführung aus dem Serail.

Wenn er die Schuld bezahlen kann,
Ist er ein respectabler Mann.

Meckeritz.
Melodie aus Doctor und Apotheker.

Wohlan, wenn Sie mich contentiren —

Friseur.

Mich nicht mehr bei der Nase führen —

Fr. Schnaw.

Und meine Miethe bald abführen —

Sohlfritz.

Und Ihre Rechnung reguliren —

Alle Vier.

So wollen wir nicht grausam sein,
Und ihnen kurze Frist verleihn.

Splitt. Sehn Sie, meine Herrschaften, ich habe den Auftrag für unsere Bühne zu schreiben, und es ist gar nicht zu sagen, wie unsere deutschen Theater solche Arbeiten bezahlen.

Fr. Schnaw. Ja, den Ufftrag hot er, des kann ich bezeuge! desmol sinn's zufällig emol kän Flause.

Sohlfritz. Awwer wann is des Stick fertig, wann krie ich mein Geld?

Splitt. Nur gemach! — Das Stück soll eine Localposse sein, d. h. ein Stück, in welchem liebenswürdige, muntere, witzige Bürger und Bürgerinnen unserer lieben Stadt Frankfurt —

Friseur. Erspärn Se sich düse weitläuftige Erklörungen, einem Kinstler brauche Sie düses net ze sage.

Splitt. Ich wollte die Studien dazu nach der Natur machen, und kam hieher, für meine Zwecke Sie zu studieren. Aber würden Sie denn darein willigen, auf die Bühne gebracht zu werden?

Sohlfritz. Ich mache mer nix draus, ich hab mich net blamirt. Un dann werd jo e Jeder wisse, daß mersch duhn, um zu unserm Geld zu komme.

Friseur. Mich können Sie uffs Theater brenge; en mimelischer Kinstler scheut die Brötter nicht.

Meckeritz. Ei mich ooche. Ich habe ja hinte keene Prügel bekommen.

Fr. Schnaw. (für sich). Das is ägentlich e Wunner.

(Laut.) Ich mache mer nix draus, is mer dutt mem egal. (Tout-de-même égal.)

Philippine (die mit Zeichen des Aergers die vorhergehenden Reden angehört hat). Awwer mir net. Ich verbitt mer das ernstlich, Herr Splitt.

Fr. Schnaw. Schätzi! Sie wolle uns all um unser Geld brenge?

Sohlfritz. Ach, wahrscheinlich von wege der Brätzelgeschicht.

Splitt (zu Sohlfritz). Was ist denn das für eine Geschichte?

Sohlfritz. O, die muß des Best' in Ihre Kumedie ausmache. (Er spricht heimlich mit Splitt.)

Meckeritz. Freilich, meine Kute, is das nich ankenehm, wenn mer Sie an eenem Abend zwee Freier un eenen Courmacher einbüßt.

Philippine. Fährt denn kein Dunnerkeil vom Himmel herunner.

Fr. Schnaw. (in die Höhe blickend). Noch net!

Philippine. Nein, der Himmel duldet solchen Frevel nicht! (Mit dem Fuße stampfend.) Es muß dunnern.

Friseur (auf Philippinen losstürzend). Göttlich declamirt! Mamsell, wo haben Sü das gelernt?

Philippine. Glauben Sie, Herr Kibitz, was aach diese Menschen von mir sagen megen, ich bin besser als mein Beruf. Ich hab aach schond emol die Hedwig einstudirt.

Friseur (für sich). Declamirt, einstudirt — hot Bildung! Die zweite Lübhaberin fehlt uns, die erste Lübhaberin fehlt mir. En hibscher Körl is se, vacant is se aach. (Laut.) Mamsell, wollte Se mer erlawe Ihne Ihre nähere Bekanntschaft ze mache?

Philippine. Wer werd denn so ebbes verbiete?

Friseur (ihre Hand küssend). Sie machen mich zum glicklichsten der Menschen.

Philippine. Herr Sohlfritz, Herr Meckeritz, Sie merke wohl, daß es noch Leit in der Welt gibt, die Verdinnste zu schätzen wissen.

Sohlfritz. Mir aach recht! Weil Sie awwer doch net leer ausgehn, so dächt' ich, Sie dehte als die Kumedie spiele losse.

Philippine. No, meinetwegen! Awwer ähns bitt ich mer aus, Herr Splitt, daß Se mich kän dumm Zeig redde losse un aach als emol hochdeutsch, dann ich kanns, wann ich will.

Splitt. Werd' es besorgen! — Also die Localposse wäre fertig?

Fr. Schnaw. Basse Se emol uf! Kennt net e gewisser Kläderschrank im Anfang von Ihrer Kummedie mitspiele?

Splitt (leise zu ihr). St! St! Frau Schnawwelmännin! Um des Himmelswillen, mein Absteigquartier nicht verrathen! Denn Sie meinen doch nicht etwa, daß ich dem Volke zahlen werde?

Fr. Schnaw. (leise zu Splitt). Ach, Sie ausgelernter Windbeutel! No, wann Sie mich nor bezahle! (Laut.) Awwer Freind! wann Se dann so glicklich dorch sein, worum sehe Se dann uff ähn mol so ängstlich aus.

Splitt. Sie sollen's gleich hören.

Nr. 14.

Mel.: Der Wein erfreut des Menschen Herz 2c.

Splitt.

Wird sich mein Stück des Beifalls freu'n?
Der Zweifel macht mich ungeduldig.
So Vielen muß ich schuldig sein,
Gern würde Ihnen Dank ich schuldig.

Alle (außer Splitt).

Zwar bleibt uns die Bezahlung aus,
Bis dieser Herr sein Stück geschrieben;
Doch gehn befriedigt wir nach Haus,
Wenn Sie nicht unbefriedigt blieben.

Prinz
Ferdinand von Rolpotonga

oder

der durch Liebe, Eifersucht und Jalousie gar gräßlich ums Leben gekommen seiende Prinz.

Ein großes und mit vielem Kosten-Aufwand verknüpftes Trauerspiel, wobei Hanswurst sich jedoch äußerst lustig bezeigen wird.

Personen.

Rolofar, König von Persien und Asturien.
Pantalon, sein Minister, Freund und Rathgeber.
Stanislaus, König von Rumelien.
Prinz Ferdinand von Rolpotonga, sein Bruder.
Roxolani, eine fremde Prinzessin, wohnhaft in einem Schlosse im Wald und sehr schön von Gesicht.
Sinistra, ihr Kammermädchen und Vertraute.
Hanswurst, erst in Diensten des Rolofar, dann in denen des Stanislaus.
Soldaten beiderlei Geschlechts.
Gefolge beider Könige.
Höflinge.
Bomben und Granaten und andere stumme Personen.

Erster Aufzug.

(Saal im königlichen Palast.)

Scene 1.

König Rolofar (allein, er schläft auf dem Thron und spricht träumend).

Ach! —. Ach! schöne Prinzeßin im Schloß in Walde! — Ach! -- Ach! — Einmal nur — Ach! — hab' ich dir gesehen. (Er seufzt noch einige Mal und erwacht.) Wie? was? ich habe geschlafen und obendrein geträumt, und von wem? von meiner Schönen in Walde. O du bezauberndes Zauberbild, wie mächtig herrschest du über mein gekröntes Haupte. O! wenn dür bekannt wäre, wie sehr ich nach dir schmachte, wie tödtlich ich in dir verliebet bin, o! gewiß, du würdest mich mit einer ausgezeichneten Inbrunst lieben. — Ach, und so wäre ich der glücklichste König und Mensche auf diesen Erdenrunde. O reizende Waldbewohnerin, Königin in Busche! unmöglich kann ich leben ohne dür. Seitdem ich dein Angesicht gesehen habe, seitdem sind mir die Regierungsgeschäften sehr zur Last. (Mit Ausdruck.) Ich weiß nicht, was mir fehlet, ich bin mir selbst zur Last! —

Ich muß ihr Herz besitzen, oder aber ich kann nicht leben. Aber — vielleicht ist sie gar schon verheurathet oder aber hat schon einen Geliebten. — O! dann bleibt mir nichts übrig, als mein unglückliches Leben durch einen unglücklichen Tod zu enden. Durch einen Tod, der ganz ungeheuer schrecklich sein wird, und von dem ich nie wieder erwachen werde. Ja, ganz recht! solch einen Tod thu ich mir an, wenn ich unglücklich in meiner brennenden Liebe bin. — Heute, Geliebte meiner Seele und meines Leibes, verfüge ich mich persönlich allein zu dir um dir meine lodernden Gefühle gehörig zu entdecken und an den Tag zu legen. Doch ist vielleicht jetzt mein Vertrauter, den ich auf Kundschaft ausgeschickt habe, zurückgekommen, der wird wohl ihren Namen erfahren haben. He da! Hanswurst!

Scene 2.

König Rolofar. Hanswurst.

Hanswurst. Ihro Königliche Majestät hab'n die Gnad gehobt, meinen Namen in Dero Königliches Maul zu nehmen und mich zu rufen. Die Wurst hätt'n die königliche Majestät zum Frühstück drinn behalten können, af'n Hans alleins wär ich ä erschienen.

König Rolofar. Schweig! willst du noch nicht aufhören anzufangen, deinen König zu erzürnen mit deinem närrischen Wesen? Geh hin —

Hanswurst (dreht sich um und will gehen).

König Rolofar. Halt Elender! wohin?

Hanswurst. Ihr habt ja gesagt: geh hin — do dacht ich das heißt: Geh hin und mach's beßer.

König Rolofar. Einfältiger Mensch, du wagst es, meine Gedanken zu errathen! Das ist so leicht nicht.

Hanswurst. Bitt' um Verzeihung, ih hob gar nit glaubt, daß die Majestät an Gedanken gehabt hott, sonst hätt ich drauf gewartet, und hätt's bis Morgen gedauert. Ich weiß, warum mich die Majestät bezahlt. (Den König ansehend.) Hu! was ä Gesicht — wills beßer machen. — (Tritt vor den König und hält die Hand an die Kappe.) Was haben Ihro Majestät unterthänigst zu befehlen.

König Rolofar. Vor allen Dingen sage mir, ob mein Minister Pantalon noch nicht zurücke ist.

Hanswurst. Ich muß Ihro Majestät berichten, daß ich von gar nix weiß, daß i aber bei dem andern Hofgesindel nochfragen will, ob der Herr. Pantalon angekommen sein. (Schlägt mit dem Fuß auf.)

König Rolofar. Wenn er da ist, soll er vor mir erscheinen wie er ist.

Hanswurst. Wie er ist, ganz wohl. (Schlägt mit dem Fuß auf und geht ab.)

Scene 3.

König Rolofar (allein).

(Mit Würde.) Wie glücklich ist nicht solch ein Mensche, der immer froh sein kann; wie unglücklich ein König, in deßen Blute der Schmörz gepreßter Liebe, nebst dem Geschrei unschuldig gemordeter Leichen gedrückter Unterthanen lastend wurmt.

Froh zu sein gebraucht man wenig,
Und wer froh ist, ist ein König.

Scene 4.

König Rolofar. Hanswurst.

Hanswurst. Victoria! Herr König, er is do, der geheime Rambaßledehr (Ambassadeur), er is eben auf'm violetten Grauschimmel in Hof rein gesprengt kummen, das hat gerappelt, als wann mer der Majestät ganzes Kuchengeschirr zum Fenster 'naus schmiß.

(Der dritte Platz lacht.)

König Rolofar (steigt vom Thron). Pantalon is da, oh! meine Freude hat keinen Raum in meinen Herzen.

Hanswurst. Na, so laßt se nur raus, die Unterthanen werden's schon auffangen.

König Rolofar. Hanswurst, du nimmst eine Sprache gegen deinen König an, die sich gar nicht ziemt für dir, hättest du mir nicht eben die frohe Nachricht überbracht, so hätte ich die Gnade gehabt, ungnädig zu sein, und dir zweimal 24 Stunden bei Wasser und Brod im Angesichte der ganzen Garnison (er besinnt sich und spricht dann sehr gnädig) in der Sonne destilliren laßen.

Hanswurst. Ihro Majestät sein allzugnädig. (Bei Seite.) Do hommer'n Spaß, mein Frau Großmutter hot immer gesagt: mit großen Herrn is net gut — (besinnt sich, die vorige Rede des Königs parodirend) — Sauerkraut eßen. Ha! ha! ha!

Scene 5.

Die Vorigen. Pantalon.

Pantalon. O! mein König, ich habe in Erfahrniß gebracht, wer sie ist, wie sie heißt und was sie für eine Landsmännin ist.

König Rolofar. Rede! sprich!

Pantalon. Doch Majestät — (zeigt auf Hanswurst, als einen überflüssigen Zeugen).

König Rolofar (versteht ihn und zeigt nach der Thür).

Pantalon. Entferne dich, Hanswurst.

Hanswurst (mit hohler Stimme ihm nachspottend). Entferne dich, Hanswurst. (Bei Seite.) Das heißt bei mir zu Land: do hat der Zimmermann ä Loch gelaßen! (Ab.)

Scene 6.

König Rolofar. Pantalon.

Pantalon. Sie heißt Roxolani — —

König Rolofar. O Roxolani!

Pantalon. Ja, Roxolani!

König Rolofar. O Roxolani! glückliche Sterbliche! also Roxolani ist der Name meines Abgottes? O Roxolani, wenn Du wüßtest, wie wüthend, wie gräulich, wie zärtlich und wie tödlich ich Dir liebe; o gewiß — ach nein! Spreche weiter, Pantalon, thue dein Maul auf, und erfreue mich mit Nachrichten.

Pantalon. Sie ist eine fremde Prinzeßin, woher aber, das weiß ich nicht. Wahrscheinlich ist sie aus der Insel Sazilien, von wo sie, wegen der unter dem Volke ausgebrochenen Tumulte sie sich aus dem Staube gemacht und gegenwärtig auf der Flucht nach Egypten vergriffen ist.

König Rolofar. O welche Theilnahme nehme ich an ihrem Geschicke. — Doch wie gelange ich zu ihr?

Pantalon. Wenn es einem Sclaven erlaubt ist, seinen geringen Unverstand in einer zweckmäßigen Idee zu Ihro Majestät Füßen zu legen —

König Rolofar. Lege — —

Pantalon. Nun gerechter Herrscher über befiederte Wälder, lachende Berge, einträgliche Triften, reißende Ströme —

König Rolofar. Laß das, Pantalon, diesmal keine Umschweife — deinen Rath will ich, nicht deine Flattusen —

Pantalon. Hier ist er: schickt den Hanswurst als Kundschafter nach dem Schloße; ich halte ihn für ein taugliches Subjectum, weil er von andern nicht dafür gehalten wird.

König Rolofar. Sehr staatsklug!

Pantalon. Er soll sich vorläufig erkundigen, zu welcher Stunde des Tages die Prinzeßin spazieren geht. — Weiß er das — dann gehen Jhro Majestät, entkleidet von dem königlichen Mantel und ohne Krone und Zepter in die Gegend des Schloßes, begegnen der Prinzeßin und entdecken ihr so unbekannter Weise die königlichen Gefühle für ihr.

König Rolofax. Gut; aber dieser Audienzsaal taugt nicht dazu, solche Sachen zu tractiren. Komm in mein geheimes Kabinet, da wollen wir das Nähere besprechen.

(Beide ab.)

Verwandlung.

(Zimmer des Prinzen Ferdinand in dem Palaste des Königs Stanislaus.)

Scene 7.

Ferdinand (allein).

Jch begreife gar nicht, wo mal mein Bruder, der König, stecken thut; er hat mir doch versprochen meine gestrige Visite mit einem heutigen Besuch zn erwiedern. Hat er vielleicht viel Geschäfte, oder aber ist er unpäßlich. Jch hoffe, er wird bald erscheinen. Ja, ich will ihm meine hohe Liebe für der fürtrefflichen Prinzeßin Roxolani anzeigen und bekannt machen. Doch meinen Plan soll er wißen, daß ich sie aus Liebe heirathen werde. Sie ist ja eine Prinzeßin, so wie ich ein Prinz bin, da sind ja gar keine Anstöße über Geburt, Rang, Adel, Ahnen und dergleichen. Und wenn sie ein simplextigtes Bauerngeschöpf oder Frauenzimmer und mit diesen Annehmlichkeiten des Leibes und Geistes ausstaffiret wäre, so müßte sie meine Gahtin (Gattin) und Gumahlin werden, und koste es ihr und mir mein junges Leben.

Ha! was sehen meine Augen, da kommt der König, mein vielgeliebter Brutter (Bruder).

Scene 8.

Prinz Ferdinand. König Stanislaus. Gefolge.

Prinz Ferdinand. Guten Morgen, mein vielgeliebter König und wohl affectionirter Brutter! Ich hoffte Euch allein zu sehen, denn ich habe Sachen von einer gewißen Vollwichtigkeit und Importanz mit euch abzufaßen; laßt eure Dienerschaft sich in den Hintergrund begeben, oder aber sich ganz entfernen.

König Stanislaus. Gefolge! nehmt einen Abtritt. Wachen! besetzt die Thüren dieser Zimmer und Haushofmeister richtet Alles so ein, auf daß man nicht ein Wort höre von dem, was hier abgethan wird. (Gefolge ab.)

Scene 9.

König Stanislaus. Prinz Ferdinand.

König Stanislaus. Geliebter Prinz und Brutter, entdeckt mir Euch jetzt. Gebt mir Aufschluß über die zentnerschwere und kohlrabenschwarze Melancolie, die Euch seit einiger

Zeit governiren duht. Ich wette, Ihr seid verliebt. O! Ihr macht mir viel Kummer. Sprecht!

Prinz Ferdinand. Ja, Brutter König! Ihr habt's man errathen, Gott straf mir, ich bin verliebt's!

König Stanislaus. O! gebt mir Kenntniß von dem Gegenstande, der Euch so sehr verzückte.

Prinz Ferdinand. Vernehmt, mein Königlicher Brutter — es ist eine Sazilianerin, welche drei gute Landstunden von hier auf einem Landsitze wohnen thut. Ich habe ihre werthe Bekanntschaft gemacht, ohne sie zu kennen. Jetzt, nachdem wir uns Beide außerordentlich stark lieben, jetzt weiß ich, wer sie ist. Ich will Euch Alles aufdecken und reinen Wein einschenken. Roxolani, die Person, die ich liebe, sie ist des Königs von Sazilien Tochter selberst, die wegen der Verrawagirung und Revolution ihrer Insul auf der Flucht gen Egyptenland sich begeben hat.

Brutter König! Ich liebe dieses Frauenzimmer in demselben Grade, wie sie mich liebet, das ist äußerst heftig und sturmbewegt, und ich habe die Ehre, Euch zu declariren, daß wenn man meine Liebe Einhalt thun wollte, es verhinterer noch wäre, als wenn man den Nilstrome in seinem Laufe tyrannisch aufhalten wollte! — Was würde daraus entstehen? oben bemeldeter Fluß würde sich in ungewöhnlicher Fülle aus seinen Ufern begeben, das ganze Land mit Schlamm bedecken, und so die ganze Fruchtbarkeit des ohnehin gedrückten Landmanns darnieder schmettern; so auch ich, wenn meiner Liebe auch nur der kleinste Riegel vorgeschoben würde, das heißt, sobald es nicht geht, wie ich will, werde ich mir erdöten, und so das ganze Land mit meinem prinzlichen Blute tränken.

(Man applaudirt.)

König Stanislaus. Halt ein, mein Prinz, Ihr ereifert Euch zu sehr, eure Augen gehen Euch im Kopfe herum wie Räder und funkeln wie Karfunkelstein. Ich sehe wie feste und mit welcher Liebesgluth Ihr an dieser Prinzeßin hängen thut. Heirathet sie, ich gebe froh meine Einwilligung mit meinem Vorwißen.

Prinz Ferdinand (den König umarmend). O! mein Brutter, mein König, wie glücklich machet Ihr mich. Ich weiß vor Freude, vor Wonne, vor Jubel und augenblicklicher Bestürzung gar nicht, wo ich bin.

König Stanislaus. An meinem Herzen befindet Ihr Euch, mein Brutter. Komm und empfange diese brüderliche Umarmung (sie umarmen sich mit Würde) und diesen königlichen Handschlag. Ich werde Dir in allen Fällen und auf allen Wegen und Stegen behülflich sein. Wenn die Unruhen in Sazilien noch nicht gedämpfet sein, so werde ich meine bestuniformirten Heerschaaren nebst Kaffalderie und Adollerie dahin beordern und der Prinzeßin ihr Land, Dir und ihr, etwas davon auch mir (der Prinz neigt sich bescheiden, als wenn sich diese Klausel von selbst verstünde), jedoch auf meine Unkosten, wieder erobern laßen.

Prinz Ferdinand. Allzugütig, mein königlicher Brutter; ich nehme es vor empfangen an.

König Stanislaus. Mir nicht so, Ferdinande, der aufgerührte Sazilianer Pöfel soll wißen, daß eine solche

Aufführung dieser hundsföttischen Art, sich um seinen König zu foutiren auf das crimminalischte geahnet werden müße.

Prinz Ferdinand (ihn besänftigend). Mein Brutter, nicht blutdürstig, das ist eine böse Gewohnheit. Schicket einen Gesandten nach Sazilien mit Vorstellungen bewaffnet.

König Stanislaus. Was — Gesandten — Noch schlecht Geld, noch gut Geld — wollt ich sagen — nach schlecht Geld werfen — Nein, nimmermehr — Sazilien muß durch meine Macht glücklich werden, den Rebellen werde ich seiner Zeit zu verzeihen wißen. — Du wirst Erbprinz von Sazilien und hast dann ein schön Stuck Land. Stirbst du kinderlos, so ist Sazilien mein, kriegst du einen Prinzen, so bleibt er bis ins 36ste Jahr minorem. Zu deiner Aussteuer gebe ich Dir acht Lilienschiffe, 20 Fricaßen und kleines Segelwerk, ferner 2000 Stück Matrosen und Adollerie, Gold und Silber, was ich entbehren kann. Punktum; ich hoffe, Du wirst zufrieden sein. (Dreht sich auf dem Absatz um.)

Prinz Ferdinand. O! mein König, eure Güte ist unmenschlich. Laßt mich jetzt eilen auf dem Schloße meiner schwergeliebten Roxolani — ihr Eure königliche Huld und unser Glück kund zu thun und zu proclamiren! — Lebt wohl! mein Brutter! — Ich fliege in ihre Arme. (Geht jedoch zu Fuß ab.)

Scene 10.

König Stanislaus (allein).

O! welch unauslöschliches Vergnügen ist es nicht, einen Brutter beglückt zu haben. Jetzt will ich auf der Wachtparade gehen und sehen, wie meine Armeen bestellt sind. Mein Nachbarkönig Rolofar fängt an, mir etwas zu mächtig zu werden; ich werde ihm etwas auf den Dienst paßen müßen. Wir haben zwar vor zwei Jahren einen Frieden auf ewige Zeiten abgeschloßen, aber allein ich glaube, daß er nicht mehr von langer Dauer sein wird. — Potz Bomben und Granaten, ich vergeße ganz auf der Wachtparade zu gehen, die Armeen warten gewiß schon lange auf mir. (Ab.)

Verwandlung.

(Wald, gehörig mit Bäumen versehen. Im Hintergrunde der blaue Himmel.)

Scene 11.

Hanswurst (in einen blauen Mantel gehüllt, singt).

Zum Spioniren, zum Spioniren hobn's mi holt ausgeschickt,
Doch schaun's i glab, doch schaun's i glab, das mir das Ding nit glückt;
Denn wie bekannt im ganzen Land,
Do hot's Hanswurst gar viel Verstand,
Zum Spionir'n er hilft nit viel,
Nur Pfiffigkeit muß sein im Spiel.

Mordio Element! Was kann mer nit olles aus ein Hanswurst machen, aber es is klar, dann wann man aus den Andern was rechts mache will, dann werdens erst Hanswurste.

No ja, zum Spioniren haben's mi jetzt gebacken; do soll ich ganz spitzfindig dahin schleichen auf das Schloß der

Prinzeßin Ro — Ro — Rox — Roxol — Roxola — Roxolampi — und herausmerken, um welche Stund des Tages sie allein ist, damit die Majestät von Persien und Asturien zur gelegenen Zeit kommen; ich hab gedocht, a Majestät käm immer zur gelegnen Zeit! — Wie soll ich das anfangen; flickerment! ich bin doch sonst a gescheuts dummes Luder; aber jetzt wär mein Lotein (Latein) wönn i ans gelernt hätt, g'wiß zu End.

Wie find' i jetzt den Weg zu dem sackerments Waldschloß! und wan ich's gefunde hob, wie komm i rein, dann an recht tiefen Graben wird's schon haben. Wenn i nur so recht springe könnt, so wie so a Broddieb von Tramplinspringer, oder nur so wie die (mit einem Blick auf das Auditorium) die vom 3ten Platz auf den 2ten hüpfen. (Dritter Platz schlägt beschämt die Augen nieder.) Aber jetzt soll mer das Hupfen sauer werden; i bin von dem vielen Suchen schon so müd, daß i auf kein eini Bein mehr stehen kann. Ich möcht gern schlafen, wenn i nur ä Bett hätt, es möcht sein, was es für eins wollt, es wär da heraußen, doch alleweil a Földbett. Still aber, i werd mih in den Graben legen. (Besieht den Graben.) Jo! Jo! da hin laut't mein Quartierzettel. (Im Niederlegen.) Vielleicht träumt mir, wo das Schloß is, oder sonst was Schönes; doch glab' i nit, denn das Träumen is noch nit verbote, denn dann würd i gewiß en recht verbotne Traum hab'n. (Er gähnt.) In Gottesnamen, angenehme Ruh! (Er gähnt noch einige Mal und schläft dann ein, währenddem spielt das Orchester ein Andante oder Adagio: Es ritten drei Reuter zum Thor hinaus, Ade!)

Scene 12.

Hanswurst (schlafend). Sinistra.

Sinistra. Ich fange an Onrohen zu verspüren, so allein im Wald ischt doch gar zu g'fährlich für ein jonges Mädchen wie ich. Es wäre wohl eine Möglichkeit, daß mich jetzund Räuber anfalleten. Schätze fänden sie bei mir nicht, aber Tugend, die ist aber auch ein Schatz, wie ein altes Heilbronner Kirchenlied deitlich sagt. — Doch gilt's für meine Gebieterin, so kenne ich keine Größe der Gefahr; ich riskire Alles, das Fürchterlichste, so lang es beim riskiren bleibt. Aber nichts deschtoweniger kann ich es nicht in Abrede stellen, daß ich eine große Angscht ausstehe.

Die arme Roxolani, sie weiß nicht, wo Prinz Ferdinand so lange stecken thut, das verohnrohiget sie gewißermaßen gar zu sehr, da soll ich non gehen und sehen, ob mir der Prinz nicht begegnen thut; nun habe ich mich doch schon eine und eine halbe Stunde von zu Haus entfernet, und habe noch nicht ein Schaaf, oder sonst ein Vieh begegnet, vielweniger noch einen Prinzen. (Man hört den Hanswurst schnarchen.) Gott! die Angscht verläßt mich nicht, doch stille, stille, ich höre ein Geräusch, es lautet, als ob ein wildes Schwein grunzte. (Sie geht dem Laute nach.) Doch wie, es gleicht mehr dem Athmen eines unbefangenen Menschen! O! wenn dies Prinz Ferdinand wäre. (Sie bleibt vor dem schlafenden Hanswurst stehen.) Es ist nicht der Prinz, es ist ein Mensch; vielleicht ein Reisender — doch scheint er nicht weit her zu sein, denn er hat gar keine Bagage bei sich. (Ihn näher betrachtend.) Der hat eine kuriose Uniform an; — wenn der so viele Herren hat als Farben am Kamisol, da muß ich ihn bedauern, aber sein Herr ist vielleicht ein Schneider. — Ein Gesicht hat er wie ein Bärenhäuter.

Hanswurst (aufwachend). Nu! Nu! wer hot da so schlecht gereimt? 's is mer sonst nix unreins zuwider — ober hör ich so en unreinen Reim, so is es grad, als kitzelt mich einer mit der Mistgabel unter der Nasen; da muß ich allemal aufwachen. (Erblickt Sinistra.) Mord Batallon! was is dos for a Nußbaum fournirtes scheens Madel — doch von am Bennsbaum. Was a bon jour — bon point wollt' ich sagen — was e paar Augen — das is was forn Hanswurst, mit der muß i gleich parliren. (Geht auf Sinistra zu, und will sie bei der Hand fassen.)

Sinistra (sich zurückziehend, bei Seite). Garstiges Mannsbild! (Laut.) Mein Herr! Sie müßen nit glauben —

Hanswurst. Mein Herr und Sie! o Sie Frauenzimmer, Sie haben einen großen Stein in meinem bretternen Herzen — i wollt sagen ein Brett meines Herzens.

Sinistra. Sie müssen nicht glauben, daß weil Sie mich allein hier im Walde finden, ich ein Frauenzimmer —

Hanswurst. Sie ein Frauenzimmer — Jo! Jo! i waß schon was du saubrer Engel sogen willst — du ein Frauenzimmer — jo, gewiß bist a Frauenzimmer und dazu ein recht herzallerliebstes. (Hüpft in die Höhe.) Und wenn i recht siech — so bist so e bißel aus'm Kotzengeschlecht. —

Sinistra (bei Seite). Ach, er fängt schon an impertinent zutraulich zu werden; wie wird das enden?

Hanswurst (zutraulich). Sind mer kä Kämmerkatzerl? Hob' ich's troffen? das ist a gefunden Freßen. I bin valet de pot de chambre de sa Majesté tout le monde. So e paar Leut dürfen nit mehr von einander.

Sinistra. Er hat gerathen, wer ich bin; ich bin wirklich ein dienendes Frauenzimmer.

Hanswurst. Das ist heut zu Tag e jede Magd.

Sinistra (bei Seite). Grobian. Er weiß nun, wer ich bin, sage er mir nun auch, wer er ist.

Hanswurst (bei Seite). Do bin i gefangen, was soll i nun sagen, i denk, vor dießmal die Wohrheit. (Laut.) Unter uns gesagt, ich bin a Kundschafter, der seine Kundschaft nit zeigen kann, i bin a Spion.

Sinistra. Ein Spichon? (Ausfragend.) Was sind das für Leute?

Hanswurst. Das sin Leut — ja, das sin Leut — die holt im Wald rumlaufen thun, weil ihr König halter verliebt ist, und halt sehen thun, wann die Prinzeßin allein zu Hause sein.

Sinistra. Das ist ein Dummkopf — aber doch kann ich vielleicht durch ihn erfahren, was ich zu wißen wünsche. (Laut.) Sage er mir, guter Freund, hat er Niemand hier in diesem Wald begegnet?

Hanswurst. Gute Freundin, Niemand!

Sinistra. Keinem Menschen?

Hanswurst. Na, na!

Sinistra. Auch keinen Prinzen?

Hanswurst. Jo, einem von Geblüt; er hat gestreifte zwillichene Kämaschen angehabt und en Knebel in der Hand — es war e Landmetzger, der is eben vom Geblüt wegegegangen.

Sinistra. Ach, so muß ich unverrichteter Sache wieder nach Hause gehen. — Ach! was wird die Prinzeßin sagen!

Hanswurst. Mamsell, wann sie es erlaubt, so will ich Sie begleiten — denn i weiß hier keinen Weg und Steg zu finden. — I bitt Sie gar zu schö, führ Sie mich aus dem Wald raußer, und wenn's möglich, daß Sie mir sagen könnt, wo das Schloß der Prinzeßin Roxo — Roxo — Roxolampi ist, oder wenn Sie mich gar dahin führen möcht —

Sinistra. Wie, du willst auf daß Schloß meiner Prinzeßin, Verwegner? von wem bist Du gesandt?

Hanswurst. I werd kein Esel sein und Dir sogen, daß ich des König Rolofar Leib-Spion bin.

Sinistra. Ha! welch schreckliche Ahnungen nehmen Besitz von meinem Herzen! Rolofar! Rolofar!

Hanswurst. Noch ans, Mädel, willst Du heirathen? (Hüpft in die Höhe.)

Sinistra. Ja, aber Dich nicht.

Hanswurst. Du willst also nit Heiraschpeln, (wie oben) so mußt Du en alte Jungfer werden. — Jetzt komm, Du Jungfer aller Jungfern, gib mir die Hand und laß uns den rechten Weg suchen, oder i gib Dir den Fuß. (Hebt den Absatz gegen Sinistra auf; Sinistra geht voran, Hanswurst stößt sie mit dem Fuße fort.)

Scene 13.

Prinz Ferdinand (sprengt zu Fuß durch den Wald).

O Merkur! verleih mir Deine Flügel! Phöbus deine Roße — Elias deinen Feuerwagen, Montgolfier deinen Luftballon, um zu meiner Geliebten zu fliegen; — Ja, noch ehe die Sonne sinkt, muß ich bei ihr sein. (Er stürzt fort ventre a terre.)

(Die Scene bleibt einige Zeit leer, damit aber das Publicum keine kurze Weile hat, so spielt das Orchester unterdeßen irgend ein zweckwidriges Musikstück, z. B. den Marsch aus Lodoiska.)

Scene 14.

Hanswurst (außer Athem).

Die verfluchte Jungfer von einer Mamsell! Do bin i wieder wo i war; a Schloß hab' i wohl gesehen aber kein Prinzeß Roßmarin. Ich war halter sehr drauf und dran zu spionirn — Bums hör' ich a Mannsbild mit Steifstiefel anrucken und an Sarras an der Seiten, so lang wie der Ries Goliath sein Ohrlöffel. Schnurrbartsakkerment! Da hab' i weder Courage no Besinnung verloren, und hab mich zum Tempel raus geschafft und stante pede aus'm Staube gemacht. Was sag i aber jetzt der Majestät von Persien und Asturien von meiner Spionireret. (Ueberlegt.) Oh! da hot's kain Noth — dem will i schon a blaue Dunst vormache, daß er sich verwundern soll. Dem sag' ich, i hätt mit Lewensgefahr herauskriegt, daß die Prinzeßin präcise zwischen Licht und Dunkel vielleicht ganz gewiß anzutreffen wär. — (Zum Publicum.) Nu, adies Ihr Herrn, wenn Sie nir verrathen, so erfährt kein Mensch nir. (Ab.)

Zweiter Act.

(Garten; im Hintergrund das Schloß der Prinzeßin Roxolani. Heller Mondschein.)

Scene 1.

Roxolani am Fenster singt: „Das waren mir selige Tage." Dann **Prinz Ferdinand** und **Sinistra**.

Roxolani (nach dem Gesang). Wo bleibt mein Geliebter? Was soll das heißen, daß Ferdinand noch nicht hier ist. O, ich spüre mich beklommen — die Angst — Sollte er vielleicht im Walde von Räubern ertödtet worden sein. — O schwarzer, schrecklicher Gedanke — das ist unmöglich, ich kenne seine ordinäre Tapferkeit; und wenn es ihrer Zehen gewesen wären, sein Heldenarm hätte sie alle todt zur Erden hingestreckt. — Doch, ich muß mir diese Gedanken aus dem Sinne schlagen — ich will noch Eins singen — aber was für eins? Ah! (Singt): „Mein Schlößchen ist gar fein gebaut" —

Sinistra und Ferdinand (kommen von der Seite).

Sinistra. Hieher, mein Prinz!

Prinz. Ich danke für Dein Geleite, wonnigtes Mädchen, ohne Dich wäre ich nie so schnell ans Ziel meiner Wünsche gelangt. Ich werde aber auch erkenntlich sein. Dein überlästiger Begleiter hat mich doch nicht gewahrt?

Sinistra. Er floh, so wie er Euch erblickte, erkannt kann er Euch nicht haben. Ich eile zur Prinzeßin. (Ab.)

Prinz. Horch! wie schön! — sie singt, oh! welche himmlische, welche Schwanenstimme. Still, ich will sie nicht stören. — Sie ist fertig. — Jetzt will ich mich revangiren und ihr auch etwas singen. Das Singen nimmt sich so zart aus im Mondschein. (Er setzt sich auf eine Rasenbank und singt): „Grüß Alter schmeckt das Pfeifchen!" (Da er kein Instrument zu seiner Begleitung hat, so schlägt er den Takt mit seiner Reitpeitsche sehr sanft auf seinen Reitstiefeln.)

Prinzeßin. Horch, Sinistra, Ferdinand thut singen. Prinz! Engel! Göttersohn! bist Du es?

Ferdinand. Ja ich, ich bin es, Dein Todtgetreuer; komm herunter, Theure, in den Garten; laß uns schwärmen, die Mondscheinluft ist so kühl.

Roxolani. Gleich im Augenblick, Geliebter, ich will nur geschwind etwas umhängen, und meine Schuhe anziehen, so wie dieß vollbracht, dann bin ich Dein — Dein auf ewig.

Ferdinand. Ich erwarte Dich mit Seelsucht!

(Roxolani kommt aus dem Schloße, Ferdinand eilt ihr entgegen; sie umarmen sich sieben bis achtmal, während dem spielt das Orchester: „Keine Ruh bei Tag und Nacht.)

Ferdinand. Geliebte! laß Dir unser Glück kund machen. Du wirst meine Gahtin und Gumalin. Mein königlicher Brutter hat mir seine complette Einwilligung gegeben, er will uns sogar behülflich sein wo er kann, und Sazilien Dir, Roxolani, auf seine Kosten wieder erobern und zu Füßen legen.

Roxolani. O welch ein hochmüthiger, großherziger Monarch. Geliebter, unser Glück ist auf seinem Gipfel. Wie zufrieden werde ich mit Dir sein; kann ich noch auf deine Treue bauen?

Ferdinand. An meiner Treue willst Du zweifeln, schöne Barbarin; ach! ich warte nur auf gute Gelegenheit, Dir Beweise davon geben zu können. Für Dich, Geliebte, schwimm ich durch das rothe Meer, durch den Styx und Missisippi; für Dich, Theure, ging ich durch die Feuer der Hölle, mit einer Cigarre in's Pulvermagazin. Nichts fürcht' ich, nicht Löwen, nicht Tyger und Hyänen, nicht Crocodille, Schlangen und sonstiges Ungeziefer, nicht Gift, nicht Dolch, nicht Bomben und Granaten. — Nichts — nichts — selbst den Tod und seine Helfershelfer nicht. Und wer es wagte, Dich anzutasten, der würde todt zur Erde hingestreckt, deßen Seele wird zur Hölle fahren, deßen Geschlecht würde ausgerottet werden, deßen Haus geschleift — deßen — deßen —

Roxolani. Halte ein, Prinz, ich habe ausgezweifelt an Deiner Treue und an Deiner mütterlichen Tapferkeit.

Scene 2.

Die Vorigen. Rolofar (erscheint mit einer Blendlaterne, einen Degen in der andern Hand während der letzten Rede, versteckt sich hinter einen Baum und horcht.)

Prinz. Geliebte, nimm hier diesen Rink mit diesem köstlichen Rubin, als Pfand unserer Treue.

Roxolani (gerührt). Er soll an meinem Finger blühen — Hier, Geliebter, ist mein Porträt in Diamanten gefaßt, nimm es zum ewigen Angedenken —

Rolofar (in heftiger Gemüthsbewegung). Daß Dich! —

Ferdinand. Prinzeßin! geh jetzt in Dein Zimmer, die Abendluft mögte Dir Schaden thun; ich will nun zu meinem Brutter König eilen.

Roxolani. Geliebter meiner Seele, du hast Recht — ich gehe zu Bette, umarme mich. (Umarmen sich.)

Rolofar (im Hintergrunde macht heftige Bewegungen mit den Armen und dem Kopfe, rollt, so gut es bei einer Marionette möglich ist, die Augen ꝛc., er kann auch mit den Zähnen knirschen, und zwar so, daß man es auf dem dritten Platze hören kann). Ich bin unglücklich — er ist unglücklich, sie — ist unglücklich.

Roxolani (im Abgehen). Lebe wohl! (Ab ins Schloß.)

Ferdinand (stellt sich nachdenkend in den Vordergrund).

Rolofar (rennt der Roxolani nach und hält ihr die Blendlaterne unter die Nase). Bei allen Teufeln, ich hätte diesen Ort nicht verlaßen, ohne Dein Engelsangesicht geschaut zu haben.

Ferdinand. He! Holla! Ich höre Lärm. — Werda? Keine Antwort?

Rolofar. Ha! Verräther — ich bin's, schlage Dich mit mir, Feiger, zieh!

Ferdinand. Wer bist Du, impertinenter Fremdling?

Rolofar. Schlage Dich mit mir, ich bin ein Wüthender!

Ferdinand. Deinen Namen, Deinen Rang muß ich wißen, nach dem Kampfrecht.

Rolofar. So wiße, höre und schaudre! Ich bin Rolofar, König von Persien und Asturien, der gereizte Rolafar bin ich — der mit Niemand rechtet, mit seinen Thun und Laßen.

Ferdinand. Doch mit mir — ich bin Prinz Ferdinand.

Rolofar. Wisse denn, Prinz, daß ich nicht eher von dieser Stelle gehe, als bis einer von uns seinen Geist ausgehaucht hat. Ich liebe die Prinzeßin mit gleichem Liebesfeuer — Beide zusammen können wir weder bestehen noch existiren. — Also — ich oder Du!

Ferdinand (ist unterdeßen nach der Coulisse gegangen, und hat sich einen Degen in die Hand befestigen laßen). Sieh hier, meinen blanken Degen — und zittere, — denn ich schlage mich für Roxolani. (Sie fechten; Ferdinand dringt wacker auf ihn ein und versetzt ihm einen Hieb, wobei sein Degen in Stücke springt; Rolofar stößt nach und ersticht Ferdinand; hier läßt jener ein Medaillon mit seinem Bildniß, welches der schönen Roxolani zugedacht war, zu Boden fallen. Ferdinand spricht sterbend): Nicht im Duel hast Du mich erlegt, Du hast mich banditenmäßig um mein junges Leben gebracht. — Aber diese That wird nicht ungerochen bleiben. — Roxolani, ich sterbe — Leb' wohl — ich seh Dich wieder — sag' ihr, Bösewicht, daß Roxolani mein letztes Wort war. (Stirbt.)

Rolofar. Vollbracht ist diese That — so ruht der Fluch auf den edelsten Geschlechtern — so ist der Mensch — ein Mensche in der Hand des Schicksals. — Meine Hoffnung auf Roxolani geb' ich nach diesem Schritt nicht auf — sie kann getröstet werden; zwar ist der Krieg unvermeidlich — doch auch seine Narben heilt die Zeit. — Im schlimmsten Falle bemächtige ich mich Roxolanen's Hand mit Gewalt. — Vielleicht gelingt es mir noch, sie hier zu überfallen, ehe die Unthat ruchbar wird. Ich eile, mich an die Spitze meiner Trupfen zu werfen. (Ab.)

Scene 3.

Roxolani (kommt).

Ich habe Lärm gehört — was war das? Dieß mörderische Gerumpel. — Gott, dieß Leuchten in mein Antlitz durch eine Mannslaterne war mir so bedenklich. — Gott! Meine Ahndung — deutlich unterschied ich Menschentritte und Degengeklirre. (Sie erblickt Ferdinand's Leichnam.) Gott! was ist das? Mein Geliebter todt? Hülfe! (Sie fällt in Ohnmacht.) Doch nein — nein! (Sie erhebt sich wieder.) Eine Ohnmacht? nein! Mein Geliebter todt! mausetodt! Wer kann ihn erdötet haben. O ihr himmlischen Mägde, erhört mich, belebt diesen meinen Ferdinand, haucht ihn wieder den lebendigen Odem ein. — Keine Antwort? — O ich Unglückliche. — Er ist auf ewig für mich verloren. — Mein Heldenmuth befiehlt mir Gift zu nehmen, ich will ihm folgen in die Lyceischen Felder. — Ich nehme Gift, ja Gift! (Ab.)

(Der Mond hat sich unterdeßen verfinstert.)

Scene 4.

König Stanislaus (allein).

Gott! welche Dunkelung, man sieht keinen Stich, — keine Hand vor meinen königlichen Auge. Ich komme von der Jagd und war willens meinen schwärmenden Bruder in seinen Verliebungen zu überraschen, aber, — wie gesagt, — die Dunkelung ist so groß, daß ich zweifle, ihn hier habhaft zu werden. Mein königliches Gefolge sitzt nicht weit von hier in einem Krug, und verzehrt gebratene Jagdbeute, — ich muß mich wieder hin zu ihm begeben. (Er stößt mit seinem Fuß zufällig an den todten Ferdinand.) Wie? was war das? ich habe einen schlafenden Menschen touschirt. (Nimmt die Hand des Leichnams.) Wie? eine eiskalte Hand. Ein todter Menschenkörper todt zur Erde hingestreckt. Was ist da gepassirt? Wie kommt ein Todter hieher? Himmel! hier ist Mord vorgegangen. Viel-leicht ist diesem Unglücklichen noch zu helfen. — Ein Schluck Branntwein, gelinde Reibung, oder Untersuchung der Wunde. (Er bückt sich, den Leichnam genauer zu betrachten.) Prinz Ferdinand, mein Brutter!!! O, Du bist es, ja mein Brutter erdötet. Ha! noch einmal, was ist hier vorgegangen? Sollten ihn, durch den Dickigt dieser Wälder entschlüpft seiende Mörder,

Räuber, Postwagendiebe oder sonst eine feige Art von Menschengeschlecht zu Tod getödtet haben? Oder, aber, hat man ihm in einem Duel rechtmäßig erlegt? Aber ich schwöre es bei den Qualen der Hölle, diese That soll nicht ungerechnet bleiben, nur wißen muß ich, wer der Anstifter ist. Wo ist mein Schwerdt? Verdammter Schorke! heute noch soll Deine Seele auf meiner Säbelspitze tanzen, dieß schwöre ich Dir bei meiner Krone, Scepter und königlichen Dollmantel! Schauderhaft ist es, einen kalten, todten Brutter zu sehen.

Scene 5.

König Stanislaus. Das königliche Gefolge (mit Fackeln gehörig bewaffnet, so daß das Theater ganz erleuchtet ist.

Stanislaus. Ha! Seid Ihr es? blickt mich an! Nicht einen König schaut ihr in mir, — nein, — nur einen unglücklichen Brutter. — Seht, was vorgegangen. Hier liegt der Körper ohne Seele meines geliebten Brutters. Er ist nicht mehr. In seinem Blute schwimmend liegt er hier fest zur Erde gewurzelt.

Chor (derselbe besteht aus drei Mann, es können dazu die Mohren aus den Metamorphosen in anständiger Kleidung genommen werden. Wie? was? Prinz Ferdinand ist todt?

Stanislaus. Ja todt!

Chor (dumpf). Todt! todt! todt! todt!

Stanislaus. Noch einmal, er ist nicht mehr!

Chor. Ihro königliche Hoheit geruhen nicht mehr zu sein.

Stanislaus. Ich fordere Euch auf, getreue Vasallen und Hofdiener, den Tod meines Bruders zu rechnen.

Chor. Wir schwören bei den Gebeinen Ihrer königlichen Hoheit — dieselben zu rechnen.

Scene 6.

Die Vorigen. Roxolani und Sinistra stürzen mit aufgelöstem Haar und in Unterröcken, ohne Schuhe, aus dem Schloße hervor.

Roxolani. Was wollen die vielen Leute hier in meiner Behausung? He? Pst! Pst! Ihr! (Den König erblickend, bei Seite.) Welche Majestät in der Tournüre dieses Fremdlings. (Laut.) Wollt ihr mein verzweifeltes Unglück noch vergrößern?

Stanislaus. Nein, Mademoiselle —

Roxolani (etwas piquirt). Mademoiselle?

Stanislaus. Wenn ich bitten darf, wer haben Sie die Ehre zu sein?

Roxolani. Monsieur, ich bin die unglückliche Roxolani, deren Geliebter hier todt dahingestrecket liegt.

Stanislaus. Wie? ihr wäret dieselbe Roxolani, die meinen Brutter zur Gumahlin bestümmt gewesen war? Wißet, und ich bin der Brutter dieses unglücklichen Prinzen, und es freut mich recht sehr, eure Bekanntschaft zu machen.

Roxolani (kniet nieder). O großer Monarch! also Ihr seid der unglückliche Bruder eures unglücklichen Bruders? Nun dann hört — und laßt einen eiskalten Schauder über Euch weglaufen. Ihr seht mich heute zum ersten und zum letzten Male, warum? ich habe Gift genommen. Ohne Ferdinand kann ich nicht leben, ohne Ferdinand kann ich nicht sein, und hier auf dem Platze an seiner Seite will ich sterben. Das Gift fängt noch nicht an zu operiren — meiner Qual ein Ende zu machen will ich die Portion verdoppeln. Sinistra geh und hole mir die Habergrütze auf dem kleinen rothen Tisch, links am Fenster. — Dieses sonst so gesunde Getränk ist mit Arsenik vermischt.

Sinistra. Wie? die Habergrütze! oh! ich Unglückliche!

Chor. Die Habergrütze?

Roxolani und Stanislaus. Wie? Was ist das?

Sinistra. Vernehmt! — erschreckt aber nicht. — Von erwöhnter Habergrütze habe ich getrunken. Ja, und nicht allein ich, sondern auch Mignon der Mops, Pipi der Kanarienvogel und Pezzo, unser Sazilianischer Hofaffe, — ich muß nun sterben und die drei Andern crepiren.

Roxolani. Ach! wie schrecklich! Meine liebsten Geschöpfe sterben mit mir an einem Uebel und an einem Tage. O ich unschuldige Barbarin! (Zu Sinistra, die abgehen wollte.) Halt ein, Sinistra, so eben spüre ich die Wirkungen des Gifts. —

Sinistra. Himmel! ich auch!

(Man hört in der Ferne den Hund wimmern, den Affen schreien und den Vogel pfeifen.)

Roxolani und Sinistra (stürzen auf den Boden und bewegen sich convulsivisch). Wehe! das beißt!

Stanislaus. Ich ertrag's nicht, — ich wanke — (er wankt) und falle. (Er fällt in Ohnmacht, das Gefolge ringt die Hände.)

(Während dieser Gruppirung spielt das Orchester: „Alles fühlt der Liebe Freuden".)

Roxolani. Ich sterbe. — Leb wohl du falsche Welt! (Stirbt.)

Sinistra. Gebieterin! ich folge Dir in den Tod; — ach, zwar unschuldig. (Stirbt.)

Chor.

O welch Mirakel,
Welch ein Spectakel,
Sie stirbt ohne Makel.

Einer aus dem Chor. Bringt Hülfe doch dem König —

Ein Andrer. Doch nur, wenn es eine eigentliche Bewußtlosigkeit ist, ist es aber eine Ohnmacht a tempo, so weißt Du ja das Verbot —

König. Mich nicht zu entcamodiren. (Als wenn er eben erwachte). Wie? Was? — ist denn nichts wie Tod und Verderben um mir. O! die holde Prinzeßin und ihr liebes Kammermädchen sind nun auch todt. Nehmt diese drei Menschenkörper und tragt sie in meine königliche Gruft, allwo sie beigesetzt werden. Auch soll ihnen ein Monument von dauerhaften Steinen errichtet werden, das die Nachwelt noch zu Thränen rühren soll. (Gemurmel unter dem Gefolge.) Ihr murmelt?

Chor. Wir murmeln.

Stanislaus. Warum?

Einer aus dem Chor. Herr und König, hier überreiche ich ein blutbeflecktes Bildniß, das ich so eben hier auf der Erde gefunden habe.

König (besieht das Bildniß). Ha, du Himmel — das ist Rolofax!

Chor. Ro — lo — fax —?

König. Ja, ich hab's nun heraus. Rolofax ist der Mörder und Erleger meines geliebten Brutters. — Ach, — das heischt Rache! — Doch was beginnen? — einen öffentlichen Act der Gerechtigkeit. Ich will sein Land mit Krieg überziehen, und ihn für ein Benehmen unter aller Critik zu züchtigen wißen. Man versammle sogleich den großen Kriegerath, denn ohne diesen kann ich mein Rachgefühl keinen Lauf laßen. Wohlan, Ihr Getreuen, wagt Ihr den Feldzug gegen die Treulosigkeit?

Chor. Wir wagen, was Ihro Majestät befehlen.

König. Es lebe der König!

Chor. Es lebe der König!

Scene 6.

Vorige. Ein Kanonenschuß.

Kanonenschuß. Bum! (Ab.)

Scene 7.

Vorige ohne Kanonenschuß.

König. Es schießt!

Chor. Es hat geschoßen!

König. Was kann das bedeuten?

Chor. Es kann geschoßen haben.

König. Das bedeutet?

Chor. Krieg!

König. Doch was naht sich hier unbemerkt auf diesem fernen Pfade — es kommt näher — es geht zu Fuß — es hat einen Brief in der Hand — es ist ein Courrir! Ach, ich fürchte, ich fürchte, unheilschwangere Wolken ziehen sich über dem Paradiese meines Staates zusammen. Der Bote ist wieder hundert Schritte näher, laßt sehen, weß Geistes Kind er ist.

Scene 8.

Vorige. Hanswurst (als Courier).

Hanswurst. Wo soviel geputztes Hofgesindel is, do muß der König auch sein. Wo is die Majestät von Rumelien — wo?

König. Hier steht sie vor Dir, zwar ohne Krone, jedoch mit würdevollem Antlitz. Sprich, wer bist Du?

Hanswurst. Ich könnt Ew. Majestät eine sehr traurige, aber langweilige Geschicht erzähl'n, wie ich wegen schlechter

Spionirerei aus des Königs Rolofar Dienst bin 'raus geschafft worden.

König. Laß das, mein Sohn.

Hanswurst. Das freut mich, daß ich jetzt Euer Sohn bin, beim Rolofar war i nix als Kammerwichser und Stiefeldiener; so bringt's halt der Mensch nach und nach zu Etwas.

König. Laß die Poßen, und sprich, wer sendet Dich?

Hanswurst. Ew. Majestät Geheimer Staats=, Kriegs=, Pulfer=, Bomben= und Granaten=Rath hat mich beordert, weil ich am besten laufen kann, besonders, wenn die Kerls mit zweierlei Tuch und den eisernen Flötenstöck' hinter mich kommen. Kein Pferd wird nicht mehr aus der Residenz gelaßen und die Esel, die sein alle fürs Geniecorps requirirt. Hier is der Brief, do steht Alles drin geschrieben wie's is, und wie's nit is und wie's sein könnt. (Uebergibt dem Könige den Brief, der ihn liest; zum Chor.) Meine Herrn, der Rolofar, mein abgelegter König, is über die Granitz marschirt mit einer Compagnie von 40,000 Mann, um in unserer Residenz den Krieg officiell zu erklären. Jetzt macht's, daß ihr nach Haus kommt, da könnt ihr eure Courage alle loslaßen.

König (der Brief entsinkt seinen Händen). Das ist sehr gegen das Völkerrecht. Was ist hier zu thun?

Chor. Siegen, sterben, oder bleßirt werden.

König. So hör' ich's gerne. Auf! verlaßt diesen Schreckensort und eilt dem Kampfe zu. — An Eurer Spitze werde ich stets der Erste zu sein wißen; auch der Heldentod wird mir nicht fremd bleiben. Mir nach! Ich führ' Euch an Ort und Stelle, so gewiß ich Euer König bin. (König und Chor ab.)

Scene 9.

Hanswurst (allein).

Das wird ä schön'n Sieg göb'n — alleweil giebt's Raufereien über d' Weibsbilder, — das war schon gar lang im Brauch. — Jetzt geht der Krieg los — da mach i mich davon. (Zum Publicum.) Sie werden's halt a so machen, aber hoffentlich erst dann, wann das Nachspiel und die Matamorpöse vorbei is. Was nach der Bataille aus in Rolosar word'n is, werd' i Ihne bei Gelegenheit erzähle, aber Sie können sich's schon denken, daß so e braver König, wie den Stanislaus'l heut zu Tage kabores geht, denn je miserabler jetzt aans is, desto beßer geht's ihm. Gott beßersch'! Wenn Sie zufriede worn, so freut's Hanswurstel recht sehr. Morgen werden wir aufführen:

Prinz Starnickel

oder

das gelbe Ungeheuer.

Ein rührendes Schauspiel. Hierauf folgt ein Schattenspiel:

Wurst wider Wurst

oder

die Liebe im Sack.

Ein Lustspiel zum Kranklachen.

Zuschauer stellt Euch fleißig ein,
Hanswurst wird extra lustig sein.

Literarischer Nachlaß.

Le maitre d'Armes. (Seul.)

Ah ça! ces Messieurs n'y sont pas encore? Diable, ils payent, il faut bien que j'attends moi. A ce qu'on dit ces jeunes gens n'ont aucun talent pour ce noble art de l'escrime — certainement faute d'une éducation philanthropique.

C'est une diable de chose que ces commençans mais — je le jure — sabre de bois — ils ne resteront point des commençans, je les pousserai joliment par la méthode énergique, que je leur appliquerai; — Fichtre, je leur casserai plutôt les bras et les jambes. — Ce sont ces premières leçons qui m'embètent; cette maudite théorie avec ses théorèmes analytiques et gymnastiques. Oh! mais quand je tiens mes leçons à l'assault comme ce diable de notaire, que j'ai mis à portée de figurer parmi les premiers esprits escrimatiques de l'armée. Ah les voilà qui arrivent.

(Messieurs les écoliers entrent.)

Messieurs, Eh bien nous y sommes nous? Je ne vous dis pas bon jour, parceque je vous salue en gladiateur. (Il salue avec l'epée,) (A l'un des écoliers.) Allons, Mr. François, du courage, vous y serez bientôt, vous avez joliment profité dans ce peu de tems; et vous Mr. Philippe — il n'y a de commencement qui ne soit difficile, surtout celui des armes.

Ah! foudre — dix heures passées — il ne faut pas tarder.

Je m'en vais donc vous démontrer, Monsieur, les premiers principes de l'art de l'escrime qui est plutôt une science qu'un art, car les lois d'après lesquelles s'exercent les coups mortels appartiennent tant aux mathématiques qu'aux physiques. Il y a dans l'art de l'escrime, tant soit peu, des axioms des Colloraires, et de la pratique, en sus encore des règles. Ces règles se composent, savoir:

de la position dessous les armes,
du coup,
du contre coup,
de la parade.

Voilà donc, Monsieur, dans un plus court delai le principal des elemens.

Tenez, Monsieur, ceci, ce que je tiens entre mes doigts, c'est ce qu'on appelle vulgairement un fleuret. Et en fait d'armes cette arme blanche et meurtrière, n'est rien autre que ce fer funeste dont parlent les poëtes, et qui a déjà fait périr tant de braves, soit dans l'antique qu'à Paris. Mais — passons là dessus et suivons la marche des leçons.

Tenez, Monsieur, c'est ainsi que l'on se met en garde. En garde! là! avec un appel de pied sec; le plombeau de votre fleuret à hauteur de votre teton, le bouton à hauteur de votre oeil. Rentrez le coude, — la tête libre dessus les épaules, il faut tâcher de réunir la grâce à l'art. Asseyez vous sur le pied gauche. — Marchez! là! éh la! c'est ainsi que marchent les tyrans du mélodrame, la marche en fait d'armes est un avancement de corps, enfin — fendez vous à fond sur moi — là! rèlevez-vous en garde, bien à vous Monsieur François.

En garde! — là, parez garde! — tiers cercle — demi cercle, — marquez moi cet un et deux — fendez vous à fond. C'est cela, en garde passez moi vivement l'epée — car le chemin droit c'est le plutôt z'arrivé, fendez vous — point de roideur — rémuez moi ce coude — (il rémue) là, engagez moi l'epée de tiers, le bras gauche, c'est le balancier de votre corps, si vous l'appercevez de votre oeil gauche, preuve que votre corps n'est point effacé.

Erinnerungen aus dem Jahr 1826.

Wenn es wahr ist, was Goethe behauptet, daß die Gelegenheitsdichtkunst von allen die natürlichste wie die brauchbarste sei, so wird sich der Probierstein eines guten Gelegenheitsgedichtes zunächst darin zeigen, daß ein solches, auch wenn die Gelegenheit seiner Entstehung vorüber ist, noch anziehend sei, ja dann erst, nach gleichgiltig gewordener persönlicher Beziehung im reinsten Sinne genießbar werde. Wir haben mit einem solchen an unsern verehrten Lesern die Probe zu machen: wiewohl wir, gestehen wir dieß nur ohne Weiteres ein, um dessen Eindruck dießmal nicht bange sind. Das Gedicht, welches wir mit diesen Bemerkungen bevorworten, ist durch Sprache, Geist, Beziehungen und vor allem seine naive Gemüthlichkeit dem Besten, was wir haben, unserem ehrenfesten, kernhaften, freistädtischen Menschen- und Bürgersinne, unserem harmlosen, wohlbehaglichen Humore verwandt, ja unmittelbar entstammt: die elegische Wendung, die ihm eine die ganze Vaterstadt erschütternde Trauerbegebenheit im Augenblicke seiner Beendigung unvermuthet aufdrang, war damals die Ursache, warum es nicht öffentlich mitgetheilt wurde; in der Zeit des frischen, gewaltsamen Schmerzes konnte der herzliche Genuß des heiteren Poetischen unmöglich erreicht werden: jetzt, da sich die laute Klage um Bethmann's Scheiden in ruhige Wehmuth aufgelöst hat, wird die Trauer um seinen Tod, die sich hier ausspricht, in ihrer ganzen Innigkeit empfunden, und daneben der erfreuliche Inhalt des übrigen Ganzen nicht mehr übersehen oder durch ein übermächtiges Gefühl entgegengesetzter Art verdrängt werden können.

Betrachtungen eines Frankfurter Bürgers in der Neujahrsnacht.

E Johr is ewens geschwind erum!
Des hot e jeder heut im Mund
Der G'scheid grad so wie der Dumm
Un segt's wohl zwämol in ere Stund,

Denkt äner aach's ganz Johr an sein Schätzi
Se mecht er doch heut sein Betrachtung iwwer des Sätzi.
Ich aach, ich kanns ewens net losze
— Und werd mersch aach verdacht —
Ze mache dariwwer mein Glosze
Wie sich's gehört in der Neujahrsnacht,
Als wann net aach e Vorjerschmann
Sein Senft derft gewe, so gut er kann,
Als wann mer norst uf der Kanzel odder im Reimer
Könnt Berichte mache un so Relatione,
Es laut freilich dort vornehmer,
Awwer unser ähns Wort is doch aach net ohne;
Duht doch am End e jed Spittahl,
Die Zeitungsschreiber ohne Zahl,
Der luthērisch un der katholische Kaste
Verzehle von gehabte Mih' un Laste,
Von Gewinn und Verlust — un losze's druke,
Derf ich mer doch aach emol des alt Johr beguke.

Im Januari warsch erschrecklich kalt
Die Schiff sinn eingefrorn im Winterhalt,
Der is grod noch vor Thorschlusz fertig worn
Sunst wern se annerschter wo eingefrorn.
Die Kranke, die's gewe hot, hot käner gezehlt,
Nor wähs mer, dasz es an Doktern gefehlt,
Von Auswerts hot mer e zum Helfe verschriwe
Von unsern is gottlob k ä n e r gebliwe.
Mer hot aach gedacht an die Arme bei der Kält

Un daron hot's jo noch nie hie gefehlt.
Un wann ich e armer Mann mißt sein
Nerjens annerst als in Frankfort megt ich's sein.

Und wie emol war der russisch Kaiser verbliche
Do sinn im Februar die Papiere gewiche,
Des war e kalter Wind aus Russeland
Uf die Fieberhitz vom Papierspeculant,
Soll mer dann denke, daß wann so weit äner sterbt,
In Frankfort mancher Mann verderbt? —
Un doch is es so gewese,
Wie mer noch in hunnert Johr werd lese,
So lang die Stadt steht, hot's noch net gefehlt an Geld,
Des Johr awwer, do ging's hart,
Wo's war, wähs kän Mensch in der Welt,
Genug, es war ewens fort.
Do sin die Kaafleit in solche Nethe
Als wackere Meṅner zusamme getrete
Un hawwe der Welt gelegt an den Tag
Was Berjersinn und Einigkeit vermag.
Unser Rath und Gesetzgebender Kerper,
Der Schutz des Handels und der Gewerber,
Die hawwe zu Allem gerächt die Hand
Un baldige Abhilf gebracht zu Stand,
Denn hätt' nicht die Rechenei Papier gemacht,
So het's bei uns wie in Agschborg gekracht;
Aber denke werd mancher zerick
An den erschreckliche Ageblick

Wo's uf ähnmol gehäße hot „Ultimo"
Und wor kän Geld awwer Differenze do;
Wie do weder Wort noch Papier gehalte wern kann
Un die Verzweiflung werd Herr iwwer de Mann,
Sein Fra und sein Kinner flenne ummen erum
Er sieht sich noch seine Pistole um! —
Ja, wer eraus is aus dene Schwuletete
Der kann un soll täglich bete:
„Führe uns nicht in Versuchung, o Herr!
Ich will mich aach net einein führe mehr."

Der Merz un Aprill, die hawwes wie immer gemacht
Uns viel Schnuppe un Karthar gebracht;
Die Meß, die wor net gut, aach net schlecht,
Sie mecht's ja nie e jedem recht.

Im Mai, do hot mer die Brick ausrebrirt
Un den neue Kai vollends ufgefihrt,
Den Leut in der Fischergaß
E Aussicht verschafft und mehr Gelaß,
Die Bauleut hawwe mit ere große Schneck
Das Wasser gebumpt, aus dene Dämm eweck,
Es is awwer all geloffe widder unne enein
Do mußt's eraus — dutzwitt, un sogar bei Fakelschein;
Glab käner, ich schneide uff
1000 Daler sin gange an Pechkränz druff,
Viel hunnert Mensche hawwe gearbeitet Tag und Nacht
Un doch hot's der Stadt net viel Keske gemacht;

Dann viele Berjer aus ägnem Vermege
Hawwe gebracht den Bau zewege.
Die Pingste im Weldge, was kann ich davor,
Is 's dießmol gewese wie alle Johr,
Kän Tisch un kän Stihl, kän Deller — awwer e Glas,
Sunst wor die Haaptplesir im grine Gras.

Im Juni un Agust, do wor die groß Hitz,
Do hot mer sein beste Kräffte verschwitzt,
In viele Brunne hot mer kän Dreppche Waßer gemerkt,
Desto mehr hot sich der Borjer mit Wein gesterkt;
Um die Zeit, wer hot mersch doch gesagt —?
Hawwe se aach Einunfufziger gemacht,
Aach is erschiene Knall un Fall
Mamsell Sonntag die deutsche Nachtigall,
Sie kam von Paris, hot do gemacht viel Lerme,
Hie, worn se druf un dron 's Theater ze sterme;
Vergeße wor Noth, Ach! un Weh,
Wer enein kam, zahlt gern doppelt Entree,
Glücklich wor der, der en Platz konnt erwische,
Die kän bekame hawwe uf der Gaß Vivat gekrische;
Daß doch ebbes an der gewese sei muß
Kann mer daraus mache den Schluß,
Daß wann de Franzose emol was deutsches is recht,
Das is wähs Gott un wahrhaftig net schlecht.
Im Vauxhall bei Musik un Illumnation
Wor Awends Frankforts ganz Population,
Voh Mond, un käns, imme grimmige Gewihl

In dene heiße Tag, dann do warsch kihl,
Kän Mensch dacht bei dem lustige Lewe,
Daß der Kerchhof is gleich dernewe,
Wer megt aach do redde vom Sterwe
Un de Leut so ihr'n Spas verderwe.

Im September kame viel Leut aus de Bäder retour,
Theils hottese gebraucht, theils gemacht die Kur,
Aach hot uns geschenkt der Ferscht Metternich die Ehr,
Er kam von seinem Johannesberg her,
Er hot emol do sein Wein versucht
Und bei der Gelegenheit aach uns besucht.
Se sagte, es geb e Art von Kongreß
Es warn awwer nor dipplomatische Speß.

En gute Wein hot uns der October gebracht,
Aach hawwe, wie gewehnlich, alle Flinte gekracht,
Von Unglück schwiege den Herbst alle Berichter
Nor Zwä hawwe sich verbrennt die Gesichter.
Unser Waisehaus for unser Menschlichkeit zu klein,
Dann die viele Kinner gienge net all enein,
Hot mer ze erweitern beschlosse,
Es aach gleich ins Werk trete losse,
Un im November hawwe Pfleger un Rath
Ausgestreut e gedeihliche Saat,
Indem se de Grundstän zu eme neue gelegt,
Worin unser Kinner wern besser verpflegt.

Im December hot mersch noch dohin gebracht,
Daß mer im Theater hot alle Löcher vermacht;
Sonst saße die Leut drinn in Mentel und Bels
Kome eraus mit Huste und beese Hels,
Jetzt awwer werd ordentlich drinn eingehitzt
So daß mer ganz scheen im Warme sitzt,
Do kann mer doch aach e Schauspiel genieße,
Un was wern bei der Werm erst die Drehne fließe
Wann gespielt werd Kabale und Liebe von Schiller
Odder die Sängerinne schlage rührende Triller.

Es war aach e Elephant im Prozeß
Seit der letzt verwichene Meß,
Der Kerl hot sich der Zeit gefresse fest
Bekam von der Bollezei Hausarrest,
Des war em dann Wasser uf sein Mihl
Weil's em in Frankfort gar sehr gefiel;
Un gefellt's dann net jedweddem hie
Worum net dem allergreßte Vieh,
Un awwermals hawe die Borjer geblecht
Un em verschafft sein Borjerrecht,
Sein Behausung werd sein hinner der Roos,
Do kann en begukke klä un gros.

Jetzt awer — nä es vergeht mer alle Lust,
Brengt der Monat ebbes, — es erdrückt mer die Brust;
Ich muß berichte en draurige Fall,
Der uns gewiß bekümmert un schmerzet All.

Frankfort hot en Mann verlohrn,
Wo hie so bald werd käner net gebohrn,
En Mann, der Kopf und Herz hott uf'm rechte Fleck,
Den hot uns genumme der Doht eweck.
En Rather un Helfer vor's Allgemeine,
En Richter un Schlichter vor Gros un Kleine,
En Vatter der Arme, en Beschitzer der Talente,
Willig war er, und thätig an alle Ecke un Ende:
Den Bedrengte e Tröster im Schmerz,
Noch mehr e Weltmann mit eme gute Herz;
Der immer war bei der Hand,
Sei's gewese mit Geld odder Verstand,
Der die Stadt vertrete hot mit Muth,
Ufs Spiel gesetzt for se Gut un Blut;
Der Mann, der uns so theuer wor im Lewe,
Den hawe mer heut der Erd übergewe,
Ihr Verser, die ihr sein Sarg mit Drehne benetzt,
Glabt ihr, daß e Bethmann werd je ersetzt?

Schreiben eines Handlungslehrlings an seine Schwester.

Frankfurt a. M. den 9. December 1825.

Liebe Kathinka.

Du mußt dich nicht verwundern, daß ich dir in den 4 wochen, daß ich in Frankfurt bin nur einmal geschrieben habe, aber Frankfurt ist ein klein Paris, es gibt hier so viel zu sehen und zu hören, daß man nicht Ohren genug hat. Jetzt schreibe ich dir zum 2ten mal — den Brief an die Mutter rechne ich nicht — und recht umständlich.

Im Ganzen gefallt es mir hier recht bassabel. Mein Prinzipal Herr Merkauf ist indesen nicht mehr derselbe Bittermann, wie ich ihn dir anfangs schilderte, derselbe fängt an und wird sehr abart; die vorige Meß, wie ich mit der Mutter zum Besuch bei ihm war hat er mich Sie geheißen und jetzt wo ich eingetreten bin, heißt er mich Er und sagt das wär' so gebräuchlich — das mag's sein aber höflich ist es nicht. Mit Madam Merkauf habe ich noch wenig gesprochen und kann sie also äußerlicher Sicht nach für eine gebildete Frau halten. Ich sehe sie nur bei Tisch und da dürfen wir jungen Leute nicht ehnder reden, als bis wir gefragt werden. Erinnert das nicht alles an das rohe Mittelalter?

Die beiden Mamsellen Merkauf sind, wie gesagt, nicht schön, aber die ältere soll ein sehr gebildetes Frauenzimmer sein, die sogar Charaden machen kann; sie ist auch schon 2 mal in einem öffentlichen Blatt, als die erste und einzige Erratherinn hingestellt worden, und hat 2 Bilderbögen mit bayrischen Kierasier, als Belohnung erhalten. Ich habe sie noch nicht näher kennen gelernt, denn wie es scheint, halten sie mich zum Abgeben für zu jung. Beide haben Liebhaber, die eine einen Dokter die andere einen Cassirer. Man darf aber nicht sagen, daß es Liebhaber sein, obgleich die ganze Stadt es weiß, denn es schickt sich hier nicht. Ach! es schickt sich so viel hier nicht, daß man sich gar kein rechtes Pläsir wie bei uns machen kann. So ist es hier ein Gevörd mit dem Tabackrauchen das ist abscheulich. Du weißt wie sauer ich es mir habe werden laßen um es gehörig zu lernen und wie oft ich geknufft worden bin, weil ich heimlich im Hienerstall geraucht hab. Meinen schönen ulmer und die Wiener vom Vetter kann ich alle nicht gebrauchen, denn mit einer Pfeife — wär sie noch so schön — kann man sich hier kein Ansehens geben. Das Rauchen ist beinah überall verbotten; auf der Gasse aber nur des Nachts. Alles was Bonton oder wie sie es jetzt nennen, Schendil ist raucht Zikarren, die kann man überall rauchen, selbst da wo es verbotten ist. Hinaus bin ich nun noch nicht viel gekommen, denn weil wir lange Waarenhändler sind, so ist der Laden bis Acht Uhr jeden Tag auf; er könnte manchmal schon um 6 Uhr zu sein da niemand mehr kommt und kauft; aber Hr. Merkauf spart kein Oel und läßt die Lamben brennen, daß bufft — wenn wir da nichts zu thun haben, so müssen wir Nota ligniren, Etiquetten machen, Federn und wichtige Gesichter schneiden. Er sagt: „wenn auch nichts verdient wird beim Kaufmann muß immer Leben sein" — das gibt Kredit. Montags und Mittwochs, da habe ich um Acht Uhr Stunde in der Handlungswissenschaft; das ganze besteht aber nur im Rechnen. Französch habe ich Morgens; nächsten Sommer gehe ich auch in die französische Conversationsstunde; da soll es sehr kordial hergehen, und man die Sache spielend lernen; deswegen will ich mit dem eigentlichen lernen bis zu dieser Conjunctur warten, Unser Auslaufer hat das Ding nur 3 Monat mitgemacht und spricht perfect Französch. Laß mich nur ordentlich Französch können dann gebe ich keinem nichts heraus.

Die übrige Abende in der Woche gehe ich in's Theater für meine Bildung; da ist eine herrliche Einrichtung in neuerer Zeit getroffen worden, man zahlt um 8 Uhr die Hälfte; eigentlich ist das noch zu viel, denn indem das Stück um 6 Uhr anfängt und bis 9 spielt, so sind um 8 Uhr schon $^2/_3$ abgespielt, folglich sollte man um 8 auch nur $^1/_3$ bezahlen, das ist: 16 kr. Freilich habe ich noch wenig Stücke ganz gesehen; das thut aber nichts, ich lasse mir den Anfang verzählen, das kostet nichts, und das schönste an einem Stück ist doch immer das Ende — das weißt du ja selbst wie es mich bei einem Romane intressirte wie's ausgeht, und wie oft hast du mich nicht das Maul halten geheißen, wenn ich in deinen Büchern am Ende des letzten Bandes blätterte, und dir den Ausgang erzählte. Am verwichenen Sonntag aber, da habe ich ein ganzes Stück gesehen, das war der Egmont; ich habe es erst den andern Tag erfahren, daß es von Göthe ist, sonst hätte es mir wahrscheinlich besser gefallen. Ich habe gar nicht gewußt, daß Göthe auch Schauspiele geschrieben hat. — Die Wahlverwandtschaften, die hab ich gelesen, das ist noch seine beste Arbeit und bis ans Ende interessant — und hauptsächlich merkt man wo's hinaus will.

Seine andere Sachen habe ich nicht gelesen, du sagtest ja immer seine Gedichte wären nicht erhaben und seine Romane langweilig und altfränkisch. Aber wieder auf's Theater zu kommen; das hiesige Theater kommt mir eigentlich gut vor; ich habe noch kein besseres gesehen, als dasselbe und das Mannheimer; aber ich weiß nicht wie das zugeht die hiesigen finden es immer nicht so gut — und lassen kein gutes Haar daran. Wenn man die Blätter liest, so solte man glauben die besten Theater wären in Cölln, Coblenz, Hanau und da haben sie immer vortrefflich gespielt, alles waren Kunstleistungen sogar die Schreiner- und Schneiderarbeit, und die Männlichen und Weiblichen Mitglieder haben das Ihrige und der Director das Seinige gethan. Unser Reisender aber der Herr Flaschenhauer der behauptet doch, daß es ganz anders sei und er freut sich jedesmal, wenn er hier ist, ein gutes Stück oder eine gute Oper zu sehen. Da hab' ich aber neulich ein Stück gesehen das ist glaßisch die 7 Mädchen in Uniform, denke dir 7 Mädchen in Uniform, ganz feldmäßig mit ober und untergewehr, jede mit ihrem Ränzel, und die da exerziren so gut und vielleicht noch besser, als die Frankfurter Landwehr und Weißfederbüsch. Es is wahrlich alles was man mit Mädchen machen kann und du kannst nicht glauben wie das Ganze so voller Witz und Spaßhaftigkeit ist; man kommt gar nicht aus dem Lachen heraus. Neber mir hat ein gepuderter Herr gesessen, der hat das Stück schon zum 3ten mal gesehen und hat's außerordentlich gelobt; das Costum muß er gut verstanden haben, denn er hat immer gesagt, die Mädchen müßten absolut weiße Hosen anhaben. Es hätte beinah' einer Spektakel mit ihm angefangen weil er immer aufgestanden ist, wenn die Mädchen kamen. Und dennoch hat der Resenzent der Resenzirzeitung: die Iris, dieses Stück so miserabel dahingestellt; ich begreife wahrlich nicht wie so ein Mensch sich unterstehen kann das schlecht zu finden, was eine ganze Stadt und die angesehensten Leute mit ihrem Beifall beehrt. Das kommt mir grad so vor, als wenn ich ein Stück Waar im Laden habe, das nach jedermanns Geschmack ist, und Einer kommt und sagt es wär' Bafel — den lach' ich aus und verkauf's vor wie nach und ich wett so denkt der Theadertirector gewiß auch. Bis jetzt bin ich noch zu neu und kann die ganze Wirthschaft noch nicht klein kriegen; so ist das hier auch eine verfluchte Sach mit dem Vornehmsein, daß man gar nicht weis wer vornehm ist. Die Herrschaften die sinds einmal von Haus aus, das versteht sich; aber von den hiesigen, da heißt's einmal wer das meiste Geld hat, der ist der vornehmste, hernach sind wieder Leute, die gar kein Geld haben und sind doch vornehm, — sie thun auch so — da sind wieder andere, die haben einmal viel Geld gehabt, die sind auch vornehm — andere, die sind so arm wie die Kirchenmäuß, und sind doch vornehm, weil sie einen Vetter haben, der viel Geld hat. Also muß es doch das Geld alleins nicht thun; der Teufel kann sich da herausfinden, bei uns da is der Pfarrer, der

Postmeister, der Amtsverweser, der Doktor und der Inspector der vornehmst; so Leute, wenn sie kein Geld haben, werden hier vor gar nichts gezählt. Der Hr. Merkauf hat mir gesagt ich müßt' mich befleißigen auch in denen Sachen einen feinen Unterschied machen zu lernen. Er hat's Verhältniße genannt, ohne die genau zu kennen, man hier in Staatsgeschäften nichts zu wege brächte, geschweige dann in einer Ausschnitthandlung wo man borgen muß.

Ich muß dir endlich auch noch zu wissen thun, daß mir eine große Ehre und Vergnügen bevorsteht, — mein guter Freund und Landsmann der kleine Poulardi aus Handschuhsheim, dem seine Bekanntschaft ich auf dem Vauxhall erneuert habe, der ist schon 2 Jahre hier, und du sollst dich garstig verwundern wenn du ihn siehest, der is nicht mehr so drekkig; das is ein erster Tonangeber im Geschmack, weil er in einer Tuchhandlung is, er hat mir versprochen, mich nächsten Sonntag zu einem Mittagessen mitzunehmen, bei welcher schönen Gelegenheit man die ersten Künstler, Virtuosen und Schriftsteller, wo keiner dem Andern etwas herausgibt, Gelegenheit hat kennen zu lernen. Jetzt genug für Heute mein Papier geht zu Ende Nächstens ein Mehrers, wenn mehr einheimisch bin, auch etwas von Kunst und Alterthum, einstweilen liebe Kathinka zeichne mit Achtung und Ergebenheit

Dein Bruder

Georg Schwengelhäuser.

P. S. Angebogen schicke dir mein schwarzes Geräth — übermache solches der Mutter zur Wasche, und sage ihr, daß sechs grosse Halsbinden ganz steif nach einem Muster gestärkt werden müssen, ohne die kann man hier nicht sein.

Frankfurt a. M. den 8. Januar 1826.

Liebe Schwester!

Vor lauter Arbeit weis ich gar nicht, wo mir der Kopf steht? von wegen den Christagen! Alle Tage von Morgens bis Abends 9 Uhr im Laden; kaum Zeit zum Mittagessen hatte ich manchmal — was doch auch sein muss — und in kein Theater bin ich in 14 Tagen nicht gekommen. Du stellst dir's gar nicht vor, was das hier mit dem Christkindchen ein Specktakel ist,? Die Läden in der Stadt sind alle merkwürdig aufgeputzt und zum Empfang der Käufer herausgestrichen, besonders aber mit Fusdecken versehen und geheitzt, so dass die Leute nicht gleich wieder für Kälte fortlaufen müssen wenn sie vor fl. 3. 30 kr. gekauft haben, sondern dass es hübsch karolinenweiss geht. Wo sie hingucken wird ihnen Lusten gemacht, alles wird ihnen mit den charmantesten Gesichtern und der grössten Höflichkeit gezeigt. Wenn einer — wie es viele machen — nur für fl. 2 kauft und schmeisst einen ganzen Laden durcheinander, so macht ihm der Kaufmann noch ein freundlich Gesicht und excusirt sich dazu, dass er ihm so viel Mühe gemacht hat.

Das will eben alles gelernt sein, darum heisst's: aufgepasst. Wie elegant wird nicht alles eingepackt? hat einer nur Schmierseife zu verkaufen, so präsentirt er selbe in rosenfarbichtem

Papier und wenn's so fort geht, so wickeln noch die Metzger ihre dürre Bratwürste in schöner Papier, als das von der irrländischen Leinwand. Bei den langen Waaren- und Kleincailleriehändlern da kann man mit Recht sagen — wie der Mamsell Sophie Merkauf ihr Doktor als von den Leuten sagt: „es strebt alles nach Aussen;" denn das Beste was sie haben, das hängen sie heraus, so daß manche mehr draußen im Glaskasten haben, als innwendig im Laden. Viele davon, die haben, so zu sagen, gar keine Läden, die sind mit ihrer ganzen Butik blos unter Glas und Rahmen, wie eine Schilderei. Einige Buchhändler kommen auch nach und nach ganz auf die Gaß; die Tuchhändler sind jetzt zahm, desto wilder sind die Schneider; das sind auch Tuchhändler, — sie handeln mit gemachtem — da geht aber alles recht solid innwendig vor sich. So kurz vor den Christagen da sieht man schon des Morgens in aller Früh um 9 Uhr, die Madamen zu zwei und dritt, auch truppweiß im dreckigsten Wetter zu Fuß herum trawatschen, da gehts von Laden zu Laden — Gott bewahre einem vor so einer Gesellschaft, nicht vor der einen die kaufen will, sondern vor denen 3 oder 4 die kaufen helfen — das sind die schlimmsten. Das ist ein Aussuchens, das nimmt kein Ende — nicht Hände genug die Pakketer wieder zuzumachen — Ach! und das Gebabbel, bis so ein Stück Waar dem Tempel draus ist; mitunter geht's dann auch französch, das meinen sie verstünd man nicht; wenn's von deren Sorte ist, versteht man's ja; es ist aber immer einerlei, nemlich wenn ich 6 Gulden fordere, so sagt eine von denen die kaufen hilft zur Käuferin: cinq est aussi assez, d. h. fünf ist auch genug, ma bonne, so heißen sich die Frauenzimmer einander auf französisch, sie mögen nun bon oder nicht bon oder von Bonn oder von Coblenz sein. Wenn's nun gar ans Bezahlen geht, da steht man erst aus; das Geld das haben sie in einem Zippel vom Sacktuch eingewickelt und gewöhnlich knöpfeln sie nicht so viel ein, als sie brauchen, da bleiben sie denn immer 6 bis 8 Kreuzer schuldig oder mit andern Worten man muß es ihnen so viel wohlfeiler geben. So wie ich jetzt eine sehe die das Geld im Sacktuch hat, wird, ohne Weiteres 12 Kreuzer vorgeschlagen. Oder passirt es einem gar wie neulich mit einer, die hatte bei ihrem Geld kein Schatullenschlüsselchen, aber einen altdeutschen Hausschlüssel eingeknöpft, beim Bezahlen fällt ihr der heraus und verbricht einen Glaskasten à fl. 7. 30 — soll man darüber nicht aus der Haut fahren? — Eben wollt' ich Lärm schlagen da kommt der Herr Merkauf, exkusirend und stumpft mich mit einer Ehle in die Seite, als wollt' er mir etwas zu verstehen geben und steckt mir auch wirklich: daß bei diesem Frauenzimmer alles eingerechnet wird. Mein' ich denn er hätt's eingerechnet! Zwölf Dutzend gemische Schwefelhölzer, die er nur aus Gefälligkeit führt, hat er ihr per Duzzend à 48 Kreuzer aufgehenkt.

In unserem Haus kriegt auch alles Christkindchen, die Mägde und der Hausknecht; ich hab' auch etwas bekommen, rath' einmal! die 7 Mädchen in Uniform die haben die hiesigen Konditor ganz ähnlich in Brententeig gemacht — da kann man sagen die Konditorei des 19. Jahrhundert ist eine Kunst — so etwas soll einmal unser Herr Wermacker machen der meint ein Marzipan mit Figuren wäre, wie er sagt, schon ein palastisch Kunstwerk. Den Korporal den hab' ich gleich aufgefressen, das nimmt mir in Frankfurt gewiß niemand übel. — Es ist übrigens mit dem Bescheeren so arg, daß sogar Judden bescheert haben. Denk einmal!

Mit dem Neujahr da ist es erst ein Teufelsding, da weiß man gar nicht alles, wer ein Neujahr kriegt; mich hat's ein Sündengeld gekostet, den Herrn Merkauf aber noch ein gut Theilchen mehr, dem haben wir alle Neujährer den Neujahrsabend, ehe wir hinauf zum Thee gedurft haben, einwickeln und überschreiben müssen, das hat bis netto 9 Uhr gedauert. Es wird ausgetheilt von oben bis unten, vom Thürmer bis zum Kerschelmann. Manche von denen Gratulanten fordern es sehr unartig — die Thürmer, die Lampenfüller, und die Nachtwächter bei denen ist es eine Gerechtigkeit. Der Mamsell Sophie ihr Doktor, der ist ein Naturforscher in Alterthümern — denn wenn man ihn reden hört so meint man er wär' schon vor 3000 Jahr einmal auf der Welt gewesen — der hat's uns einmal bei Tisch am Familientag erklärt, woher das Neujahr von den Nachtwächtern kommt. Er sagt das käme von denen unschuldigen guten alten Zeiten her, wo die jungen Herrn zu den Frauenzimmern mit Strickleitern in die Fenster gestiegen sein — was man jetzt nur noch in der Komödie sieht. Da hätten die Väter, die schöne Töchter gehabt hätten, dem Nachtwächter ein Neujahr gegeben, damit er hübsch aufpaßt; wie das ruchbar geworden sei, da hätten die Väter von garstigen Töchtern — daran soll's damals auch nicht gefehlt haben — das Neujahr auch gegeben; da hätten denn alle Väter gegeben, und die Liebhaber, die in der

Regel generöser als die Väter sind, die wären auch nicht zurückgeblieben, so hat's denn nach und nach ein jeder gegeben und so kam's denn, daß die Nachtwächter nicht jedem eine abarte Wurst braten konnten, sondern die Häuser wieder alle über einen Kamm scheeren mußten. Von den Handwerkern im Haus kriegt nur der Schornsteinfeger, warum der Tapezierer nicht auch? denn Feuersbrünste sind eben so oft durch Vorhänge, als durch Ruß im Schornstein entstanden. Sonst geht aber keine Zunft so stark herum, als die Drahtzieher — so heißt man für Jux eben die, die an allen Häusern schellen und die Hand aufhalten.

Vor mehreren Jahren, wo die Leute vor lauter altdeutscher Redlichkeit so grob geworden sind und das Hutabziehen abgeschafft haben, da haben sie auch die Gratulirung mit Fisitenkarten abgeschafft, aber es hat nicht Stand gehalten und jetzt ist es wieder so toll geworden wie vorher, — die Bedienten laufen wie besessen in der Stadt herum; in einem gewissen Bierhaus da ist ihre Börse, wo die großen Papiergeschäfte gemacht werden, da halten sie am ersten Januar ihren ultimo und tauschen ihre Karten aus. Wenn z. B. der Johann vom Hrn. Dissentier 4 Billet zum Hrn. Kippeler zu tragen hat, so gibt er die 4 Billet dem Anton vom Hrn. Kippeler, der gibt ihm dagegen die, so er für den Herrn Dissentier hat. Ist der Bedientencongreß aus, so find jede Herrschaft ihre Billet in der schönsten Ordnung zu Hause. Im übrigen steht's am Neujahrstag ganz militärisch aus, alles gratulirt in Uniform — wer eine hat — und die Cavallerie zu Pferd, die geben aber gewiß ihre Karten unten am Haus ab.

Man müßte hinten und vornen Augen haben, wenn man alles sehen wollte, was auf der Gasse vorgeht. Die vielen Kutschen die hin und her fahren in ihrer Staatslivree, worinn sich Frankfurt gewiß am meisten zeigen kann; das gewaltige Burgermilitär; die Tambour die das Neujahr antrommeln — das Anschießen wird jedesmal frisch verboten — die diverse Gratulanten, die vielen schönen Damen im Putz. Da paradiren die Pelzmäntel, Shavls, Ueberröcke, Federhüte, Marabouts und Bronzegeschmeide, welches das Christkindchen gebracht hat; und wahrlich es sähen die meisten noch einmal so schön aus, wenn sie die blassen Gesichter von der Neujahrsnacht nicht hätten; aber blaß soll ja schön sein — mir gefällt's nicht, so wenig wie die langen Talien und die meschanten großen Locken. Ich fange aber an zu merken, liebe Schwester, daß ich dir eigentlich gar nichts geschrieben habe, als dummes Zeug; ich will mich noch erst ein bischen hier umsehen und dann verspreche ich dir das nächstemal einen recht verständigen Brief über diverse Gegenstände zu schreiben. Unter Anwünschung eines glückseeligen Neujahres verharre

Dein lieber Bruder

Georg Schwengelhäuser.

Briefmuster aus den unteren Regionen der Gesellschaft.

Unter Lichtenbergs Papieren fanden sich ein Paar Briefe von Mägden, die über Literatur urtheilen. So wohl erfunden sie sind und so unterhaltend sich auch hier des geistreichen Mannes Witz bewegt, so haben wir doch bei der Vergleichung mit zwei wirklichen Briefen, die uns ein glücklicher Zufall in die Hände gespielt, den Abstand der Natur von der Nachahmung deutlich genug empfunden, was um so begreiflicher ist, als Lichtenberg seine Küchenmamsells in ein fremdes Gebiet streifen läßt, während unsere Leutchen von Empfindungen, die in allen Ständen das große Wort führen — von Liebe und Eifersucht — zum Briefschreiben gedrängt wurden. Um auch unsern Lesern ein Gegeneinanderhalten, das nicht ohne Interesse sein dürfte, möglich zu machen, lassen wir zuerst die zwei Lichtenbergschen Briefe abdrucken und geben dann die andern beiden, welche ineinander gewickelt in einem Fiaker am Friedberger Thor gefunden wurden.

Erster Brief.

Des Klasers Dorte hat mich gesagt, daß sie auch halten wollte, die gelehrte Zeitung, und da schicke ich ihr ein Blatt, sie darf sich nicht ekeln lassen, es ist ein Oelflecken, der mich unten dran gekommen, aber man kann's doch noch lesen. Absonderlich aber wird sie der Brief vom Schulmeister in Wehnde gefallen, theils weil mich der Plan hinten am Ende wohlgefällt, sondern hauptsächlich weil der Wilhelm auch Per Scepter nicht gut ist. Es ist auch wahr unsere Literatur sieht doch auch nun recht melancolisch aus und Wilhelm hat sich eine in Briefen verschrieben von Berlin. Das wird sie all auch lernen, wenn sie des Abends in unsere theutsche Gesellschaft, aber es sind auch Mädchen drin, hineinkommen wird. Poch sie nur an der Speißkammer, oder ruf sie zum Goßstein herein, so will ich ihr aufmachen. Er will den Abend zum erstenmal den Klopstockschen Othen mitbringen und uns daraus vorachiren. Gestern lasen wir in Vatter Mekum Lustigen Leuten; aber dann kann ich ihr versichern, daß mir der hohe Geschmack und der tiefe Geschwulst weit mehr besser gefällt, denn ich habe neulich in einer erhabenen trockenen Filosophie gelesen, daß es 001 witsige gibt, um einen der tiefen Schwulst besitzt. Wie ich denn zeitlebens bin

Eure

besonders hochgeehrteste

Dienerin.

Nachschrift. Die Gretel thut auch, als wenn sie Literatur hätte, aber die rothen Doffeln, die sie auf dem Wall anhatte, sind ein Bresent, ich weiß es wohl, ich wollte so was nicht haben.

Zweiter Brief.

Unsere Leß-Gesellschaft ist nun zum Ausbruch gekommen und soll ich sie dieses Buch zustellen, und sie soll es dem Wilhelm geben oder des Bernhards Lui auf den Posten bringen, er schildert heute unter dem Stockhausfenster um 01 bis 21. Es wird ihr gewis gefallen, aber es ist viel Hoheit darin von dem Ursprung und von den Sprachen. Der Autor soll von einem Mann, der mit in die Sociaität in Berlin gehört, ein Stück Geld wie der Vollmond groß bekommen haben. Das wäre was vor uns, du liebste Zeit, aber das Buch ist doch auch gut. Mir hat die Fabel von dem Schaf recht kritisch geschienen, und der ganze Plan ist ideenhaftig. Seh sie einmal das Papier am Einband an, es hat leibhaftig die Kulehr von dem Leibchen, das mir die lahme Rickel gemacht hat. Die Mamsell will mir auch noch zur Jacke geben. Das Zeichen ist ein Schnippelchen von unserer Mamsell ihren Brautschuhen. Das war ihr heut wieder einmal ein Specktagel am Fleisch. Ich habe nun noch eine Theolochie für das Jahr 1773 und eine Theorie, die aber nicht mehr zu gebrauchen, denn sie ist vom vorigen Jahr, und Wilhelm hat mir die deutsche Pisselle vorleang gebracht, das ist affrehs, ich habe es auch doppelt und doppelt verschlossen, ich möcht das nicht achiren, in Barrihs sollen sie es oft spielen.

Brief eines Spezereihandlungs=Hausknechts an seine Geliebte, eine Köchin.

Kuriose Elisa-bète.

Die Vorfallenheit im Löwen zu Bernem muß ich Ihnen zu wißen thun zu laßen will mir nicht recht aus dem Kopf. Der Herr Bruder, den Sie da draußen aufgegavelt haben ist mir kurios aufgestoßen und verdächtig. — O wir kennen das! — Ich glaub's nun enmahl nicht, daß er ein Bruder ist; er kann meinthalben ein rechtschaffener Mann sein, ich hab ihm nichts an — aber nein! — nein! — nein! ein Bruder ist er nicht. Die Geschwister haben sich einander nicht so lieb sagt Nelkenbrecher. Und hernachender die Ueblichkeit und die Trachtung nach der freien luft und die Perschwadirung, daß ich nur im Saal bleiben nnd auf den Hut und die Schahl acht geben soll ist mir schon am andern Tag recht kurios vorkommen. Hier dacht ich ist's nich sauber. Meine Best-möglichste! glauben Sie verleicht ich hab die Bummeranzen, Mandel und Roseinen ummensunst und nur vor die Bruderschafft mitgeschleppt? Und den Melis wie auch Ruhm?

Ich will Ihnen geliebte Person nicht mit Vorwerfen kommen, oder aber da dervon muß ich doch reden weil ich mich doch jedwedesmal in gefahr und Unannehmlichkeiten setzen thue, wann ich einen Kriff in die Schublad mach'. Mein Herr hätt's schon längst sehen müßen wann er nicht gegen herüber mehr auf die Schande Mohd*) sehen thäte als auf seine Handlung. O! ich weiß es und nur ich wie viel Caffee,

*) Marchande de modes.

Zucker und Brofahser Oehl ich Ihnen habe zufließen gelassen, wo Sie dann hernach auf ihre Frau mit dem Kichenbüchelchen Solo wechsel ausstellen thun. Glauben Sie weil Sie meine schwachen Seiten wissen; und mir die Kalloppade Abends bei dem Spülen vorsingen, Nein das zieht auch nicht mehr, denn die Meyersch Katrine im Nebenhaus die spielt Gidarre und Sie meine Liebe Sie rappeln mit dem Porzelin dazu. Sie sind in der Beirrung was die Spendaschen betrifft, das kann aufhören zwischen uns; O ich sehe schon Sie werden auch eine solche sein die das thut. Sie werden auch beim Hausknecht anfangen und sich nach und nach bis zum Kommi versteigen. Meintwegen wenn Ihnen der Magen mit Süßigkeiten schon verdorben ist, so sehen Sie sich nach einem Menschen in einer langen Waaren Handlung um, der Ihnen Resterchen von 4 Staab giebt; ich könnt' Ihnen noch mehr schreiben aber allein ich muß auf die Rent, daher kann ich nicht länger höflich sein und sage Ihnen, daß ich bis Sonntag um 1 Uhr ganz allein mit Zinglinger nach Oberrad komm.

Bessern Sie sich sonst bleib ich nicht mehr

Ihr Chabot

Hieronimus Fettwasser.

Antwort auf vorstehenden Brief.

Man meiner sehle?

ach Hieranimuß?

was Sünd si 4 ein jachzorniger mentsch? wie W. haben si mir mit ihrn liben schreiben getan — ich hab es for schluxen nicht lesen gekönnen — das is der man den du so von inwendich heraus mit dem Tifesten herzu ewich gelibt hast — denkte ich zu Mihr selber? wie offt Wirth diese Hizkopfigkeit 1 zwischbalt in unsre leidenschaft bringen und die roßen zerschblitern fon fergüßmeinnicht umschadet? o liber scherrom? wi kanstu an Meiner 3 Zweiffeln — waruhm kanstu nicht klauben das das mein laiblicher bruhder War — seid der Geburd haben wir uns nicht gesen nicht 1 mal gesbrochen — und am Sunntag haben Mir uns auf 1 mal erkennt — und Mihr ist nur nicht recht übel worn weil ich gesen hab dastu die Augen ferdrehst die Augenbraun zusamen ziegst — — das ken ich Gehlibter — deine feigelbraunen Augen kenen liben und zerschmedern — und dann kocht was in dir. du werfst mir die Bummeranzen etzedra for — O bfui das is nich ehdel — Bummeranzen und Roseinen kan ich entbeeren aber dich Nicht kan ich nicht entbeeren — und du klaubst ich kente mich weiter fersteigen — — Kan ich nich warten biß du selber 1 Brinsibal wirscht — —? Ach 9 — du kannst dich nicht fon mir Thränen — ich auch nicht — wan du klaubst meine schene Stim und mein dalant hättich ferfirt und ich sing nur das du mir bressenten schbendiren sollst — so will ich lieber mit meiner Stim Kartoffeln essen gehen — als das du mich 4 eine Solche haltest — ich wil 1 Sam blaiben und meine thränen über deine Pretentazionen auf dem Waserstein verfließen lasen und nix denken als o God? filleicht is es beser wen wir nicht Gade und Gadin wern — Filleicht kennten mir 1 ungligliche e aus deligateſ fürn und da wers wider beser wir töden uns — Thränen — — aber 9? und nochmall 9? 4 3 geleistete libe ferschmed wern thut W — sehr W? ich seh schond nicht mehr was ich schreib mein Augen brennen für lauter weinen — das is schond das dritte Nasduch — es is o God so nas wi mein betränktes Herz? wann man mich nach meinem Doht sekkiren wirth da wirth man schon finden daß nur 1 Hieranimuß in mein Herzen is und — da wirth mich der Hieranimuß gern mit seinen eichenen negeln aus der erde grazen aber ich wer noch nicht begraben sein — dann ich wer im als gais in der nacht erscheinen und im die bluthige sehle forhalten — da wirth er berein wollen daß er so ein Hitzkopf war — da wirth Er meine genie umarmen wolen — ich wer aber Keine genie haben weil ich ein gais bin — ich wer auf im zugehen und wer im mit grober Stim sagen — sigst du so rechnet sich Elise — da wirth er zusamen fallen — ich aber wer nimmer da sein wenn er aufsteht — dann es wirth 1 schlagen und ich muß verschwinden — ich hof du wirst kein so schlechter Krist sein das das nich 1 Druck auf dich mache sol deswegen klaub ich du Wirst umkern und nicht allein nach Oberrod gehn und dich stirzen in die Armen

Eyer Hochetelgeborn
Unschuldigen Elise

Als ein artiges Gegenstück zu vorstehender Correspondenz mag hier noch ein Schreiben im Dialect des Landvolks um Mainz folgen. Es ist von einem Bauermädchen an ihren Schatz.

Gott zum Gruß
An warme gure Morge
Harzallerliebster Schatz!!!

Där Hansergäl lenkt e Bun Struh zau Bechtelsem dar werd der ebbes Schreibes vun mehr brenge, daß dau seihst, as eich alles gewahr waare, wann dau schun nit bei meich kümst. Di verig Woch bist dau met der Budese Marinegret zau Mumelsbach gewest, un ehr het euch ins Jost Humelse recht lustig gemaht. Des Spieße hun mers glei werre gesad. Dau hest an hal Mos no der anner kumme losse, un de Marinegret hot ausgesien as wie verhext, se hot gesad se hot deich Harze gille lieb. Dau hest a Zockerwein gemacht, dau hest Knakwerst und de Marinegret Ajer mitbracht, un unerm Schobe het er sche merenaner gefresse un er het grausamlich merenaner barlehrt. Eich hun meich geargert as eich gekreint hun. Losen lase sad mei Wesi, as er dich doch net hun will, dar Karle is so obsternat un ar is doch nit sauber, ar hot Nike un Schnike an sich; was lamedehrst de, mer maant dar Karle het der ebbes angethan. Awer eich sad, eich muß en habe sad eich, un sollt eich zicklich warn. As ar su Sunntags mit sem Pingstwammes dahar stolzert, do geht mers Harz uf as wie e Hewegles. Awer mei Brur der Jacob sad, Ammegreth sad ar, Beschte sad ar, dau helst immer dam Sappermen̄ts Karle die Barehrstang. Awer jezt san eich dersch, das de bis de Denstag um Ohre ver bei meich ens Paul Grebeldings kimst; eich muß dehr noch wunner Straig verzele. Eich sah dersch unverkorn, dau must met mer zuhale, eich waas doch das de noch e Ag uf meich host, dau host meich gans verzwerwelt. Eich hun e paar Abelbrederchér ver deich in die Bankkist gelet, as dau mer net kimst, do freß ich se selberst.

Eich sei vor wie noch dei aufrichtig Ammegret Scheibin.

Die Politiker.

(Ein alter und ein junger Frankfurter Bürger, indem sie zum Bockenheimer Thor hinaus wandern.)

Junger.

Herr Petter komm' er her, und flugs dem Dohr enaus.

Alter.

Se Henn'rich wart doch nor, was duht mer dann do draus?

Junger.

Wer mag in dem Gewerg nor so erummer laafe,
Nor fort, alleh, vorsch Dohr, ich muß mer ebbes kaafe.

Alter.

Geh' eweck mit dem Gefrees, des is voll Staab un Dreck,
A, liewer drucke Brod, als so en Kimmelweck.

Junger.

Ich decht' *) domit den Dorscht; bei so em warme Wetter
Un nix zu drinke do, is so e Sach Herr Petter.

*) Tödte.

Alter.

Se hab' doch nor Geduld, bis mer in Ginnem sein.
Du wähßt doch wann es gilt, fercht ich kän Eppelwein;
Un um drei halwe Moos, do loß' ich mich net lause,
Nor muß's in Ginnem sein, net in dem feuchte Hause.

Junger.

Noch Ginnem mag ich net, es is do so gemischt,
In Bockenem do werd e guter uffgedischt. —
Do halt e bissi still, was gibt's dann do ze gucke?
Die Leut die laafe jo, als weern se der mischucke.

Alter.

Es is die Ordemanz, die Wacht tritt in's Gewehr.

Junger.

Nä 's is e ganzer Trupp franzeesche Disendehr.

Alter.

Guck, geh' mer deiner Weg un loß mer die Saldate,
Du kannst dich satt dran sehn, noch mehr als an Dukate,
Dann eh' e Johr vergeht, se bricht's verleicht schond los,
Ich traue känem net, der wenigst dem Franzos.
Der will erib' *) zu uns, verspricht uns Glück un Seege,
Legt sich nordst ins Qwadier un leßt sich gut verpflege,
Er hott aach nix im Kopp, als wie sein rheinisch Grenz
Un eh mer sich's versicht, se steht er schond vor Menz.
Der Preiß, der steht zwor do, der soll uns annern schitze,
Er werd sich awwer net um Frankfort groß erhitze.

---

*) Herüber.

Es mißt dann sein er wollt' so ganz in aller Eil
Land, Leut und Städt' besetze nor e Weil.
Hernochend mecht er dann noch emol sein Basler Friede,
Un leßt uns do im Reich nor brode odder siede.

Junger.

Glab Er so Sache net, wie weit dervon is Er!
Die Redde sein schon alt, jetzt geht's ganz annerscht her.
In Frankreich do sein jetzt so ganz verschied'ne Zeite,
Se wolle nu emol kän Paffeferscht net leide,
Des hawwe se gezeigt, wie se mit Sack un Pack
Ihr Karlche fortgeschaßt, un aach den Poliniac
Den Bergerfeind derzu. So muß es den Deranne
All met enanner gehn, so recht mit Schimp un Schanne
Von Haus un Hof gejagt; sie gewwes wohlfel jetzt!
Es glabt manch annerer Freund, er werd aach abgesetzt.

Alter.

Guck! Henn'rich schwei, un heer uff so ze redde
De werrscht ja eingesteckt.

Junger.

Ja, wann se mich erscht hette.
Es werd emol sein Muth an dem Gezeug gekihlt,
Is es dann net ze arg wie mer mit Mensche spielt?

Alter.

Zu was is dann der Gift, es is doch nor Gebabbel,
Guck nor, die Leut stehn still, mer meent Du hest den Rabbel.

Junger (eifrig fortfahrend).

Kän Nahrung in der Weld, der Hannel im Verfall,
Kän Freiheit nerjends net, doher kimmt der Cravall.

Is es dann net e Schand, daß Siwwe Schneidermäster
In äner Woch hie schweern? Mänt dann der Vorjemäster
Der Winder werd so kalt, daß Jedermann duschur *)
Sich mache leßt geschwind, e siwefach Muntur?
Vor Gott verfluchte Mauth und iwerall die Zelle,
In Frankfort hot aach noch e Schneider zwelf Geselle
Un alles noch derzu, die ganze Welt nix nutz,
Die hergeloff'ne Kerl, die krieje [illegible] die Schutz.
Die Stadt, die awwer sellt so Dinge gar net leide,
Der Handwerksmann, der muß die Abgab doch bestreide.
Sie solle liewer gleich es mache uff Badend, **)
Do wißt' mer wie mersch hett', der Uhtz hätt' dann e End.
A, morje winscht ich der, es keemte die Franzose,
Die brechte **Freiheit** uns und kän gepuschte Hose.

Alter.

Die Sackerdie', die sinn's, die die Leut begliche?
A, dehte se doch nor am äg'ne Glick ersticke.
Du host's noch net browirt wie Inqwadirung duht;
Euch junge Borsch, Euch juckt's, Euch geht's als noch ze gut,
Ihr kreischt jo alsfort nor Rivult, Mordio un Zetter,
Un winscht de scheenste Leut, e dausend Dunnerwetter,
Wo Deiwel habt **Ihr** dann so Redde uffgeschnappt?
Die wärn doch wahrlich net bei'm Eppelwein verzappt?

Junger.

Mer hot sein Umgang aach, un hie gibt der'sch noch Menner,
Die for die Freiheit sinn, als wie der Kass'ler Benner.

---

*) Französisch: toujours.

**) Patent.

Alter.

Im Anfang geht's als an, des is dann noch die Neiheit,
Allein so geges End, verwinscht mer als die Freiheit.

Junger.

Mit den' Franzose, Petter, sieht's desmol annerscht aus,
Sie brenge Freiheit uns un gehn dann widder enaus.

Alter.

Im zwä un Neunziger Johr, do sinn se aach herkumme,
Nix hawwe se gebrocht, im Cunträr mitgenumme
Un grod so kimmt's noch emol, 'r Franzos ennert sich net.
Es is e Osevolk, wann's nor die Krenk schond hett'!
Wer hott dann die Duan, die Cunscription erfunne?
Als wie die Deiwel do, die uns so lang geschunne.
Dreimol Conterbuzion, wo jetzt mer noch dran zahlt,
Un wie viel reckelerirt, es is jo e Gewalt!
Daß die an zwanzig Johr bei uns umsunnst gefresse,
Des wolle mer do jetzt leichtsinnig so vergesse?
Nä, ich bleib uff meim Satz, e Franzos brengt uns nix Guts,
Se losse mersch wie's is, des anner is doch Uhtz.

Junger.

Ei liewer Petter Er, Er hott als ganz gut redde,
Er is e Mäster hie, ich muß mersch erscht noch bette.
Wann ich emol wie Er mein Sach im Reine hab,
Lob ich die Owrigkeit, mach uff die Freiheitskapp.
Der Deiwel awwer soll die Woch mit verthalb Gulde
Nor winsche, daß so bleibt, ich mag mich net geduldе!

Kän Geld un kän Verdienst, von aller Weld gefuchst,
Un werd ähm noch verdacht, wann ibst *) mer sich nor muckst.

Alter.

Meenst Du verleicht mir wersch so ohne weitersch gange?
Do errscht de dich gar sehr, ich mußt aach klän anfange,
Un ferm derhinner her, an ähm fort im Gescherr,
Jetzt hab' ich's weit gebrocht, ich bin mein äg'ner Herr.
Loß' uns zefridde sein, in Frankfort hammersch gut.
Erhalt uns Gott den Fried', der gar nothwennig duht;
Dann den Brofitt vom Krieg, den wolle mer net thäle,
Misse-mer net noch jetzt an alte Schäde häle?
Geht's aach emol bei uns e ganz klän bisse schepp,
Se rift mer net sogleich, nor als wie Du Hepp, Hepp!
Des, junger Borsch, des merk, do owe uff dem Remer,
Do sitzt sich's net so gut, sunnst war des Ding bequemer,
Dann jetzt häßt's do, baß uff! — es is hie net ze fackele,
Wo an der Owrigkeit e Jeder nordst will wackele;
Deswege soll mer jetzt in so ere schwere Zeit
Net so viel resenirn, un folge der Owrigkeit,
Dann die is doch von Gott in freie Staate,
Es sein die Ferschte doch nor so von Gottes Gnade.
Des än steht in der Schrifft, des anner werd so gesagt,
Ich danke Gott, daß er zum Borjer mich gemacht!

Junger.

No ja, es soll so sein, mer wolle Alles glawe,
(Für sich.) Ich wähs doch was ich wähs, — er bredigt nor em Dawe.

---

*) Für: eben.

Alter.

Ich glab' de host was gesagt?

Junger.

In Bock'nem sinn mer jetzt,
Do gleich e hall Moos her, weil mer so viel geschwetzt.

Alter.

Geh, Henn'rich, setz dich her, wos hilft denn all des Zanke?
Ich hoff', ich brenge dich uff annere Gedanke.

Was hätte nun die Zwä zusamme ausgericht?
'S bleibt jeder uff seim Satz, es weichet käner nicht,
Un schwetzte die bis en die Zung eraus deht henke,
Der Alt, der deht net jung, der Jung deht net alt denke;
Deswege is es gut, wann so em Dischbut sein Schluß
Sich find, wie do, im Kruk, net im e scharfe Schuß,
Wie mer zum Unglück hie erlebt in diesen Tage,
Wo iwwer Raach im Kopp, sich alles kriegt beim Krage;
E Jeder hot gemähnt, er ganz allän hätt' recht,
Den Annere anzehehre, des war en all ze schlecht,
Doch hätt' mer sich bei Zeit, e bissi nor verständigt,
Se hätt' mer den Krawall mit drum un dran gebändigt;
Mer hott geglaabt 's wer nix, war aach net recht entschlosse,
Des nehme die Kerl do wahr, un hawwe gleich geschosse,
Un hawwe aus der Sach jetzt erscht was Rechts gemacht
Dorch Meichelmord un Doht, dorch Angriff uff de Wacht.
Bisher hot unser Stadt, von alle Bundesstaate
Mit Uffruhr un Tumult sich nicht gelegt an Lade.

Wär's dann net e recht Schand, wann um en lumpige Batze
Un um en freche Mord wär Frankforts Ruhm de Katze?
Es is doch nor im Grund der dumm Soldatehaß
Haptsächlich daran schuld, des anner war meist Spas.
Un fregt mer wer is schuld an dem Revolutiönche,
Nor still! es trift dervon e Manchen sein Portiönche.
Ze wünsche wer noch sehr ze End wer die ganz Sach,
Patrull und Werthshausschluß hört uff so ganz gemach,
Damit der Borjer jetzt un jeder annere Mann,
Der desmol mitgemacht aach ruhig schlofe kann.
Die awwer, die des do (auf das Herz zeigend) net ruhig schlofe leßt,
Die schlofe net und seeß die halb Stadt im Arrest.

Rede

eines 74jährigen Frankfurters, gehalten bei dem Festmahle am Tage der Enthüllung des Goethe-Denkmales (22. October 1844.)

Verfaßt von Karl Malß, Verfasser des Borjerkapitains, vorgetragen von Herrn Hassel.

Meine Herren!

Ich muß die Ehr' hawwe Ihne ze sage:
Ich glab, daß ich es heut kann wage,
Als e Mann von 74 Johr, ebbes vorzetrage,
Der in seiner Jugend den Gethee hat gekennt
Un schon in seim zwölfte Johr ins Theater is gerennt.

Aach iwwer Alles, was damals dermehr *) war,
Kann Auskunft gewwe uff e Hoor.
Ich bin kän Literatus, aach sonst net renomirt,
Sogar seit zehn Johr aus dem Remer emeritirt,
Un doch wag' ich's am heutige festliche Dag
Nach so gute Redner ze spende mein Sach.
Hot äner Uffsehn gemacht in der Weld,
So is es unser verstorwener Dichterheld.
Es hot sich Alles erstaunt, die Große, **) wie die Unnerthane
Iwwer sein Lieder, sein Schauspiel un sein Romane:
Was wolle dann Die? die en anklage —
Un jetzt nach fufzig Johr sage,
Er wär kän Mann for's Volk net gewese,
Un suche, un suche, nach all seine Bleeße.
Awwer for die Nation, wie mersch damals hat gehäße,
(Dann mer hatte ja unser Nationaltheater beseße)
For die Nation hat er viel und Großes gewerkt,
Mer hot's nor net gleich uff ähnmol gemerkt.
Die eitle Kerle awwer, die dorch Ihn sinn alles worn,
Sinn davon ganz still, dann des is en im Aag e Dorn.
Wos wisse dann Die? sie kenne sich in die alte Zeite net denke,
Ich geb nix uff ihr Geschmus ***) und thu en ihr Weisheit schenke.
Er hot net uff's Volk gewerkt, der Gethee?
Pfui, schemt Euch ze fihrn solche Redè!
Kann ich doch beschwern, daß Leut, die vordem nor de Gellert
un knapps *) den Wieland gekennt,
Hawwe iwwer Werther's Leiden gräulich geflennt.

*) Gang und gebe. — **) Fürsten. — ***) Eitles Geschwätz. — †) Kaum.

Vom Wilhelm Meister wor Alt un Jung angesteckt,
Der hot awwer aach die Komediantesträch uffgedeckt.
Dann, der Herr Gethee warn e Schlippche*) in ihrer Jugend,
Erst speter macht' er sich ebbes aus der Dugend.
Wo mer hinguckt, war e Liebhabertheater,
In jeder Werkstadt schlug e poetisch Ader.
Den Harfner, die Mignon hatt' mer in Zucker un in Brentedäg, **)
Un der Herr Werther aus Wetzlar stimmt alle Herze wäch.
Gott! selwigmol, was for gele Hose un blaue Freck!
Der war net for's Volk? Oh, geht mer e weck! ***)
Mir denkt's, ich war e Kerlche von achtzeh Johr,
Wo die ganz Stadt in Ufruhr war,
Da kam der Getz von Berlichinge heraus,
Den er verfertigt allhier in seiner Eltern Haus.
Herr Je! was war da im Theater for e Gedrick,
Wer ennin kam konnt' sage von Glick.
Uff dem Theater sich ze ergetze an Heldethade
Un dann des Awends beim Sallat und Brate
Recht dapfer, edel, un patriotisch ze sei'n,
Das war damals ganz allgemein.
Unser Frankfort hot er wahrlich net vergesse,
In seine Schrifte widmet er'm manche Seit;
Mit dem Moos, womit er uns gemesse,
Wolle mer'm vergelte heut.
Es is aach kän Gässi, noch so klän,
Des er der Vergessenheit net entrisse hat,

*) Lustiger Gesell. — **) Geröster Taig. — ***) Weg, hinweg.

Sogar die Aache *) uff dem Män
Beschreibt er mit Lieb zur Vaterstadt.
Un mecht's dann Frankfort vielleicht kän Ehr?
Daß Gethee's Geist gedrunge is bis iwwersch Meer?
Daß sein Schrifte wern gelese in Süd un in Nord,
Daß den Werther und den Faust kennt jeder englische Lord,
Daß dorch ihn de Franzose is uffgange e Licht,
So daß ihr Dichtkunst hat kriegt e anner Gesicht?
Ja, die stolze Engelenner, die so sehr sin uff Hannel un Commerz,
Kenne de Frankforter Gethee besser, als die Frankforter Schwerz. **)
Daß er Minister war un Geheimerath,
Daß er sich ferschtliche Persone gern genaht,
Korz, daß er war kän Demokrat,
Des werd em aach noch zum Vorworf gemacht.
Ei! loßt doch, ich bitt' Euch, e Jedem sein Spaß,
Der än' gefällt gern bei Hof, der anner uff der Gaß.
Des is ja nor Newesach, un schadd' nix dem **Meister**,
Daran awwer halte sich die kläne Geister.
Ihr seht's an **Ihm**, was es is mit dem Adel,
Mer wisse's ja All, in seim Stammbaum is e **Nadel**;
Verderbt em des ebbes an seim Herrn **von**,
Is er do weniger Deutschlands großer Sohn?
Sein Schrifte gehn net so uff Stelze einher,
Deshalb meent jeder, so schreiwe wär net schwer.

---

*) Machen.

**) Frankfurter Schwarz, ein unter diesem Namen allgemein bekanntes Frankfurter Fabrikat, welches sogar nach England verführt wird.

Er zeichent die Mensche net besser als se sinn,
Er eegt en die Wahrheit dick un dinn;
Fällt er aach net mit der Thir in's Haus,
So kann doch Jedes, Fersicht un Volk, was lerne draus.
Den Mensche un's Menschlich sicht er klar an,
Sein Helde sinn Mensche, darin lag ewens sein Kraft,
So hot er den Egmont, den Götz, den Weislinge erschafft.
— — So klare Poete, die sinn e Rezept
For Kopphängerei, Paffeuhtz,*) un was sonst noch dran klebt.
Ach! mißt er noch sehn, was jetzt Jedermann sicht, ich glab,
Er dreht sich erum zu Weimar im Grab.
Guckt hin! auf sein Denkmal; mir hawwes heut feierlich
geweiht,
Un wie mer hie sitze, Borjer un Owrigkeit:
Wer wähs ob net noch fufzig Johr,
Wanns fort so geht, dem droht Gefahr —
Des warte mer ab, — ha! ha! Dem Mann sein Glanz, der
is zu ächt!
Vergreife die Dunkle aach sich an unserm Monument
Sein Geist weicht käm stermende Element;
Der lebt fort von Geschlecht zu Geschlecht!

---

*) Pfaffentrug.

Hampelmann in Paris,

eingelegt in

Hampelmann's galante Abenteuer.

Frankfurter Localposse von Hallenstein.

Hampelmann (tritt auf). No wos is dermehr? bin ich doch emol in Paris gewese. E Mann wie ich muß des an sich wenne, zemal e Wittmann. Geht ja jeder Schneider un jeder Barrickemacher alle Johr emol nach Paris, um ze gücke, was Trump is. Des Geld derzu hab' ich, franzeesch kenn ich aach — ja, vom Franzeesch zu redde — Sie hawwe mich généralement for en Franzoos gehalte, von wege meiner Ausspräch, des glab' ich, accent d'Orleans! und doch hatt' ich in meiner Jugend kähn Conversationsstund, Alles Uhz! Ich lob mer mein alte Meidinger.

Des Paris is awwer e merkwerdig Stadt, denn wer Paris gesehn hot, der hot ganz Frankreich gesehn, und des alte Handwerksborschelied: „Frankreich in Paris, wo ich mein Stiefel ließ," is wahrlich net ohne. Ha, ha, ha! Kost mich awwer e scheen Geld der Uffenhalt. Wer nor e bissi en gute Appetit hot, der kann e merkwerdig Geld verfresse; es geht da Alles à la Carte, sogar der König muß Alles nach der Kart' fresse; die Minister wolle als net à la Carte, worum? dorum; do kenne se awwer gleich ihr'n Bündel schnüre. Der Deiwel hol's, alle vier Woche hawwe se annere, es is e merkwerdig Gewitschel grad wie bei uns die Mähd, verzehntägig Uffkindigung.

Frau Thebrüh. No, is Ihne dann net etwas Unangenehmes uf der Rähs bassirt? Denn ganz ohne läft's bei Ihne net ab.

Hampelmann. Da hab ich Ihne e merkwerdig Geschicht zu verzehle. Ich wär Ihne beinah in en scheene Schlimmassel mit der Bariser Bollezei gerothe. Ich bin der Ihne nemlich emol mit mehre Deutsche zesamme komme, es wor in eme Caffeehaus, aach Frankforter warn derbei, es ware Herrn Flichtlinge. Was will ich mache? es ware denn doch Landsleut, der ähn war aus der Borngaß, der anner aus der Hellgaß, ich hatt' denn aach grad mein Spendirhose an, un was thut mer net Alles aus Patriotismus? — Korz, ich loß e poor Botelle Champagner knalle, Buzzi oder Lombri primiere qualität. Wie dann die Köpp e bissi angeraacht worn, so hawwe se net geruht, ich mußt des Beckerisch Rheinlied nach der best von dene 38 Melodiee vortrage, sie hetten's noch nicht von einem gute Sänger in der Originalausgab gehört. Mein Gesang hat die Leutercher merkwerdig elektrisirt. Wer A sagt, muß B sage; do is dann ganz ferchterlich commerschirt worn, unner uns gesagt, auf eine äußerst revolutionäre Art. No! ich war denn dervor bekannt, daß ich seiner Zeit einiger entfernte Versuche von Bekanntschaft mit Krawaller angeschuldigt war, — überhaupt ein scharf ausgeprägte politische Meinung — und des Maul uff dem rechten Fleck — wie's denn so geht, ich hott Ihne e bissi im Kopp und bracht' Ihne einige bösartige Toaste aus: „ou peut on être mieux," — „à bas les tyrans," — „die freie Bresse" u. s. w., was dann stark nach Umsturz roch. Das End vom Lied wor dann, daß sie mich in eine geheime Gesellschaft funfilirten, was mich, beiläufig gesagt, iwwer cinquante Francs, ohne den Champagner, gekost hat. E paar Dag druff — bumms! knallt's — werd widder emol uf den König geschosse, da war dann die ganze Bollezei uff de Strümp, un eh ich mich's vorsah, kloppt's an meiner Thür, un ich krie „Citation vorn Prefect de police, correctionelle, individuelle, constitutionelle, odder so ebbes dergleiche.“ Ich mach mich dann gleich uff die Socke, un wie ich hinkomme, steht do e klåner Stepsel mit eme große Schnorbart und sågt zu mir: Monsieur! denn in Baries ist Alles Monsieur; — Monsieur Lump, Monsieur Spitzbub, Monsieur Tagdiep, Monsieur! also sågt er: vous etes accusé — société prohibée, sureté de l'état, personne du roi, passeport, Legitimation und dergleiche verfångliche Reddensarte mehr. Monsieur, lui repondis-je, je suis de Francfort et un certain Hampelmann, qui est content avec tout et toujours le dollmetsch des sentiments u. s. w., qui se plait beaucoup à Paris, der keine Zwecke hat, als Paris mit seinen Freuden und seine aimable Pariserinnen kenne zu lerne. Suis-je coupable, d. h. bin ich strafbar, for die paar Botelle Champagner und die louage indiscrete à la santé de l'émeute, so will ich gern die Straf zahle. Ich zog mein Börsch — dann dodermit bin ich iwwerall dorchkomme. Was kost's? Cumbien? Wie ich Ihne des *Cumbien* sag', stiert mich der Kerl an, meßt mich von owwe bis unne, fängt an zu lache und sågt: Monsieur Chose, allez mit Gott, vous n'étes pas coupable, vous imbecille. — Seh'n Se, des is doch heeflich von dem Mann gewese. Die Franzose hawwe in Allem e Art, so en [illegible] Land hett so e Bollezei-Schlingel gesagt: Geh'n Se zum Deiwel, Sie Aenfaltsbensel odder sonst was.

CPSIA information can be obtained
at www.ICGtesting.com
Printed in the USA
LVOW05s0236160916
504872LV00013B/106/P